Fondazione Bruno Kessler

Annali dell'Istituto storico italo-germanico in Trento
Quaderni, 104

I lettori che desiderano informarsi
sui libri e sull'insieme delle attività
della Società editrice il Mulino
possono consultare il sito Internet:
www.mulino.it

ampia e plurale come questa, è semplicemente insostenibile. Questo non ha impedito che il lungo confronto sulle metodologie di ricerca e sui contenuti, che ha costituito una fase preparatoria indispensabile del volume, abbia visto emergere una convergenza spontanea verso tre indirizzi di ricerca e di interpretazione. A giudizio degli autori, essi rivestono un'importanza generale in quanto coordinate (non esclusive ma non per questo meno rilevanti) per lo studio e la comprensione dell'evoluzione di lungo periodo del rapporto tra l'ecosistema dei media e la storia politica, religiosa, culturale e sociale. Si è, dunque, scelto di organizzare i saggi del volume attorno a tali direttrici, evitando esplicitamente una loro disposizione lungo un *continuum* cronologico sulla base del periodo storico affrontato, o peggio una riproposizione della tradizionale e sempre meno giustificabile divisione tra storia moderna e contemporanea. Al contrario, uno dei propositi dei casi di studio racchiusi nel volume è dimostrare come il tema della mediatizzazione, proprio in quanto fenomeno connaturato alla lunga modernità se non all'intera storia dell'umanità, si presti più di altri a raffronti tra fasi storiche e collocazioni geografiche solo in apparenza reciprocamente estranee.

1. *Media e conflitto*

Il campo mediatico, al di là dei suoi mutamenti tecnici, costituisce da sempre un terreno d'elezione per i conflitti che animano la politica nella sua accezione più ampia. Tuttavia, esso è ben lungi dal costituire un'arena neutrale. Da un lato, la trasposizione del conflitto sul terreno mediatico conferisce al primo dei linguaggi e delle dinamiche propri. D'altro canto, i media stessi assumono il ruolo di armi che i contendenti impiegano per promuovere le proprie ragioni e influenzare il consenso presso i fruitori, al punto che la migliore padronanza dello strumento mediatico può determinare le sorti del conflitto stesso in una direzione non necessariamente rispondente ai rapporti di forza sottostanti. Esemplare è il caso studiato da Massimo Rospocher delle punizioni ecclesiastiche e in particolare dell'interdetto, comminato nella prima età moderna come strumento esclu-

La medialità della storia

Nuovi studi sulla rappresentazione della politica e della società

a cura di

Giovanni Bernardini
Christoph Cornelissen

Società editrice il Mulino Bologna

FBK - Istituto Storico Italo-Germanico

Redazione e impaginazione:
Editoria FBK

La MEDIALITÀ
della storia : nuovi studi sulla rappresentazione della politica e della società / a cura di Giovanni Bernardini, Christoph Cornelissen. - Bologna : Il Mulino, 2019. - 352 p. ; 22 cm. - (Annali dell'Istituto storico italo-germanico in Trento. Quaderni; 104)
Nell'occh.: Fondazione Bruno Kessler
ISBN 978-88-15-27979-8
1. Mezzi di comunicazione - Aspetti sociali - Storia - 2. Comunicazione (Politica) - Storia I. Bernardini, Giovanni II. Cornelissen, Christoph

302.2309 (DDC 22.ed) Scheda bibliografica: FBK - Biblioteca

Il presente volume è pubblicato con il contributo della Provincia autonoma di Trento

ISBN 978-88-15-27979-8

Finito di stampare nel mese di maggio 2019 presso LegoDigit s.r.l. - Lavis (TN)

Sommario

Introduzione

di *Giovanni Bernardini* e *Christoph Cornelißen*

Sin dal suo esordio, la storia dei media è stata caratterizzata da una vasta gamma di approcci e impianti metodologici. Da un lato ciò si è rivelato estremamente utile: innumerevoli studi sulla storia dei media nella prima età moderna sono giunti a dimostrare in modo efficace e convincente come i media non forniscano soltanto delle «immagini» fedeli della realtà extra-mediale, ma che essi debbano essere considerati piuttosto come degli agenti produttori di interpretazioni. I media pertanto non rappresentano semplicemente degli specchi virtuali di qualcosa di «reale», ma piuttosto un fattore integrante e rilevante della produzione di realtà sociale. Questo vale sia per la loro dimensione materiale e la loro fruizione quotidiana, sia per l'influenza che essi esercitano sulle percezioni e sulle pratiche sociali. D'altro canto, tuttavia, nello svolgimento concreto delle ricerche sui contesti sociali, culturali e politici, anche laddove è più rilevante e riconosciuto il ruolo svolto dal consumo dei media, questi ultimi sono stati spesso relegati a un ruolo passivo sullo sfondo. Si può dunque affermare con ragione che la crescente rilevanza dei media nel corso della vita quotidiana e come principale strumento di informazione sia stata postulata molto più che indagata, al punto che la reale portata storica della loro influenza rimane a tutt'oggi un problema aperto[1].

[1] Si riportano qui argomenti presentati nella loro versione integrale dagli «Annali dell'Istituto storico italo-germanico in Trento / Jahrbuch des italienisch-deutschen historischen Instituts in Trient», 44, 2018, 1, in cui viene indicata una documentazione dettagliata di letteratura della ricerca recente. Per una prima ricognizione della letteratura di ricerca in materia, si vedano: F. Bösch, *Mass Media and Historical Change. Germany in International Perspective. 1400 to the Present*, New York, Berghahn, 2017; F. Bösch - A. Vowinkel, *Mediengeschichte, Version: 2.0*, in «Docupedia-Zeitgeschichte», 29 ottobre 2012, online: http://docupedia.de/zg/boesch_vowinkel medien-

Nel tempo intercorso da quella prima fase di studi pionieristici, tuttavia, molte cose sono mutate profondamente. Uno stimolo importante alla ricerca della storia dei media è venuto dagli studi dello storico di Costanza Rudolf Schlögl, che interpretano lo sviluppo di una moderna opinione pubblica politica come risultato di un processo di differenziazione mediale. Secondo questa interpretazione, le società premoderne avrebbero rappresentato innanzitutto delle «società in presenza» (*face to face societies*), che di solito non lasciavano alcuno spazio a una contemplazione passiva. Solo dopo l'introduzione dei *writing media* e in particolare dei media a mezzo stampa iniziò a verificarsi il differimento spaziale e temporale del processo di comunicazione[2].

Sulla base di queste premesse, Schlögl esprime indirettamente l'auspicio che la ricerca esamini più nel dettaglio le linee di collegamento trans-epocali, pur con l'avvertenza che un'attenzione particolare debba essere dedicata alla tesi di una crescente intensificazione della comunicazione. Sebbene in Italia la storia dei media continui a conservare i caratteri di una disciplina in formazione, la comunicazione si è ormai affermata come uno dei principali oggetti d'indagine storiografica[3]. Per l'età moderna, e in particolare sul rapporto tra stampa, censura e opinione pubblica, eccellenti lavori sono comparsi negli ultimi anni per opera di Edoardo Tortarolo e Sandro Landi; a Mario

geschichte_v2_de_2012;: D01: http://dx.doi.org/10.14765/zzf.dok.2.256.v/ (ultima consultazione 1° novembre 2018).

[2] R. Schlögl, *Kommunikation und Vergesellschaftung unter Anwesenden. Formen des Sozialen und ihre Transformation in der Frühen Neuzeit*, in «Geschichte und Gesellschaft», 34, 2008, 2, pp. 155-224, qui pp. 183-185.

[3] Per una completa rassegna dello stato della storiografia italiana sui media e la comunicazione, si veda il saggio di M. Rospocher, *Per una storia della comunicazione nella prima età moderna. Un bilancio storiografico*, negli «Annali dell'Istituto storico italo-germanico in Trento / Jahrbuch des italienisch-deutschen historischen Instituts in Trient», 44, 2018, 1, pp. 37-72. Un lavoro di riferimento per le indicazioni metodologiche è certamente il numero monografico della rivista «Problemi dell'informazione», a cura di G. Balbi - A. Miconi - P. Ortoleva, *Come cambiano i media? Storie della storia della comunicazione*, 36, 2011, 2-3.

Infelise si deve invece la ricostruzione della nascita dei giornali e dell'informazione pubblica[4].

Parallelamente, sono sempre più insistenti gli inviti da più parti ad adottare una prospettiva realmente transnazionale nello studio della storia dei media. Riflessioni e importanti stimoli alla ricerca in questa direzione sono venuti da Christina von Hodenberg, storica di stanza a Londra, e da Andreas Fickers dell'Università del Lussemburgo. Nella prassi della ricerca, l'ostacolo maggiore a questo nuovo corso viene dall'evidenza che i moderni mezzi di comunicazione agiscono in prima istanza a livello nazionale o regionale per quel che riguarda l'organizzazione, la diffusione e la recezione. Ancora oggi la forza nazionalizzante dei media audiovisivi costituisce un rilevante elemento di potere, è un dato di fatto chiaro ed evidente. La prolungata presenza di internet, ormai da almeno due decenni, il processo di digitalizzazione apparentemente inarrestabile e la diffusione dei network internazionali hanno iniziato ad accrescere la sensibilità della nuova ricerca sui media rispetto ai processi di scambio transnazionale. Nel frattempo è diventato evidente come molti contenuti mediali vivano di *transfer* transnazionali, e al contempo come un approccio sempre più centrato sugli attori mediatici funga da stimolo nel porre al centro di una storia dei media gli intrecci transnazionali personali, istituzionali e di contenuto. In questo senso, soprattutto le zone di confine si sono rivelate come importanti e fruttuose aree di ricerca. In ragione di questa loro specificità, esse hanno fatto sorgere molti quesiti d'indagine in merito alla direzione verso cui si è orientato l'interesse dei consumatori mediatici sul posto, e sulla rilevanza che in questo senso ha avuto la loro possibilità di avvalersi di fonti in più lingue. Inoltre è necessario chiedersi da un lato quali misure siano state prese nei diversi contesti storici per promuovere o addirittura forzare l'integrazione delle regioni periferiche nella vita nazionale

[4] E. TORTAROLO, *L'invenzione della libertà di stampa. Censori e scrittori nel Settecento*, Roma, Carocci, 2011; S. LANDI, *Stampa, censura e opinione pubblica in età moderna*, Bologna, Il Mulino, 2011; M. INFELISE, *Prima dei giornali. Alle origini della pubblica informazione (secoli XVI e XVII)*, Roma - Bari, Laterza, 2002.

attraverso l'uso dei media; dall'altro occorre riservare maggiore attenzione anche all'affermazione in direzione opposta di insopprimibili identità locali, che i media sfruttano già da tempo con l'intento di affermare la necessità di autonomie regionali o sub-regionali.

Ulteriori impulsi a favore di una storia transnazionale dei media provengono in questi ultimi anni dagli studiosi che si occupano di storia dell'integrazione europea, i cui lavori favoriscono di continuo, direttamente o anche indirettamente, l'idea di una crescente convergenza politico-culturale dei mezzi di comunicazione in ambito europeo. Tuttavia, né a livello dei mercati mediali né presso i destinatari dei media sembra riscontrabile una tendenza costante verso un'europeizzazione del consumo mediale: in tutti i paesi la formazione e il perdurare di un'identità linguistica e culturale distinta continua a svolgere una funzione di deterrente rispetto alla costituzione di un'opinione pubblica europea. A posteriori, tuttavia, è possibile identificare diversi *media event* europei che hanno contribuito alla transnazionalizzazione delle sensibilità nazionali[5]. In generale, la più recente ricerca nel campo della storia dei media sembra affermare la tendenza all'allontanamento da una prospettiva incentrata sulla tecnica e improntata all'idea di un progresso indefinito. Invece di delineare processi di crescita unidirezionali, come è stato a lungo il caso negli studi sui media orientati a un approccio storico-tecnico, la ricerca si sta spostando piuttosto verso un'osservazione critica della storia che prenda in esame in modo più differenziato rispetto al passato le forme di impatto sociale, culturale e di genere dei media moderni. Il *focus* analitico della ricerca recente, inoltre, si orienta verso i complessi intrecci tra mezzi di comunicazione di massa e politica, economia e società, ma anche verso il legame ancor più articolato tra governi e media.

Qualunque pretesa di esaurire il tema della mediatizzazione della storia nell'arco di una singola pubblicazione, per quanto

[5] F. Bösch, *European Media Events*, in «EGO EuropeanHistoryOnline», 3 dicembre 2010, consultabile in rete http://iegego.eu/en/threads/european-media/european-media-eventss.

sivo di cui il papato si servì per perseguire i propri disegni temporali. Proprio al fine di rafforzarne l'impatto emotivo presso i contemporanei, e dunque la sua valenza intimidatoria e punitiva, l'interdetto assurse al rango di evento mediatico nel XVI secolo attraverso l'interrelazione, la combinazione e le sovrapposizioni tra vecchi e nuovi media. Guardando in particolare allo strumento della stampa, a stupire più del suo incremento quantitativo rispetto al passato è il suo utilizzo spregiudicato da parte del papato a fini promozionali e non semplicemente informativi. Rospocher giunge a ipotizzare una consapevolezza già matura da parte dei pontefici delle potenzialità della mediatizzazione nella lotta politica, che sarebbe rimasta una caratteristica di lungo periodo per la Chiesa e che avrebbe toccato il suo apice nel XVII secolo. Il saggio di Giovanni Bernardini chiama in causa la fase finale della Prima guerra mondiale e l'immediato dopoguerra, ricordando come il conflitto abbia comportato una saturazione senza precedenti della sfera mediatica da parte degli stati coinvolti attraverso dispositivi imponenti di propaganda e censura. Il fenomeno di «sovramediazione» prodotto dai più raffinati media dell'epoca finì però per produrre uno scetticismo diffuso tanto nei paesi vincitori quanto in quelli sconfitti nei confronti di ogni forma di comunicazione ufficiale. Questo sembrò generare per alcuni anni un'inversione di tendenza rispetto al presunto sviluppo tecnico lineare del sistema mediatico, che vide tornare in auge l'oralità come forma di comunicazione più affidabile. Ad avvantaggiarsene fu la propaganda rivoluzionaria promossa dai bolscevichi, nuovi padroni della Russia. Il saggio dà conto di come le autorità francesi lessero e compresero un simile fenomeno e di come cercarono di organizzare una controffensiva sullo stesso piano mediatico. Matteo Largaiolli mostra come la contesa mediatica politico/ideologica possa nutrirsi di elementi insospettabili come l'alpinismo. Il caso della «scoperta» della montagna e dell'invenzione dell'alpinismo dalla metà del XIX secolo, con la codificazione di immagini e linguaggi destinati a colonizzare presto l'immaginario collettivo, offre uno spaccato sorprendente di tali dinamiche, poiché la loro diffusione per mezzo delle pubblicazioni dedicate acquisì ben presto le tinte forti delle coloriture nazionali e nazionaliste.

Non è un paradosso, e anzi il caso specifico ricalca una dinamica comune alla sfera mediatica, che tale diffusione abbia avuto sin dall'inizio un carattere internazionale, improntato all'emulazione degli esempi stranieri sia per quanto riguarda lo spirito con cui era condotta l'impresa alpinistica, sia per il linguaggio con cui la scoperta e la «conquista» della montagna era narrata, sia infine per il carattere e le tipologie degli stessi media deputati a darne conto.

2. *Media e transnazionalità*

Tali conclusioni risultano contigue con il secondo *focus* analitico preso in esame dal volume: la dimensione transnazionale connaturata ai media di ogni epoca. Indipendentemente dalla composizione tecnica del sistema mediatico in una data fase storica, lo studio del suo posizionamento all'interno delle dicotomie locale/globale e nazionale/transnazionale costituisce un elemento imprescindibile per comprendere le configurazioni politiche e sociali coeve. Così il contributo di Katia Occhi ricorda innanzitutto la necessità di non sovrastimare il presunto impatto rivoluzionario dell'introduzione della stampa: se nel medio periodo essa era destinata a mutare in profondità l'idea e le pratiche di riproduzione mediale, non va tuttavia dimenticato come le forme più tradizionali di comunicazione abbiano occupato gran parte della scena per tutta l'epoca moderna. Il caso dei «Welsche Zeitungen aus Venedig», avvisi allegati ai dispacci dell'oratore imperiale insediato a Venezia nel XVI secolo, mostra chiaramente come questi fossero inseriti in una costellazione mediatica che già all'epoca raccoglieva e trasmetteva incessantemente notizie da ogni parte del mondo, travalicando i confini geopolitici. Tali materiali documentano l'ampiezza del panorama mediale del mondo germanofono, influenzato dai modelli italiani, prodotti inizialmente in quelle città che erano centri di reti politiche e commerciali e dalle cui sedi si estesero progressivamente in Europa e nel Mediterraneo. Marco Mondini prende in esame il ruolo esercitato da gran parte dei media durante la Prima guerra mondiale nel produrre rappresentazioni celebrative e didascaliche del conflitto, che di rado lasciavano filtrare l'oscena brutalità dei combattimenti. Le morti di massa dei connazionali, al contrario, erano rese tollerabili attraverso immagini edulcorate e familiari di patriottismo, mentre la distruzione e l'orrore erano riservate esclusivamente alle raffigurazioni del nemico. Mondini rileva il paradosso per cui le «industrie dell'immaginario», impegnate a pieno regime all'interno di ciascun campo mediatico nazionale nel trasmettere la sensazione di una guerra incruenta o persino gioiosa, abbiano finito per convergere verso un canone transnazionale di raffigurazione di un conflitto irreale e idealizzato, che accomunava tutti i contendenti indipendentemente dal loro schieramento. Il saggio di Claudio Ferlan affronta alcuni aspetti della strategia comunicativa della Compagnia di Gesù, ordine missionario per eccellenza che sin dalle origini mostrò interesse per la parola stampata come strumento di evangelizzazione, e che in generale ha dimostrato nei secoli una sorprendente capacità di adattamento dei propri mezzi di apostolato alle sfide poste dalla modernità. Il caso della «Revista Católica», pubblicata da gesuiti italiani nel Nuovo Messico dalla metà dell'Ottocento, rivelava quanto profonda fosse la convinzione che la stampa fosse un medium ideale per svolgere una funzione pedagogica ed evangelizzatrice: soprattutto nel panorama mediatico statunitense, dinamico come nessun altro. La stampa analizzata da Ferlan rappresentò senza dubbio un palcoscenico ideale su cui combattere «battaglie» nuove ma anche per dare nuova veste a quelle tradizionali e transnazionali, parte di un bagaglio che gli autori del giornale avevano portato con sé nel passaggio dal Vecchio Mondo al Nuovo, come il tentativo di romanizzare la cultura statunitense e impedire la sua omologazione in senso protestante. Infine, Fernanda Alfieri affronta il triplice livello di mediatizzazione dell'interiorità che ha caratterizzato la storia di Antico Regime. Innanzitutto la coscienza come medium nel quale ha luogo la comunicazione dal divino all'umano e la negoziazione tra le leggi del desiderio individuale e quelle della società. Una coscienza che viene anche mediata dalle immagini per contribuire alla gestione dell'umano: la psicologia di Antico Regime, ricorda Alfieri, attribuiva alla vista una funzione imprescindibile di potenziamento dell'esperienza religiosa e di educazione del sé.

Il terzo livello di mediatizzazione (non in senso gerarchico ma di complementarità) è dato dall'onnipresenza di un clero che si faceva mediatore dello stesso medium testuale, sia nella sua produzione che nella sua interpretazione. Tutti e tre i livelli si ritrovano nel caso preso in esame da Alfieri, il libro *Antigrapheus sive conscientia hominis* del gesuita bavarese Jeremias Drexel: il discorso sulla coscienza di cui esso è portatore ha un carattere intrinsecamente transnazionale, dato il medium universale della lingua latina e quello ancora più universale delle immagini che lo contraddistinguono.

3. *Media e autorappresentazione del potere*

Se il sistema mediatico ha costituito in ogni tempo una componente della contesa politica rispondente a logiche e dinamiche peculiari, è ancora più vero che il potere politico e religioso ha da sempre cercato di utilizzare, con alterne fortune, i media per fornire una propria autorappresentazione autentica a fini pedagogici e didascalici. Maurizio Cau prende in esame i ritratti ufficiali dei capi di Stato e di governo di Francia, Germania occidentale e Italia dal secondo dopoguerra in poi considerandoli come monumenti più che come semplici documenti, cioè come mezzi di comunicazione sociale orientati a costruire l'immagine pubblica dello Stato stesso. Ben lungi dall'incarnare un riflesso passivo della realtà, tali immagini sono intenzionalmente destinate a influenzare la mentalità collettiva e il rapporto dei cittadini con il potere. Nel caso italiano ad esempio, la banalità intenzionale dei primi ritratti presidenziali ha la finalità di marcare una cesura netta con l'iconografia mussoliniana; in modo non dissimile, lo stile figurativo che caratterizza i ritratti presidenziali tedeschi ha l'obiettivo di distinguersi dall'hitlerismo fotografico e dagli eccessi dell'autorappresentazione nazionalsocialista. Ciò è reso più evidente nel confronto con la continuità dell'uso celebrativo dell'immagine presidenziale nella democrazia francese, data la sua libertà di riconnettersi a una tradizione figurativa di lungo corso e caratterizzata da una marcata teatralizzazione della pratica politica, senza necessità di marcare alcuna cesura storica. Camilla Tenaglia riconduce il *focus* sulla storia religiosa, prendendo in esame un *media event* di portata epocale come l'elezione di papa Pio XII nel marzo del 1939. Se l'eco degli eventi vaticani fu in grado di raggiungere ogni angolo del mondo, Tenaglia sottolinea come questo non fu semplicemente il risultato degli avanzamenti tecnologici simbolizzati dalla diffusione della radio, poiché il messaggio fu veicolato e amplificato da altre forme di media, a cominciare dalla stampa e dal cinema, con un uso estensivo di traduzioni e doppiaggi in più lingue. Se questo da un lato ribadisce la necessità di studiare i media come ensemble, senza cui sarebbe impossibile valutare appieno il ruolo che la neonata Radio Vaticana svolse in quella specifica occasione, dall'altro fa risaltare in modo decisivo l'estrema attenzione con cui la curia romana seppe impegnare in modo sapiente ed estensivo i mezzi di comunicazione disponibili per raggiungere i risultati attesi, a cominciare dall'interruzione della routine mediatica di un'epoca (gli anni Trenta) in cui pure il potere politico faceva già un uso massiccio dei media. Nel caso esaminato da Gabriele D'Ottavio, lo studio dell'autorappresentazione è incentrato sull'evento mediatico costituito dalla firma dei trattati di Roma istitutivi della Comunità economica europea e della Comunità europea dell'Energia atomica nel 1957. Anche in quella sede la rappresentazione offerta dai media non fu un mero epifenomeno ma un elemento di condizionamento del contesto entro cui l'evento fu percepito e ricordato. La decisione della televisione pubblica italiana e dell'eurovisione di trasmettere in diretta la cerimonia, inoltre, porta a considerare quest'ultima come uno snodo importante nel processo di transnazionalizzazione dello spazio di comunicazione europeo che avrebbe avuto conseguenze rilevanti in futuro. Le pratiche di memorializzazione dell'evento, infatti, indicano come attorno alla cerimonia di Roma si sia costruito un vero *topos* narrativo destinato a durare anche nelle riletture successive. Il saggio di Cecilia Nubola, infine, affronta il nodo costituito dalla rappresentazione dell'antifascismo e della Resistenza da parte dei principali media, su tutti la televisione, come elemento di costruzione di una memoria collettiva e di legittimazione delle nuove istituzioni repubblicane. Attraverso una dettagliata analisi quantitativa e qualitativa delle trasmissioni televisive, Nubola giunge a concludere che la televisione propose a lungo l'immagine di una Resistenza decontestualizzata e scissa da connessioni storiche problematiche. Un'interpretazione edulcorata da cui era espunto ogni elemento divisivo in onore ai due principali imperativi della classe dirigente politica dell'epoca: una sbrigativa chiusura dei conti con il passato e l'urgenza dell'anticomunismo. Il risultato non può che essere la presa d'atto del ruolo esercitato dalla televisione e dagli altri mezzi d'informazione gestiti dallo Stato nella costruzione di una memoria storica debole, mistificata e priva del necessario spessore culturale, le cui responsabilità vanno ricercate almeno in parte in una precisa volontà politica.

Prima parte

Media e conflitto

Monitoire de par nostre sainct pere le pape contre les venitiens, Lyon, Noel Abraham, 1509, frontespizio (Paris, Bibliotèque nationale de France, RES-K-713).

La mediatizzazione dell'interdetto: Venezia scomunicata (1509)

di *Massimo Rospocher*

1. *Arma spirituale, arma politica, arma mediatica*

Durante l'età tardo-medievale e moderna l'interdetto su di un territorio e la scomunica di un individuo costituiscono le più severe sanzioni spirituali della Chiesa di Roma[1]. Spesso comminate assieme, queste punizioni ecclesiastiche si convertono in armi di azione nella sfera secolare. Le più potenti a disposizione della monarchia papale. Le pene canoniche scuotono le coscienze dei fedeli e minano la coesione politica di città, comunità e Stati, facendo leva sul senso di colpa collettivo che insinuano nelle popolazioni colpite. In politica estera tali provvedimenti affiancano le armi degli eserciti e contribuiscono al processo di consolidamento dello Stato pontificio[2]. Secondo un meccanismo che ricorda molto da vicino quello innescato dalle moderne sanzioni economiche internazionali, «l'interdetto

[1] P.D. Clarke, *The Interdict in the Thirteenth Century. A Question of Collective Guilt*, Oxford, Oxford University Press, 2007; E. Vodola, *Interdict*, in J.R. Strayer (ed), *Dictionary of the Middle Ages*, New York, Scribner, 1985, VI, pp. 493-497. Per il periodo qui trattato: A. De Benedictis, *Abbattere i tiranni, punire i ribelli. Diritto e violenza negli interdetti del Rinascimento*, in «Rechtsgeschichte. Zeitschrift des Max-Planck-Instituts für europäische Rechtsgeschichte», 11, 2007, pp. 76-93; R. Trexler, *The Spiritual Power: Republican Florence Under Interdict*, Leiden, Brill, 1974. Istituito da Gregorio VII nel 1073, l'interdetto rimane in uso, seppure sempre più occasionalmente, fino al XX secolo: nel 1909, ad esempio, l'interdetto papale fu imposto alla città di Adria da Pio X.

[2] Sullo sfondo rimane la fondamentale questione della commistione tra l'anima spirituale e quella secolare dei pontefici della prima modernità: P. Prodi, *Il sovrano pontefice. Un corpo e due anime: la monarchia papale nella prima età moderna*, nuova edizione, Bologna, Il Mulino, 2006.

cerca di piegare i governi colpendone le popolazioni innocenti»; condanna i governanti, «non i loro sudditi, ma punisce questi ultimi per incoraggiarli a esercitare pressioni sul governo» e a ribellarsi alla sua autorità[3]. A differenza delle attuali sanzioni internazionali, che agiscono solitamente su tempi lunghi, nella prima età moderna questo strumento di pressione doveva avere un'efficacia immediata e un'ampia risonanza nello spazio pubblico. Al fine di rafforzarne il potere intimidatorio e l'impatto emotivo nella percezione dei contemporanei, l'interdetto viene dunque trasformato in un evento mediatico attraverso l'ausilio di vecchi e nuovi mezzi di comunicazione.

Il ricorso alla minaccia delle armi spirituali, spesso per perseguire una politica di rafforzamento temporale, divenne una prassi abituale da parte dei pontefici del Rinascimento. Sisto IV Della Rovere, ad esempio, scagliò prima il fulmine dell'interdetto contro Firenze (1478), al tempo della congiura dei Pazzi, quindi contro la Repubblica di Venezia (1483), nel corso delle guerre tra veneziani e ferraresi, e infine contro la città di Basilea (1483), per scongiurare la convocazione di un Concilio ecumenico; Alessandro VI Borgia, invece, ne minacciò l'utilizzo contro la città di Firenze (1498), per farsi consegnare il frate scomunicato Girolamo Savonarola. È tuttavia il pontificato di Giulio II Della Rovere (1503-1513), il papa guerriero, ad essere caratterizzato dall'impiego delle armi spirituali con una frequenza e una violenza senza precedenti nella storia del papato. Tutte le guerre di Giulio II furono combattute con l'ausilio di censure gravissime contro principi, città e Stati che si opponevano ai suoi disegni temporali. Nel 1506 il fulmine della scomunica fu scagliato contro Giovanni II Bentivoglio e la bolla d'interdetto promulgata contro Bologna, città che il papa intendeva riportare sotto la propria autorità; nel 1509, l'anatema papale fu pronunciato contro la Repubblica di Venezia, usurpatrice di territori del patrimonio di Pietro; nel 1510, fu la volta delle sanzioni pontificie contro il duca Ercole d'Este e la città di Ferrara, assieme all'alleato francese,

[3] F. DE VIVO, *Patrizi, informatori, barbieri. Politica e comunicazione a Venezia nella prima età moderna*, Milano, Feltrinelli, 2012, p. 45.

il sovrano Luigi XII; nel 1511, quindi, fu colpita nuovamente Bologna, ribellatasi all'autorità di Pietro, e poi Milano, Pisa e Firenze, colpevoli di aver ospitato un concilio scismatico e anti-giuliano; nel 1512, infine, furono ancora i territori del Regno di Francia e del ducato di Ferrara a cadere vittime delle maledizioni di Giulio II. La scomunica e l'interdetto[4] assunsero la forma dell'anatema teologico-politico, una «formula teocratica» che precedeva le dichiarazioni di guerra santa della Chiesa di Roma contro «principi, sovrani, 'tiranni' locali, repubbliche e monarchie»[5]. Nemici del papa, accusati di lesa maestà, dunque nemici della Chiesa romana e della religione cristiana: è contro questi infedeli e i loro sudditi che furono proclamate le crociate di Giulio II.

In virtù dell'impiego massiccio dei mezzi di comunicazione per aumentare il potere intimidatorio delle minacce spirituali, il pontificato giuliano si presta a un'analisi dell'interazione tra azioni politiche o religiose e i media. Se la spregiudicatezza e la sistematicità con cui Giulio II fece uso dei castighi spirituali fu eccezionale, ugualmente straordinario fu l'utilizzo dei media dell'epoca per promuovere non solo questi provvedimenti, ma le sue azioni politiche o la sua immagine di sovrano pontefice[6]. In alcuni casi Giulio II riprese strategie comunicative già impiegate da altri pontefici. La divulgazione a stampa di atti ufficiali, infatti, non rappresentava certo una novità per il papato: già agli albori del mezzo tipografico risaliva la pubblicazione del testo latino di una lettera d'indulgenza di papa Niccolò V destinata a chi avesse combattuto contro i turchi (1454)[7]. Sisto IV consolidò tale pratica – pubblicando

4 Termini spesso usati indifferentemente dalle fonti coeve, soprattutto di origine popolare.

5 E. BRAMBILLA, *Alle origini del Sant'Uffizio. Penitenza, confessione e giustizia spirituale dal medioevo al XVI secolo*, Bologna, Il Mulino, 2000, pp. 348-349.

6 M. ROSPOCHER, *Il papa guerriero. Giulio II nello spazio pubblico europeo* (Annali dell'Istituto storico italo-germanico in Trento. Monografie, 65), Bologna, Il Mulino, 2015.

7 Numerose copie sono conservate in archivi e biblioteche europee e americane a testimonianza di una produzione ingente. Lo *Universal Short*

a stampa provvedimenti ufficiali non solo in latino ma anche nei volgari delle lingue europee[8] – e fu imitato dai successori. Talvolta, come nel caso della *Ammonizione di Alessandro VI ai Fiorentini* (1495), le bolle erano persino tradotte in versi per evitare le interpretazioni partigiane, agevolarne la memorizzazione del messaggio e la diffusione tra il «vulgo ignaro»[9]. Tuttavia, è con Giulio II che si assiste a un cambiamento radicale nel rapporto tra stampa e potere: i documenti ufficiali escono dai torchi con una frequenza più che doppia rispetto all'epoca di Alessandro VI, in virtù di un utilizzo consapevole della stampa a fini promozionali[10]. La mediatizzazione di questi provvedimenti ecclesiastici diverrà una caratteristica di lunga durata nella storia della Chiesa romana, raggiungendo il culmine e una dimensione europea con la «guerra delle scritture» e di comunicazione innescata dall'interdetto di Paolo V sulla Repubblica di Venezia (1606-1607)[11].

Questo articolo si concentra sulla risonanza pubblica degli interdetti al tempo di Giulio II, sulla promozione mediatica delle bolle che li annunciavano in Italia e in Europa, sull'impatto emotivo nei confronti delle comunità e, infine, sulle reazioni nei territori colpiti. Da un punto di vista metodologico, si cercherà di mettere in relazione la prospettiva locale

Title Catalogue (*USTC*) ne conta 41 copie conosciute, cfr. https://www.ustc.ac.uk (ultima consultazione 11 maggio 2018).

8 Per quanto riguarda le traduzioni, si vedano gli esempi in italiano, castigliano e catalano: *Sommario della bolla contro i Turchi*, Firenze, Nicolaus Laurentii, Alamanus, 4 dicembre 1480; *Bula de indulgencias en favor de la santa cruzada para la defensa de Rodas*, Valladolid, N.S. del Prado, 1482; *Bula de indulgencias de la santa cruzada (sumario de clausulas)*, Valencia, Alonso Fernández de Córdoba, 1484.

9 «... perchè non spenda il tempo in ocio vano / ad illustrar il breve fiorentino / e aciò non dica alcun sia partesano»; GIORGIO SOMMARIVA, *Ammonizione di Alessandro VI ai Fiorentini; Sonetti*, Venezia, Cristoforo Botti, 1495, c. 1*v*.

10 M.G. BLASIO, *'Cum gratia et privilegio'. Programmi editoriali e politica pontificia (Roma, 1487-1527)*, Roma, Roma nel Rinascimento, 1988.

11 In un'ottica di storia della comunicazione, vale come riferimento recente: F. DE VIVO, *Patrizi, informatori, barbieri*. Per la dimensione mediatica, si veda anche: G. FLORIO, *Una guerra combattuta in musica? Il paesaggio sonoro di Venezia durante l'Interdetto (1606-1607)* (in corso di stampa).

con una dimensione comunicativa transnazionale, o meglio transregionale e translocale[12]: da un lato, infatti, si proverà a sottolinearne l'impatto e la ricaduta effettiva sui contesti urbani, dall'altro si metterà in evidenza la portata europea della mediatizzazione di queste censure ecclesiastiche. La scelta cronologica di focalizzarsi sul pontificato di Giulio II è dettata da diversi fattori. Innanzitutto, il periodo in esame rappresenta il picco nell'impiego dell'arma spirituale dell'interdetto contro intere comunità, mentre dagli anni Venti del Cinquecento il papato ne farà un uso più limitato[13]. Nell'ambito della storia della comunicazione, inoltre, il primo Cinquecento rappresenta uno snodo cruciale: un tempo in cui la stampa s'inserisce prepotentemente nel sistema dei media esistente, interagendo con altri strumenti e condizionando le strategie comunicative delle autorità laiche e religiose. In ottica storiografica, infine, il periodo delle guerre d'Italia costituisce un momento decisivo per analizzare la medialità di questo processo storico: dal momento che alle guerre reali si sovrappongono guerre d'inchiostro e di parole che intendono condizionare gli esiti dei conflitti militari.

2. *Bologna scomunicata: 1506, 1511*

In una lettera inviata da Cesena il 5 ottobre 1506, Nicolò Machiavelli, legato al seguito della spedizione papale, annuncia la volontà di papa Giulio II Della Rovere di «procedere contra Bologna con le censure, oltre alle forze e all'armi che si sono preparate»[14]. Domenica 11 ottobre 1506, Giulio II scaglia il fulmine della scomunica contro la famiglia Bentivoglio e l'interdetto su Bologna. Prima di muovere alla testa di un esercito alla riconquista della città, Giulio voleva rendere

[12] Termini che meglio si adattano alla società di Antico Regime rispetto a quello di transnazionale.

[13] J.M. Le Gall, *Les Guerres d'Italie (1494-1559). Una lecture religieuse*, Genève, Droz, 2017, pp. 99-100.

[14] Niccolò Machiavelli, *Opere*, II: *Lettere. Legazioni e commissarie*, a cura di C. Vivanti, Torino, Einaudi, 1999, p. 1043.

pubbliche le sanzioni spirituali emanate contro il 'tiranno' bolognese Giovanni II Bentivoglio. Il pontefice vuole che sia chiaro a tutti la valenza religiosa dell'iniziativa militare: gli ho pubblicato «una cruciata addosso!», proclama in concistoro[15].

Al fine di aumentare l'impatto delle censure spirituali nella percezione dei fedeli, esse devono essere comunicate per ottenere una risonanza pubblica più ampia possibile. La bolla è affissa immediatamente sulla porta della cattedrale di Forlì, dove si trovava allora la corte pontificia, mentre nei giorni successivi viene esposta a Imola, Ferrara, Modena, Reggio. Il monitorio è pubblicato tramite l'oralità dai banditori, accompagnato dal suono di trombe e tamburi. Quella stessa domenica, il pontefice ordina al cerimoniere pontificio di stampare la versione latina della *Bulla contra Iohannem Bentivolium* in almeno 500 copie[16]. Attraverso la stampa, si intende così dare la massima pubblicità alla scomunica fulminata contro il Bentivoglio e all'interdetto sulla città.

Dal punto di vista dei contenuti, l'aggressivo scritto apostolico lamenta l'arroganza del tiranno e la scarsa considerazione in cui era tenuto a Bologna il nome del papa; accusa il signore bolognese di disobbedienza e di ribellione all'autorità papale e, quindi, del crimine di lesa maestà; annuncia di voler riformare il governo cittadino; minaccia la confisca di beni al signore e ai cittadini bolognesi; ordinava l'abbandono della città ai forestieri e agli ecclesiastici; intima la chiusura degli edifici sacri; proibiva la celebrazione dei rituali liturgici, dell'Eucarestia e degli altri sacramenti (ad eccezione dei battesimi e della penitenza per i defunti).

Dal punto di vista mediatico, nella consapevolezza del forte elemento d'intimidazione che la bolla infonde nella comunità di sudditi e fedeli, l'anatema pontificio viene trasmesso

[15] *Ibidem*, da Forlì, 12 ottobre, p. 1049.

[16] *Bulla contra Iohannem Bentivolium*, 10 ottobre 1506, in British Library, London, 5035.a.27; PARIDE DE' GRASSI, *Le due spedizioni di Giulio II tratte dal diario di Paride de' Grassi bolognese*, a cura di L. FRATI, Bologna, Regia tipografia, 1886, p. 62.

attraverso media, registri e linguaggi diversi. Oltre che nella versione originale latina il testo circola anche nella traduzione in volgare[17]. La volontà è quella di raggiungere un pubblico vasto ed eterogeneo, sia socialmente che geograficamente. Il monito deve valere anche per le città limitrofe[18]: sulle porte delle cattedrali sono affissi manifesti con il testo dell'interdetto e gli stessi vengono letti dai pulpiti. L'impatto sulla popolazione è manifesto. A Modena, dopo l'affissione del testo, «la moltitudine di popolo presente sembrava talmente avida di sapere, che il vicario di Modena lo lesse parola per parola»[19]. Il documento papale regola anche la dimensione scenografica e performativa nella circolazione del provvedimento, che coinvolge suoni, immagini e simboli: doveva essere letto nelle chiese la domenica e le «altre feste quando ivi serà congregato la magior multitudine del populo, cum lo vexillo de la croce, sonando le campane, le candele accese»[20]. Dopo l'affissione e la lettura pubblica, infine, la bolla di scomunica è divulgata a stampa. L'ordine categorico è che ogni «vescovo abbate, prelato et principe ne debba mandare copia ali loro vicini», affinché «se habia a notificare a tutta la cristianità»[21]. A testimonianza dell'importanza assegnata alla pubblicazione del provvedimento, cioè al raggiungimento di una dimensione pubblica non solo tramite la scrittura[22], le pene della scomunica vengono commi-

[17] *Excomunicatione contra li Bentivolii*, s.n.t., 1506 (nota manoscritta: «Excomunicatione contra li Bentivoj: 10 ottobre 1506», c. A*iv*), copia annotata conservata in Biblioteca Trivulziana, Milano, C 259/4

[18] «... determiniamo che dicte littere si debano affigere et publicare ne le porte de la cathedrale o vero de la maiore eccl[esi]a de la cità o vero del loco dove nui cum la nostra corte serimo et anchora ne le porte de ecclesia cathedrale de Ferrara di Modena de Imola», *ibidem*, c. A*v-r*.

[19] A. De Benedictis, *Una guerra d'Italia, una resistenza di popolo. Bologna 1506*, Bologna, Il Mulino, 2004, p. 110.

[20] *Excomunicatione contra li Bentivolii*, c. A*v-r*.

[21] V. Montanari, *Cronaca e storia bolognese del primo Cinquecento nel memoriale di ser Eliseo Mamelini*, in «Quaderni culturali bolognesi», 3, 1979, 9, pp. 5-70, qui p. 14.

[22] Sul concetto di pubblicazione nella prima età moderna: C. Jouhaud - A. Viala (edd), *De la publication entre Renaissance et Lumières*, Paris, Fayard, 2002.

nate anche a chi ne avesse ostacolato la circolazione. Questa prassi multimediale di divulgazione degli atti ufficiali e delle bolle pontificie – che intreccia oralità e stampa, lingua volgare e latino, ma anche musica e ritualità – diviene, durante il papato giuliano, una vera e propria strategia comunicativa.

All'interno di questo disegno, il massiccio impiego del nuovo mezzo tipografico rappresenta sicuramente il fattore innovativo rispetto al passato. Gli opuscoli a stampa contenenti il testo di scomuniche e interdetti, in latino e in volgare, si possono acquistare a poco prezzo nelle piazze italiane, venduti dagli ambulanti che ne annunciano il contenuto con le loro grida nelle strade, sui ponti e nei mercati. Spesso sono le autorità locali che ne regolano la produzione a scopo propagandistico. Allo stampatore bolognese Benedetto Faelli, ad esempio, il governo papale instauratosi ad inizio Cinquecento si rivolge per la stampa di documenti sia amministrativi o d'interesse secolare sia di natura universale, come indulgenze o interdetti. Dai torchi di quell'officina tipografica, nel 1508 escono il manifesto che rinnova la scomunica contro Giovanni Bentivoglio[23], mentre nel 1511 la bolla latina che rende pubbliche le scomuniche e sospensioni ecclesiastiche comminate dal pontefice[24].

Come reagirono i Bentivoglio alla pubblicazione della scomunica? Affinché «il Popolo non si sgomentasse dell'interdetto» e la paura non dilagasse, la prima risposta alle minacce papali è quella di contestarle con le armi del diritto, nel tentativo di dimostrarne l'invalidità giuridica delle censure[25]. Sul piano comunicativo, invece, si cerca di mettere la sordina alla condanna apostolica. La strategia del diniego e della censura intende evitare che la notizia dell'offensiva spirituale si spargesse

[23] Inc.: *Sacri Apostolatus ministerio divina disponente*, Bologna, Benedetto Faelli, 1508, in Biblioteca Comunale dell'Archiginnasio, Bologna.

[24] Inc.: *Bulla lecta in coena Domini continens multorum excomunicationes suspensiones & c. per s.d.n. Iulium II pont. max. edita. Et in calce eiusdem bulle executio*, Bologna, Benedetto Faelli, 1511.

[25] Fileno delle Tuate, *Istoria di Bologna*, 3 voll., a cura di A. Antonelli - B. Fortunato, Bologna, Costa, 2005, II, p. 477. La reazione bolognese con le armi del diritto è ricostruita in A. De Benedictis, *Una guerra d'Italia*, pp. 101-110.

in città e nel contado. L'affissione sui muri dell'interdetto viene proibita e alle guardie si ordina la distruzione di tutte le copie a stampa individuate. Tramite la cancellazione, si vuole vanificare la valenza giuridica del documento che si fonda proprio sulla sua dimensione pubblica, sulla sua pubblicità appunto. Tuttavia, una copia dell'interdetto è introdotta clandestinamente in città e giune nelle mani degli ecclesiastici che ne divulgano il contenuto[26]. La notizia della pubblicazione dell'interdetto si sparge e le autorità cittadine cercano di limitarne le conseguenze. I conventi dei frati che intendono ubbidire ai dettami dell'interdetto sono saccheggiati[27]. I preti risoluti a fuggire da Bologna, atterriti dalla minaccia di perdere i propri benefici, sono bloccati dalle guardie alle porte della città[28].

La strategia del diniego non si rivela efficace e la grancassa pontificia riesce a trasmettere il messaggio intimidatorio all'interno delle mura di Bologna. Infatti, nonostante il tentativo di distruggere gli esemplari della bolla, di arrestare la divulgazione del contenuto e di bloccare l'esodo degli ecclesiastici, l'effetto desiderato è raggiunto: panico, smarrimento e tensioni dilagano tra il popolo bolognese. Lo raccontano le cronache contemporanee. Descrivendo il senso di prostrazione e precarietà che regnava allora, il cronachista Fileno delle Tuate postilla amaramente il suo racconto: «il Papa ci dà in preda ad ogni huomo come infedeli e inimici della fede cristiana»[29]. Prosegue poi elencando gli esisti dell'atto papale sulla vita culturale e

[26] M. Fanti, *La bolla della maledizione di Giulio II: il ritrovamento dell'originale*, in G.M. Anselmi - A. De Benedictis (edd), *Città in guerra. Esperienze e riflessioni nel primo '500. Bologna nelle guerre d'Italia*, Bologna, Minerva, 2008, pp. 269-274, qui p. 272.

[27] Niccolò Machiavelli, *Lettere*, p. 1059.

[28] «... ali prieti che avevano beneficii ala pena de perder li beneficii dovevano andare da sua santità, ma quando erano a la porta per andarsene non erano lasati andare de che stavano chosì sospesi»; *Cronica Bianchini*, in Biblioteca Riccardiana, Firenze, ms 1841, c. 320*v*. «... volendose partire multi preti e chanonici da Bologna per andare a Ferrara per la schomunica quando furno ala porta de Ghaliera non furno lasati andare»; Fileno delle Tuate, *Istoria di Bologna*, II, p. 480.

[29] Cito il passo da A. De Benedictis, *Una guerra d'Italia*, p. 69.

religiosa cittadina: «preti frati scholari se sono partiti e non ano lasato in le ghiexie se no quattro frati per guardia, e tuto per l'interdito che non è posibele dire quante maledicione dà»[30]. I cittadini sono atterriti dalla scomunica e dall'interdetto, commenta Fileno, ma ancora di più «temono la spada»[31]. La duplice intimidazione spirituale e temporale evoca foschi presagi nell'immaginario collettivo, facendo temere per la sorte di Bologna. In quell'autunno pare avverarsi la premonizione di un'antica profezia, tramandata nei racconti orali di padre in figlio, che presagiva la distruzione della città[32]. Il vaticinio non si avverò. L'11 novembre 1506 il papa entra trionfalmente in città e ristabilisce l'autorità apostolica: Bologna torna sotto la giurisdizione pontificia e le sanzioni spirituali sono revocate. Di lì a qualche anno, però, la minaccia religiosa torna ad aleggiare sulla città della Chiesa.

Nel giugno del 1511, grazie all'aiuto militare francese, Bologna si ribella nuovamente al dominio papale e ritorna sotto le insegne dei Bentivoglio. La reazione della Chiesa di Roma non si fa attendere e si rimette in azione il meccanismo propagandistico. Il pontefice pubblica un'indulgenza che promette l'assoluzione eterna dai peccati a «tuti queli che pigliavano le armi in man in suo alturie a defendere Bologna dali Bentivogli»[33]. Nei manifesti affissi sulle mura dei palazzi pubblici e sulle porte delle chiese nelle città limitrofe si garantisce la possibilità di «elezerse uno confessore a suo modo et a quelo constituire che eli posesene asolvere de tuti li caxi riservati ala Sedia apostoli-

[30] FILENO DELLE TUATE, *Istoria di Bologna*, II, p. 480. Nel diritto canonico, dal punto di vista degli effetti sulla popolazione, le pene dell'interdetto corrispondono molto da vicino a quelle della scomunica minore.

[31] *Ibidem*.

[32] Così nelle parole del cittadino bolognese Eliseo Mamelini: «Che Dio ce agliuti et ce guardi da tanto flagello per che io ho paura che non venga a vero quella profetia che più e più volte da mio patre e da mia madre et da molti altri ho audito dire zoè che li romei che andarano a Roma dirano zà qui fu Bologna. 'Quod Deus avertat'»; V. MONTANARI, *Cronaca e storia bolognese*, p. 14.

[33] TOMMASINO DE' BIANCHI detto DE' LANCELLOTTI, *Cronaca Modenese*, in «Monumenti di storia patria delle Province Modenesi», tomi II-IX, Parma, Pietro Fiaccadori, 1862-1870, p. 17.

cha»[34]. Quindi, come preludio alla spedizione militare, Giulio II lancia un nuovo interdetto sulla città. Alla fine di giugno del 1511, il testo circola già in maniera capillare nella penisola: «fo stampa` una maledition, data per il papa a' bolognesi, la qual si vendeva un bezo l'una, per la terra»[35], annota nei suoi diari Marin Sanudo che ne acquista una copia a Venezia.

Quali sono gli effetti sulla popolazione sottoposta all'interdetto? Un clima di angoscia e sgomento regna nella città felsinea tormentata da un senso di colpa collettivo. Gli eventi metereologici straordinari che colpiscono la città, come la tempesta che nel giugno 1511 devasta Bologna e il contado, distruggendo i raccolti, sono interpretati come conseguenze della maledizione papale[36]. La punizione ecclesiastica investe anche la quotidianità dei credenti e tracce dello scoramento popolare si registrano nel tono grave o sommesso dei rituali religiosi. Nel febbraio del 1512, in occasione di una processione pubblica, gli ecclesiastici procedono in silenzio e senza insegna della croce[37]. I cori intonati da giovani fanciulle vestite di bianco invocavano l'intervento salvifico della Madonna del Baraccano, affinché il papa riponesse la «spada in la guaina» e riprendesse in mano il pastorale: «Il pastor lassi la lanza / et la verga in man repigli». Nel ritornello intonato coralmente si implora la Vergine: «Pace o dea deh pace hormai /manda a noi dal divin choro / pace pace a nostri guai»[38]. Se l'interdetto su Bologna e la sua divulgazione mediatica avevano avuto effetto e una circolazione soprattutto nell'ambito delle città e degli stati italiani coinvolti, una dimensione europea sarà

[34] Il testo dell'indulgenza fu «publichato ala rengera del palazo de Modena» e «ne fu apicato la copia a tute le gexie»; *ibidem*.

[35] MARIN SANUDO, *I diari (1446-1533)*, 58 voll., a cura di R. FULIN et al., Venezia, Visentini, 1879-1902 (d'ora in poi DMS), XII, col. 256.

[36] Si diceva «esser stà a Bologna una grandissima tempesta, per mia X atorno, et à fato grandissimo danno e tolto tutto etc. E dicono, è stà per la scomunicha dil papa»; DMS, XII, col. 243.

[37] FRIANO DEGLI UBALDINI, *Cronica bolognese*, in Biblioteca Universitaria, Bologna, ms 430, t. III (1492-1513), cc. 926*v*-928*r*.

[38] *Ibidem*, c. 927*r*.

invece quella raggiunta dai provvedimenti emanati contro la Repubblica di Venezia.

3. *La mediatizzazione dell'interdetto: Venezia scomunicata (1509)*

Il 1509 è l'anno che segna la fine dell'espansionismo veneziano in Terraferma e delle aspirazioni della Serenissima di ergersi a potenza egemone sulla penisola. L'anno precedente le principali monarchie europee avevano stipulato a Cambrai un patto antiveneziano che condurrà nel maggio 1509 alla campale disfatta dell'esercito della Repubblica ad Agnadello, sull'Adda[39]; una delle più sanguinose battaglie della prima età moderna, che diverrà rapidamente un evento mediatico nello spazio pubblico europeo[40].

A quel tempo, la percezione diffusa a Venezia era che quella in atto nei confronti della Serenissima fosse una vera guerra santa. «E cussì va il mondo – rifletteva Marin Sanudo –, che il papa manda denari a' christiani, aziò fazi guera a christiani», sottolineando l'incongruenza di un pontefice romano come promotore delle guerre nella cristianità[41]. Tale impressione si estendeva dai palazzi delle autorità agli strati più ampi della popolazione. L'alleanza contro la Repubblica non era una lega, ma una crociata – «non vojo dir liga ma cruziata» –, commentava Martino Merlini in una lettera nella quale esponeva al fratello, allora stanziato a Beirut, le cause del conflitto[42].

[39] F. Alazard, *La bataille oubliée: Agnadel, 1509: Louis XII contre les Vénitiens*, Rennes, Presses universitaires de Rennes, 2017.

[40] Sul concetto di evento mediatico: F. Bösch, *Ereignisse, Performanz und Medien in historischer Perspektive*, in F. Bösch - P. Schmidt (edd), *Medialisierte Ereignisse. Performanz, Inszenierung und Medien seit dem 18. Jahrhundert*, Frankfurt a.M., Campus, 2010, pp. 7-29; N. Couldry - A. Hepp, *Introduction*, in N. Couldry et al. (edd), *Media Events in a Global Age*, New York, Routledge, 2009, pp. 1-20.

[41] DMS, VIII, col. 153.

[42] G. Dalla Santa, *La lega di Cambrai e gli avvenimenti dell'anno 1509, descritti da un mercante Veneziano contemporaneo*, Venezia, Sorteri e Vidotti, 1903, p. 8.

La premessa giustificatoria all'intervento militare è rappresentata dall'interdetto sulla Repubblica. Su Venezia viene scagliato il monitorio papale – l'anatema che precede l'interdetto vero e proprio – tramite la bolla *Pastoralis officii*, proclamata in concistoro il 27 aprile del 1509. Una «bolla orribile», secondo Guicciardini[43], «terribilissima» e «molto crudelissima» nelle parole dei diaristi veneziani, per il tenore delle accuse e delle minacce contenute[44]. Oltre che nella sfera religiosa, l'interdetto colpisce i veneziani sia nei loro interessi economici, vietando il commercio con altri cristiani, sia in quelli temporali, con la perdita di sovranità sui loro domini. «Censure spaventose, rabiose, che fosse may stada fata né contra Stadi né private persone»; una violenza inaudita, «horenda et abominevole», una vergona per colui che le aveva pronunciate, azzarda un cronista udinese[45]. Nel documento elaborato dalla cancelleria pontificia l'iniziativa bellica è motivata con la necessità di reagire all'«oppressione della Chiesa Romana», di arrestare l'espansionismo della Repubblica e di recuperare la giurisdizione della Chiesa sui territori indebitamente sottratti[46]. Nella visione papale, l'azione militare contro Venezia è pienamente giustificata perché diretta contro un tiranno collettivo, usurpatore del patrimonio di Pietro. Se entro quattro settimane i membri della Signoria di Venezia non avessero restituito i possedimenti della Chiesa in Romagna, con le relative rendite beneficiali, sarebbe entrata in vigore la scomunica contro di loro e l'interdetto sui territori della Repubblica.

La diffusione della bolla che ufficializzava il provvedimento, è paradigmatica per illustrare le strategie mediatiche di circolazione dei messaggi politico-religiosi attraverso l'intreccio

[43] FRANCESCO GUICCIARDINI, *Storia d'Italia*, a cura di S. SEIDEL MENCHI, Torino, Einaudi, 1971, p. 742.

[44] DMS, VIII, coll. 133-134, 169, 187.

[45] *Diarii udinesi dall'anno 1508 al 1541 di Leonardo e Gregorio Amaseo e Gio. Antonio Azio*, Venezia, Deputazione veneta di storia patria, 1884, pp. 73-74.

[46] «His igitur Romanae Ecclesiae tum in spiritualibus quam temporalibus oppressionibus»; «quod ante omnia a venetis sibi restituantur ea quae de dominiis ad eos spectantibus per illos occupantur»; DMS, IX, coll. 191-192.

di immagini, parole scritte e stampate, voci latine e volgari. La minuta della bolla è elaborata dalla cancelleria pontificia, sotto la supervisione del segretario 'politico' Sigismondo de' Conti; viene poi resa pubblica attraverso le edizioni latine commissionate agli stampatori vicini alla Curia romana, come Eucario Silber e Giacomo Mazzocchi, e autenticate dall'autorità apostolica[47]. Giulio ordina di pubblicare il testo della scomunica contro la Serenissima in almeno seicento esemplari e minaccia di farlo circolare «a Venecia e per tutto il mondo»[48]. E l'altissimo indice di sopravvivenza degli esemplari del monitorio latino in archivi o nelle biblioteche europee e nordamericane lascia pensare che il pontefice abbia dato seguito al suo avvertimento[49]. Per l'autorità giuridica conferita al testo stampato, di fatto equiparato all'originale manoscritto, la pubblicazione di questa bolla segna una svolta nel rapporto tra il mezzo tipografico e il potere: per la prima volta il papa regola la riproduzione di un atto politico menzionando la stampa nella formula concernente la confezione di copie autentiche[50]. Dal testo ufficiale si passa quindi al volgarizzamento: traduzioni in italiano del monitoro sono riprodotte in centinaia di copie, vendute dagli ambulanti, fatte affiggere alle porte delle chiese e annunciate a suon di tromba nelle piazze[51]. Prima a Roma e poi nei principali spazi pubblici delle città italiane.

La mediatizzazione dell'anatema antiveneziano non è limitata all'Italia, ma si estende anche al di là delle Alpi. L'eco minaccioso di questi provvedimenti giunge nelle più lontane corti e piazze europee. L'intento è quello di diffondere la

[47] *Monitorium contra venetos*, Roma, Giacomo Mazzocchi, 1509, in Archivio Segreto Vaticano, Città del Vaticano, *Archivium* Arcis, I-XVIII, 1443, cc. 127-138; *Monitorium contra Venetos*, Roma, Eucario Silber, 1509.

[48] DMS, VIII, col. 182.

[49] Solo presso la Bibliothèque Nationale de France, ad esempio, sono conservate almeno sette diverse copie ed edizioni della versione latina. Altri esemplari si trovano a Londra, Madrid, Monaco, Siviglia, Wittenberg, oltre che nelle biblioteche italiane e nord-americane.

[50] Cfr. M.G. BLASIO, *'Cum gratia et privilegio'*, p. 40.

[51] *Admonitione contra li venetiani*, s.n.t., 27 aprile 1509, copia annotata in Biblioteca Trivulziana, Milano, Inc. C 259/6.

formula teocratica che giustifica la guerra cambraica presso un pubblico ampio di fedeli, sudditi e contribuenti, allo scopo di alimentare il consenso degli alleati europei nei confronti della guerra papale. Alle cancellerie di quasi tutta Europa sono recapitate riproduzioni dell'originale monitorio latino, di cui vengono ordinate traduzioni per aumentarne la forza persuasiva e le quali sono immediatamente date alle stampe. Solo in Inghilterra il testo dell'ammonimento pontificio non trova la via della stampa, soprattutto poiché il regno inglese non partecipa al conflitto, ma anche per il recente passaggio della corona al giovane Enrico VIII[52]. In Francia, invece, la bolla vanta diverse edizioni latine e volgari stampate tra Parigi e Lione. Una di esse, pubblicata su commissione e con privilegio reale, è la traduzione «de lingua latina in gallicam» redatta da un giurista vicino alla corte, Jean Gradi, professore di diritto e consigliere del re Luigi XII[53].

Nei territori del Sacro Romano Impero si assiste a un vero diluvio editoriale che ha come oggetto l'interdetto, a conferma di come l'imperatore Massimiliano I fosse un abile utilizzatore dei mezzi di comunicazione a fini propagandistici[54]. La quantità di bolle stampate nei territori imperiali e conservatesi sino a noi, oltre che a un indice di sopravvivenza straordinario per questi materiali effimeri, rimandano anche a una circolazione capillare nei territori tedeschi e nelle città imperiali: Magonza, Lipsia, Norimberga, Augusta, Strasburgo sono i luoghi di stampa, importanti centri tipografici che riflettono una geografia

[52] DMS, VIII, col. 394.

[53] *Monitoire de par nostre sainct pere le pape contre les venitiens*, Lyon, Noel Abraham, 1509. Un'altra edizione è la *La monicion excommuniment anathematisation & malidiction dõnee par nostre saint pere le pape Julle moderne contre les veniciens et ceulx qui les fauorisent aydent & supportent. Publiee et imprimee a Rõme le. xxvii. iour dauril. Mil. v.c.&.ix. par le cõmandem~et de nestre dit saint pere le pape. Et depuis translatee en francoys*, Paris, Michel Le Noir, 1509.

[54] Sull'utilizzo dei media a scopo promozionale da parte di Massimiliano I: L. Silver, *Marketing Maximilian: The Visual Ideology of a Holy Roman Emperor*, Princeton - Oxford, Princeton University Press, 2008; S. Füssel, *Kaiser Maximilian I. und die Medien seiner Zeit. Der Theuerdank von 1517. Eine kulturhistorische Einführung*, Köln et al., Taschen, 2003.

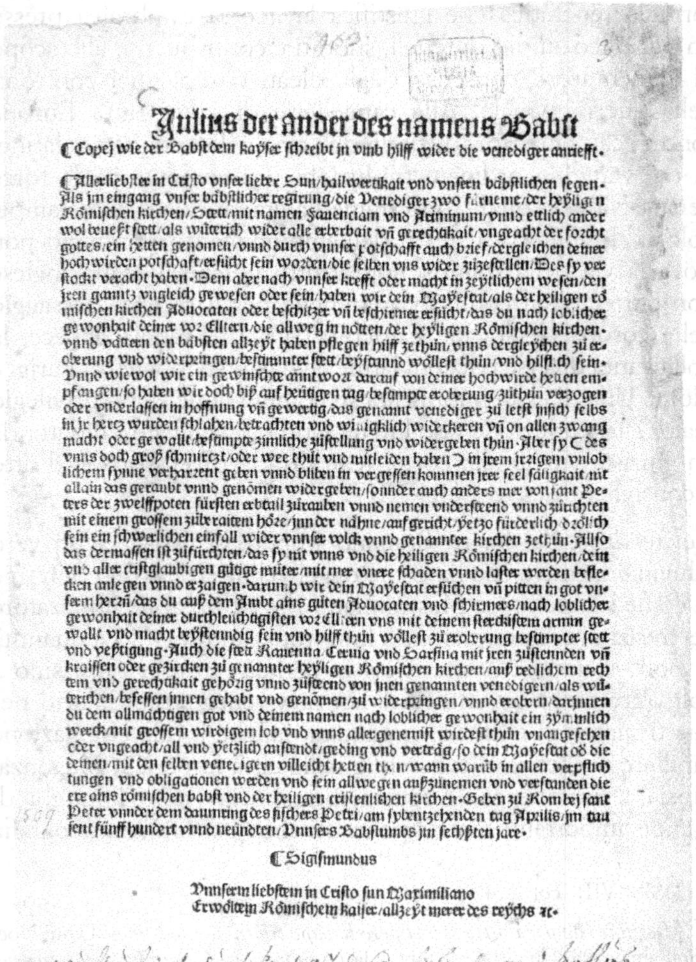

Julius der ander des namens Babst

Copej wie der Babst dem kaÿser schreibt jn vmb hilff wider die venediger anriefft.

Allerliebster in Cristo vnser lieber Sun/hailwertikait vnd vnsern bäbstlichen segen. Als jm eingang vnser bäbstlicher regirung/die Venediger zwo fürneme/der heÿligen Römischen kirchen/Stett/mit namen Fauenciam vnd Ariminum/vnnd etlich ander wol beuestt stett/als wüterich wider alle erberkait vñ gerechtikait/vngeacht der forcht gottes/ein hetten genomen/vnnd durch vnnser potschafft auch brief/dergleichen deiner hochwirden potschaft/ersücht sein worden/die selben vns wider zuzestellen/Des sy ver stockt veracht haben. Dem aber nach vnnser krefft oder macht in zeÿtlichem wesen/den jren gannz vngleich gewesen oder sein/haben wir dein Maÿestat/als der heiligen rö mischen kirchen Aduocaten oder beschitzer vñ beschirmer ersücht/das du nach loblicher gewonhait deiner vor Elltern/die allweg in nötten/der heÿligen Römischen kirchen. vnnd vättern den bäbsten allzeÿt haben pflegen hilff ze thün/vnns dergleÿchen zü er obrung vnd widerpringen/bestimmter stett/beÿstannd wöllest thün/vnd hilflich sein. Vnnd wiewol wir ein gewinschte antwort darauf von deiner hochwirde hetten em pfangen/so haben wir doch biß auf heütigen tag/bestimpter eroberung zuthün verzogen oder vnderlassen in hoffnung vñ gewertig/das genannt venediger zü letst insich selbs in jr hertz wurden schlahen/betrachten vnd w[illigk]lich widerkeren vñ on allen zwang macht oder gewallt/bestimpte zimliche züstellung vnd widergeben thün. Aber sy (des vnns doch groß schmirtzt/oder wee thüt vnd mitleiden haben) in jrem jrrigem vnlob lichem synne verharrent geben vnnd bliben in vergessen kommen jrer seel säligkait/nit allain das geraubt vnnd genömen widergeben/sonnder auch anders mer von sant Pe ters der zwelffpoten fürsten erbtail züranben vnnd nemen vnderstend vnnd zürichten mit einem grossem zübe raitem höre/jnn der nähne/aufgericht/ÿetzo fürderlich drölich sein ein schwerlichen einfall wider vnnser volck vnnd genannter kirchen zethün. Allso das dermassen ist züfürchten/das sy mit vnns vnd die heiligen Römischen kirchen/dein vnd aller cristglaubigen gütige müter/mit mer vnere schaden vnnd laster werden befle cken anlegen vnnd erzaigen. darumb wir dein Maÿestat ersüchen vñ pitten in got vn serm herrñ/das du auß dem Ambt ains güten Aduocaten vnd schirmers/nach loblicher gewonhait deiner durchleüchtigisten vor Elltern vns mit deinem sterckistem armm ge wallt vnd macht beÿstenndig sein vnd hilff thün wöllest zü erobrung bestimpter stett vnd veßtigung. Auch die stett Rauenna/Ceruia vnd Sarsina mit jren züstennden vñ kraissen oder gezircken zü genannter heÿligen Römischen kirchen/auß redlichem rech tem vnd gerechtikait gehörig vnnd züsteend von jnen genannten venedigern/als wü terichen/besessen jnnen gehabt vnd genömen/zü widerpringen/vnnd erobern/darjnnen du dem allmächtigen got vnd deinem namen nach loblicher gewonhait ein zÿmlich werck/mit grossem wirdigem lob vnd vnns allergenemist wirdest thün vnangesehen oder vngeacht/all vnd ÿetzlich anstendt/geding vnd verträg/so dein Maÿestat od die deinen/mit den selben venedigern villeicht hetten th[ü]n/wann warüb in allen verpflich tungen vnd obligationen werden vnd sein allwegen außzünemen vnd verstanden die ere ains römischen babst vnd der heiligen cristenlichen kirchen. Geben zü Rom bej sant Peter vnnder dem daumring des fischers Petri/am sybentzehenden tag Aprilis/jm tau sent fünff hundert vnnd neündten/Vnnsers Babstumbs jm sechßten jare.

Sigismundus

Vnnserm liebstem in Cristo sun Maximiliano
Erwöltem Römischem kaiser/allzeÿt merer des reÿchs &c.

Fig. 1. *Julius der ander des namens Babst Copei wie der Babst dem kaÿser schreibt in umb hilff wider die venediger anriefft*, München - Ostendorfer, Zayssinger, 1509, foglio unico (München, Bayerische Staatsbibliothek, Einbl. VI, 22).

ramificata della pubblicazione di questi documenti e testimoniano una consapevole strategia comunicativa. Oltre che le numerose stampe dell'originale latino[55], varie versioni in tedesco appaiono in forma di manifesto (fig. 1)[56] oppure in formati più piccoli contenenti la traduzione del testo dell'intimidazione pontificia[57]. Mentre altre edizioni si presentano contrassegnate dall'insegna dell'aquila bicefala dell'imperatore Massimiliano I (fig. 2), a segnalare la possibilità di una committenza diretta[58]. A testimonianza della concezione diffusa dell'interdetto come *casus belli*, infine, il testo del monitorio papale compare come premessa giustificatoria anche nelle narrazioni non ufficiali e nelle cronache a stampa che raccontano le vicende della guerra contro Venezia[59].

In generale, si può affermare che non solo l'interdetto, ma tutti gli episodi della guerra in Italia condotta dall'imperatore ebbero una vasta eco nella pubblicistica tedesca contemporanea[60]. Quella che accompagna la campagna militare di Massimiliano I è una produzione eterogenea, che comprende volantini, lettere, manifesti, fogli volanti ed è caratterizzata da immagini e parole dai toni apertamente propagandistici. Un esempio clamoroso

55 *Monitorium contra Venetos*, Leipzig, Martin Landsberg, 1509; *Monitorium contra Venetos*, Nürnberg, Georg Stuchs, 1509.

56 *Julius der ander des namens Babst Copei wie der Babst dem kaÿser schreibt in umb hilff wider die venediger anriefft*, München - Ostendorfer, Zayssinger, 1509.

57 *Bebstliche vermanug widder die Venediger nach Christi geburt im tausentfunffhundert unnd nünden jar außgangen*, Leipzig, Martin Landsberg, 1509. Sulle traduzioni tedesche conservate in varie biblioteche europee (da Monaco di Baviera a Siviglia): W. MÄHRLE, *«Deus iustus iudex». La battaglia di Agnadello e l'opinione pubblica nei paesi tedeschi*, in G. GULLINO (ed), *L'Europa e la Serenissima: la svolta del 1509. Nel V centenario della battaglia di Agnadello*, Venezia, IVLSA, 2011, pp. 210-211.

58 Una di queste riporta il nome del traduttore, George Ortolff: *Die päpstlich Bull, Process Bann und Anathema, so unnser allerhailigister vatter Pabst Julius wider das groß Commun der Venediger yetzo neulichen hat lassen außgeen*, Augsburg, 27 aprile 1509.

59 *Von der Venedier krieg*, Mainz, Johann Schöffer, 1509.

60 W. MÄHRLE, *«Deus iustus iudex»*.

Fig. 2. *Die päpstlich Bull, Process Bann und Anathema, so unnser allerhailigister vatter Pabst Julius, wider das groß Commun der Venediger, yetzo neulichen hat lassen außgeen*, Augsburg, 27 aprile 1509 (München, Bayerische Staatsbibliothek, VD16 K 251).

sono le lettere a stampa, firmate dall'imperatore e indirizzate agli abitanti di Venezia, con cui tra il 1509 e i 1511 Massimiliano I incita i cittadini e popolani alla ribellione contro il governo della Repubblica. Introdotte clandestinamente in Laguna dalle spie imperiali e disseminate con il favore della notte nelle calli e negli spazi pubblici veneziani, queste stampe avevano la manifesta finalità di fomentare il malcontento popolare[61]. Vi sono poi i numerosi componimenti aspramente antiveneziani opera del poeta Johannes Kurtz, apparsi a stampa negli anni del conflitto tra l'Impero e Venezia[62]. In un foglio volante del 1509, ad esempio, Venezia è raffigurata come una sirena in disarmo in mezzo al mare con lo stemma di San Marco in mano, mentre l'imperatore, il papa, il re d'Aragona e la Francia ne riducono la bandiera a brandelli (fig. 3)[63]. Alcuni testi valicano le Alpi e vengono tradotti dall'italiano al tedesco, o viceversa: in particolare, molto popolari sembrano essere dei versi che descrivono la personificazione di Venezia agonizzante sul letto di morte, al cui capezzale accorrono i principali alleati di Cambrai – il papa e i regnanti di Francia, Impero, Ferrara, Mantova, Spagna – per somministrarle l'estrema unzione. Questa storia fu ridotta in versi dallo stesso Johannes Kurtz, ma ne esistono versioni italiane in forma di sonetto e anche una replica diretta in chiave pro-veneziana, a riprova di una dialettica politica operativa attraverso questa produzione editoriale su entrambi i versanti delle Alpi[64].

61 M. ROSPOCHER, *«Non vedete la libertà di voi stessi essere posta nelle proprie mani vostre?». Guerre d'inchiostro e di parole al tempo di Cambrai*, in M. BONAZZA - S. SEIDEL MENCHI (edd), *Dal Leone all'Aquila. Comunità, territori e cambi di regime nell'età di Massimiliano I*, Rovereto (Trento), Osiride, 2012, pp. 127-147.

62 J.L. FLOOD, *Johannes Kurtz and «Madunna Venesia»*, in «La Bibliofilía», 115, 2013, 1, pp. 83-93.

63 JOHANN KURTZ, *Wie Babst Kayset [sic!] unn kunig von Franckreich och Arragon der merr iunckfraw ir fenlin zerreyssen*, Nürnberg 1509.

64 La versione tedesca è all'interno dell'opuscolo attribuito a Johannes Kurz: *Dis Büchlin saget von d' Venediger Krieg und von irem Verlust viler Stett Clausen und Schloesser die sie all in irem gewalt haben gehabt woelche nun zumal hat gewunnen und ingenomen die keiserliche Maiestat Maximilianus das dan die recht lauter Warheit ist, item von einer alten Frawen Madunna*

Fig. 3. JOHANN KURTZ, *Wie Babst Kayset [sic!] unn kunig von Franckreich och Arragon der merr iunckfraw ir fenlin zerreyssen*, Nürnberg 1509, foglio unico (München, Bayerische Staatsbibliothek, Einbl. I, 19 m).

Venesia genant, Strasburg, M. Hupfuff, 1509, cc. 4*r*-5*r*. Per il sonettto mantovano e la risposta veneziana: A. MEDIN, *Sonetti per la lega di Cambrai 1508*, Padova, Gallina, 1900, pp. 18-19.

Le versioni italiane della bolla, circolate nelle piazze e nei luoghi sacri delle città della penisola, riflettono il linguaggio rabbioso e il tono collerico del papa guerriero. Il testo trasmette ai fedeli una chiara indicazione in merito alla partecipazione alla guerra contro Venezia. A chiunque avesse impugnato «le arme per restauratione de la Sedia Apostolica et de le cose a quella tolte» sarebbe stata concessa un'indulgenza plenaria con la remissione dei peccati[65]. Un messaggio chiaro recepito anche nelle cronache contemporanee: «chi li amazava fose asolto de colpa et de pena, et in ogni logo del mondo che se atrovavino Vinitiani cum merchadantie et ogni altra cosa, che ogniuno potese tor inpune et amazarli et venderli, come che li fosino sciavi», rincarava il cronista Giovanni Amaseo[66]. Seguendo la tradizione degli antichi martiri cristiani, la ricompensa per il sacrificio degli attuali difensori della Chiesa sarebbe stato il Regno dei Cieli. Al contrario, si prospetta la discesa all'Inferno a quanti «potendo comodamente spogliare, depredare, captivare epsi Venetiani … se abstegnessero»: costoro sarebbero stati «excomunicati et maledicti et percossi da la maledictione de dio, né sperino de la salute de le anime loro et se anci in fin de la vita pentendosi non seranno absolti da la auctorità apostolica»[67]. Non solo la salvezza dei credenti passa attraverso l'esercizio della violenza, ma coloro che si rifiutano di farne uso, pur avendone l'opportunità, sono condannati alla dannazione eterna.

Oltre che in parole inequivocabili, il messaggio intimidatorio viene tradotto nel linguaggio figurativo. L'esemplare di una traduzione italiana dell'interdetto, di matrice ferrarese, offre spunti interessanti da un punto di vista iconografico. A conclusione del testo compare un'immagine del papa – affiancato dallo Spirito Santo in forma di colomba – a sancire il patrocinio pontificio, circostanza che investe il documento di un potere certificante dell'autorità apostolica. L'opuscolo, inoltre, è corredato da una xilografia a tutta pagina sul verso dell'ultima

[65] *Admonitione contra li venetiani*, *passim*.

[66] *Diarii udinesi*, p. 73.

[67] *Admonitione contra li venetiani*, *passim*.

carta (fig. 4): un'immagine decisamente minatoria nei confronti della Serenissima[68]. Seduto sul trono romano, Giulio punta il dito minaccioso contro il doge nell'atto di scomunicarlo. Il papa è in pieno ornamento, incoronato dalla tiara e con il pastorale che ne risalta l'autorità. Ai suoi piedi un monaco inginocchiato legge il testo del monitorio confortato da un cardinale, mentre il doge è affiancato da due senatori vestiti alla moresca: preferendo l'alleanza con i turchi, il doge e il governo veneziano si erano posti al di fuori della comunità cristianità. Il messaggio ai sudditi della Repubblica è perentorio: la ribellione e la disubbidienza nei confronti di tali governanti indegni è pienamente legittima.

4. *Reazione e redenzione*

Venezia rispose al monitorio con le armi del diritto canonico. Accusa il pontefice di aver trasgredito il diritto divino, avendo prestato aiuto a un assassino come il re di Francia, e si appella al patriarca di Costantinopoli, invocando la convocazione del Concilio. La Serenissima reagì anche attraverso le armi mediatiche. L'appello all'autorità conciliare contro la scomunica, infatti, viene fatto affiggere sia a Venezia che a Roma, proprio sulla porta di San Pietro e su una colonna di Castel Sant'Angelo[69].

Prima di reagire con le armi del diritto e della comunicazione, la Serenissima cercò di limitare la circolazione pubblica della censura ecclesiastica, affinché «il popolo per cagion di

[68] La xilografia appare a fine opuscolo (*Admonitione contra li venetiani*, c. 8*v*) con titolo *Excommunicatione publicata contra venetiani maledicti et interdicti dal summo pontifice signore nostro papa Jullio secondo. MCCCCCVIIII, Die xxvii Maij*; rispetto all'esemplare trivulziano qui in esame, le altre edizioni note dell'*Admonitione* non sono corredate da xilografia. L'*Excommunicatione* è datata 27 maggio 1509, ma il mese è cancellato dal correttore cinquecentesco e corretto con la nota manoscritta «aprile».

[69] DMS, VIII, col. 187. Sull'appello: G. Dalla Santa, *Le appellazioni della Repubblica di Venezia dalle scomuniche di Sisto IV e Giulio II*, in «Nuovo Archivio Veneto», 17, 1899, pp. 216-242; dello stesso autore, *Il vero testo dell'appellazione di Venezia dalla scomunica di Giulio II*, *ibidem*, 19, 1900, pp. 349-361; A. De Benedictis, *Abbattere i tiranni*, pp. 82-89.

Fig. 4. *Excommunicatione publicata contra venetiani maledicti et interdicti dal summo pontifice signore nostro papa Jullio secondo. MCCCCCVIIII, Die xxvii Maij*, dall'opuscolo *Admonitione contra li venetiani*, s.n.t., 27 aprile 1509, c. 8v (Milano, Archivio Storico Civico Biblioteca Trivulziana; © Comune di Milano - tutti i diritti riservati).

quelle bolle non si commovesse più di quello che i tempi e le diasagevolezze della Repubblica permettevano», scriveva Pietro Bembo[70]. Le autorità imposero una «cappa di piombo»[71]

[70] Pietro Bembo, *Della historia vinitiana, di M. Pietro Bembo Card. volgarmente scritta*, Venezia, Gualtieri Scoto, 1552, p. 199.

[71] F. Alazard, *La bataille oubliée*, p. 140.

sulla scomunica, attraverso quella «strategia del diniego» che avrebbero adottato anche in occasione dell'interdetto del 1606[72]. Per prevenire la pubblicazione all'interno della città, gli ufficiali di ronda nella notte furono allertati di rimuovere tutte le polizze o i manifesti che avessero trovato affissi su muri o colonne, senza nemmeno leggerne il contenuto. Al patriarca fu intimato di non ricevere alcun messo pontificio che fosse giunto in quei giorni per impedire la notificazione dell'atto[73]. Infine, dopo che la scomunica venne ufficialmente fulminata, furono inviate guardie presso tutte le chiese affinché ne impedissero la promulgazione[74]. Nonostante tutte queste precauzione, non fu tuttavia possibile impedire che la notizia si diffondesse nei molteplici spazi pubblici di un centro di comunicazione come Venezia, in cui le informazioni giungevano copiose dall'esterno, grazie all'enorme massa di forestieri che la popolavano. Parole e immagini dell'anatema pontificio rientravano dunque nella sfera dell'oralità, generando discussioni che le autorità faticarono a controllare.

Come accaduto a Bologna qualche anno prima, nelle settimane successive all'emanazione della bolla contro Venezia, i flagelli metereologici e gli incidenti che colpirono la città lagunare – mareggiate, incendi e crolli di edifici – furono interpretati come conseguenze dell'interdetto e attribuiti alla collera divina provocata dalla ribellione al vicario di Cristo[75]. Erano ricorrenti le voci secondo cui sciagure ancora peggiori – pestilenze e carestie – si sarebbero presto abbattute sulla Serenissima[76]. I mercanti stranieri abbandonavano la città mettendo in pericolo i commerci. Tra i fedeli si diffuse il panico e un generale

72 F. De Vivo, *Patrizi, informatori, barbieri*, pp. 37-60.

73 DMS, VIII, coll. 142, 161. Il papa aveva avvisato che avrebbe inviato un frate ferrarese per rendere nota la sanzione a Venezia; *ibidem*, col. 169.

74 *Ibidem*, col. 170.

75 R.W. Scheller, *L'union des princes: Luis XII, His Allies and the Venetian Campaign 1509*, in «Simiolus: Netherlands Quarterly for the History of Art», 24, 1999, 4, pp. 195-242, qui p. 209.

76 «Se diz chel se aspeta el morbo grandisimo universal per tuti ... e charestia granda»: G. Dalla Santa, *La lega di Cambrai*, pp. 12-13.

disorientamento spirituale; proliferarono i presagi escatologici e una predicazione apocalittica; si moltiplicarono le processioni penitenziali[77]. Il vivido racconto di Martino Merlini descriveva il sentimento di colpa e di espiazione collettiva che avvolgeva la società veneziana:

«Ogni zorno tute le jexie de questa tera fa prozesion, portano il Crozefiso e chantano le letanie con molte done e omeni driedo tanto devotamente quanto vedesti mai; le done tu non le vedi più veste de chome le andavano, ma tute ala tonda, con le chandele in man, et molte desse con le lagreme ai ochi e sospiri e chiamarse in cholpa; chonvegnivano rechognoserse davanti la miserichordia de Dio di nostri mensfati, chome xe el biastemiar, la pocha justizia e gran superbia, uxure, rapine, sodomie e sacrilegi, in questa tera de questi tal pechadi puzava fin al ziello»[78].

Nei mesi successivi, i veneziani impiegarono anche le armi della disinformazione, diffondendo all'esterno false voci riguardanti la revoca delle sanzioni spirituali. Gli avversari, dal canto loro, si preoccuparono di ribadire come le punizioni contro i veneziani vigessero ancora e, anzi, fossero state ribadite dal pontefice con una nuova bolla nell'estate del 1509. Al tempo dell'assedio di Padova, nel settembre 1509, le balestre dei soldati imperiali lanciarono oltre le mura cittadine dei dardi («veretoni») carichi di lettere di Massimiliano I destinate a «nobeli, citadini, comunità et a l'universo populo de dita cità». Attraverso questa studiata operazione propagandistica, il re romani intendeva informare che «lo interdicto della Sede Apostolicha emanato et publicato ... non è levato, né revocato, come intendiamo vi viene persuaso falsamente»[79].

Come reazione all'aggressione subita, all'interno del patriziato i senatori più giovani si volsero a Oriente e si appellarono al

[77] R. Finlay, *Fabius Maximus in Venice: Doge Andrea Gritti in the War of Cambrai, and the Rise of Hambsburg Hegemony (1509-1530)*, in «Renaissance Quarterly», 53, 2000, 4, pp. 988-1031, qui p. 995.

[78] *Ibidem*.

[79] Sarebbe accaduto il 10 e il 22 settembre; DMS, VIII, coll. 200-202. Il lancio di polizze a stampa oltre le mura nemiche era una pratica abituale: per consegnare l'ultimatum alla città assediata, nel 1512, ad esempio, i veneziani decisero di «butar molte polize in Brexa con le freze»; *ibidem*, XIII, col. 435.

turco. Lorenzo Loredan, figlio del doge, dichiarò che Giulio II poteva definirsi «non pontefice, ma carnefice dei cristiani» e che anziché chiedere il perdono del papa ci si dovesse piuttosto rivolgere al sultano[80]. Alla tiara del pontefice si contrappone il turbante del sultano, secondo una prassi politica diffusa nell'Italia del Rinascimento[81]. Il pericolo di un'alleanza turco-veneziana era ripreso dagli avversari che ne ricavavano ulteriori giustificazioni per annientare la Repubblica. Accuse di connivenza con i turchi, infatti, continuarono a riverberare nelle trattative diplomatiche e nel dibattito politico internazionale nei mesi successivi. Alla dieta imperiale di Augusta dell'aprile 1510, l'oratore del re di Francia, l'italiano Luigi Eliano, accusava Venezia di essere il «ricettacolo di tutti i vizi» e i sudditi di San Marco di essersi consacrati a «Maometto anziché a Gesù Cristo». Essi andavano quindi «sterminati con il ferro e con il fuoco»[82]. Nelle composizioni di piazza si dileggiava quella «Venezia sconsolata / posta in pianto e gran dolore» e disposta ormai a tutto. Anche all'estremo tentativo di rivolgersi al «gran Turco», il sultano Bayezid II: «si non vedo pace o trega / chiamarò in mare in terra / il gran Turcho con sua guerra / como gente desperata», raccontava un *Lamento de' Venetiani* composto dal milanese Simone Litta[83]. Quest'ultima fu una ballata di un certo successo, dal momento che valicò le Alpi e fu tradotta in francese[84]; ma giunse anche in Laguna per mano dei solerti informatori della Serenissima che portarono una

[80] G. Cappelletti, *Storia della repubblica di Venezia. Dal suo principio sino al giorno d'oggi*, 13 voll., Venezia, Antonelli, 1848-1856, VII, p. 378.

[81] G. Ricci, *L'appello al turco. I confini infranti del Rinascimento*, Roma, Viella, 2011, pp. 97-102.

[82] Louis Hélian, *Ludouici Heliani Vercellensis Christianissimi Francor[um] Regis Senatoris, ac oratoris de bello suscipiendo aduersus Venetianos & Turcas oratio ... dicta in Augusta Vindelica. IIII. Idus Aprilis. Anno a partu virginis MDX*, Straßburg, Mathias Schürer, 1510.

[83] Simone Litta, *Lamento de' Venetiani nouamente composto. Per domino Simeone el quale se contiene el paexe che ano perso in Italia he fora de Italia*, Mondovì, Vincenzo Berruero, 1509, c. 4*v*.

[84] A. Medin, *La lamentation de Venise*, in «Archivio Veneto», 19, 1889, pp. 169-191.

copia del testo alle magistrature veneziane[85]. A dimostrazione dell'attenzione posta dalle autorità alla poesia orale e alla circolazione di queste stampe effimere, come preziosi indicatori del clima politico nelle città di provenienza.

Oltre che monitorare la produzione editoriale ostile, nei mesi di contrasto con la Santa sede, la Serenissima scomunicata divenne l'epicentro di una produzione antipapale e di una letteratura partigiana politicamente connotata. Erano composizioni che godevano dell'approvazione delle autorità della Repubblica e ne riflettevano le posizioni. Durante le trattative che avevano preceduto la guerra di Cambrai, infatti, gli oratori della Serenissima si erano mostrati «audaci e arroganti» e con «parole injuriose rispondevano al Pontefice» che «quando fusse bisogno, la Repubblica Veneta hera suffitiente faro ritornar zago [chierico] de prima tonsura»[86]. Giudizi negativi, condivisi da patrizi e popolani, che dominavano il dibattito pubblico: «per le piaze et logie se diceva grandissimo male del Pontefice ... li Veneti Signori et populi heranno ruinati et pasionati et non potevanno rettinirse de lamentarssi»[87]. Alcuni componimenti infuocavano la polemica; attaccavano il Santo Padre che era «facto buffone» e prefiguravano per lui un abbandono ignominioso del soglio pontificio: «Al papa un tal cristerio / si metarà san Marco alfin da dietro / che lassar converrà il manto di Pietro»[88]. Altre rime si scagliavano contro l'Italia «ingrata», «meretrice», «sciocca e stolta», colpevole di volgersi contro la Repubblica che ne aveva difeso le sorti per «terra e per mar»[89] e i cui eserciti si lanciavano in battaglia al grido di «Italia! Italia! Libertà! Libertà!»[90]. Qualche anno dopo,

[85] DMS, VIII, coll. 544-545.

[86] GIROLAMO PRIULI, *I diarii*, 3 voll., (I, II, IV), a cura di A. SEGRE - R. CESSI, Bologna, Nicola Zanichelli, 1912-1941, IV, p. 129.

[87] *Ibidem*, p. 218.

[88] A. MEDIN, *Sonetti per la lega di Cambrai*, pp. 19, 24. In un altro sonetto si prefigurava per il papa la perdita dello scettro di Pietro; *ibidem*, p. 14.

[89] *Ibidem*, p. 17.

[90] Il Senato veneziano ordinò che quelle parole comparissero sui loro stendardi accanto all'emblema di San Marco, affinché «li populi di Milan

quelle stesse parole, scritti e opinioni infamanti rientreranno tra i crimini causa della rovina di Venezia, nelle accuse che Erasmo fa pronunciare a Giulio al cospetto di San Pietro, nel suo celebre *pamphlet* anti-giuliano. Pietro interroga il successore sulle ragioni dell'interdetto su Venezia: «Ma i veneziani che infrazione avevano commesso?»; Giulio replica: «Primo, grecizzavano, mi facevano segno di scherzi e irrisioni, senza risparmiarmi nessun genere di insulti»[91].

Per ottenere il perdono papale, dunque, i veneziani dovettero scontare l'insolenza presente e passata. Il procedimento di assoluzione dalle censure non fu breve e gli ambasciatori veneti dovettero sottostare a numerose umiliazioni. I sei inviati dal Senato per negoziare la pace si presentarono a Roma il 2 luglio 1509, ma poterono entrare in città solo durante la notte, vista la condizione di scomunicati. Il papa li minacciò «ad alta voce, li chiamò maleditti, ladri, assasine e disselli che li farìa amazar tutti e mangiare a li cani»[92]. A Venezia in molti – «ettiam vulgari» – erano dell'opinione che fosse meglio «fare ritornare li ambasatori indriedo da Roma senza conclusione»[93]. Nonostante le mortificazioni subite, prevalsero gli assertori dell'accordo. Una pace non priva di conseguenze per la Repubblica, che vide pesantemente limitati i propri diritti d'intromissione nel governo della Chiesa locale. Era necessario, tuttavia, far buon viso a cattivo gioco, scrive Priuli, e sottomettersi a «Iulio papa secundo, grande chagione della ruina veneta, tamen non se poteva fare di mancho cha inchinarssi a lui et, come prudenti, la manno, che batere non se puole, bisogna bassarla. Et hera neccessario al Stato Veneto inclinarsse a loro dispecto ali piedi di questo Pontifice per mancho male, non potendo fare altra-

e altre terre di quel duchato, non credessero la Signoria volesse quel stato per lei, ma vol meter Milan in libertà e cazar francesi de Italia»; DMS, VIII, col. 176.

91 ERASMO DA ROTTERDAM, *Giulio*, a cura di S. SEIDEL MENCHI, Torino, Einaudi, 2014, p. 39.

92 GIULIANO FANTAGUZZI, *Caos*, 2 voll., a cura di M.A. PISTOCCHI, Roma, ISIME, 2012, I, p. 493.

93 GIROLAMO PRIULI, *I diarii*, IV, p. 218.

menti»[94]. La cerimonia di assoluzione fu celebrata a Roma il 24 febbraio 1510[95], ma già dall'inizio dell'anno a Venezia si era ricominciato a celebrare i matrimoni. La vita riprendeva il suo normale corso.

Nello spazio pubblico, però, gli echi dell'interdetto non si spengono nei mesi successivi. Di queste vicende conservano memoria, infatti, i versi popolari e i fogli volanti in circolazione nella penisola all'inizio del 1510. Nel brevissimo *Dialogo de uno Romano cum li ambasatori Venetiani*, un cittadino romano sbeffeggia l'antica audacia dei veneziani, ormai quasi irriconoscibili ai suoi occhi: «Per Dio! Vui mi pareti molto humani, / ché sì superbi e altieri già vi estimai». S'ironizza sul passato affronto verso il papa da parte degli oratori veneti – «che un zago volevati il papa fare / e a torto e a drito dominare altrui» –, una notizia che era evidentemente circolata pubblicamente; s'indugia infine sulla mortificazione inflitta agli ambasciatori – «tutti humiliati» – che si erano recati a cospetto del «gran pastor colmi di guai»[96]. L'umiliazione di Venezia si fissava così nella memoria collettiva.

5. *Ultimi interdetti*

Negli ultimi anni del pontificato giuliano l'arma dell'interdetto fu usata con frequenza ancora maggiore. Tra le vittime della censura ecclesiastica vi fu il duca di Ferrara Alfonso d'Este, la cui bolla di scomunica, con il relativo interdetto sul ducato, fu promulgata il 9 agosto 1510. Feudatario ingrato della Chiesa e «imitator dela paterna ribellione» – quella di

[94] *Ibidem*, IV, p. 88.

[95] DMS, VIII, coll. 489 ss.

[96] «Rom: Chi seti voi chi in abiti sì strani / veneti al gran pastor colmi di guai? / Ven: Semo, caro misser, quatro di Cai / Cernui ambasaor Venetiani. / Rom: Per Dio, vui mi pareti molto humani, / ché sì superbi e altieri già vi estimai»; il dialogo è contenuto nell'opuscoletto dal titolo: *Questa xe una exortatone [!] la qual fa miser San Marco ala so cara fia Veniexia mostrandoge cho molte raxone come che le zonto l'ora e 'l ponto che la sua gram superbia si deba humiliare*, s.n.t., c. 4*r*.

Ercole d'Este a Sisto IV –, il duca di Ferrara aveva drizzato «le corna temerariamente» contro il papa, rifiutando di sottomettersi all'autorità apostolica[97]. La bolla contro Alfonso d'Este venne fatta circolare in forma latina più estesa e in tale veste consegnata agli oratori delle principali potenze europee[98]. L'originale della bolla era «longissima» e ne furono quindi gli commissionati *Summari* in volgare che ne estrapolavano gli argomenti essenziali a beneficio di un pubblico vasto e che divennero occasione di guadagno per gli stampatori[99]. Il Senato veneziano, ad esempio, ordinò al sacerdote e tipografo lucchese Francesco Consorti, cantore di San Marco, di stampare sia il breve latino sia, a sue spese, il sommario in volgare della scomunica contro Ferrara[100]. Un'operazione che dal punto di vista commerciale si rivelò estremamente vantaggiosa per l'editore, che era mostrato inizialmente riluttante. Tanto che Consorti richiese si attraverso una supplica di ottenere un privilegio di stampa per le successive bolle di scomunica contro Milano e il re di Francia; la supplica fu accolta e il privilegio gli venne concesso[101]. Copie a stampa della scomunica contro Ferrara erano dunque distribuite nei principali centri italiani a conferma dell'esistenza di un pubblico ampio interessato all'attualità politica. Oltre ad avvalorare le accuse di lesa maestà, e alla promessa di salvezza eterna per chi avesse combattuto contro gli infedeli, il testo ribadiva la necessità di una circolazione

[97] *Summario dela Scomunicha de Ferrara. Iulius Episcopus servus servorum dei*, s.n.t., c. 1*v*.

[98] *Bulla Iul. II. Pon. Max. super privatione Alfon. Ducis Ferrariae*, Roma, Giacomo Mazzocchi, 1510; DMS, XII, col, 189.

[99] La Serenissima affida l'incarico al segretario del Consiglio dei X, Giovan Battista Andriani: «Fo leto la scomunicha, longa, dil papa contra il ducha di Ferara, qual è in ruodolo; la qual è longissima. E nota, fu facto far uno sumario per Zuan Batista di Adriani, secretario, per mandarlo al patriarcha, et etiam a farla publichar di qui»; DMS, XII, col. 149.

[100] Archivio di Stato di Venezia, *Capi Consiglio dei Dieci, Notatorio*, reg. 3, nuova numerazione c. 123 (ex c. 118). Rispettivamente: *Summario de la excomunica di Ferrara*, Venezia, per Francesco Consorti, 1510; *Bulla declarationis incursus censurarum et penarum contentarum in bulla privationis Alfonsi Estensis*, Venezia, Francesco Consorti, 1510.

[101] Archivio di Stato di Venezia, *Collegio Notatorio, Registri*, 16, c. 76*r*.

capillare e che le notizie «fusseno lecte, affixe o pubblicate et deducte in notitia de tutti»[102].

Nonostante l'abuso del loro utilizzo le censure ecclesiastiche mantenevano il proprio potere di atterrire e prostrare la popolazione. Soprattutto quando, come nel caso delle censure comminate contro Ferrara, gli effetti sul vivere civile e religioso si protraevano a lungo. I cronachisti dei territori ferraresi, sottoposti all'interdetto ormai da due anni e mezzo, descrivevano le conseguenze drammatiche per la vita quotidiana dei credenti, ricordando come per tutto quel tempo non si potesse «dire messa né confessare né comunicare, nisi in articulo mortis, et ancora se baptizava li putti et un corpo morto era sepelito in sacrato e non si poteva celebrare offitio alcuno, excepto ch'el predicar; sicché era una cosa orrenda»[103].

Dopo Ferrara, le maledizioni pontificie si abbatterono sulle città di Firenze, Pisa e Milano, colpevoli di aver ospitato un Concilio antipapale sostenuto dai francesi. Fu poi la volta di Parigi e del Regno di Francia. Nell'ottobre del 1511, infatti, fu siglata tra il papato, Venezia, la Spagna e l'Inghilterra una coalizione antifrancese: la Lega Santa. Le ragioni ufficiali che spinsero il papato a patrocinare la Lega erano la difesa dello Stato di Pietro dai tiranni – come Alfonso d'Este – che ne minavano la coesione temporale (rifiutando di sottostare all'ubbidienza della Chiesa) e dagli scismatici – come Luigi XII – che attentavano all'unità spirituale della cristianità (tramite la convocazione di un Concilio che mirava alla deposizione del papa). La dichiarazione della guerra papale assunse dunque la forma della scomunica e dell'interdetto fulminati contro il Cristianissimo re di Francia e i suoi alleati. Secondo la prassi abituale, sui portoni dei palazzi pubblici e delle cattedrali italiane venivano affissi i testi della scomunica comminata contro chi avesse prestato aiuto ai francesi: «... è stato tachato

[102] *Summario dela Scomunicha de Ferrara*, c. 4*v*.

[103] SIRIANO MASTELLARI, *Memorie delle cose accadute nelle terre di Cento e di Piave al tempo della guerra di papa Giulio II dall'anno 1509 al 1512 scritte dal notaio pievese Sirano Mastellari*, a cura di A. SCAGLIARINI, Pieve di Cento (Bologna), Baraldi, 1991, p. 48.

ala porta del domo de Modena la scomunica e maledition a chi darà alturio e favore a li Franzosi», riferiva una cronaca modenese[104]. Versioni volgari e latine a stampa si potevano comunemente acquistare nelle calli veneziane o sul ponte di Rialto. Nel novembre del 1511, infatti, il patrizio veneziano Marin Sanudo annotò che la «schomunica, fata per il papa contra il gran maistro e altri francesi» si vendeva «su el ponte di Rialto, a stampa, latina e vulgar, un soldo l'una»[105].

L'eco dell'anatema scagliato contro il re di Francia e i suoi alleati riverberò in tutta l'Europa cristiana. L'interdetto e le accuse contenute in esso vennero utilizzate anche sul piano politico e diplomatico internazionale. Ad esempio, come strumento ideologico per giustificare l'entrata in guerra di principi cristiani come Enrico VIII. Attraverso l'intreccio di diversi mezzi di comunicazione, e con modalità analoghe a quanto accadeva in Italia, la guerra contro la Francia fu presentata nei confronti dell'opinione pubblica inglese come una guerra santa, perché indirizzata contro un tiranno scismatico e nemico di Roma come Luigi XII. In Inghilterra, dai loro pulpiti e nei loro sermoni, predicatori francescani e dominicani aizzavano i fedeli alla lotta contro la Francia e alla difesa della Chiesa di Roma. Le bolle di scomunica contro il re di Francia e le indulgenze plenarie per chi sosteneva la guerra venivano date alle stampe con il privilegio reale, su mandato dell'arcivescovo Thomas Wolsey, erano poi affisse e lette pubblicamente. Furono commissionati trattati latini e poemi in volgare a giustificazione della guerra contro Luigi XII, descrivendo quest'ultimo come un tiranno e un usurpatore del patrimonio di Pietro, mentre il giovane Tudor appariva nelle vesti di un paladino cristiano.

Dal canto suo, il re di Francia reagì alla scomunica e all'interdetto non solo appellandosi all'autorità del Concilio, ma anche attraverso una campagna di comunicazione[106]. Tra il 1511 e il

[104] T. Lancellotti, *Cronaca Modenese*, p. 127.

[105] Marin Sanudo, *I Diarii*, XI, col. 615.

[106] Su questa campagne di comunicazione in Inghilterra e in Francia: M. Rospocher, *Il papa guerriero*, parte III.

1512, Parigi divenne l'epicentro della pubblicistica antipontificia in Europa[107]. I pubblicisti di corte, il teatro di piazza e la stampa di largo consumo ritraevano il pontefice romano alla testa di armate, circondato da cadaveri e con il manto di Pietro imbrattato di sangue; ne invocavano apertamente la destituzione. Anche in questa circostanza media diversi furono mobilitati in un'operazione comunicativa finalizzata alla delegittimazione dell'autorità del papa e che mirava a rendere nulli, agli occhi di sudditi e fedeli, gli effetti dell'interdetto e della scomunica da parte di un papa empio. Tuttavia, la notizia di tali provvedimenti rimase impressa non solo nello spazio pubblico contemporaneo, ma anche nella memoria di umanisti come Erasmo da Rotterdam, che proprio in quei mesi si trovava a Parigi per la stampa dell'*Encomium moriae*.

Conclusione

«È vero peraltro che i padri santissimi in Gesù Cristo non lanciano la scomunica con più ardore che contro chi, per istigazione del demonio, tenti di intaccare, di rosicchiare il patrimonio di San Pietro!»[108]. Con queste parole Erasmo commenta nell'*Elogio della follia* l'uso smodato delle armi spirituali da parte dei pontefici come arma di azione (o reazione) nella sfera secolare. Uno dei «padri santissimi» a cui Erasmo fa riferimento è quel Giulio II Della Rovere che nei mesi precedenti aveva scomunicato il re di Francia e in precedenza scagliato l'interdetto su Venezia.

Il tema dell'abuso delle armi spirituali è ricorrente nell'opera erasmiana. Costituisce una delle accuse principali mosse al papa Delle Rovere protagonista dello *Iulius exclusus e coelis*, un virulento *pamphlet* satirico che diverrà rapidamente – e contro il volere dell'autore che mai ne riconobbe la paternità –

[107] N. Hochner, *Louis XII. Les dérèglements de l'image royale (1498-1515)*, Paris, Seyssel, 2006, pp. 156-175.

[108] Erasmo da Rotterdam, *Elogio della follia*, a cura di T. Fiore, Torino, Einaudi, 1964, p. 112.

un best-seller europeo[109]. Già nelle battute iniziali, in uno dei primi violenti scambi tra il pontefice defunto e San Pietro, divisi dalla porta del paradiso, emerge l'utilizzo improprio delle bolle d'interdetto e di scomunica come armi di terrore da parte di Giulio II. Un'arma che il Della Rovere minaccia di brandire contro lo stesso Pietro per scardinare addirittura la porta del regno dei cieli, dopo averne fatto un impiego spregiudicato in Terra contro i principi cristiani.

GIULIO: «Ora basta con le ciance! Se non obbedisci all'istante, sono pronto a scagliare anche contro di te il fulmine della scomunica! Quello con il quale, a suo tempo, ho terrorizzato principi eccelsi e interi regni. Ben vedi che ho qui la bolla già pronta!».

PIETRO: «Che malo fulmine, che tuono, che bolle, che ampolle, mi vai contando? Mai sentito niente di simile da Cristo».

GIULIO: «Ben lo sentirai, se non ti pieghi».

PIETRO: «Se mai incutesti terrore ad alcuno con cotesti fumi e ombre, sappi che essi non hanno corso in questo luogo. Qui tu devi venire con cose di sostanza. Questa rocca si conquista con il benefare, non con il maledire»[110].

Erasmo evidenzia l'incongruenza dell'uso di sanzioni ecclesiastiche per perseguire fini terreni e politiche espansionistiche. L'umanista batavo sottolinea l'uso politico dell'interdetto come strategia comunicativa per atterrire il popolo, dividere i sudditi e provocare il panico collettivo nelle città e nei territori colpiti. «Dello stesso fulmine», afferma il Giulio erasmiano, mi servii

«per seminare il terrore in Francia, privando la città di Lione della sua fiera periodica, che trasferii altrove, ed escludendo dalla scomunica alcune regioni della Francia precisamente designate per disaffezionare ancora più dal re gli animi del popolo e accendere qualche sedizione interna».

Dopo avere messo in luce la valenza minatoria delle punizioni ecclesiastiche, Erasmo sottolinea anche la strategia comunicativa messa in atto per rafforzare il peso di queste armi:

[109] La paternità erasmiana dell'opera è ormai dimostrata: S. SEIDEL MENCHI, *Iulius Exclusus (Introduction)*, in *Opera Omnia Desiderii Erasmi*, I/8, Boston - Leiden, Brill, 2013, pp. 1-131.

[110] ERASMO DA ROTTERDAM, *Giulio*, p. 15.

«Via via che queste misure venivano decretate, poi, le mettevo in forma di bolle – perché avessero più autorevolezza – e le comunicavo a tutti i principi, soprattutto a quelli che vedevo più inclini alla nostra parte»[111].

Se la pubblicazione dell'interdetto è indispensabile per la validità legale di questo provvedimento ecclesiastico, la mediatizzazione è una condiziona necessaria per la sua efficacia come strumento di azione politica. Arma mediatica, arma politica e spirituale, l'interdetto è la prova di come comunicazione, politica e religione si rinforzino a vicenda. La capacità di dominare e combinare queste armi rimarrà, nel corso dei secoli, uno strumento d'azione e di condizionamento della storia a disposizione della Chiesa di Roma, anche quando nuovi media si affacceranno sulla scena pubblica europea.

[111] *Ibidem*, pp. 67-69.

Mihaly Biro, *Bitangok! Ezt akartátok?* [Canaglie! Era questo che volevate?], manifesto ungherese di propaganda comunista contro la Conferenza di Pace di Parigi, 1919 (collezione privata).

Media, propaganda e rivoluzione: la Francia e la diffusione internazionale del bolscevismo (1917-1923)

di *Giovanni Bernardini*

Questo saggio intende ricostruire il modo in cui le autorità governative e militari della Francia osservarono, interpretarono e cercarono di contrastare l'attività propagandistica condotta dal nuovo regime bolscevico russo nei confronti dell'Occidente alla fine della Prima guerra mondiale[1]. La scelta degli attori politici e governativi francesi come oggetto d'indagine è da ricondurre soprattutto al loro obiettivo strategico, più esplicito rispetto ad altri, di riorganizzare il Vecchio Continente all'indomani del conflitto in conformità con le loro esigenze di sicurezza: un'aspirazione rispetto alla quale la diffusione di tendenze e tentazioni rivoluzionarie, incoraggiata e supportata dai nuovi governanti di Mosca, rappresentava un elemento di contrasto della massima pericolosità. L'episodio centrale di questa narrazione è il noto intervento militare francese nel mar Nero tra la fine del 1918 e la primavera dell'anno seguente. Per quanto limitato, esso assume una valenza esemplare per l'intera fase che va dall'ultima parte del conflitto europeo ai primi anni Venti. Tale periodizzazione consente un proficuo confronto con i prodotti recenti della storiografia francese e internazionale sulla lunga fase di smobilitazione dalla Grande guerra: un nuovo paradigma destinato a problematizzare le letture tradizionali fondate sull'assunto per cui gli armistizi

[1] Per un approfondimento dell'imponente apparato di propaganda che il regime bolscevico iniziò a edificare già all'indomani della presa del potere, si veda il classico volume di P. Kenez, *The Birth of the Propaganda State. Soviet Methods of Mass Mobilization, 1917-1929*, Cambridge, Cambridge University Press, 1985.

della fine del 1918 avrebbero segnato una cesura netta nella storia del conflitto[2]. In passato il paradigma fondato sulla lenta transizione fuori dalla guerra è stato impiegato soprattutto nell'indagine delle conseguenze politiche, sociali, economiche e culturali all'interno di ciascuno dei paesi coinvolti, con rari tentativi di comparazione[3]; più di recente esso ha iniziato a trovare applicazione al contesto internazionale e transnazionale, contribuendo a collocare la lunga fase delle trattative di pace nel più ampio e travagliato riassetto continentale[4]. Quest'ultimo non poté dirsi concluso prima della metà del decennio e la sua gestazione comportò fasi di acceso scontro politico tra gli Stati, e tra questi e alcuni movimenti transnazionali, senza soluzione di continuità rispetto al conflitto ufficialmente concluso[5].

1. *Media e (dopo)guerra*

La sfera mediatica fu parte integrante di tali dinamiche e al contempo ne fu un motore essenziale; essa costituì inoltre una

[2] S. AUDOIN-ROZEAU - C. PROCHASSON (edd), *Sortir de la Grande Guerre. Le monde et l'après-1918*, Paris, Tallandier, 2008.

[3] Per la Francia, si vedano in particolare le riflessioni sulla «seconda mobilitazione» politica, generata dall'ascesa di Georges Clemenceau alla guida del governo alla fine del 1917 e proseguita nel clima dell'immediato dopoguerra, esposte in S. AUDOIN-ROZEAU - A. BECKER - L. SMITH (edd), *France and the Great War 1914-1918*, Cambridge, Cambridge University Press, 2003, pp. 138 ss., E. ALARY, *La Grande Guerre des civils, 1914-1919*, Paris, Perrin, 2013. Sul caso tedesco, ad esempio, si veda R. BESSEL, *Germany After the First World War*, Oxford, Oxford University Press, 1993. Quanto all'Italia: P. CORNER - G. PROCACCI, *The Italian Experience of 'Total' Mobilization*, in J. HORNE (ed), *State, Society and Mobilization in Europe during the First World War*, Cambridge, Cambridge University Press, 1997, pp. 223-240.

[4] Si veda ad esempio: B. CABANES, *The Great War and the Origins of Humanitarianism, 1918-1924*, Cambridge, Cambridge University Press, 2014, p. 10. Per un caso di studio regionale: T.G. FRASER, *The First World War and Its Aftermath. The Shaping of the Modern Middle East*, London, Gingko Library, 2015.

[5] In anni recenti si è affermato come riferimento il volume di R. GERWARTH, *La rabbia dei vinti. La guerra dopo la guerra 1917-1923*, Roma - Bari, Laterza, 2016. Si veda anche P. GATRELL, *War after the War: Conflicts, 1919-1923*, in J. HORNE (ed), *A Companion to World War I*, Oxford, Blackwell Publishing, 2012, pp. 558-575.

formidabile cinghia di trasmissione tra la percezione diffusa dell'evoluzione delle condizioni interne a ciascun paese da un lato e quella dello scenario internazionale dall'altro. Se la Prima guerra mondiale mise in scena il parossismo della modernità, se essa scoperchiò il «vaso di Pandora»[6] da cui eruppero tutte le tensioni politiche, economiche, sociali e internazionali accumulate nei decenni precedenti, se essa dispiegò fino alle estreme conseguenze negative i prodotti del progresso dell'epoca, dalla mobilitazione di massa alla meccanizzazione del conflitto alla pianificazione scientifica dell'economia di guerra, difficilmente un campo sempre più rilevante e sofisticato come quello dei media di massa poteva rimanere estraneo a simili processi[7].

Il suo coinvolgimento seguì innanzitutto due dinamiche di sviluppo complementari, riscontrabili in tutti i paesi coinvolti e destinate a lasciare il proprio marchio anche dopo la fine delle ostilità. Da un lato la sfera mediatica fu il teatro dell'azione deliberata da parte delle autorità governative, che diedero vita a organismi sempre più raffinati e pervasivi con l'obiettivo di coinvolgere tutti i mezzi di informazione in un'ampia opera di propaganda, diretta tanto nei confronti della propria popolazione quanto di quella dei paesi nemici o neutrali. La Prima guerra mondiale, infatti,

> «... giunse nel momento in cui una varietà di fattori politici, sociali, commerciali, militari e tecnologici aveva prodotto una gamma notevolmente vasta di media attraverso cui la propaganda poteva essere disseminata»[8].

6 J. LEONHARD, *Die Büchse der Pandora. Geschichte des Ersten Weltkriegs*, München, C.H. Beck, 2014.

7 Sul ruolo che i media ebbero nel dar vita a mitologie nazionali mentre la guerra era ancora in corso, si veda J.F. WILLIAMS, *Modernity, the Media and the Military. The Creation of National Mythologies on the Western Front 1914-1918*, London, Routledge, 2009. Per un esempio del rapporto tra sviluppo tecnologico e controllo politico durante e dopo il conflitto: D. WINSECK - R.M. PIKE, *The Global Media and the Empire of Liberal Internationalism, circa 1910-1930*, in «Media History», 15, 2009, 1, pp. 31-54.

8 S. BADSLEY, *Propaganda: Media in War Politics*, in «1914-1918 OnLine», Version 1.0 https://encyclopedia.1914-1918-online.net/article/propaganda_media_in_war_politics (ultimo aggiornamento 8 ottobre 2014).

All'atto conclusivo del conflitto,

«... gran parte dei principi e molte delle tecniche della propaganda moderna erano stati elaborati in modo tanto dettagliato che i futuri professionisti avrebbero dovuto fare poco più che lavorare ulteriormente su di essi»[9].

L'altra faccia dell'impegno diretto delle autorità governative fu il ricorso sistematico e generalizzato alla censura come indispensabile arma di guerra. La propaganda, infatti, era destinata ad avere successo soltanto se «le fonti d'informazione divergenti potevano essere soppresse per quanto possibile»[10]. A tal fine, dispositivi dotati di grande pervasività e incidenza furono predisposti in tutti i paesi in guerra immediatamente dopo lo scoppio del conflitto. Se l'obiettivo iniziale era la comprensibile protezione delle informazioni militari relative alle strategie e al dispiegamento delle truppe, ben presto il controllo si estese a dismisura alla sfera politica perdendo di mira tutto ciò che fosse sospettato di criticare la condotta degli affari bellici, di diffondere i semi dell'insubordinazione presso la popolazione o semplicemente di minarne il morale e la fiducia nella vittoria[11]. Dunque, lo sviluppo senza precedenti dei mezzi tecnici e delle reti di comunicazione nei quali fu convogliata la mobilitazione informativa e culturale prodotta dalla guerra, in termini sia di propaganda sia di (auto)censura, diede luogo a quel processo che Anne Rasmussen ha definito come una «fenomenale sovramediazione» (*over-mediation*)[12].

[9] G.S. MESSINGER, *British Propaganda and the State in the First World War*, Manchester, Manchester University Press, 1992, p. 2. Sulla prosecuzione del controllo statale sul sistema dei media, anche dopo la diffusione della radio negli anni Venti, si veda F. BÖSCH, *Mass Media and Historical Change: Germany in International Perspective, 1400 to Present*, Oxford, Berghahn Books, 2015, pp. 72 ss.

[10] E. DEMM, *Censorship*, in «1914-1918 OnLine», Version 2.0 (ultimo aggiornamento 29 marzo 2017).

[11] J. HORNE, *Public Opinion and Politics*, in J. HORNE (ed), *A Companion to World War I*, Oxford, Blackwell Publishing, 2012, p. 281.

[12] A. RASMUSSEN, *Mobilizing Minds*, in J. WINTER (ed), *The Cambridge History of the First World War*, Cambridge, Cambridge University Press, 2014, III, pp. 390-417.

Alcuni osservatori, tuttavia, notarono già all'epoca come la stanchezza per il protratto sforzo bellico contribuisse a rendere più appariscenti e meno sopportabili il monolitismo dell'informazione, la monotonia dei messaggi trasmessi dai media e l'incidenza sistematica del controllo governativo, al punto che, ironicamente, l'intervento manipolatorio delle notizie era dato per scontato anche quando non si verificava. Tutto questo aveva prodotto, come notava Marc Bloch ancora nel 1921, un «rinnovarsi prodigioso della tradizione orale, madre antica delle leggende e dei miti»:

«Con un colpo ardito che il più audace sperimentatore non avrebbe mai osato sognare, la censura, cancellando i secoli passati, riportò il soldato che stava al fronte ai mezzi d'informazione e allo stato d'animo delle età antiche, prima del giornale, prima del foglio di notizie stampato, prima del libro»[13].

Per un paradosso della storia, dunque, l'ipertrofia del sistema mediatico e la meticolosità della disciplina imposta dalle autorità governative durante i lunghi anni di guerra avevano finito per produrre crepe nella superficie apparentemente compatta dell'omologazione informativa su base nazionale. Sul piano dei contenuti, il fenomeno apriva potenziali spazi di critica radicale e transnazionale della condotta del conflitto nonché, in prospettiva, della gestione della pace. Quanto ai mezzi, la trasmissione orale e la testimonianza personale sembravano garantire quell'autenticità che la «macchina delle menzogne» edificata dalla combinazione di propaganda e censura aveva sacrificato agli obiettivi di guerra. Ben presto tale combinazione si sarebbe diffusa dalle trincee in cui l'aveva osservata Bloch fino alle retrovie in via di pacificazione. E la forza capace di sfruttarla con maggiore destrezza sembrò, per una breve ma intensa fase, la propaganda bolscevica che da Mosca si irradiava verso l'intera Europa.

[13] M. Bloch, *Riflessioni di uno storico sulle false notizie della guerra*, in M. Bloch, *La guerra e le false notizie. Ricordi (1914-1915) e riflessioni (1921)*, Roma, Donzelli, 1994, pp. 104-105.

2. *La nascita di una potenza mediatica*

La Rivoluzione d'Ottobre costituì la principale novità politica emersa dal magma del conflitto ancora in corso. Pur nella concitazione degli eventi e nella frammentarietà dell'informazione disponibile, essa parve ben presto agli osservatori internazionali come la naturale portatrice di istanze di rivoluzione sociale inevitabilmente destinate a segnare e a complicare il dopoguerra anche fuori dai confini dell'ex Impero zarista. Certamente la misura di tale influenza e le sue possibilità di successo sarebbero dipese dalle capacità dei vincitori come degli sconfitti di sterilizzare il continente rispetto ai rischi di un'emulazione rivoluzionaria, conferendogli un assetto stabile e contrastando tempestivamente le enormi difficoltà economiche e sociali postbelliche[14]; inoltre, non era remota la possibilità che le potenze vincitrici contribuissero, sia direttamente sia in appoggio alle forze antibolsceviche russe, al tentativo di soffocare la rivoluzione nella culla[15]. A fronte di tutto questo, tuttavia, i vincitori del conflitto e in particolare le autorità francesi dovettero presto constatare come il regime dei *soviet*, ancora precario, si stesse dotando celermente di un complesso ed efficace apparato comunicativo e propagandistico orientato alla diffusione del proprio verbo ovunque[16]. Data la debolezza

[14] Sul trattamento della questione bolscevica alla Conferenza di Pace di Parigi si veda: J.M. THOMPSON, *Russia, Bolshevism, and the Versailles Peace*, Princeton NJ, Princeton University Press, 1967.

[15] N.H. GAWOREK, *From Blockade to Trade: Allied Economic Warfare Against Soviet Russia, June 1919 to January 1920*, in «Jahrbücher für Geschichte Osteuropas», 23, 1975, 1, pp. 39-69. Sull'intervento alleato in Russia: I.C. MOFFAT, *The Allied Intervention in Russia, 1918-1920. The Diplomacy of Chaos*, New York, Palgrave MacMillan, 2015; D.S. FOGLESONG, *America's Secret War Against Bolshevism. U.S. Intervention in the Russian Civil War, 1917-1920*, Chapel Hill, University of North Carolina Press, 1995; S. WHITE, *Britain and the Bolshevik Revolution. A Study in the Politics of Diplomacy, 1920-1924*, London, MacMillan, 1979; M.J. CARLEY, *Revolution and Intervention: The French Government and the Russian Civil War 1917-1919*, Montreal, McGill-Queen's University Press, 1983.

[16] In merito alla necessità di un apparato propagandistico articolato e professionale connaturata alla nascita stessa di un fenomeno politico nuovo come lo Stato rivoluzionario in Russia, si veda: P. KENEZ, *The Birth of the Propaganda State*, pp. 4 ss.

intrinseca che condizionò il giovane Stato sovietico nei primi anni di vita, il ricorso alla propaganda e più in generale al «soft power», fondato sull'idealizzazione dei risultati della rivoluzione e della loro esportabilità verso l'Europa provata dalla «guerra interimperialista», offriva un'arma non convenzionale ma pressoché obbligata per i nuovi leader di Mosca[17]. L'obiettivo ultimo, da realizzare nel più breve tempo possibile, era per Lenin e compagni la promozione della rivoluzione sociale su scala globale, considerata come la condizione necessaria alla sopravvivenza del nuovo regime in Russia[18].

Certamente la complessa vicenda dei rapporti tra le nuove autorità russe e quelle francesi fino alla regolarizzazione dei rapporti bilaterali alla metà degli anni Venti non può essere ricondotta esclusivamente alla sua dimensione mediatica e comunicativo-propagandistica. Sono ben note le altre ragioni di risentimento e recriminazione che per anni resero i governi di Parigi i più acerrimi nemici della Russia dei *soviet*, come gli uomini di Mosca dichiararono a più riprese di considerarli[19]. In particolare, l'annuncio dei commissari del Popolo già nella concitata fase post-rivoluzionaria che dichiarava nullo il debito internazionale maturato dal regime zarista, collideva direttamente con la posizione della Francia, principale creditore di Mosca. Per quanto a tutt'oggi una stima definitiva appaia

[17] M.D. FOX, *Communism and Intellectuals*, in S. PONS - S.A. SMITH (edd), *The Cambridge History of Communism*, I: *World Revolution and Socialism in One Country 1917-1941*, Cambridge, Cambridge University Press, 2017, p. 528.

[18] S. PONS, *The Global Revolution. A History of International Communism 1917-1991*, Oxford, Oxford University Press, 2012, p. 18. In generale, la tesi secondo cui la *leadership* bolscevica riteneva che soltanto la diffusione del verbo rivoluzionario in Europa e altrove avrebbe garantito la sopravvivenza del nuovo regime in Russia è centrale nel volume di Pons.

[19] Si veda ad esempio un discorso tenuto dal commissario del Popolo Čičerin agli altri responsabili del governo dei *soviet*, riportato con dovizia di particolari dagli agenti di Parigi come indicatore dello spirito fortemente antifrancese del nuovo regime russo. Del 19 aprile 1919 è il telegramma dell'ambasciatore francese a Stoccolma Delavaud al Ministero degli Esteri, in Archives du Ministère des Affaires Étrangères (d'ora in poi AMAE), Série Europe 18-40, Sous-Série Russie-U.R.S.S., Dossier 154.

difficile, realisticamente circa un terzo dei capitali stranieri investiti in Russia provenivano dalla Francia e in particolare da un prestito nazionale diffuso; la mancata restituzione di quest'ultimo avrebbe messo in grave crisi sia ampie fasce di cittadinanza, sia le istituzioni economiche e finanziarie private, sia quelle pubbliche alle quali le due precedenti categorie guardavano come garanti di ultima istanza per le somme impegnate con chiari obiettivi politici[20]. Sul piano delle relazioni internazionali, certamente fu interpretata come un atto di aperta ostilità la decisione della *leadership* bolscevica di pubblicare i trattati stipulati dal precedente regime con l'Intesa prima e durante il conflitto, destinati a rimanere segreti: se l'episodio fu considerato all'epoca come un *vulnus* senza precedenti alle regole della diplomazia tradizionale, che dimostrava definitivamente il carattere pericolosamente anomalo del nuovo regime, esso è stato interpretato in seguito come una delle prime iniziative della guerra di propaganda intrapresa da Mosca contro i regimi vincitori[21]. Ciò nonostante, le ricostruzioni più recenti inducono a ritenere che inizialmente, ovvero nei primi mesi successivi alla Rivoluzione d'Ottobre, il giudizio delle autorità francesi sul regime bolscevico non presentasse un fronte comune e compatto. Al contrario, la compresenza di opinioni decisamente differenti era favorita dalla massiccia presenza politico-diplomatica francese prima e durante la Rivoluzione, a fronte della quale – secondo l'opinione di John Bradley – «tutte le altre missioni alleate sembravano insignificanti» sul piano numerico[22]. Certamente l'innegabile natura rivoluzionaria del nuovo regime sul piano sociale era ritenuta massimamente pericolosa, e gran parte degli ambienti governativi e del mondo diplomatico giunse ben presto alla con-

[20] H. SLOVÈS, *La France et l'Union Soviétique*, Paris, Éditions Rieder, 1935, pp. 146-150.

[21] P.M. TAYLOR, *Munitions of the Mind. A History of Propaganda from the Ancient World to the Present Day*, Manchester, Manchester University Press, 1990, p. 203.

[22] Bradley sottolinea come questo fosse dovuto proprio al consistente impegno economico francese in Russia: J. BRADLEY, *Allied Intervention in Russia*, Lanham MD, University Press of America, 1984, p. 10.

clusione che qualunque rapporto fosse impossibile con uomini che non cessavano «di violare il diritto delle genti e di attentare ai principi più elementari dell'umanità»[23]. Soprattutto, la semplice ipotesi di lasciare che un simile focolaio rivoluzionario si consolidasse e prosperasse era considerata un errore fatale in vista del dopoguerra, dato che la sua stessa esistenza avrebbe incoraggiato fenomeni di emulazione in ogni parte del continente. Tuttavia, ancora all'inizio del 1918 parte delle alte sfere militari continuava a ritenere che fosse almeno necessario vincolare i bolscevichi alla causa comune della lotta contro gli Imperi Centrali, purché a Mosca giungessero gli aiuti e il supporto necessario e le cancellerie occidentali rimandassero la resa dei conti sulla legittimità del nuovo regime alla fine delle ostilità[24]. Per un breve lasso di tempo, dunque, i rappresentanti militari sembrarono inclini a porre in secondo piano la natura politica del regime di fronte alla convinzione che il momentaneo dominio del gruppo dirigente bolscevico, coeso e risoluto benché ancora precario, fosse preferibile in chiave bellica a un governo debole e privo di supporto popolare come quello di Kerenskij, che l'aveva preceduto, o peggio al caos indiscriminato. Tuttavia, ogni riflessione in tal senso era destinata a cessare di colpo di fronte al «tradimento» consumato dai nuovi signori di Mosca con la firma a Brest-Litovsk del Trattato di Pace con gli Imperi Centrali. Oltre a determinare la definitiva vittoria della fazione intransigente, le modalità di uscita della Russia dalla guerra ebbero conseguenze determinanti sia sull'interpretazione «ufficiale» del fenomeno bolscevico da parte delle autorità francesi, sia sulle scelte strategiche ritenute più opportune a contrastarlo[25]. Sul primo piano, l'incertezza della fase successiva al novembre 1917 aveva

[23] Da una lettera del 12 novembre 1918, dal ministro Pichon a P. Cambon, ambasciatore della Repubblica francese a Londra, in AMAE, Série Europe 18-40, Sous-Série Russie-U.R.S.S., Dossier 154-155.

[24] M.J. CARLEY, *Revolution and Intervention*, pp. 34-48.

[25] Per l'evoluzione dell'immagine della Russia zarista e poi di quella bolscevica nel dibattito politico e pubblico francese, si veda il volume di S. COEURÉ, *La grande lueur à l'est. Les Français et l'Union Soviétique 1917-1939*, Paris, Éditions du Seuil, 1999.

visto affermarsi una lettura del bolscevismo come sinonimo di anarchia e disordine permanente, dovuto perlopiù a cause interne. Ne era responsabile tanto il fallimento della mobilitazione generale e la condotta della guerra tenuta dal regime zarista, quanto il «carattere slavo», apparentemente incapace di coniugarsi con l'esperimento di una democrazia liberale inaugurato dalla Rivoluzione di Aprile. Nonostante gli sforzi interessati della stampa francese, che dall'inizio del conflitto aveva dipinto la Russia come un importante partner culturale e militare europeo naturalmente convergente con Parigi nell'interesse a contrastare la «barbarie tedesca», la vittoria del bolscevismo era inscindibile dal disfacimento delle istituzioni e della disciplina militare e rimandava all'inevitabile vocazione al «disordine asiatico» del popolo russo[26]. Sebbene non mancassero riferimenti a teorie cospirative sulla natura del fenomeno bolscevico e sui suoi promotori dall'estero, inizialmente la sua pericolosità in termini di emulazione presso altri contesti europei fu considerata come limitata e riferita a una similitudine delle condizioni di prostrazione umana ed economica, piuttosto che a una potenziale prossimità ideologica. Soltanto in seguito alla pace con gli Imperi Centrali si affermò definitivamente l'interpretazione che concepiva il bolscevismo come una mera macchinazione dei tedeschi per chiudere i conti con il fronte orientale e volgere tutte le risorse e le energie verso quello occidentale: in retrospettiva, il famigerato treno piombato messo a disposizione dalle autorità tedesche per il rientro di Lenin in patria assumeva i contorni di un simbolo destinato a durare, nonché della prova definitiva del complotto. In vista della conclusione delle ostilità, appariva dunque come uno sviluppo naturale che i «circoli militari tedeschi», destinati a mantenere il potere dietro alle quinte dell'apparente transizione alla forma repubblicana, continuassero a sfruttare la loro creatura bolscevica non più (o non soltanto) all'interno dei confini russi, quanto in chiave internazionale, nei confronti dei gruppi politici e degli strati sociali più sensibili al suo messaggio di rivoluzione sociale e contro i governi di unità nazionale. La

[26] J.-J. Becker - S. Berstein, *Histoire de l'anticommunisme en France*, I: *1917-1940*, Paris, Olivier Orban, 1987, pp. 19 e ss.

propaganda bolscevica verso l'Europa occidentale diventava dunque l'arma necessaria a ottenere una rivincita o comunque a evitare la giusta punizione per la Germania, nel quadro del riassetto continentale di cui i vincitori della guerra stavano per farsi carico alla Conferenza di Pace[27]. Accanto a questa interpretazione, tuttavia, iniziò progressivamente a farsi strada l'idea che il nuovo regime di Mosca, lungi dal rappresentare soltanto una sorta di anarchia permanente, stesse assumendo i connotati di un progetto rivoluzionario coerente sul piano ideologico e sempre più organizzato su quello strategico, e che la sua propagazione a livello internazionale fosse una componente irrinunciabile di entrambi. La riprova veniva dai focolai che già punteggiavano il continente mentre la guerra era ancora in corso e che, se ancora non erano istigati direttamente da Mosca, di certo vedevano in quanto accadeva nella capitale russa un esempio concreto da seguire. La stessa Germania era tutt'altro che immune dal rischio: il governo del *Reich* aveva improvvidamente svegliato la bestia dormiente della rivoluzione sociale per utilizzarla ai propri fini nell'immediato; quest'ultima, assunte le sembianze del bolscevismo, era ormai sfuggita dalle mani dei suoi creatori, che rischiavano di farne le spese per primi[28].

Le ragioni antitedesche e quelle antirivoluzionarie si sovrapponevano nella giustificazione dell'ampia strategia antibolscevica lanciata ufficialmente dal governo francese quando la guerra era ormai conclusa, ma in realtà già in preparazione da mesi; essa culminava nella decisione presa nel novembre 1918 di inviare un contingente militare francese nel mar Nero, ufficialmente per proteggere gli interessi francesi nell'area ma ben più concretamente per fornire supporto alle fazioni contrarie

27 Per la ricostruzione puntuale dell'ipotesi del «complotto tedesco», che avrebbe garantito la vittoria al bolscevismo in Russia per poi procedere verso Occidente a guerra conclusa, si veda F. MONIER, *Le Complot dans la République. Stratégie du secret, de Boulanger à la Cagoule*, Paris, Éditions La Découverte, 1998.

28 Rapporto dei Servizi d'Informazione consegnato al Ministero degli Affari Esteri il 25 marzo, in AMAE, Série Europe 18-40, Sous-Série Russie-U.R.S.S., Dossier 1150.

al governo di Lenin nella guerra civile in corso. Di fronte alle proteste dei socialisti francesi per un'iniziativa considerata di carattere bellico in assenza di una dichiarazione di guerra, il ministro degli Esteri esplicitava alla Camera dei deputati la continuità delle motivazioni:

«Tutto ciò che abbiamo fatto da un anno contro i bolscevisti [sic], in Russia, è contro la Germania che lo abbiamo fatto ... Confrontiamo la realtà: una pace che fosse fatta nel resto del mondo e che lasciasse persistere la Russia in stato di guerra civile, con un governo odioso, abominevole, non sarebbe una pace durevole, non sarebbe una pace giusta ... Cos'è il governo bolscevico? Secondo il rapporto che mi è stato consegnato, l'attuale governo di Mosca regna unicamente grazie al terrore. Questo dispotismo, più terribile del militarismo prussiano, è supportato da una manciata di energumeni»[29].

3. *Intervento e contagio*

Ciò che il ministro Pichon non aveva saputo o voluto prevedere era che l'intervento francese nel mar Nero avrebbe offerto la più favorevole delle opportunità alla propaganda bolscevica di «contaminare» le truppe straniere con il proprio messaggio rivoluzionario, e alle autorità francesi di prendere piena coscienza di quali fossero le reali capacità dell'apparato che Mosca stava predisponendo a tal fine.

Contingenti militari alleati di dimensioni variabili occupavano alcune regioni ai margini dell'ex Impero zarista già dalla metà del 1918, ufficialmente con l'obiettivo di impedire l'avanzata degli Imperi Centrali e di collaborare con le forze leali all'Intesa alla ricostruzione di un fronte orientale. Truppe britanniche e francesi avevano occupato i porti di Arkangelsk e Murmansk nel nord-ovest, mentre altri elementi britannici stazionavano nel Caucaso e un contingente multinazionale, principalmente composto da giapponesi e statunitensi, aveva preso possesso di Vladivostok nell'Estremo Oriente. Quanto al fronte meridionale, all'inizio di ottobre del 1918 il presidente del Consiglio francese Georges Clemenceau iniziò a preparare il terreno

[29] Un resoconto dettagliato della seduta della Camera è in G. BONNEFOUS, *Histoire Politique de la Troisième République*, Paris, PUF, 1973, II, p. 439.

per una spedizione militare nel mar Nero che collaborasse a «realizzare l'accerchiamento economico del bolscevismo e [a] provocarne la caduta»[30]. A conti fatti, dunque, l'intervento si configurava come una componente attiva di quella strategia del «cordone sanitario» che lo stesso Clemenceau avrebbe teorizzato più compiutamente nei mesi successivi. L'idea dell'invio di un contingente dalla parvenza multinazionale (sebbene la maggioranza e il comando fossero appannaggio francese), caldeggiata anche dal maresciallo Ferdinand Foch, non raccolse sin dal primo momento lo stesso entusiasmo tra gli alti gradi militari e i diplomatici più avveduti. Vi erano innanzitutto preoccupazioni legate alla scarsa disponibilità di truppe ancora abili alla fine del lungo conflitto: delle dodici divisioni prospettate inizialmente, soltanto tre sarebbero state spedite in Ucraina, e nei giorni concitati dell'armistizio divenne problematico anche il reperimento di imbarcazioni adeguate a trasportarle. Più in generale, in discussione era l'opportunità politica dell'intervento. Dal momento che la guerra contro gli Imperi Centrali volgeva al termine, diventava impossibile ricondurre l'intervento alla necessità di ricostituire il fronte orientale; esso non poteva dunque che apparire come un'iniziativa votata a combattere il regime bolscevico in assenza di qualsiasi dichiarazione di guerra e del coinvolgimento del Parlamento francese, e per questo destinata a suscitare le proteste dell'opposizione socialista e più in generale dell'opinione pubblica stanca di guerra. Su un piano di contiguità, a preoccupare era anche il morale delle truppe che, se avevano sopportato la ferma prolungata con «spirito di rassegnazione patriottica», rischiavano di accogliere l'invio difficilmente giustificabile in Ucraina con animo sfavorevole, suscettibile di produrre «incidenti deplorevoli a causa dell'esposizione alla propaganda bolscevica»[31]. Se dunque tra i militari francesi c'era chi invocava il principio di un intervento in grande stile per cancellare il regime di Mosca e impedire che il virus del bolscevismo infettasse l'intero continente, altri, come il

[30] K.J. MUNHOLLAND, *The French Army and Intervention in Southern Russia, 1918-1919*, in «Cahiers du monde russe et soviétique», 22, 1981, 1, pp. 43-66.

[31] M.J. CARLEY, *Revolution and Intervention*, p. 112.

generale Alby (successore di Foch come maggiore generale dell'Esercito) temeva sin dal principio che le reali condizioni dell'operazione avrebbero consentito ai propagandisti bolscevichi di «trovare terreno fertile tra le truppe condotte in Russia contro la loro volontà»[32]. Per la verità, le autorità preposte al monitoraggio dei soldati contribuirono presto a confermare come la propaganda bolscevica fosse già penetrata persino sul territorio nazionale, dato che alcuni sequestri di volantini contro le ragioni «imperialiste» dell'intervento erano stati effettuati persino tra le truppe di stanza nel porto di Brest, e possibilmente in attesa di raggiungere l'Ucraina. I sequestri del materiale e l'arresto dei responsabili costituivano soltanto una misura d'emergenza e il procuratore incaricato delle indagini invitava le autorità di Parigi a dare un «seguito di ordine governativo» a quelli che parevano «atti preparatori a un complotto contro la sicurezza di Stato»[33]. Il rapporto conteneva alcune intuizioni che i mesi successivi avrebbero confermato: la capillarità con cui il messaggio bolscevico era recapitato con precisione chirurgica negli ambienti occidentali desiderati, nella fattispecie alle truppe in procinto di intervenire in Russia, era da addebitare tanto ai media prescelti (volantini e foglietti dal linguaggio semplice, dalla fruizione immediata e che potevano circolare di mano in mano) quanto ai mediatori, fossero essi agitatori professionalmente istruiti o collaboratori occasionali presenti in ogni ambiente, persino in quello militare. Quanto a questi ultimi, l'idea di un esercito di volenterosi «senza patria» a disposizione della causa bolscevica era particolarmente destabilizzante, poiché da un lato esso esulava dagli schemi rigidamente nazionalisti della propaganda sviluppatasi durante il conflitto; dall'altro vi era anche una sostanziale differenza rispetto alla generica propaganda internazionalista, pacifista e «disfattista» degli anni del conflitto, che era stata priva di un centro di organizzazione e

[32] *Ibidem*, pp. 114 ss.

[33] Rapporto contraddistinto dal timbro «Secret le plus absolu» del procuratore militare di Brest, giunto al Ministero della Guerra il 9 gennaio 1919, in Archives de la Défense, Fonds rapatriés de Moscou, 7 NN 2346.

irradiazione quale invece Mosca appariva ormai inequivocabilmente. Infine, l'accenno al «complotto contro la sicurezza di Stato», oltre a rinverdire la sindrome da accerchiamento che caratterizzò le istituzioni della Terza Repubblica francese per lunghi tratti della loro esistenza[34], rimandava al crescente timore che il regime bolscevico intendesse sfruttare a proprio vantaggio la missione nel mar Nero per corrompere lo spirito già fiaccato dei soldati e farne dei portatori sani della causa bolscevica verso occidente, oltre quel «cordone» che l'Intesa intendeva predisporre. Sviluppi simili erano coerenti con i più generali allarmi dei servizi d'informazione francesi sul rischio che dai fronti di guerra tornassero a casa soldati con spirito «tinto di bolscevismo», i quali «con finalità di propaganda pericolosa, [tappezzavano] il fondo e le pareti delle valige di banconote e di brochure rivoluzionarie»[35].

L'arrivo delle truppe nel mar Nero e lo sbarco nei porti di Odessa, Sebastopoli e Kherson in dicembre rivelò una realtà ben più cupa delle peggiori previsioni. Sin dalle prime operazioni il comando francese scontò sia la sottovalutazione della conflittualità tra le varie fazioni antibolsceviche (principalmente indipendentisti ucraini e «bianchi» filo-russi) con cui avrebbe dovuto collaborare, sia la scarsa conoscenza della reale situazione sul campo. Le truppe francesi furono accolte con ostilità anche dalla popolazione meno politicizzata, alla quale la propaganda di Mosca si era premurata di ricordare come essa fosse vittima da più di un anno dell'embargo voluto dall'Intesa contro i territori dell'ex Impero zarista. La condizione di prostrazione della cittadinanza che le autorità francesi riscontrarono immediatamente e la necessità di contribuire a porvi rimedio richiamavano il monito di Zinovev di fronte all'ipotetica occupazione di Pietroburgo da parte delle

[34] F. Monier, *Le Complot dans la République*, pp. 9-21. Il volume di Monier costituisce un felice esperimento di inquadramento del «complotto bolscevico» all'interno della tendenza di lungo periodo da parte delle autorità della Terza Repubblica di rinvenire tracce di cospirazioni in cui coesistevano tanto la dimensione interna quanto quella internazionale.

[35] Circolare del 4 dicembre 1918, in Archives de la Défense, Fonds rapatriés de Moscou, 7 NN 2346.

truppe dell'Intesa: mentre queste ultime avrebbero dovuto occuparsi di sfamare la popolazione locale con il pane, gli agitatori bolscevichi avrebbero provveduto a nutrire le stesse truppe con le idee[36].

Gli organi preposti a monitorare il comportamento dei militari non tardarono a registrare un preoccupante deterioramento della disciplina. I primi atti di insubordinazione, per quanto gravi, sembravano comunque scevri di quella politicizzazione tanto temuta da Parigi e piuttosto riconducibili alla scarsa inclinazione a rischiare la vita da parte di uomini che avevano già maturato il diritto al rimpatrio. Tuttavia, la corrispondenza intercettata in direzione della Francia mostrava la crescente adesione degli uomini all'interpretazione bolscevica dell'intervento straniero in Russia e della sua illegittimità. I continui sequestri di materiale clandestino a stampa rivelavano come, attraverso un'esposizione dei «fatti» semplice e diretta, la propaganda bolscevica mostrasse ai soldati francesi l'assurdità del loro dispiegamento in tempo di pace e contro un governo con il quale non sussisteva alcuno stato di guerra sul piano formale[37]. Un manipolo di «capitalisti senza scrupoli», non paghi di aver trascinato milioni di individui nel peggiore massacro della storia, cercavano ora di usare i sopravvissuti per proteggere gli affari siglati all'epoca dell'autocrazia zarista ai danni del popolo russo. A nulla valeva la disponibilità espressa pubblicamente dal nuovo regime a regolare il rimborso di debiti di cui pure esso non era responsabile: l'obiettivo finale dei veri mandanti dell'intervento in Russia era soffocare il «primo Stato socialista», affinché non fosse da esempio per quel proletariato mondiale nelle cui file sarebbero presto tornati molti degli stessi soldati. A vantaggio dei più colti tra i militari, non mancavano paralleli con quel passato rivoluzionario che per la Francia costituiva perenne orgoglio e che le potenze straniere avevano fatto di tutto per soffocare; evidenti risultavano d'alta parte i richiami all'ipocrisia dei principi di autodeterminazione e di

[36] Nota dell'*Attaché Militaire* a Stoccolma del 27 dicembre 1918, in AMAE, Série Europe 18-40, Sous-Série Russie-U.R.S.S., Dossier 878.

[37] Cfr. H. SLOVÈS, *La France et l'Union Soviétique*, p. 94.

uguaglianza tra le nazioni, proclamati dal presidente statunitense Wilson e dalla Conferenza di Parigi appena inaugurata, mentre l'intervento in Russia dimostrava che era sempre il diritto dei forti a prevalere quando le «istituzioni del capitale» erano minacciate dalla giusta rivolta di un popolo e dal suo desiderio di dar vita a una società più giusta. Simili disamine si concludevano sempre con un coerente invito ai soldati a contravvenire alla missione assegnata loro, facendo propria la rivolta «contro i nemici di classe, contro i generali reazionari, contro i capitalisti e i monarchici russi»[38]. Molto più spesso, la corrispondenza dei militari indirizzata ai propri familiari riportava come verità assodate e interessanti le raffigurazioni della Russia post-rivoluzionaria confezionate dalla propaganda, come l'espropriazione dei grandi proprietari terrieri a vantaggio dei contadini nullatenenti, la collettivizzazione delle fabbriche e l'estensione dei benefici dello stato sociale all'intera popolazione[39]. Se dunque l'intervento era stato pensato dai suoi fautori anche come uno «sforzo di propaganda» per persuadere la popolazione locale che i vincitori della guerra non l'avrebbe lasciata in balìa del nuovo regime, la realtà dei fatti dimostrava l'esatto contrario e da gennaio il comando francese assisteva atterrito al dispiegamento apparentemente inarrestabile del dispositivo propagandistico bolscevico al fine di neutralizzare la minaccia straniera[40].

Alla cura della forma della propaganda, semplice e accessibile, si accompagnava la capillarità della diffusione, dimostrata da un episodio minore segnalato dai servizi d'informazione della marina: persino nelle case di piacere frequentate dai militari francesi in libera uscita, il personale abituale era stato sostituito da agenti istruite da Mosca, le quali obbligavano i

[38] L'appello firmato da Sadoul (cfr. *infra*), è in AMAE, Série Europe 18-40, Sous-Série Russie-U.R.S.S., Dossier 563.

[39] M.J. Carley, *Revolution and Intervention*, p. 142.

[40] «Cette aventure prend la forme de palabres: chaque projet d'opérations enchaîne un autre projet jusqu'au jour du rembarquement, où enfin le commandement s'aperçoit qu'il a changé d'adversaire, de guerre, et que ses propres rangs sont contaminés»; J. Nobécourt, *Une histoire politique de l'Armée*, Paris, Editions du Seuil, 1963, I, p. 59.

soldati francesi a leggere della propaganda nella loro lingua e a subire lezioni sulle reali ragioni dell'intervento francese prima di poter consumare[41].

Quanto riscontrato a Odessa e Sebastopoli fu progressivamente inquadrato dall'*intelligence* francese all'interno di un vero contrattacco a mezzo di propaganda orchestrato dalle autorità bolsceviche contro l'intervento militare straniero in Russia. Secondo i dati raccolti, i bolscevichi avevano già prodotto, tra il marzo del 1918 e il gennaio dell'anno seguente, quasi nove milioni di volantini e *pamphlets* diretti alle province del nord, più di quattro milioni per il fronte occidentale e sessantamila scritti nelle principali lingue straniere, così come trentadue milioni di copie di giornali in ogni lingua[42]. Similmente, alcuni rimpatriati da San Pietroburgo riportavano la notizia di un massiccio reclutamento da parte dei sovietici di agenti di ogni sorta, tra cui disertori francesi, da indottrinare debitamente e rispedire su tutti i fronti e presso gli eserciti di occupazione alleati (tanto in Russia quanto in Germania)[43]. A guerra ormai finita, lo sbarco francese a Odessa apriva dunque un nuovo fronte di sperimentazione della propaganda verso il quale il regime di Mosca avrebbe dirottato i propri migliori specialisti[44]. Tra questi, secondo le notizie raccolte dai servizi francesi, figurava un personaggio minore ma che all'epoca, al pari dell'intera vicenda dell'intervento nel mar Nero, assunse caratteri simbolici che andavano ben oltre la sua portata reale.

Il capitano Jacques Sadoul, giovane avvocato di simpatie socialiste, era stato collaboratore del ministro dell'Armamento Albert Thomas durante il conflitto. Quest'ultimo lo aveva

41 M.J. Carley, *Revolution and Intervention*, p. 145.

42 Rapporto della missione militare francese a Omsk del 1° marzo 1919, in AMAE, Série Europe 18-40, Sous-Série Russie-U.R.S.S., Dossier 1150.

43 Racconto di M. Fichelle, professore a San Pietroburgo, riportato a Parigi dal comandante delle truppe francesi sul fronte orientale il 10 marzo 1919, in AMAE, Série Europe 18-40, Sous-Série Russie-U.R.S.S., Dossier 130.

44 Telegramma dell'ambasciatore a Stoccolma Delavaud del 19 gennaio 1919, in AMAE, Série Europe 18-40, Sous-Série Russie-U.R.S.S., Dossier 878.

inviato come osservatore politico presso la missione militare francese in Russia, con il compito di supportare le fazioni progressiste locali, soprattutto quelle coinvolte nel governo Kerenskji. Subito dopo la Rivoluzione d'Ottobre, Sadoul ebbe l'incarico ufficioso di mantenere i contatti con i vertici bolscevichi per risolvere questioni di ordine pratico. Sebbene questo lo rendesse inviso al ben più conservatore corpo diplomatico francese, Sadoul approfittò della frequenza di incontri persino con Lenin e Trotzki per incoraggiarli a proseguire la guerra a fianco dell'Intesa, oltre che per comprendere meglio le dinamiche politiche del nuovo regime[45]. Il suo carteggio verso la Francia (pubblicato più tardi con intenti apologetici) rivelava tuttavia la sua progressiva adesione alle ragioni dei bolscevichi. Anche dopo la stipula del Trattato di Brest-Litovsk, Sadoul continuò a perorare la causa del nuovo governo di Mosca presso le autorità francesi, convinto che un sostegno adeguato avrebbe consentito alla Russia di tornare in guerra contro gli Imperi Centrali. Notizie mai confermate sostengono persino che Trotzki gli avesse affidato la lista delle garanzie ritenute necessarie dai commissari del popolo affinché un intervento diretto degli alleati per ricostruire il fronte orientale non somigliasse a un'iniziativa ostile agli stessi bolscevichi[46]. Queste e altre aperture valsero a Sadoul i primi richiami all'ordine da parte del Ministero della Guerra già nel maggio del 1918. Quando l'*escalation* giunse all'ordine di rimpatrio immediato, l'evoluzione politica di Sadoul era ormai giunta a compimento ed egli si mise a disposizione della nascente Armata Rossa, divenendone ispettore[47]. La massima provocazione, debitamente ripresa dalla stampa francese, fu la sua partecipazione alla sfilata celebrativa del primo anniversario della Rivoluzione in divisa dell'esercito francese. Ancora più rilevante sul piano simbolico era la decisione di dar vita alla «Sezione Francese del Partito

[45] J. BRADLEY, *Allied Intervention in Russia*, p. 3. J. FAUVET, *Histoire du Parti communiste français*, I: *De la guerre à la guerre, 1917-1939*, Paris, Fayard, 1964, p. 25.

[46] A. HOGENIUS-SELIVERSTOFF, *Les Relations Franco-Soviétiques. 1917-1924*, Paris, Publications de la Sorbonne, 1981, p. 57.

[47] J. FAUVET, *Histoire du Parti communiste français*, p. 25.

Comunista Russo» insieme ad altri ufficiali, soldati semplici e civili, tutti connazionali acquisiti alla causa; il gruppo sarebbe confluito nella «Federazione dei gruppi comunisti stranieri», creata presso il Comitato Centrale del Partito Bolscevico Russo sotto la presidenza di Bela Kun, futuro leader dell'effimera Repubblica dei Consigli d'Ungheria. Data la loro esiguità numerica, sia la Federazione sia il gruppo francese ebbero soprattutto il compito di dimostrare il concorso transnazionale alla Rivoluzione russa; inoltre, la loro composizione ne faceva un eccellente strumento per la propaganda che Mosca intendeva diffondere in ogni lingua. Nello specifico, il gruppo di Sadoul aveva certamente il compito di reclutare nuovi volontari tra i tanti civili e militari francesi rimasti nel paese, per aggregarli alle truppe di Trotzki o per farne dei corrieri a disposizione dei bolscevichi in vista del loro rimpatrio[48]. L'attività che più di ogni altra avrebbe inquietato Parigi era la produzione di una propaganda linguisticamente e culturalmente calibrata per il pubblico francese. Già all'indomani dell'armistizio, i media bolscevichi riuscirono a far giungere in Francia un appello alla rivolta di Sadoul contro i termini imposti alla Germania e in favore di una pace senza annessioni né indennità che, oltre a punire le intenzioni scioviniste e reazionarie del governo Clemenceau, avrebbe consentito al proletariato dei due paesi di ritrovare una comune identità di classe al di là delle divisioni nazionali. Sebbene il messaggio riscuotesse risultati apprezzabili soltanto in ambienti già vicini alla linea di Mosca, nondimeno esso fu esaminato con il massimo interesse dall'*intelligence* francese, così come avvenne per una copia, sequestrata alla frontiera svedese alla fine del 1918, del nuovo settimanale in lingua francese «La Troisième Internationale. Organe de la section française du Parti Communiste Russe», diretto dallo stesso Sadoul[49]. Il titolo della pubblicazione prean-

[48] P. Broué, *Histoire de l'Internationale communiste 1919-1943*, Paris, Fayard, 1997, p. 58.

[49] Il settimanale avrebbe continuato regolarmente ad apparire e a essere introdotto in Francia clandestinamente fino al marzo del 1919, non a caso data di nascita della Terza Internazionale; *Dictionnaire Biographique du mouvement ouvrier français. Quatrième partie: de la première à la Seconde guerre mondiale*, Paris, Les éditions ouvrières, 1992, p. 54.

nunciava per la prima volta il progetto leninista di una nuova Internazionale, quasi a indicare come il suo «lancio mediatico» fosse persino più importante dell'effettiva realizzazione[50]. Infine, le notizie che giungevano a Parigi riportavano come compito speciale del «gruppo Sadoul» l'opera di propaganda specificamente diretta alle truppe francesi d'occupazione che si trovavano non soltanto in Germania, ma anche nei territori dell'ex Impero russo: data la peculiarità della missione nel mar Nero e il suo carattere spiccatamente francese più che internazionale, era naturale che l'opera di contrasto mirasse in questo caso a raggiungere risultati esemplari per il futuro[51].

I risultati giunsero nei termini di una crescente politicizzazione dei gesti di insubordinazione da parte delle truppe francesi. Oltre ai ripetuti rifiuti delle truppe di lasciarsi impiegare in azioni dirette contro i bolscevichi, sempre più spesso sui ponti delle navi riecheggiava quel «Walzer di Odessa» adottato dai bolscevichi come inno della resistenza all'intervento straniero: la promessa del generale D'Anselme, responsabile della missione francese nel mar Nero, di concedere un premio di 100.000 franchi e il congedo immediato a chiunque avesse denunciato gli autori di simili bravate cadde nel vuoto per mancanza di delatori[52]. Lo stesso D'Anselme era costretto a concludere in marzo: «l'intervento ... è il modo migliore per diffondere il bolscevismo in Francia. I nostri uomini torneranno tutti contagiati». Gli faceva eco il suo superiore (e inizialmente forte sostenitore dell'intervento), il generale Berthelot di stanza in Romania: «Esiste un pericolo reale nel contatto con il Bolscevismo e lo stato attuale delle nostre truppe mostra anche al meno acuto degli osservatori che la propaganda sta ottenendo risultati»[53].

[50] Telegramma di Delavaud da Stoccolma del 6 dicembre 1918, in AMAE, Série Europe 18-40, Sous-Série Russie-U.R.S.S., Dossier 878.

[51] *Memorandum* dell'ambasciatore Conty del 31 dicembre 1918, in AMAE, Série Europe 18-40, Sous-Série Russie-U.R.S.S., Dossier 563.

[52] Cfr. J. Nobécourt, *Une histoire politique de l'Armée*, p. 68.

[53] M.J. Carley, *Revolution and Intervention*, p. 161.

Simili considerazioni, unite al crescente scetticismo degli altri ex alleati di guerra per i risultati ottenibili in Russia con l'intervento diretto, persuasero il governo Clemenceau a predisporre a fine marzo il richiamo delle truppe dal mar Nero. La misura non fu sufficiente a impedire che, pochi giorni dopo, l'impazienza per il ritardo nell'effettivo rientro sfociasse in veri e propri ammutinamenti e dell'effimera ma significativa creazione di *soviet* dei soldati su alcune navi. In almeno un caso gli insorti erano giunti all'affronto supremo della sostituzione della bandiera francese con quella rossa. Le proteste furono sedate soltanto dall'annuncio che le navi avrebbero immediatamente intrapreso la strada del ritorno in patria; nondimeno, alla fine del mese sembrò che l'ondata di proteste e ammutinamenti si diffondesse per contagio nei porti in cui sostavano le navi sulla via del ritorno dal mar Nero. A distanza di pochi mesi, Sadoul riaffermava la convinzione che la propaganda orale e del contatto personale fosse la strada da perseguire[54].

4. *La lezione di Odessa*

Presto la vicenda del mar Nero sarebbe stata mitizzata dalla sinistra francese ben oltre la sua reale portata. Non v'è dubbio infatti che la propaganda abbia contribuito a «convertire» permanentemente alla causa soltanto una minima parte degli uomini coinvolti nelle proteste; mentre per la maggioranza degli altri essa rappresentò soltanto il catalizzatore di un malcontento dovuto a ragioni di carattere concreto, a cominciare dal desiderio di tornare a casa. Nondimeno, anche le autorità governative e militari di Parigi avrebbero ricavato dall'episodio la conferma dell'importanza operativa che la diffusione sistematica del messaggio rivoluzionario rivestiva per la politica estera del regime bolscevico. La convinzione che per il regime bolscevico «l'incendio universale fosse il

[54] Lettera di Sadoul al leader socialista francese Loriot del novembre 1919, intercettata dal controspionaggio francese, in Archives de la Défense, Paris 7 N 3130.

solo mezzo per salvarsi» portava gli osservatori a concludere che esso avrebbero dedicato mezzi illimitati alla propaganda della rivoluzione all'estero[55]. Se in precedenza il bolscevismo era equiparato a una malattia prettamente russa, dopo i fatti del mar Nero esso assumeva inequivocabilmente i contorni di un flagello pestilenziale che la propaganda aveva il compito di diffondere ben oltre gli ex confini zaristi. A fungere da propellente era un dispiegamento di mezzi e competenze che, nonostante non fosse in discontinuità con quanto si era verificato per tutti gli attori in campo durante la guerra europea, nel caso russo assumeva caratteri leggendari: nascevano in questa fase miti duri a morire nell'immaginazione collettiva francese, come quello che voleva i sotterranei del Cremlino stracolmi dei preziosi espropriati all'aristocrazia e messi generosamente a disposizione dei corrieri affinché giungessero a finanziare la propaganda ai quattro angoli del mondo.

E tuttavia, il flagello avrebbe avuto scarse possibilità di attecchire su corpi sani; esso però poteva rivelarsi letale su quello dell'Europa martoriata dalla guerra e dal risentimento per i suoi costi sociali che accomunava vincitori e vinti, che la rendeva più vulnerabile ai «germi dell'odio di classe, della guerra civile, della disgregazione nazionale»[56]. Il proliferare dall'inizio del 1919 di metafore di carattere patologico-organicistico riferite al bolscevismo come malattia e alla propaganda come suo vettore di diffusione lascia comprendere al meglio come la vicenda dell'intervento nel mar Nero abbia contribuito a modificare il senso dell'espressione «cordone sanitario» per le autorità francesi, spostando l'enfasi sul secondo termine. Abbandonata ogni velleità di intervenire direttamente per distruggere

[55] La prima chiara espressione di tale assunto è riscontrabile in un *memorandum* del Consiglio dell'Unione nazionale russa (un'organizzazione di esuli zaristi) al Console di Francia a Kiev alla fine dell'ottobre 1918. Un campo di ricerca ancora relativamente inesplorato e che tuttavia annuncia risultati promettenti riguarda proprio l'influenza dell'emigrazione russa antibolscevica in Francia sull'immagine del bolscevismo maturata dal mondo politico. Per una prima analisi si veda S. COEURÉ, *La grande lueur à l'est*, pp. 69-87.

[56] Lettera di de Chevilly ad Albert Thomas; M.J. CARLEY, *Revolution and Intervention*, p. 39.

il regime bolscevico, l'imperativo diventava il contenimento della «pestilenza» all'interno dei confini raggiunti fino a quel momento: questo non soltanto per condannare il regime a soccombere alle proprie contraddizioni, ma per impedire fisicamente che gli «agenti di trasmissione» della propaganda bolscevica giungessero in Occidente. Fuori di metafora, alla base della strategia francese maturata in relazione all'intervento nel mar Nero vi era la convinzione che comunicazione e intenti propagandistici fossero inscindibili per il regime bolscevico e che dunque nessun messaggio rivolto da Mosca verso Occidente fosse interpretabile altrimenti: una precoce dimostrazione era stata fornita dall'«appello a tutti popoli per una pace giusta e democratica senza annessioni e indennità», emesso all'indomani della presa del potere con il chiaro intento di provocare l'insubordinazione degli eserciti in guerra. Per tale ragione, innanzitutto, il governo francese tentò per tutto il 1919 e per buona parte dell'anno successivo di promuovere una prosecuzione indefinita dell'embargo nei confronti dei territori russi sottoposti al dominio bolscevico; una misura che, come gli stessi alleati dell'Intesa facevano notare, risultava sempre più difficilmente giustificabile in assenza di uno stato ufficiale di guerra in cui essi non avevano alcuna intenzione di lasciarsi trascinare. Prima di abbandonare definitivamente ogni tentativo in tal senso in seguito all'accordo commerciale sottoscritto tra Russia bolscevica e Gran Bretagna nel marzo del 1921, le autorità francesi non mancarono di ribadire in ogni sede agli interlocutori internazionali come

«... l'apertura di qualunque relazione commerciale col governo dei soviet permetterebbe a quest'ultimo non soltanto di far passare degli agenti di propaganda, ma di reperire i fondi per finanziare la stessa propaganda»[57].

Allo stesso modo, le autorità francesi interpretarono a lungo la ricerca dell'accreditamento in Occidente di responsabili e

[57] Nota della Sottodirezione per gli affari commerciali al ministro Pichon, 19 novembre 1919, in AMAE, Série Europe 18-40, Sous-Série Russie-U.R.S.S., Dossier 66-67. Più in generale, sui negoziati nell'Intesa in merito alla prosecuzione dell'embargo contro la Russia, si veda N.H. GAWOREK, *From Blockade to Trade*, pp. 39-69.

diplomatici bolscevichi alla stregua del tentativo di dar vita a focolai propagandistici e rivoluzionari, cui non poteva essere concesso né credito né margine di manovra. Per quanto riguardava il territorio nazionale francese, l'esempio più evidente fu fornito dalle trattative relative al reciproco rimpatrio dei connazionali, le uniche ufficiali intercorse di quei mesi tra i governi di Mosca e Parigi. Da un lato vi erano infatti i militari russi inviati sul fronte occidentale durante il conflitto e di fatto segregati dopo la rivoluzione per il timore che si dedicassero ad atti di insubordinazione simili a quelli registrati dai loro commilitoni sul fronte orientale; dall'altro, militari e civili francesi erano trattenuti in stato di cattività in Russia, talvolta sin dall'indomani della Rivoluzione d'Ottobre, con la generica accusa di aver collaborato con il passato regime o di tramare per il rovesciamento di quello nuovo insieme agli oppositori autoctoni. Persino un'iniziativa regolata da norme a livello internazionale era considerata con il massimo sospetto in questo caso dal governo di Parigi, che pure non poteva esimersi dal risolvere i problemi dei connazionali prigionieri. L'accordo di base raggiunto nel gennaio 1919 includeva la pretesa bolscevica dell'invio di una rappresentanza in Francia sotto le insegne della Croce Rossa[58]. Pur avendo accettato una simile condizione, le autorità francesi gestirono l'arrivo della missione bolscevica in febbraio con una mobilitazione istituzionale sproporzionata e con un trattamento somigliante più a un regime di profilassi medica che alla gestione di una questione politica. Se infatti era scontata la mancata concessione di qualunque immunità diplomatica ai membri della commissione, le indicazioni riguardo il loro trattamento durante la permanenza in Francia, proprio mentre la missione nel mar Nero volgeva al peggio, raggiunsero livelli maniacali improntati alla volontà di impedire qualunque attività di trasmissione del verbo rivoluzionario[59]. I delegati

[58] L'intera vicenda della missione della Croce Rossa bolscevica in Francia è ricostruita nel dettaglio in R.K. DEBO, *The Manuilskii Mission: An Early Soviet Effort to Negotiate with France, August 1918 - April 1919*, in «The International History Review», 8, 1986, 2, pp. 214-235.

[59] Nota del 31 gennaio firmata da Berthelot, per Stoccolma e Copenaghen, in AMAE, Série Europe 18-40, Sous-Série Russie-U.R.S.S., Dossier 879.

furono preceduti dai consueti avvertimenti da parte dei servizi circa cifre iperboliche che essi avrebbero portato con sé per promuovere attività di propaganda: per tale ragione tutto il denaro di cui essi erano in possesso fu sequestrato all'ingresso nel paese[60]. A nulla valsero i più sobri consigli di molti ufficiali francesi, persuasi che l'alto profilo scelto per i rappresentanti bolscevichi (tra cui Dmitri Manuilsky[61], più tardi leader del partito in Ucraina) lasciasse intendere come il reale obiettivo fosse l'apertura di un fronte negoziale diplomatico con le autorità francesi, piuttosto che la propaganda nei confronti della popolazione: la delegazione fu tenuta ben lontana da Parigi (dove la Conferenza per la Pace era in piena attività), confinata in una piccola località vicino Dunkirk da cui poteva svolgere limitati sopralluoghi scortata da un dispiegamento di militari. Non soltanto ogni contatto con la popolazione locale era impedito dall'isolamento, ma tutte le comunicazioni con l'esterno potevano passare soltanto per un unico ufficiale francese designato e dopo il vaglio delle autorità militari, le quali più volte rifiutarono di inoltrare addirittura dei telegrammi diretti a Mosca. Persino i limitati contatti tra la delegazione e i militari russi, che pure ebbero luogo con la partecipazione di ufficiali francesi, fecero nascere il sospetto che i discorsi di Manuilski li stessero trasformando in un esercito di propagandisti e resero quindi ancora più urgente la conclusione delle trattative e il loro definitivo rinvio in patria[62]. Dopo quasi due mesi di esasperante segregazione e senza aver raggiunto alcun risultato oltre a quanto già concordato preliminarmente tra Parigi e Mosca, alla missione fu intimato di aggregarsi una tranche di connazionali sulla via del rimpatrio via mare; durante una tappa in Finlandia, essi subirono persino un breve arresto

[60] Telegramma di Delavaud che a sua volta riportava notizie provenienti dalla missione di Poirot in Finlandia, ma anche quelle di altri agenti segreti in Svezia, in AMAE, Série Europe 18-40, Sous-Série Russie-U.R.S.S., Dossier 879.

[61] P. Broué, *Histoire de l'Internationale communiste 1919-1943*, p. 1044.

[62] Rivelazioni di un agente della Croce Rossa danese di ritorno dalla Russia a Conty, trasmesse a Parigi il 16 aprie 1919, in AMAE, Série Europe 18-40, Sous-Série Russie-U.R.S.S., Dossier 563.

e un attento scrutinio dei loro averi da parte delle autorità locali, probabilmente sollecitate da quelle francesi alla ricerca di ciò che i bolscevichi stessero riportando in patria dal loro soggiorno[63].

Quanto a quest'ultimo aspetto, nel periodo preso in esame le autorità francesi tentarono con coerenza maniacale di avviare forme di collaborazione transnazionale nel contrasto alla circolazione della propaganda bolscevica, e almeno di esercitare la propria influenza diretta affinché nessun paese, in particolare quelli neutrali, ospitasse rappresentanze ufficiali bolsceviche. Nei casi in cui le autorità locali avevano deciso inizialmente di non conformarsi a una simile tendenza, come era accaduto per la Danimarca e la Svizzera, le fonti disponibili dimostrano un'intensa attività dei servizi d'informazione francesi con l'obiettivo di raccogliere e consegnare alle stesse autorità le prove delle attività propagandistiche condotte dalle sedicenti missioni bolsceviche al riparo dei loro compiti ufficiali di rappresentanza degli interessi economici e diplomatici[64]. Simili iniziative raccolsero più frustrazioni che successi, a causa delle pressioni interne ai rispettivi paesi in favore di una normalizzazione delle relazioni con Mosca per ragioni economiche o politiche; al contempo, tale linea di intransigenza perse presto di credibilità di fronte alle divergenze in seno all'Intesa, a causa del sostanziale ritiro degli Stati Uniti dalla scena politica europea e dalla progressiva accettazione del regime bolscevico da parte del governo britannico. Nondimeno, proficue collaborazioni furono stabilite su base bilaterale con alcuni paesi, quali l'Olanda e alcuni Stati di nuova formazione come Polonia e Romania, al fine di scambiare segnalazioni e informazioni sui movimenti transnazionali degli agenti bolscevichi e sulle

[63] Una trascrizione del discorso di Manoulsky, sul quale avremo modo di tornare più avanti, venne trasmessa da Delavaud il 5 giugno 1919, in AMAE, Série Europe 18-40, Sous-Série Russie-U.R.S.S., Dossier 131.

[64] Per quanto riguarda la Danimarca, ben presto gli scambi sfociarono in una collaborazione per la cessione di informazioni sui movimenti transnazionali dei bolscevichi. Messaggio dell'Ambasciata al Ministero degli Esteri di Parigi del 13 febbraio 1919, in AMAE, Série Europe 18-40, Sous-Série Russie-U.R.S.S., Dossier 1150.

strategie di propaganda di cui si facevano portatori[65]. Questo condusse i servizi di informazione francesi a intraprendere l'impresa impossibile di tracciare le traiettorie dei più noti agenti bolscevichi, a raccogliere intere collezioni dei loro pseudonimi, a segnalare indirizzi di centri clandestini in cui essi potevano riciclare denaro e da cui ottenere falsi documenti. Mentre la Conferenza di Parigi cercava faticosamente di dare un nuovo assetto all'Europa, sotto gli occhi degli incaricati francesi sembrava emergere progressivamente una nuova mappa delle attività bolsceviche clandestine che, approfittando del disordine postbellico, sembravano farsi beffe con facilità disarmante di frontiere, controlli e differenze linguistiche e culturali tra Madrid e Lione, tra la Scandinavia e l'Italia, attraverso gran parte del ventre molle rappresentato proprio dai nuovi Stati del cordone sanitario. Il contrasto tra l'apoteosi del nazionalismo incarnata dal recente conflitto e la transnazionalità congenita al nuovo movimento bolscevico spinse gli analisti di Parigi a scandagliare le biografie dei propagandisti; non di rado i rapporti additavano con interesse e sospetto la matrice ebraica di molti di essi, considerata come una sorta di matrice di un cosmopolitismo e di un plurilinguismo innati[66]. Secondo l'opinione dei servizi d'informazione francesi, soltanto una «simile parentela di razza» tra una lunga serie di esponenti di primo e secondo piano poteva spiegare «le relazioni reciproche tra bolscevichi di diversi paesi»[67].

La coincidenza temporale pressoché perfetta tra le proteste del mar Nero e il Congresso di fondazione dell'Internazionale Comunista a Mosca nel marzo del 1919 accrebbe l'interesse di Parigi a comprendere le ragioni di quest'ultima iniziativa. Sebbene da tempo la storiografia ne abbia ridimensionato la

[65] L'Olanda si segnalava come uno dei paesi più attivi, per la soddisfazione di Parigi. Telegramma dell'ambasciatore Allizé al ministro Pichon del 27 gennaio, in AMAE, Série Europe 18-40, Sous-Série Russie-U.R.S.S., Dossier 879.

[66] F. MONIER, *Le Complot dans la République*, pp. 100 ss.

[67] *Memorandum* del Service de Renseignement per il Ministero degli Esteri, trasmesso il 13 novembre 1919, in AMAE, Série Europe 18-40, Sous-Série Russie-U.R.S.S., Dossier 1155.

portata reale, data la scarsa partecipazione di membri stranieri e le condizioni di incertezza logistica e politica in cui si tenne, all'epoca esso fu interpretato dalle autorità francesi alla stregua di un ordine di insurrezione generale in cui già rientravano tutti i fermenti che si agitavano attraverso l'Europa. Con dovizia di particolari, spesso enfatizzati dagli agenti quando non del tutto infondati, l'assemblea fu considerata alla stregua di una Pentecoste, durante la quale agenti propagandisti di ogni parte del mondo accoglievano il verbo rivoluzionario e la missione di portarlo in ogni direzione[68]. In tal modo, a Parigi furono interpretate come conseguenze dirette della propaganda bolscevica gli scioperi e le agitazioni violente che caratterizzarono il successivo 1° maggio in molti paesi. Tutti i casi rivelavano la flessibilità e l'adattabilità del messaggio bolscevico alle condizioni locale: quanto ai paesi vincitori della guerra, nei messaggi di Mosca rilanciati dai manifestanti finiva sotto accusa la distribuzione ineguale dei proventi di una guerra che il popolo era stato costretto a combattere per un periodo ben più lungo e in condizioni ben peggiori di quanto inizialmente prospettato. Per quanto riguarda per i paesi sconfitti, l'efficacia della propaganda bolscevica poteva avere conseguenze ancora più drammatiche per il dopoguerra. Soltanto pochi giorni dopo l'assemblea di Mosca, a Budapest veniva proclamata la nascita della Repubblica dei Consigli d'Ungheria, con la rilevante partecipazione dei comunisti locali. L'attenzione riservata dagli osservatori francesi rivelava quanto rilevante fosse il desiderio di emulazione dell'esempio russo non soltanto nelle forme politiche e istituzionali, ma anche nelle modalità di comunicazione nei confronti degli stessi cittadini come anche dell'esterno; al contempo, il messaggio rivoluzionario si conciliò efficacemente, seppure per una fase circoscritta, con le ragioni endogene di insoddisfazione per l'amputazione del territorio nazionale e in generale per il duro trattamento che la fase armistiziale e la Conferenza di Pace

[68] Si vedano ad esempio le informazioni trasmesse a Parigi dall'Ambasciata di Berna il 25 febbraio 1919, relative ai veri obiettivi della convocazione del Congresso di fondazione del futuro Comintern, in Archives de la Défense, Fonds rapatriés de Moscou, 7 NN 2510.

stavano riservando al paese[69]. Dinamiche simili erano riscontrate anche nella Repubblica Sovietica Bavarese, nata nell'aprile del 1919 e ancor più effimera di quella ungherese. Anche in quel caso, la frustrazione per la sconfitta, la speranza di evitarne le conseguenze e il desiderio di emancipazione dal «militarismo prussiano» erano argomenti sensibili sfruttati dalla propaganda ispirata da Mosca (a detta degli agenti francesi) come catalizzatori per indurre il processo rivoluzionario e più in generale per vanificare l'opera dei vincitori[70]. In tutti questi casi gli analisti di Parigi non mancavano di riscontrare come la propaganda bolscevica si giovasse di un'avaria del circuito mediatico: la mancanza di informazioni veritiere su quanto stesse davvero accadendo in Russia, data l'assenza di osservatori internazionali che non fossero già acquisiti alla causa, consentiva di magnificare i risultati ottenuti dalla patria del socialismo senza timore di essere smentita. Anche in questo senso le autorità francesi tentarono di intraprendere attività di contropropaganda non soltanto in patria ma a livello internazionale. Tuttavia, le scarse tracce riscontrabili negli archivi francesi lasciano concludere che pochi risultati furono raggiunti, al di là del finanziamento di alcuni quotidiani minori già devoti all'antibolscevismo in Svizzera e in Danimarca[71].

Conclusioni

Il rapido esaurimento del ciclo insurrezionale europeo già nel 1920 rivelò ben presto anche agli osservatori francesi più prevenuti che i loro timori, se già non erano stati eccessivi in precedenza, lo diventavano alla luce del rovinoso fallimento

[69] Nota dei servizi segreti al ministro degli Esteri del 27 marzo 1919, in AMAE, Série Europe 18-40, Sous-Série Russie-U.R.S.S., Dossier 1112.

[70] M. LAUNAY, *1919 Versailles, une paix bâclée?*, Bruxelles, Editions Complexe, 1999, p. 65.

[71] Per quanto riguarda la Svizzera, si veda il *memorandum* del colonnello Pageot del 27 marzo 1919, con allegato il progetto di una sorta di agenzia di stampa antibolscevica in tre lingue con base nella Confederazione Elvetica, in AMAE, Série Europe 18-40, Sous-Série Russie-U.R.S.S., Dossier 877.

delle esperienze nate in quel lasso di tempo. Al contempo, mentre la Rivoluzione bolscevica non riusciva ad attecchire fuori dai confini russi, il suo consolidamento in patria divenne talmente incontrovertibile da costringere molti attori internazionali a venire a patti con esso e a stabilire relazioni diplomatiche ed economiche ufficiali con Mosca. Le stesse autorità francesi si adeguarono tra le ultime, nel 1924, all'alba di un nuovo ciclo di politica interna. Questo non comportò la catastrofe rivoluzionaria paventata soltanto poco tempo prima. Nondimeno, la prima e traumatica fase di conoscenza del bolscevismo lasciò in eredità alle autorità francesi l'impressione destinata a durare a lungo che esso fosse in possesso di capacità mediatiche e propagandistiche con pochi paragoni, guidate e dirette da un apparato professionale cui le autorità di Mosca dedicavano altrettanta attenzione di quanta ne prestavano al rafforzamento dell'Armata Rossa e al dispiegamento di una diplomazia tradizionale. Quanto a quest'ultima, la propaganda continuava a essere considerata come un'arma complementare sempre pronta all'uso a seconda dello scopo da raggiungere. Se dunque il regime bolscevico ripiegava momentaneamente verso l'obiettivo minimo della difesa della «patria del socialismo» e della promozione dei suoi interessi politici ed economici, l'esperienza dell'immediato dopoguerra insegnava con quali mezzi e con quanta abilità, in caso di bisogno, esso avrebbe potuto tornare a sfruttare la propaganda per promuovere la causa della rivoluzione internazionale.

Antiporta del volume di A. STOPPANI, *Il Bel Paese. Conversazioni sulle bellezze naturali, la geologia e la geografia fisica d'Italia*, Milano, G. Agnelli, 1883[4] (Trento, Biblioteca comunale).

Alpinisti e media nella seconda metà dell'Ottocento

di *Matteo Largaiolli*

I decenni a metà dell'Ottocento sono stati centrali per lo sviluppo e la definizione dell'alpinismo e per la costruzione di un nuovo rapporto dell'uomo con l'ambiente montano. La storia dell'alpinismo si intreccia con i cambiamenti della società borghese europea ottocentesca, con la sua cultura, con la politica. Un ruolo di collettore dell'identità e dei valori alpinistici è svolto dalle associazioni alpinistiche nazionali: la pubblicazione delle loro riviste, in particolare, segna un momento di contatto esplicito tra il sistema dei media, la creazione dell'immagine dell'alpinismo e la sua diffusione.

Non affronto qui il problema della storia dell'alpinismo o dei rapporti tra l'alpinismo e la più ampia storia delle Alpi, ma mi limito a proporre alcuni percorsi di analisi della presenza dell'alpinismo nel sistema dei mezzi di comunicazione nella seconda metà dell'Ottocento, con particolare attenzione al caso italiano. Dopo un primo panorama, molto selettivo e senza nessuna pretesa di esaustività, di valori dell'alpinismo e dei *topoi* in cui questi si riflettono (il corpo, la fisicità, la sicurezza, la scienza, la maschilità), toccherò alcuni aspetti legati alla presenza mediale dell'alpinismo: la consapevolezza nell'uso dei media da parte degli attori coinvolti, il sistema dei media in cui si colloca la rappresentazione dell'alpinismo, il senso attribuito alla narrazione da parte dei protagonisti della comunicazione e quindi l'emergere di una percezione del sé alpinistico in dialogo e a volte in opposizione con altri attori sociali[1]. Per

[1] La bibliografia è molto ampia. Ricordo soltanto A. PASTORE, *Alpinismo e storia d'Italia. Dall'Unità alla Resistenza*, Bologna, Il Mulino, 2003;

quanto riguarda i testi, prenderò in considerazione soprattutto i primi numeri della rivista del Club Alpino Italiano[2] e, come *exemplum* di comunicazione di valori alpinistici, il volume di Antonio Stoppani, *Il Bel Paese* (1876), di vastissima e duratura fortuna editoriale e scolastica[3].

Il rapporto dell'alpinismo con l'universo mediale non può prescindere dalla constatazione della ricchezza di valori, di idee

G.P. MOTTI, *La storia dell'alpinismo*, nuova ed. riv. e aggiornata a cura di E. CAMANNI, Scarmagno (Torino), Priuli & Verlucca, 2013; C. AMBROSI - M. WEDEKIND (edd), *L'invenzione di un cosmo borghese. Valori sociali e simboli culturali dell'alpinismo nei secoli XIX e XX*, Trento, Museo storico in Trento, 2000; O. RAGGIO, *Prove e realtà a rischio. Storia e storie culturali dell'alpinismo*, in «Quaderni storici», 51, 2016, 152/2, pp. 589-602 (con giuste osservazioni su P.H. HANSEN, *The Summits of Modern Man. Mountaineering after the Enlightment*, Cambridge MA, Harward University Press, 2013). Sulla storia delle Alpi: J. MATHIEU - S. BOSCANI LEONI (edd), *Die Alpen! Zur europäischen Wahrnehmungsgeschichte seit der Renaissance / Les Alpes! Pour une histoire de la perception européenne à partir de la Renaissance*, Bern, Lang, 2005 e J. MATHIEU, *Die Alpen. Raum-Kultur-Geschichte*, Stuttgart, Reclam, 2015.

[2] Le associazioni alpinistiche nazionali nascono a distanza ravvicinata: Alpine Club (Regno Unito, 1857), Österreichischer Alpenverein (1862), Club Alpino Italiano (1863), Schweizer Alpen-Club (1863), Deutscher Alpenverein (1869), Società degli Alpinisti Tridentini (1872), Deutscher und Österreichischer Alpenverein (1873, unisce le associazioni tedesca e austriaca), Club alpin français (1874). Per quanto riguarda le riviste, il «Bullettino trimestrale del Club Alpino di Torino» nasce nel 1865; dal n. 8 (vol. II, fasc. 1, aprile 1867) diventa «Bullettino trimestrale del Club Alpino Italiano»; «Bullettino del Club Alpino Italiano» dal n. 12 (I semestre 1868) e «Bollettino del Club Alpino Italiano» dal vol. IV, n. 14 (giugno 1869). La «Zeitschrift des Deutschen und Oesterreichischen Alpenvereins» appare nel 1872, prendendo il posto del «Jahrbuch des Oesterreichischen Alpenvereins» (edito dal 1865) e della «Zeitschrift des Deutschen Alpenvereins» (edita dal 1869-1870). L'«Alpine Journal dell'Alpine Club» inglese nasce nel 1863.

[3] A. STOPPANI, *Il Bel Paese. Conversazioni sulle bellezze naturali, la geologia e la geografia fisica d'Italia*, Milano, G. Agnelli, 1876. Il libro, in forma di dialogo, descrive il territorio italiano; i primi due capitoli sono dedicati alle attività di esplorazione alpinistica. Nel volume Stoppani riprende articoli già pubblicati in rivista (ad esempio, la descrizione delle «marmitte dei giganti» nella IV edizione del 1883, era già apparsa nell'«Annuario della Società degli Alpinisti Tridentini», 4, 1877, pp. 156-176), a dimostrazione dell'interdiscorsività e intermedialità che caratterizza tutta questa produzione. Su Stoppani (1824-1891) cfr. E. ZANONI, *Scienza, patria e religione. Antonio Stoppani e la cultura italiana dell'Ottocento*, Milano, Franco Angeli, 2014.

e di ideologie di cui l'alpinismo è portatore. L'alpinismo, ma più in generale il rapporto tra l'uomo e l'ambiente montano, è un complesso stratificato di significati, che restano sempre presenti e attivi nella sua rappresentazione, e tra i quali è difficile stabilire priorità e gerarchie, proprio in ragione della loro complessità. Si tratta però di valori tra loro intrecciati, di cui si deve tenere conto quando si guarda alla loro presenza nei media e che si sono fissati anche grazie alla rappresentazione che dai media è stata data[4].

1. *Gli alpinisti e la montagna*

In termini molto generali e riassuntivi, alcuni aspetti fondamentali per capire il senso dell'alpinismo sono il rilievo che assume il corpo, con i suoi limiti e le sue potenzialità, e la centralità riconosciuta alla dimensione fisica del rapporto con l'ambiente, che si traduce nell'importanza attribuita al senso della vista, alla capacità di vedere i segni del paesaggio, e nell'addestramento del fisico[5]. Il corpo è per eccellenza il corpo maschile[6]; naturalmente, anche le donne partecipano

[4] Per i concetti e i compiti della ricerca sulla mediatizzazione rinvio ai panorami di C. Cornelißen, A. Fickers e C. von Hodenberg, in C. Cornelissen - E. Tortarolo (edd), *Mediatizzazione e medialità della storia dalla prima età moderna*, numero monografico degli «Annali dell'Istituto storico italo-germanico in Trento», 44, 2018, 1. Sull'uso del termine cfr. D. Deacon - J. Stayner, *Mediatization: Key Concept or Conceptual Bandwagon?*, in «Media, Culture & Society», 36, 2014, 7, pp. 1032-1044 e la risposta di A. Hepp - S. Hjarvard - K. Lundby, *Mediatization: Thorizing the Interplay between Media, Culture and Society*, *ibidem*, 37, 2015, 2, pp. 314-324.

[5] Come nota E. Dickinson, *Altitude and Whiteness: Germanizing the Alps and Alpinizing the Germans, 1875-1935*, in «German Studies Review», 33, 2010, 3, pp. 579-602, qui p. 583 è proprio il diverso rapporto che si instaura con la natura che contraddistingue l'alpinismo tardo-ottocentesco (fisico, concentrato sui benefici fisici) dall'alpinismo tardo-settecentesco (intellettuale). Sulla fisicità cfr. anche B.M. Anderson, *The Construction of an Alpine Landscape: Building, Representing and Affecting the Eastern Alps, c. 1885-1914*, in «Journal of Cultural Geography», 29, 2012, 2, pp. 155-183, qui p. 168.

[6] Sul corpo virile: M. Armiero, *Making Italians out of Rocks: Mussolini's Shadows on Italian Mountains*, in «Modern Italy», 19, 2014, 3, pp. 261-

alle imprese alpinistiche fin dai primordi, ma sempre come seconde arrivate rispetto agli uomini: l'universo metaforico costruito intorno alla montagna è rivelatore di una dominante visione al maschile dell'attività alpinistica[7].

La materialità del paesaggio e la fisicità corporea si accompagnano alla retorica della sicurezza, fondata sulla scienza, sulla prudenza e sulla ragione[8]. La critica all'alpinismo insicuro perché improvvisato era un luogo comune[9], che agiva anche in funzione identitaria, come valore positivo del gruppo di appartenenza, in opposizione alla temerarietà di altri gruppi: in un primo momento, ad esempio, gli alpinisti criticavano gli atleti che praticavano lo sci, proprio per i rischi a cui questi ultimi si esponevano[10].

274; sulla scalata come segno di *Männlichkeit*: E. DICKINSON, *Altitude and Whiteness*, p. 594.

[7] Il tema dell'alpinismo femminile e della sua originalità rispetto alla controparte maschile meriterebbe un approfondimento specifico: per un primo orientamento si veda S. MOROSINI - A. PASTORE, *L'alpinismo al femminile*, in «Olimpia», 1, 2017, 1, pp. 49-70 (http://www.rivistaolimpia.it/wp-content/uploads/2016/11/1_2017_Morosini-Pastore_ok.pdf). Speculare alla centralità mascolina nella rappresentazione dell'alpinista, e quindi dello spazio montano come teatro di socialità maschile, è la rappresentazione della montagna come donna da conquistare («not mother but potential lovers [or rape victims]»: E. DICKINSON, *Altitude and Whiteness*, p. 594). Anche in A. STOPPANI, *Il Bel Paese*, l'opposizione tra giovane e madre rispecchia la mascolinità dei valori dell'alpinismo, che la madre (portatrice di altri valori: la cura, la certezza) fa fatica a capire.

[8] A. STOPPANI, *Il Bel Paese*, p. 28: «L'alpinista deve possedere in grado eminente due belle virtù: la prudenza e il coraggio». L'iniziale giustificazione dell'alpinismo riflette probabili critiche mosse agli alpinisti e si inserisce, a quanto pare, in un complesso sistema interdiscorsivo.

[9] *Ascensione al Monte Bianco*, in «Bullettino del Club Alpino di Torino», 1865, 2, p. 31 (articolo ripreso dal giornale «Le Siècle», 30 settembre 1865): «L''Abeille de Chamounix' rapporte une nouvelle ascension très dramatique au Mont-Blanc … Des précautions primordiales, peu ou point. Aucun de ces hommes n'était guide».

[10] P. ENGEL, *The Discursive Construction of National Identity through the Swiss Magazine SKI Before World War I*, in «The International Journal of the History of Sport», 30, 2013, 6, pp. 598-616, qui p. 602.

In generale, quella che emerge è una distinzione tra la montagna vissuta nella sua fisicità e la montagna intesa come prodotto della percezione e del pensiero dell'uomo: la montagna rappresentata e l'alpinismo sono anche costruzioni sociali, mediate dai mezzi di comunicazione[11]. Tuttavia, accanto alla dimensione ideale, la montagna mantiene una fondamentale dimensione fisica e materiale, anche nella prospettiva del fruitore borghese: costruire rifugi, tracciare sentieri, tradurre il paesaggio nella cartografia, muoversi (camminare, scalare) in uno spazio ben definito sono attività concrete, segnate dalla scienza e dalla tecnica, che dimostrano come l'approccio alla montagna da parte degli alpinisti fosse consapevole e intenzionale, con uno scopo; gli interventi sulla montagna hanno l'obiettivo di costruire un ambiente adatto all'uso che se ne vuole fare[12].

2. *Gli alpinisti e gli altri*

In questo quadro, i media rappresentano per gli alpinisti un'occasione per affermare la propria identità: definiscono i valori, i compiti, le qualità, le attività, gli spazi e i tempi[13] della loro presenza in montagna. Il «noi» che rappresenta l'identità trova, naturalmente, anche altre occasioni per definirsi – ad esempio, l'associazionismo, le assemblee dei club nazionali, la stesura degli statuti, pubblicati anche nelle riviste di categoria.

[11] S. IRETON, *«Ich bin ein Wanderer und ein Bergsteiger» – Nietzsche and Zarathustra in the Mountains*, in «Colloquia Germanica», 42, 2009, 3, numero monografico: *Mountains in the German Cultural Imagination*, pp. 193-212, qui p. 194. Anche l'Everest è «a construct – somewhere between reality and illusion, or delusion – of the British imperial mind» (*ibidem*).

[12] La lettura scientifica, mediata, del territorio vuole essere come una relazione «moderna» con la natura. La costruzione di sentieri e rifugi rappresenta una forma di relazione «borghese» e non-romantica con la montagna: gli alpinisti vedevano la montagna come uno spazio in cui agire, in cui manifestare la loro «mastery over nature»: cfr. B.M. ANDERSON, *The Construction*, pp. 174, 176-177.

[13] Significative in questa prospettiva le tabelle cronometriche e altimetriche, che tornano uguali nelle diverse riviste nazionali, con le indicazioni dei tempi di ascesa e di cammino, segno di un progressivo controllo sulla natura.

Ma è attraverso la presenza sui media che questo «noi» viene fissato, si può percepire, si fa disponibile come immagine, in un processo di «nostrificazione» mediale attestato anche per un campo affine come lo sport[14]. I media contribuiscono a creare quindi schemi di riferimento per definire sé stessi, il ritmo e le attività del tempo libero, la cultura[15]. La definizione dell'io e del noi si attiva, tradizionalmente, con la creazione di un altro da noi e con la selezione di tratti propri e distintivi dagli altri, in uno schema oppositivo che si trova declinato in più modi anche nel campo dell'alpinismo.

Una prima distinzione, schematica ma reale, è quella che è stata individuata tra autoctoni e stranieri/forestieri[16]. La montagna era uno spazio già occupato, materialmente e simbolicamente, dagli abitanti dei luoghi, ma il cambio di campo ha portato il controllo da parte di altri attori: gli alpinisti «forestieri» che penetrano nei territori degli «autoctoni».

Ad esempio, nel 1895, Nepomuk Zwickh, segretario della sezione bavarese dell'Alpenverein, descrive il passaggio da un mondo alpino tradizionale, irrazionale, superstizioso, non controllato (non mappato), altro e diffidente, verso un mondo che grazie all'azione modernizzatrice (un'azione moralmente positiva) della sua associazione è diventato un mondo di sentieri,

[14] P. ENGEL, *The Discursive Construction*; H. EICHBERG, *Sport, Nation und Identität*, in K. HEINEMANN - M. SCHUBERT (edd), *Sport und Gesellschaften*, Schorndorf, Hofmann, 2001, pp. 37-61, qui p. 37: «Wenn Menschen miteinander spielen, bilden sie soziale Muster, die ein 'Wir' ausdrücken. Vermittels körperlicher Aktivitäten treten kollektive Identitäten in Aktion und in Kontakt, oft auch in Wettkampf miteinander. Sport ist demnach als Nostrifikationsprozess verstehbar – als ein Weise, durch sozial – sinnliche Praxis 'wir' zueinander zu sagen und damit kulturelle Identität zu erfahren, auszudrücken oder zu entwickeln».

[15] Di «patterns of middle-class leisure and culture» parla P.H. HANSEN, *Albert Smith, the Alpine Club, and the Invention of Mountaineering in Mid-Victorian Britain*, in «Journal of British Studies», 34, 1995, 3, pp. 300-324, qui p. 306.

[16] R. DE BELLEFON, *L'invention du terrain de jeu de l'alpinisme: d'une montagne l'autre*, in «Ethnologie française», 29, 1999, 1, pp. 66-78.

mappato, gestito da guide esperte, organizzato – insomma di cultura moderna[17].

L'opposizione, però, non è univoca come può apparire. Innanzitutto, anche se i rapporti tra autoctoni e forestieri sono letti dai contemporanei nella prospettiva di «conquista» e «spossessamento» (gli alpinisti cittadini conquistano le montagne), sono in realtà molto più dinamici e mossi, come sembra dimostrare almeno il caso delle guide alpine di Chamonix; gli autoctoni infatti conoscevano e continuavano a dominare la montagna e non la vivevano certo in termini di superstizione, timore reverenziale o ignoranza[18]. Inoltre, l'opposizione può adombrare anche l'alternativa natura/città, in cui il polo positivo è proprio quello della natura.

Emergono in questa opposizione i due modi diversi di vedere la montagna, di privilegiare le diverse sue dimensioni, fisiche e simboliche: quella orizzontale o quella verticale. Da una parte (per gli autoctoni) la montagna è uno spazio esteso e globale; dall'altra (per l'alpinista) è uno spazio verticale in cui quello che conta è la sommità. L'enfasi sull'ascesa, fisica e spirituale, non è però un frutto inevitabile di una selezione ovvia, ma un luogo comune che si impone su altre possibilità di pensare al rapporto con la montagna. Nella tradizione europea di lungo periodo, classica e cristiana, infatti, l'uomo non si muove soltanto in termini di verticalità, ma si sposta, fisicamente e idealmente, su due assi: l'asse verticale, in quanto *contemplator coeli*, ma anche l'asse orizzontale, in quanto *cultivator terrae*[19]. Nella percezione tardo-ottocentesca della montagna l'ago pende

[17] N. Zwickh, *XXXV Jahresbericht (Vereinsjahr 1894) der Alpenvereins - Sektion München*, München, Verein, 1895, pp. 31-32, citato in B.M. Anderson, *The Construction*, pp. 173-174.

[18] R. de Bellefon, *L'invention*, pp. 67-68. Questa dinamica comporta problemi sul piano delle fonti, perché le fonti autoctone sono rare e mediate; una fonte sono i toponimi, che in quanto espressione di pratiche e percezioni svolgono una funzione appropriativa e di potere (*ibidem*, pp. 66, 70).

[19] H. Böhme, *Berg*, in R. Konersmann (ed), *Wörterbuch der philosophischen Metaphern*, Darmstadt, WBG, 2014, pp. 49-63, qui p. 47, e S. Ireton, *«Ich bin ein Wanderer und ein Bergsteiger»*, p. 206.

decisamente verso la dimensione verticale: per gli alpinisti l'estensione spaziale della montagna (la montagna che viene percorsa dalle strade, sfruttata per i pascoli e l'agricoltura, pensata come spazio ampio e compatto) viene messa in secondo piano dalla verticalità della vetta e della parete.

Si radicano così nella montagna attività differenziate in territori delimitati. Due riflessi linguistici di questa situazione sono particolarmente evidenti: sul piano di un medium *sui generis* come la toponomastica, si afferma la tendenza ad isolare le vette e attribuire loro un nome[20]; sul piano del paesaggio, si impone l'idea, creata proprio nel tardo Ottocento, di «alta montagna» – di un ambiente cioè altro, opposto alla montagna vissuta, popolata e sfruttata, che prima non era identificato in quanto tale – che riflette una differenza di ruoli e di possesso degli spazi[21].

3. *Un alpinismo per tutti*

Una distinzione interna alla categoria è invece quella tra alpinisti esperti o estremi *vs* alpinisti comuni. È una distinzione che si rende necessaria per giustificare agli occhi di chi alpinista non è la scelta di un'attività nuova, che non può essere spiegata sulla base di valori tradizionali. Il tema ritorna più volte anche in Stoppani: al di là dell'eccezionalità di alcuni scalatori,

[20] La scienza cartografica si sovrappone alla toponomastica tradizionale: dare o cambiare nomi alle cose (alle cime, alle strade) è un processo di appropriazione e che dimostra i cambiamenti di potere; ad esempio E. WHYMPER, *Passaggio del Col-du-Talèfre eseguito dal Signor Whymper il 4 luglio scorso*, in «Bullettino trimestrale del Club Alpino di Torino», 1865, 2: «Passai da Montanvert a Courmayeur per una nuova strada cui mi propongo di dare il nome di 'Col-du-Talèfre'». Evidentemente anche politici sono gli obiettivi scientifici nella rappresentazione cartografica che è anche rappresentazione linguistica della società: «la connaissance scientifique devint un moyen indispensable pour défendre les valeurs nationales»: D. BLANCHON, *Des montagnes au service de la cause nationale: la Société des alpinistes du Trentin et l'irrédentisme de 1872 à 1915*, in «Historie Économie et Société», 19, 2000, 1, pp. 133-148, qui p. 140.

[21] R. DE BELLEFON, *L'invention*, pp. 72-73.

Stoppani ribadisce che l'alpinismo può trovare anche una sua dimensione più ordinaria:

«Né chi vi parla, né lo stesso apostolo Budden non si avventurarono mia a nessuna di queste salite famose. Ci vogliono tempre speciali ...; muscoli d'acciajo, presenza e freddezza di spirito a prova; nervi che non oscillino, cervello che non giri, capelli che non si dirizzino. Di stoffe così fatte non abbonda mai il mercato»[22].

Proprio per questo, Stoppani propone un alpinismo a misura di tutti, con obiettivi più facili da raggiungere, come una vita sana. Spiega infatti che per essere alpinista non è necessario tentare le imprese degli scalatori. Il Club alpino, del resto, non mira semplicemente a scalare, ma propone una formazione globale dell'individuo – ed è su questa formazione che Stoppani insiste nel suo libro:

«... il Club alpino italiano ha questo pregio suo proprio che non si propone tanto di promovere le ardue salite, quanto la cognizione e lo studio di tutto ciò che può utilizzare e sviluppare le innumerevoli riprese della regione alpina»[23].

In piena conformità, in questo, con il panorama alpinistico europeo, in cui a più riprese si ribadisce il ruolo economico e morale dell'alpinismo:

«Die Alpenfahrten haben zwar auch den gewiss sehr verdienstlichen Zweck, die Gestaltung und äussere Beschaffenheit der Gebirge in ihren weniger zugänglichen Partieen näher kennen zu lernen; dennoch dürfte es in ihrem Interesse liegen, wenn nach und nach andere Motive, künstlerische, wissenschaftliche, volkswirtschaftliche für sie gewonnen werden»[24].

22 A. STOPPANI, *Il Bel Paese*, p. 34. Ma è una distinzione che troverà continua applicazione fino al fascismo, che dedicherà attenzione alle masse di alpinisti comuni, più che ai pochi alpinisti eccezionali (M. ARMIERO, *Making Italians*, pp. 268-269).

23 A. STOPPANI, *Il Bel Paese*, p. 34.

24 C. NÄGELI, *Eine wissenschaftliche Aufgabe für die Alpenclubs*, in «Separat-Abdruck aus der Zeitschrift des Deutschen Alpenvereins», 1, 1870, pp. 562-582, qui p. 563. Anche Zwickh, in modo molto simile a quanto descrive P.H. HANSEN, *Albert Smith* per il mondo inglese, pensava all'Alpenverein come a un motore di sviluppo: crescita, modernità, salute, conoscenza erano valori che gli alpinisti volevano portare nelle Alpi. Non si trattava soltanto

Il motivo dominante de *Il Bel Paese*, accanto alla dimensione fisica, è l'«elevazione dell'anima», la «ginnastica dello spirito»: «la pazienza con cui si tollera la fame, la sete, il caldo, il gelo, tutti i disagi inevitabili in un viaggio sui monti» e la ricompensa finale: «l'ilarità, il benessere dell'animo, la poesia dell'intelletto e del cuore»[25]. Stoppani mette a tema proprio la possibilità di diffusione dell'alpinismo tra i giovani e nelle scuole:

> «Io mi contento, dunque, ovunque io possa, di raccomandare ai giovani, ai parenti, agli educatori tutti, i viaggi in montagna, poiché sono convinto che fra i mezzi educativi siano dei migliori. Per me è già un alpinista il fanciullo che giunge a fatica sino al dorso dei colli ond'è circondato il villaggio natio; è un alpinista il giovinetto che, infilate le cinghie di una valigia e armato dell'*Alpenstock* ..., fa a piedi il suo primo viaggetto nelle Alpi svizzere ed italiane»[26].

Nella scrittura del libro Stoppani si dimostra particolarmente attento a questa funziona pedagogica. Come dichiara lui stesso, infatti, aveva pensato *Il Bel Paese* nell'«antichissima» forma, «facile ed attraente», del dialogo, con l'intento dichiarato di renderlo «popolare» (pensato per il «popolo italiano», vale a dire «quella minoranza che si occupa di leggere»), «didattico» («nel modo possibilmente meno nojoso, più chiaro e più confacente in tutto e per tutto ... allo scopo istruttivo ed educativo del libro») e «scientifico» («cioè rigorosamente vero»), orientato cioè a fornire una conoscenza il più possibile diffusa e precisa delle caratteristiche fisiche della Penisola, in prospettiva di crescita culturale, economica (industriale) e civile[27]. La conoscenza delle montagne e l'attività degli alpinisti va collocata

di rendere le Alpi accessibili ai cittadini, ma di portare i valori borghesi nelle Alpi e modernizzare le comunità alpine: anche la narrazione della costruzione di sentieri e rifugi si propone come espressione di modernità (B.M. ANDERSON, *The Construction*, pp. 173, 176).

25 A. STOPPANI, *Il Bel Paese*, pp. 36, 37.

26 *Ibidem*, p. 35.

27 «Che le scienze naturali, di cui nessuno sconosce l'importanza, non possano prestare alimento alla letteratura popolare? Che non siano chiamate alla loro volta a completare quella cognizione che un popolo deve avere di sé?» (*ibidem*, pp. 1, 2, 5).

quindi nel paradigma della scoperta scientifica, produttiva economicamente, e formativa moralmente e civilmente[28].

Questa affermazione di un alpinismo «per tutti», è parte di una volontà di apertura e di diffusione dell'alpinismo che trova nella comunicazione a stampa un canale privilegiato.

Le necessità di popolarizzare la montagna variano, naturalmente, da contesto a contesto e sono condizionate dalla composizione sociale delle associazioni alpinistiche, per lo più formate da uomini della borghesia professionale[29]. Così, ad esempio, nel Trentino austriaco, la Società degli Alpinisti Tridentini percepisce la necessità di opporsi al turismo germanico: per farlo,

[28] *Il Bel Paese* inaugura (o fissa) l'idea di un viaggio sentimentale nella storia della nazione (M. ARMIERO, *Making Italians*, p. 269): «had educated generations of Italians to explore the nature of the nation, and especially its mountains, as a process of discovery ad construction of the national identity».

[29] Eminentemente maschile e borghese è il DÖAV (E.M. ANDERSON, *The Construction*, p. 157). Fondato nel 1873 dalla fusione delle associazioni tedesca e austriaca, conta 90.000 membri nel 1910 («truly a mass middle-class organization ... The membership of the DÖAV was primarily urban and middle-class; that is, it was made up of people who had the time and money to go to the Alps»: E. DICKINSON, *Altitude and Whiteness*, pp. 582-583); negli anni, si iscrissero all'associazione molti abitanti delle città delle Alpi: sia per motivi economici e di affari, sia per l'influsso culturale esercitato dai visitatori dei centri urbani maggiori (*ibidem*, p. 584). L'Alpine Club inglese conta pochi aristocratici e pochi esponenti delle classi lavoratrici più basse; dominano la classe media e i professionisti con una formazione universitaria; nel Regno Unito il club rappresentò uno spazio di scambio sociale («constructed a social sphere for the socialization of men of diverse backgrounds»: P.H. HANSEN, *Albert Smith*, p. 312). Medio e alto borghese è anche la composizione del Club Alpino Svizzero, fortemente omogeno al suo interno (M. MESTRE, *Alpinismo svizzero e modello britannico. Conformità e specificità*, in C. AMBROSI - M. WEDEKIND (edd), *L'invenzione di un cosmo borghese*, pp. 91-104). La Società degli Alpinisti Tridentini, fondata nel 1872 attira soprattutto cittadini (si intende delle piccole città della zona, Trento, Rovereto, Riva del Garda), tra cui 23 nobili, 128 professionisti (avvocati, medici), 17 studenti: numeri poco rappresentativi della maggioranza del territorio agricolo trentino; D. BLANCHON, *Des montagnes au service de la cause nationale*, p. 138. Il Club Alpino Italiano registra, almeno ai vertici, nobili e professionisti «dei saperi tecnico-scientifici e giuridici», ma con differenze tra città e città: l'associazionismo del CAI «indica un rapporto di fusione e di collaborazione fra elite sociali e intellettuali di differente origine e formazione»; A. PASTORE, *Alpinismo e storia d'Italia*, p. 52.

punta su manifestazioni pubbliche, che avevano l'obiettivo di far capire agli abitanti l'importanza della montagna, e su una campagna di adesioni tra insegnanti e studenti, per aumentare il numero di membri e soprattutto per fare presa oltre gli strati più ricchi della popolazione – un impegno che in effetti porterà all'aumento di iscritti nel giro di alcuni decenni, e soprattutto porterà i membri della Società a coprire un ruolo di orientamento politico, di opinion maker[30].

I fattori che contribuiscono a popolarizzare la montagna sono molti e interagenti tra loro. Tra i principali si possono ricordare lo sviluppo infrastrutturale, la costruzione di strade, ferrovie e trafori[31]; la persistenza della sensibilità romantica, che, per quanto superata, continuava ad offrire un repertorio di immagini ormai consolidato; la centralità della scienza e dell'osservazione naturalistica come motivazione degli alpinisti all'esplorazione[32]; il nuovo culto della fisicità, per cui l'alpinismo è un esercizio di formazione del fisico e insieme del carattere. Sono tutti fattori che concorrono, e che devono essere contestualizzati: l'alpinismo si afferma, come pratica e come idea, negli stessi decenni in cui cambiano le definizioni di genere, di nobiltà, di identità nazionale, quando cambiano i modi in cui le identità sono auto-generate e culturalmente costruite, quando si affermano nuovi modi di guardare alla cultura e all'ambiente, alle differenze etniche e allo spazio abitato[33]. Un indizio di questi nuovi interessi per le popolazioni della

30 D. BLANCHON, *Des montagnes au service de la cause nationale*, p. 139, e B. SANGUANINI, *Fare cultura. Attori e processi della modernizzazione culturale: il Trentino*, Milano, Franco Angeli, 1992, p. 240.

31 P.H. HANSEN, *Albert Smith*. Cfr. ad esempio il *Rapporto della Commissione istituita per l'esame geologico delle grandi gallerie progettate attraverso le Alpi Italo-Elvetiche (con tavole)*, in «Bullettino trimestrale del Club Alpino di Torino», 1865, 3, pp. 37-51; la pubblicazione del rapporto, che «non si trova in commercio», è giustificata, nonostante i costi, perché «può interessare, non solo il geologo, ma chiunque vede nelle Alpi qualche cosa di più di un semplice rilievo del suolo» (p. 37, n. 1).

32 Ma con alcuni distinguo: R. DE BELLEFON, *L'invention*, p. 69 considera i richiami degli alpinisti alla scienza un alibi, «une pratique autojustifiée par le plaisir que l'on y éprouve».

33 P.H. HANSEN, *Albert Smith*, pp. 302-303.

montagna si trova nella *Zeitschrift* del Deutscher und Österreichischer Alpenverein (DÖAV), nella quale si registra un progressivo aumento degli articoli dedicati alla descrizione di popoli e tradizioni alpine: un solo articolo negli anni Settanta, ma 5 tra 1880 e 1885, 9 tra 1886 e 1890, 14 tra 1890 e 1900[34].

Da qui l'importanza di valutare anche i contesti culturali, le specifiche forme linguistiche e la loro comunicazione[35] che caratterizzano un momento di svolta, e che dimostrano come la costruzione dell'identità fosse attivamente messa in moto e non una passiva ricezione di idee.

4. *Esperienze internazionali*

La scelta di fondare il Club Alpino Italiano (CAI) era maturata anche sulla base delle esperienze europee: come scrive Bartolomeo Gastaldi nel 1867,

> «Gli Inglesi che una nobile e maschia smania spinge a visitare tutti i punti del globo, inviano annualmente colonie di uomini non meno arditi che dotti a perlustrare le Alpi ... A studiare le Alpi con amore, con tenacità di proposito, con dottrina pari alla grandezza ed all'importanza dell'argomento, vengono dopo gli Inglesi gli Svizzeri ed i Tedeschi. Noi pur troppo siamo ancora lungi dal poter far loro concorrenza, e ciò per quel difetto di iniziativa, di attività, di scienza, di costanza, che in tante cose di altissimo rilievo ci fanno inferiori agli altri popoli civili»[36].

Nel secondo capitolo de *Il Bel Paese*, Stoppani approfondisce un accenno, lasciato in sospeso nel primo capitolo, al Club

[34] Nota questo parallelo E. DICKINSON, *Altitude and Whiteness*, p. 583: «The emergence of mass middle-class Alpine hiking also coincided with the development of interest in folk culture and local culture and landscapes – 'Volkskunde' and 'Heimatkunde' – across German-speaking Central Europe as a whole». I dati sono contenuti *ibidem*, p. 584.

[35] Sulla *media specificity* e la *context specificity* come punti della ricerca cfr. M. EKSTRÖM - J. FORNÄS - A. JANSSON - A. JERSLEV, *Three Tasks for Mediatization Research: Contributions to an Open Agenda*, in «Media, Culture & Society», 38, 2016, 7, pp. 1090-1108, qui p. 1100.

[36] B. GASTALDI, *Prefazione*, in «Bullettino trimestrale del Club Alpino Italiano», II/2, 1867, 9, pp. 97-103, qui p. 98.

Alpino[37], alla fama che l'associazione ha già acquisito, alla diffusione di notizie sull'alpinismo[38]. Il rapporto con le altre nazioni funziona come catalizzatore di qualità riconosciute agli alpinisti. Coerentemente, anche la rivista, pubblicata dal 1865, adotta il modello internazionale: «Egli è soprattutto nelle opere e nei giornali pubblicati nella Gran Bretagna che noi troviamo articoli da ristampare, tradotti, nel nostro 'Bullettino'»[39].

Nei primi numeri infatti il «Bullettino» riporta molti articoli da riviste francesi, in lingua originale, ma anche, in traduzione italiana, dall'inglese dell'«Alpine Journal»[40]. La compilazione del «Bullettino» con materiale straniero è per certi aspetti una necessità: in Italia manca ancora, secondo quanto affermano i redattori, la sensibilità comune per scrivere articoli. Emerge però nelle prime dichiarazioni anche la consapevolezza nell'uso del medium: sia sul piano dei debiti contratti con altre esperienze simili all'estero, sia sulla funzione che si vuole che il

[37] Significativa anche la consapevolezza linguistica di fronte a «club»: «so bene d'aver profferito una parola nuova per voi, e che puzza di barbarismo insoffribile a mille miglia»; A. STOPPANI, *Il Bel Paese*, p. 20.

[38] Sulla diffusione di notizie si vedano i riferimenti alle morti in montagna: «Come non si sapesse di tanti che in questi ultimi anni andarono a sfracellarsi a' piè dei dirupi, o a sprofondarsi nei cupi crepacci dei ghiacciai?»; *ibidem*, p. 26.

[39] B. GASTALDI, *Prefazione*, p. 98.

[40] Ad esempio W. MATHEW jr, *Della misura delle altezze per mezzo del barometro*, in «Bullettino del Club Alpino di Torino», 1865, 3, pp. 52-62. Anche nella sezione «Varietà» di alcuni numeri del Bullettino sono proposte notizie riprese dall'estero. Almeno nei primi anni sembra determinante la mediazione francese: cfr. ad esempio A. VERNIER, *Les Alpes*, in «Bullettino del Club Alpino Italiano», 1868, 13, pp. 356-359, ripreso da «Le Temps», settembre 1868, che riconosce esplicitamente il modello inglese: «Le journal de l''Alpine Club' est une sorte de guide des Alpes, nécessaire à quiconque veut sortir des chemins battus par les touristes: il renferme les renseignements les plus complets sur le mode de voyager dans les Alpes et sur le glaciers; il donne des détails très complets sur tous les passages et cols les plus importants, et trace le chemin précis des principales ascensions»; *ibidem*, p. 356. Il francese era la lingua di comunicazione normale nell'amministrazione torinese e «lingua di cultura nell'intera aristocrazia e borghesia piemontese»: T. DE MAURO, *Storia linguistica dell'Italia unita*, Roma - Bari, Laterza 2017 (1963[1]) e, dello stesso autore, *Storia linguistica dell'Italia repubblicana dal 1946 ai nostri giorni*, Roma - Bari, Laterza, 2014, p. 506.

«Bullettino» svolga tra i soci, sia sul versante delle richieste di scrittura avanzate ai soci:

«Se il Club Alpino ha per scopo di promuovere le escursioni nei nostri monti e la conoscenza di essi, vuoi dal lato topografico che da quello descrittivo, il 'Bullettino' ... dovrebbe soprattutto contenere la esposizione dei risultati ottenuti dai nostri viaggiatori nelle loro peregrinazioni. Ma sgraziatamente questi sono ancora pochi, e pochissimi quelli che, recandosi sulle Alpi per diporto, vi facciano osservazioni e ne diano conto in apposite relazioni. Ne viene che per la compilazione del 'Bullettino' noi siamo costretti di pirateggiare qua e là articoli nei giornali dei Club esteri»[41].

La stessa dinamica di confronto con le altre nazioni e pubblicazione di una rivista si trova anche in Svizzera; così scriveva, Theodor Simler, il primo presidente del Club Alpino Svizzero, nel 1876 in una lettera pubblicata sulla rivista dell'associazione:

«Je me demande pourquoi nos grimpeurs éprouvés ne se constitueraient pas en un Club semblable au Club alpine anglais? ... Pour plus d'émulation, l'on pourrait y joindre des publications périodiques auxquelles chacun contribuerait pour sa part, qui par un mémoire, qui par un récit, des dessins, etc.»[42].

La pubblicazione di articoli stranieri o in traduzione, per quanto obbligata, documenta anche, in positivo, l'apertura internazionale di queste pubblicazioni che si spiega nel quadro dell'internazionalizzazione dei media, non nuova nelle riviste italiane[43]. Più rare ma non assenti le traduzioni di testi italiani nelle riviste straniere: ad esempio un saggio lessicografico apparso non sul «Bollettino» del CAI ma sull'«Annuario della Società degli Alpinisti Tridentini» nel 1882, fu tradotto

[41] B. GASTALDI, *Prefazione*, p. 97.

[42] T. SIMLER, in «L'Écho des Alpes», 3, 1876, pp. 177-178.

[43] Cfr. ad esempio i modelli europei de «L'Illustrazione Italiana» ricordati da A. RANIOLO, *La stampa periodica illustrata in Italia nella seconda metà dell'800*, in BIBLIOTECA UNIVERSITARIA ALESSANDRINA, progetto Movio, *Società, sindacato, politica. Roma, l'Italia, l'Europa all'alba del Novecento (1900-1910)*, (http://www.movio.beniculturali.it/bua/societasindacatopolitica/264/stampa-periodica-illustrata). Anche nella «Zeitschrift des Deutschen Alpenvereins» una sezione bibliografica riporta, a partire dal 1871, gli interventi pubblicati sulle riviste estere (come il Bollettino del CAI); nella rivista svizzera, «L'Echo des Alpes», compaiono sezioni dedicate alle notizie delle associazioni alpinistiche straniere.

da Ludwig von Hohenbühel nella «Zeitschrift des Deutschen und Oesterreichischen Alpenvereins» del 1885[44]. La direzione dall'italiano al tedesco si dà quindi con qualche anno di ritardo, quando la sensibilità alpinistica si era diffusa anche a sud delle Alpi – ma nel caso specifico fu favorita dal tema (il lessico alpinistico) e dal fatto che la Società degli Alpinisti Tridentini era radicata in un territorio dell'Impero austro-ungarico.

Dal quinto numero del «Bullettino del Club Alpino di Torino», inoltre, le pagine finali sono dedicate alla pubblicità: alberghi, strumenti meteorologici, equipaggiamento alpinistico, guide turistiche a stampa[45]. La presenza della pubblicità, di un medium cioè che presuppone un destinatario specifico, si spiega con il progressivo affermarsi di un pubblico di riferimento sempre meglio identificato, e dimostra come si stringano e si definiscano sempre meglio i legami tra rivista e pubblico. Ma è interessante come la pubblicità partecipi di una chiara apertura internazionale: ad esempio, un annuncio del 1866 pubblicizza, in francese, i prodotti di James S. Carter, un fornitore, come viene chiaramente scritto, dell'Alpine Club inglese, apprezzato anche da Edward Whymper, a sua volta citato come testimonial (fig. 1).

5. *Verso una «lingua alpinistica»*

Il saggio di Apollonio tradotto da von Hohenbühel mette in luce un altro aspetto degno di nota ai fini della forza mediale delle descrizioni alpinistiche: la riflessione sul lessico. Innanzitutto, il linguaggio dell'alpinismo non nasce dal nulla: è figlio della retorica dell'avventura e delle esplorazioni ottocentesche, del

44 A. APOLLONIO, *Definizione di alcuni vocaboli alpini usati nel Trentino e nelle valli limitrofe*, in «Annuario della Società degli Alpinisti Tridentini», 8, 1882, pp. 329-345; traduzione parziale in L. VON HOHENBÜHEL, *Die italienischen Volksnamen der Bodengestalten in Tirol*, in «Zeitschrift des deutschen und österreichischen Alpenvereins», 1885, 16, pp. 177-180.

45 Sull'equipaggiamento cfr. A. STOPPANI, *Il Bel Paese*, pp. 29-30: «La prudenza creò ed istrusse le guide; armò di chiodi le scarpe e di punta ferrata il bastone; temprò i beccastrini e i pali di ferro ...; torse le corde con che si legano fra loro i viaggiatori e le guide».

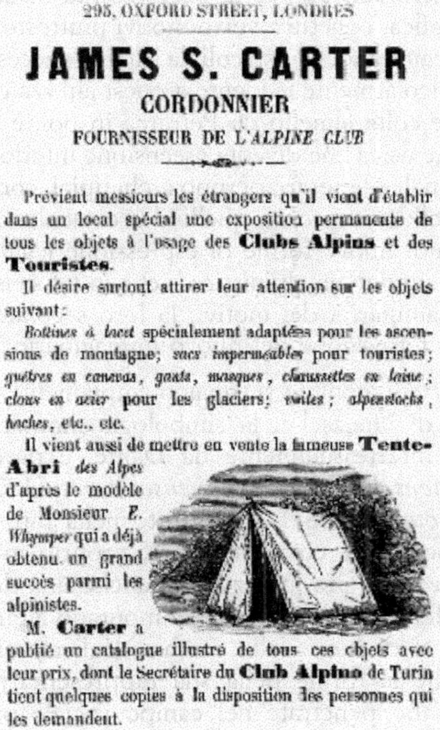

Fig. 1. Pubblicità dei prodotti di James S. Carter, fornitore di equipaggiamento alpinistico, in «Bullettino trimestrale del Club Alpino Italiano di Torino», 5, 1866, p. 62 (collezione privata).

linguaggio della conquista che viene risemantizzato, conservandone il significato simbolico di prestigio. La scalata assume in questo contesto alcune caratteristiche proprie di un universo maschile come quello della guerra e dell'addestramento militare[46]. Il processo metaforico che pone al centro la montagna

[46] Anche per ragioni storiche contingenti: fu proprio nel contesto storico di crisi militari degli anni tra il 1850 e il 1870 che «middle-class men elevated the exploits of athletes and the adventures of mountaineers into cultural symbols of British masculinity, patriotism, national character, and imperial power»; P.H. HANSEN, *Albert Smith*, p. 314. Per la metafora bellica si veda

e i corpi agisce con una certa prevedibilità dalla dimensione fisica, geografica, oggettiva verso motivi piuttosto stabili e tradizionali: il cammino, gli ostacoli, la sfida, il successo. La logica sottesa, particolarmente evidente a quest'altezza di tempo, ma di tradizione colta almeno da Petrarca in poi, è quella legata all'ascensione fisica che diventa ascensione interiore[47]. I motivi iper-tradizionali e letterari, perfino archetipici, come quello del viaggio, e folklorici, come quelli dell'ostacolo e dell'abisso, trovano quindi nuove forme di espressione legate alla novità dell'ideologia montana-alpinistica – che in tal senso li rinnova. Proprio la familiarità dei motivi, la loro secolare persistenza facilitano l'affermazione del nuovo immaginario.

Immagini e *tropi* montani si trovano ampiamente, ad esempio, nelle opere di Nietzsche: la simbologia montana, per altro dipendente intertestualmente da Dante, è particolarmente attiva da *Menschliches, Allzumenschliches* (1878) ad *Also sprach Zarathustra* (1883), soprattutto nella rappresentazione del libero pensatore come scalatore, proprio in ragione del movimento verso l'alto. Nietzsche è anche una dimostrazione di come l'affermarsi del paradigma montano alpinistico abbia agito anche al di fuori della cerchia degli alpinisti, e come, una volta che le forme della sua rappresentazione si sono affermate, siano penetrate nel campo sociale più ampio (e nello specifico nella filosofia). La simbologia montana in *Also sprach Zarathustra* è certo un prodotto dell'immaginazione, ma è anche strettamente radicata nel suo contesto, in un'epoca in cui quell'immagine era ormai in grado di descrivere e narrare

ad esempio A. STOPPANI, *Il Bel Paese*, pp. 28-30: «Ormai del salire sull'Alpi s'è fatta un'arte vera, una vera scienza se volete, nello stessissimo senso con cui chiamate arte e scienza il mestiero pericolosissimo della guerra ... Insomma l'ascensione di una montagna difficile è una battaglia, ove il coraggio fa avanzare le file in faccia al nemico, ove la prudenza impone a suo tempo la ritirata». La Prima guerra mondiale sarà un momento di svolta anche per la rappresentazione dell'alpinismo guerriero (M. ARMIERO, *Making Italians*, p. 267) e per la definizione di nuove forme di medialità legata alla montagna (la memorialistica).

47 S. IRETON, *«Ich bin ein Wanderer und ein Bergsteiger»*, p. 201: «The somatic progression of ascending a mountain thus emerges with the inner process of transcending one's self».

la realtà[48]. Ma se questo vale in termini di metafore e di lessico connotato, altrettanto decisivo è l'interesse maturato per il lessico denotativo. Quando si tratta di descrivere i fatti e la natura, la consapevolezza linguistica diventa centrale. Un testo particolarmente significativo in tal senso è rappresentato dalla riflessione di Ottone Brentari su Dante alpinista[49]. Dante, incarnazione «morale» dell'alpinista, è comprensibilmente celebrato da Brentari anche come modello di stile e di lingua: da Dante gli alpinisti «possono imparare ad esprimersi con precisione e verità, e ... possono togliere non poche parole che non sono ancora d'uso comune nella lingua alpinistica»[50]. Il tema è caldo: nominare le cose, tradurle in un medium, è il primo passo per dominarle e per farle agire. Negli anni in cui il modello di alpinismo è in formazione, Brentari sa che è necessario trovare le parole giuste per descriverlo. La questione linguistica riflette, come sempre, questioni molto più ampie, sociali e politiche[51]: in questo caso, dimostra la consapevolezza del nuovo, che passa attraverso la coscienza dell'innovazione scientifica portata dall'alpinismo.

«La lingua alpinistica ... in Italia è ancor da formare: e non è ancora interamente formata neppure in Germania ed in Inghilterra, dove l'alpinismo è molto più antico che fra noi. Noi, però, siamo più indietro assai degli altri ... perché non esistono parole italiane citate nella 'Crusca', le quali servano

[48] *Ibidem*, p. 195: «when Alpinism and its real-life narratives flourished». Su Nietzsche e la simbologia montana cfr. *ibidem*, p. 200: «Zarathustra reflects, transcendentally, on the ultimate purpose of his mission, and the literal denotations of 'Wanderung', 'Berg', 'Gipfel' and 'Höhe' quickly cede to the traditional tropes of inner journey, impediment, trial, and triumph».

[49] O. Brentari, *Dante alpinista*, in «Bollettino del Club Alpino Italiano», 22, 1887, pp. 12-61. Su Ottone Brentari (1852-1921), geografo e giornalista di origine trentina, cfr. O. Piovan, *Brentari, Ottone*, in *Dizionario Biografico degli Italiani*, Roma 1972, XIV, pp. 161-162.

[50] O. Brentari, *Dante alpinista*, p. 58.

[51] «Ogni volta che affiora, in un modo o nell'altro, la quistione della lingua, significa che si sta imponendo una serie di altri problemi: la formazione e l'allargamento della classe dirigente, la necessità di stabilire rapporti più intimi e sicuri tra i gruppi dirigenti e la massa popolare-nazionale, cioè di riorganizzare l'egemonia culturale»: A. Gramsci, *Quaderni del carcere*, a cura di V. Gerratana, Torino, Einaudi, 2014, III, p. 2346 (Quaderno 29, § 3).

ad indicare quelle date conformazioni del terreno, dei nevaî e ghiacciaî che devono essere nominate dall'alpinista»[52].

Dietro la ricerca linguistica c'è naturalmente un'esigenza di comunicazione moderna e scientifica: «e gli autori citati dalla 'Crusca' non potevano né conoscere né adoperare parole indicanti cose delle quali essi non avevano alcuna idea»[53]. Il tema, però, è molto più ricco e complesso: la questione della lingua si pone infatti anche in termini espressivi e come questione nazionale. Posta l'assenza di parole italiane e toscane adatte, Brentari, che era pur sempre un uomo del Nord, ritiene che si possa creare un «vocabolario alpino italiano» unitario partendo dai dialetti, secondo il modello della già ricordata lista allestita da Apollonio, con il sostegno dell'uso vivo degli alpinisti: «quelle parole non esistono nella *Crusca*, non esistono nella parlata toscana vivente, ma esistono bellissime in altri dialetti italiani: e sarà sempre meglio prenderle da quelli, battezzarle come italiane, ed usarle sempre senza paura»[54].

Il progetto poi si amplia:

«... questo vocabolario, al quale tutti possono lavorare, bisognerà pur farlo, e dovranno farlo anche le altre Nazioni colte: e poi si potrà anche pensare ad un vocabolario alpino internazionale»[55].

È anche questo un esempio di internazionalizzazione di un fenomeno che si manifesta in modo particolarmente evidente là dove più attiva è la dimensione comunicativa e metacognitiva, vale a dire sul piano linguistico e lessicale. La portata internazionale della comunicazione è ben presente a Brentari, che si rivela consapevole del problema e aggiornato sul tema, visto che cita anche un'opera tedesca molto recente, per quanto

[52] O. Brentari, *Dante alpinista*, p. 58.

[53] *Ibidem*, p. 58.

[54] *Ibidem*, p. 58. Alcune parole («bocca», «camino», «corno», «forcella», «pala») «sono entrate nella lingua italiana scritta, e più altre vi entreranno collo sviluppo progressivo della letteratura alpina. Ogni monte, ogni valle offrirà parole belle e proprie: basta saperle trovare ed adoperare»; *ibidem*, p. 58.

[55] *Ibidem*, p. 58.

diffusa, come il «piccolo saggio di dizionario alpino tedesco» a firma di Emil Zsigmondy, del 1887[56].

6. *Strategie editoriali*

Un esempio particolarmente chiaro di applicazione di strategie editoriali complesse e moderne è la pubblicazione de *Il Bel Paese* di Antonio Stoppani, un libro il cui grande successo, anche scolastico, non era frutto del caso. La pubblicazione del libro di Stoppani fu preparata da un'accorta attività promozionale, che si rivelò vincente, almeno a giudicare dal numero di edizioni, continuate fino a tutta l'epoca fascista. Anche le immediate reazioni sulla stampa furono entusiaste, con molte recensioni, sia da parte cattolica («L'Osservatore cattolico», «La Civiltà Cattolica»), sia da parte liberale e laica («Corriere della Sera», «Il Secolo»): un «riconoscimento mediatico»[57] che segnò la prima tappa del suo cammino di successo nel tempo[58] e che dimostra la sua incidenza nella società. Il secondo obiettivo di Stoppani, dopo aver ottenuto il plauso della stampa, era di far adottare il libro nelle scuole (non a caso l'introduzione è rivolta «Agli Institutori»)[59]; anche su questo fronte Stoppani

[56] E. ZSIGMONDY, *Erklärung touristischer Ausdrücke*, Appendice a *Die Gefahren der Alpen*, Leipzig, Frohberg, 1887², citato in O. BRENTARI, *Dante alpinista*, p. 58, nota 1.

[57] P. REDONDI, *Best-seller si nasce o si diventa?*, in P. REDONDI (ed), *Un best-seller per l'Italia unita. Il 'Bel Paese' di Antonio Stoppani. Con documenti annessi*, Milano, Guarino e Associati, 2012, pp. 11-37, qui p. 19 (in appendice, le recensioni coeve).

[58] *Long-seller* lo definisce L. CLERICI, *Introduzione*, in A. STOPPANI, *Il Bel Paese*, Torino, Aragno, 2009, pp. XI-LXIII, qui p. LVIII. Per la storia e le strategie editoriali cfr. P. TRANIELLO, *Il Bel Paese: un cammino editoriale nell'Italia in cammino*, in P. REDONDI (ed), *Un best-seller*, pp. 59-81: «l'individuazione del mercato di riferimento è stata attenta e lucida, sia da parte dell'autore che degli editori» (p. 69).

[59] «Le note scientifiche e filologiche ... furono suggerite dall'idea che questo libro possa opportunamente addottarsi come libro di lettura nelle scuole primarie e magistrali» (A. STOPPANI, *Il Bel Paese*, p. 5). Stoppani è consapevole che i primi lettori sono lettori cittadini: «Se queste pagine avranno la fortuna, pur troppo rara, di uscire dalle mura delle scuole di città, per diffondersi nelle campagne ... insegneranno agli abitanti di quelle contrade ad apprezzare

si impegna personalmente: promuove il libro presso insegnanti e provveditori, lo pubblicizza, garantisce prezzi scontati per l'acquisto in stock. L'interesse che suscitò si riflette anche nella centralità che l'attività alpinistica riveste nell'economia del libro: l'alpinista è presentato infatti fin dalle prime pagine come un modello di lettore e di cittadino. Al di là della descrizione e della registrazione di dati geografici e paesaggistici, il nucleo essenziale de *Il Bel Paese* è l'impegno nella formazione morale e civile degli italiani, che trovano nell'immagine dell'alpinista un modello da seguire. La scelta degli argomenti è calibratissima e gli obiettivi sono molto chiari: promuovere la conoscenza scientifica, lo sfruttamento economico delle risorse naturali e la riscossa etica degli italiani:

> «Il piano del libro è del resto semplicissimo … l'autore, pigliando la veste di uno zio naturalista che racconta ai nipoti, percorre da un capo all'altro … il bel paese
>
> Che Appennin parte e 'l mar circonda e l'Alpe,
>
> descrivendone le naturali bellezze … Non trascura … di additare le riprese industriali della nazione, e di eccitare il sentimento del bello e del bene morale»[60].

La scelta di iniziare con l'alpinismo è perfettamente motivata. Le Alpi sono il punto di partenza della descrizione innanzitutto per ragioni estrinseche: geografiche, perché sono i confini naturali della penisola, e culturali, perché erano già oggetto di descrizione nei modelli europei di Stoppani e rappresentavano quindi l'ambiente più familiare per il sotto-sistema dei media scientifici[61]. Inoltre, le Alpi acquistano un significato ulteriore, identitario e civile, in cui l'alpinismo ha un ruolo «educativo»

un po' meglio le riprese, di cui la natura non fu avara alle diverse provincie d'Italia» (*ibidem*, p. 6). Sulle strategie di marketing, cfr. E. ZANONI, *Dietro le quinte del 'Bel Paese'*, in P. REDONDI (ed), *Un best-seller*, pp. 83-99.

60 A. STOPPANI, *Il Bel Paese*, p. 4.

61 L'importanza dello studio delle Alpi è chiaro anche nei modelli, svizzeri, che Stoppani cita: «'Les Alpes Suisses', di Eugenio Rambert; 'Les Alpes', di Berlepsch; e 'La vita degli animali nella regione delle Alpi' (*Das Thierrleben der Alpenwelt*), di Tschùdi» (A. STOPPANI, *Il Bel Paese*, p. 3). L'antimodello è la letteratura para-scientifica, in particolare Jules Verne. Questo rapporto con la divulgazione europea è un altro tassello nel quadro della transnazionalità dei media, favorita dall'azione mediatrice di attori interessati.

essenziale: «Pigliando per ciò le mosse dalle Alpi, discorre dell'alpinismo moderno come di un nuovo elemento educativo»[62].

7. *Narrare e narrarsi*

Nella sua prefazione al «Bullettino» del 1867, Gastaldi si lamentava delle poche relazioni alpinistiche scritte dagli italiani. La narrazione (narrare le escursioni, ma anche narrare sé stessi, dirsi pubblicamente e farsi riconoscere), e quindi il confronto pubblico, è un momento essenziale dell'affermazione di identità. Da qui deriva la centralità della narrazione alpinistica nell'economia dei media. È la narrazione dell'impresa alpinistica che permette di renderla popolare. Un momento di svolta nella storia della presenza dell'alpinismo nei media, e come tale percepito già dai contemporanei, è segnato dal racconto dell'ascesa del monte Bianco di Albert Smith nell'Inghilterra vittoriana (1851): nel 1852 John Murray nel suo *Handbook for Travellers in Switzerland* poteva scrivere che proprio raccontando la sua impresa Albert Smith «has effectually popularized the enterprise»[63]. Narrare non è un dato scontato né neutro. L'ascesa e la conquista di una cima, dal punto di vista delle comunità autoctone, prima cioè del cambiamento di prospettiva portato dall'atteggiamento borghese ottocentesco, non implicavano nessun incremento di capitale simbolico e non entravano in nessuna narrazione o memoria[64]: chi saliva una cima o attraversava un valico per cacciare, o per commercio, o per cercare i pascoli, non stendeva una relazione della sua ascesa. Un momento di svolta nella percezione della montagna, il discrimine tra un uso tradizionale, istintivo della montagna e un rapporto consapevole con la salita, si manifesta

[62] A. Stoppani, *Il Bel Paese*, p. 4.

[63] J. Murray, *Hand-Book for Travellers in Switzerland and the Alps of Savoy and Piedmont*, London, Murray, 1852^5, p. 336. Secondo P.H. Hansen, *Albert Smith*, p. 306, Smith ha successo perché riesce a cogliere la ricerca di *status symbol* propria della *middle-class* vittoriana, e incanalarla nell'alpinismo: dà cioè alla classe media una forma culturale specifica per definire la propria immagine anche grazie alla narrazione che ne fa.

[64] R. de Bellefon, *L'invention*, p. 68.

con la scrittura, quando si cominciano a scrivere resoconti delle ascensioni. Il medium contribuisce quindi in modo determinante a fissare un nuovo modo di avvicinarsi all'ambiente. Lentamente, da questi resoconti emerge l'interesse per raccontarsi e la dimostrazione dei cambiamenti nei rapporti interpersonali, nella vita sociale ad esempio di studenti e impiegati. Un caso significativo è il racconto di un'escursione sul monte Bianco, steso per il «Bullettino» da un piccolo gruppo di «impiegati governativi» che avevano dedicato le loro vacanze a un'escursione sul monte Bianco:

«I viaggi di montagna sono, specialmente per la gioventù, eccellenti ricreazioni per lo spirito e per il corpo, e di più prevengono molti malanni cagionati dalle occupazioni sedentarie; sotto questo ed altro rapporto sono adunque di immenso vantaggio alla classe soprattutto degli impiegati a cui appartengo ... un piccolissimo numero d'Italiani se ne cura ... perché falsamente pensano che per viaggiare in montagna ci vogliono forze fisiche straordinarie e mezzi pecuniari di cui generalmente non possono disporre. Egli è per combattere questa opinione e per indurre i colleghi ad imitarci, che io ed i miei tre compagni, tutti impiegati governativi, facciamo pubblicamente parola della nostra breve escursione»[65].

Il ragionamento si articola in più punti: in positivo, l'alpinismo garantisce benefici sul fisico, soprattutto nel distacco dalla vita lavorativa di città[66]; in negativo, non è vero che per essere alpinisti siano necessarie ampie disponibilità finanziarie o qualità fisiche straordinarie – tutti, cioè, come affermerà anche Stoppani, possono diventare alpinisti. Quando l'alpinismo si diffonde nel ceto borghese impiegatizio, ha bisogno di modelli e di esempi. Il «Bullettino» non manca quindi di proporre esempi da seguire, soprattutto per la diffusione tra le classi giovani, che in alcuni casi sembrano rispondere all'appello:

[65] V.D., *Attorno al Monte Bianco. Viaggetto di alcuni impiegati raccontato ai colleghi*, in «Bullettino trimestrale del Club Alpino di Torino», 1866, 5, pp. 32-46, qui p. 32.

[66] È l'idea che penetra anche in A. STOPPANI, *Il Bel Paese*, p. 7: «L'Ognissanti, il dì de' Morti, S. Carlo, S. Martino ... descrivono un certo breve periodo di tempo, oltre il quale i villeggianti, vogliano o non vogliano, debbono aver lasciato la vita eccezionale per la normale, la poetica per la prosastica, la varia per l'uniforme, insomma la vita libera e lieta della campagna per la vita schiava ed uggiosa della città».

«Il gusto dei viaggi alpini va estendendosi fra la nostra gioventù, ed è con particolare soddisfazione che pubblichiamo una serie di lettere nelle quali viene descritto il viaggio intrapreso nel 1867 dagli allievi del collegio Carlo Alberto in Moncalieri; se esse non interesseranno vivamente gli alpinisti di professione, potranno servire, giova sperarlo, di stimolo per altri stabilimenti di educazione ad imitare il lodevole esempio»[67].

Il resoconto[68] rivela in realtà che l'uscita annuale era tradizionale; ma il racconto del viaggio in Svizzera condotto in forma di lettera (che segue i canoni e lo stile dell'epistolografia ottocentesca, ma può naturalmente essere fittizia, un mero espediente narrativo) dimostra la volontà di comunicare un'esperienza in canali (il bollettino di un'associazione) e con obiettivi (la condivisione di un'attività caricata di valori condivisibili) ritenuti adatti alla nuova sensibilità.

Sempre nel quadro di una missione educativa che attribuisce a sé stesso e che comunica attraverso le sue pubblicazioni, il Club Alpino italiano interviene anche sul versante economico, con consigli ai giovani alpinisti per risparmiare denaro, sulla base di indicazioni riprese esplicitamente dalla guida di John Ball[69]. La «popolarizzazione» dei consigli di viaggio è però riservata al ceto in grado di leggere il francese:

«... quelques renseignements sur la manière la plus économique de voyager, de se nourrir, de se vêtir, ne seront, peut-être, pas inutiles. Quand on parle à la plupart de la jeunesse italienne au sujet des voyages, on vous répond: c'est un plaisir qui coûte trop cher. Je vais tâcher, j'espère, de démontrer qu'il y a beaucoup d'exagéraison, il me semble, à présent, pour que la jeunesse italienne ne tente à faire ce qui se pratique si facilement en Suisse et en Allemagne, où l'argent parmi les jeunes gens n'est pas, je pense, plus abondant que sur le bords du Po ou de l'Arno»[70].

67 B. Gastaldi, [*Introduzione*], in «Bullettino del Club Alpino Italiano», 1868, 13, pp. 209-212, qui p. 210.

68 *Viaggio autunnale degli allievi del Real Collegio Carlo Alberto in Moncalieri. Lettere di un convittore ad un amico*, in «Bullettino del Club Alpino Italiano», 1868, 13, pp. 359-373.

69 J. Ball, *The Alpine Guide*, I: *A Guide to the Western Alps*, London 1863, in particolare dall'introduzione, § 8 «Advice to pedestrians», pp. XLIV-XLIX.

70 Un membre étranger du Club, *Osservations pratiques aux touristes*, in «Bullettino del Club Alpino di Torino», 1866, 5, pp. 27-31, qui p. 27.

8. *Teatro, cartografia, immagini: alpinismo e sistema dei media*

Le narrazioni, le descrizioni, i riferimenti culturali enunciati nelle riviste non sono isolati, ma entrano in un sistema di mezzi di comunicazione articolato, che spazia dalle riviste al teatro, dai musei ai rilievi cartografici. La narrazione delle imprese alpinistiche aveva trovato un suo pioniere in Albert Smith, scalatore del monte Bianco, che nel 1852 aveva tradotto teatralmente la sua ascensione, in un *one-man show* all'Egyptian Hall di Piccadilly, a Londra; si trattava di un evento abilmente costruito, che prevedeva anche operazioni di pubblicità[71] e di marketing, con la vendita di oggettistica dedicata: libri, giochi, miniature, ventagli. Il teatro di Smith riesce a popolarizzare l'immaginario alpinistico perché fa leva sull'immaginazione che riusciva a suscitare negli spettatori: la visione – vedere fisicamente in prima persona una riproduzione del viaggio – rende cioè concreta l'idea che la fatica, il rischio, il piacere di un'ascensione possano essere vissuti, almeno indirettamente, da tutti, e che rappresentino valori degni di essere comunicati. La rappresentazione teatrale riesce a fondere lo spazio alpino con gli spazi e le emozioni cittadine: la loro forza risiede nella comunicazione di un «registro affettivo» per gli spettatori, lontani fisicamente dalle Alpi, ma vicini nella risposta emotiva[72].

[71] Sull'evento cfr. P.H. HANSEN, *Albert Smith*, p. 304. Il programma, molto dettagliato, dello spettacolo si trova online (University of Exeter, Open Research Exeter, Bill Douglas Collection: https://ore.exeter.ac.uk/repository/handle/10472/182). Interessante, sul lungo periodo, la coincidenza con alcune delle tappe del programma di Smith con alcuni momenti della *Alpensinfonie* di Richard Strauss (1915): «The cascade (6. Am Wasserfall); Forêt (4. Eintritt in den Wald); Dangerous path, Hazardous ascent (12. Gefahrvolle Augenblicke); Moraine of the Glacier (11. Auf dem Gletscher); The Grands Mulets rocks by sunset (20. Sonnenuntergang); The Grand Plateau by moonlight (1. e 22. Nacht); The summit of Mont Blanc (13. Auf dem Gipfel); Coming Down (19. Abstieg)». Si tratta, evidentemente, di una sequenza naturale dei diversi momenti di una scalata, ma è indicativa della persistenza del luogo comune e della selezione di alcuni tratti ritenuti più descrittivi; Strauss amplia lo spettro di questi luoghi comuni, ma lo fa quando l'esperienza si è ormai fissata nella sensibilità dei protagonisti.

[72] Il concetto di «registro affettivo» è in B.M. ANDERSON, *The Construction*, pp. 176-177, che parla anche di «objects which function through their capability for managing affective response as well as signification» (*ibidem*,

Altre forme di medialità legate alla visione sono i panorami e i rilievi cartografici tridimensionali, fortemente inseriti in un sistema mediale e comunicativo, turistico e espositivo[73]. Un esempio famoso, fruito e descritto dai visitatori, è il rilievo del monte Bianco in un padiglione del Jardin Anglais di Ginevra: «Raccomando pure di andare a vedere al 'Jardin Anglais', in riva al lago, il 'Relief du Mont-Blanc', che lascia un ricordo perfetto dell'insieme della grande catena»[74]. Per certi aspetti il rilievo è affine alla musealizzazione della montagna: inserito in un contesto non solo scientifico ma anche turistico, con la sua materialità contribuisce a popolarizzare lo spazio montano, in nome della scienza e dell'arte («[il cartografo Bardin] s'est fait l'interprète et le vulgarisateur de cette science, que est en même temps un art»[75]). Il rilievo, come un museo, unisce scienza (e quindi la tradizione dell'esplorazione alpina a fini scientifici) e esperienza corporea, creando un'impressione di immersione nella realtà paesaggistica, fisica, della montagna e favorendo una risposta affettiva. La fortuna ottocentesca della visione, di cui lo spettacolo e il rilievo sono due esempi, si incarna, inoltre, nella fotografia, valorizzata anche dal punto di vista tecnologico come strumento della modernità[76]. Anche

p. 158). Sull'importanza dell'esperienza della percezione visive e della corporeità cfr. anche O. RAGGIO, *Prove e realtà a rischio*, pp. 592-593.

[73] Già da anni l'idea della rappresentazione tridimensionale era oggetto di esplicita attenzione, sia per una ricerca di precisione, sia per una volontà di diffusione del sapere: cfr. P. Jud - C. Baertschi, *Rilievo*, in *Dizionario Storico della Svizzera*, Bern 1998-2018, consultabile in http://www.hls-dhs-dss.ch/textes/i/I43198.php. I rilievi erano forme di divulgazione diffuse e apprezzate (ad esempio anche nell'Esposizione Universale di Parigi del 1900).

[74] V.D., *Attorno al Monte Bianco*, p. 36. Il rilievo, consigliato anche dalle guide turistiche, aveva prezzi popolari («on Sundays and Thursdays from 11 to 3 admission gratis; at other time 1 fr.)»; lungo circa 13 metri, garantiva «a good general idea of the relative heights of the 'monarch of mountains'» (K. BAEDEKER, *Switzerland and the Adjacent Portions of Italy, Savoy and the Tyrol*, Coblenz - London - Edinburgh, Baedker, 1864², p. 205).

[75] C. BARDIN, *Relief du Mont-Blanc*, in «Le Globe. Revue genevoise de géographie», 1866, 5, pp. 195-207, qui p. 196.

[76] Cfr. H.B. GEORGE, *Notes on Photography in the High Alps*, in «Alpine Journal», 1870, 4, p. 402, di cui viene reso conto in *La photographie dans les Hautes-Alpes*, in «Bollettino del Club Alpino Italiano», 1870, 16, pp. 360-361.

le rappresentazioni inserite nei libri più divulgativi, come ne *Il Bel Paese* di Stoppani, rispondono ai requisiti dell'immaginazione, e insieme della fedeltà e della scientificità. Ad esempio, commentando un'immagine del Cervino (fig. 2), Stoppani mette in luce la fedeltà della riproduzione permessa dalle nuove tecniche mediali[77] e insieme le potenzialità immaginative di questa visione mediata: «Il disegno che qui vedete, fedelissimo perché tratto da una fotografia, basta a mettere i brividi a chi si figuri d'esser sospeso lassù»[78]. *Il Bel Paese*, come si ricordava, è un prodotto librario attentamente studiato; le immagini partecipano attivamente alla definizione del medium, con una pluralità di funzioni, come è chiaro in quello spazio paratestuale e liminare che è il frontespizio[79]; nell'immagine di antiporta introdotta nella 3ª e nella 4ª edizione (1881 e 1883) appare infatti uno scorcio montano che incornicia una lapide «romana». L'intero apparato iconografico de *Il Bel Paese* svolge di volta in volta una funzione scientifica, nella rappresentazione precisa e reale di fenomeni naturali come ghiacciai, rocce, paesaggi; emotiva, quando vuole suscitare l'impressione del bello e della presenza di Dio[80]; storico-civile, nella rappresentazione di un paesaggio che è anche stratigrafia di memorie e di valori nazionali.

[77] A. Stoppani, *Il Bel Paese*, p. 32 si premura di specificare la scala dell'immagine del Cervino, con continui riferimenti alla visione a distanza («si vede», «vedete») e particolari tecnici conosciuti a chi ha potuto godere di un'esperienza diretta: «I sette viaggiatori discendevano precisamente quella parte suprema del pendio che si vede nel disegno alla distanza di un centimetro dalla vetta (in realtà è di 200 m), a destra dello spigolo acuto che vedete delineato dalla cima fino al piede della piramide». La stessa funzione di relativizzazione si trova in C. Bardin, *Relief du Mont-Blanc*, p. 200: «La photographie, par ses vues magnifiques, avait initié le public aux lois de la perspective et tendait à le familiariser avec les vrais proportions des montagnes».

[78] A. Stoppani, *Il Bel Paese*, p. 32.

[79] Il frontespizio ha sempre un ruolo di orientamento nell'interpretazione: tra i modelli illustri, si possono ricordare la «dipintura proposta al frontispizio» dei *Principj di scienza nuova* di Giambattista Vico, (1744) e i due frontespizi dei *Promessi sposi* (1840), controllati e voluti da Manzoni.

[80] La fede è un pilastro dell'operazione divulgativa di Stoppani. Sull'apparato iconografico cfr. A. Visconti, *Conoscenza e bellezza della natura nelle immagini del Bel Paese*, in P. Redondi (ed), *Un best-seller per l'Italia unita*, pp. 135-169.

Fig. 2. Raffigurazione del monte Cervino, in A. Stoppani, *Il Bel Paese. Conversazioni sulle bellezze naturali, la geologia e la geografia fisica d'Italia*, Milano, G. Agnelli, 1883[4], p. 24 (Trento, Biblioteca comunale).

9. *Media e albori dell'alpinismo*

Dal caso specifico dei rapporti tra alpinismo nascente e media si possono trarre alcuni spunti di riflessione. Innanzitutto, la traduzione mediale di un fenomeno non può prescindere dal suo contesto storico e culturale: l'alpinismo, in quanto sistema di valori, ha successo perché risponde a esigenze di riconoscimento e di affermazione dei membri della società che lo praticano. Il caso dell'alpinismo è interessante sul piano dei rapporti transnazionali: la sua diffusione europea si contraddistingue per omogeneità, da un lato, e per affermazione di caratteristiche nazionali distintive, dall'altro; il fatto di dover condividere uno stesso spazio (come le Alpi, e in particolare le vette più significative, dal monte Bianco al Cervino al Brenta) obbliga gli alpinisti a entrare in contatto con i loro pari di diverse nazionalità, in un rapporto che è sia di imitazione, sia di competizione. Anche sul piano della comunicazione, i media esercitano una reciproca influenza, che può essere misurata, concretamente, sulla base di prestiti e traduzioni, di circolazione di attori (alpinisti che da tutte le nazioni europee arrivano in un territorio), di contiguità delle forme e dei generi della comunicazione e dell'industria editoriale: articoli, guide, relazioni, pubblicità, fotografie, riviste simili anche nell'impostazione editoriale.

L'apparire di un nuovo fenomeno, come l'alpinismo, ristruttura il sistema di riferimenti simbolici e lessicali disponibili, caricando di nuovi significati forme di comunicazione già consolidate (generi editoriali, metafore, immagini). Si tratta di *topoi* tradizionali che vengono riformulati e che hanno successo per la loro esemplarità e per la loro autorità, garantita dalla tradizione e dal fatto che ne erano portatori gli strati sociali più forti sul piano del capitale simbolico[81]. Nel caso specifico dell'alpinismo il sistema dei media non viene rivoluzionato: l'alpinismo non porta all'irrompere sulla scena di nuovi media, ma gli attori-comunicatori li adottano consapevolmente e li rendono funzionali ai loro obiettivi: favorire una comunicazione interna, tra alpinisti, con gli articoli specialistici delle riviste di categoria, e una comunicazione esterna, sia con le riviste aperte a un pubblico più ampio, sia nell'uso di altri media come lo spettacolo o i musei, la cartografia, la manualistica scolastica[82]. Questa dinamica di continuità e innovazione vale per l'alpinismo che ripropone forme di comunicazione ereditate dal passato, ma vale anche in proiezione futura: l'alpinismo, attraverso i media che lo veicolano, entra nel sistema

[81] Per i concetti di esemplarità e autorevolezza nei *topoi*: G. Pozzi, *Temi, τόποι, stereotipi*, in A. Asor Rosa (edd), *Letteratura Italiana*, III/1: *Le forme del testo. Teoria e poesia*, Torino, Einaudi, 1984, pp. 391-436.

[82] Sull'uso dei media come strumenti di altre istituzioni cfr. S. Hjarvard, *The Mediatization of Society. A Theory of the Media as Agents of Social and Cultural Change*, in «Nordicom Review», 29, 2008, 2, pp. 105-134, qui p. 117.

metaforico e comunicativo più ampio – fino ad arrivare ad essere un sistema di immagini e di valori che possono essere spesi anche in altri campi, come la politica e la letteratura[83]. La montagna può essere pensata a più dimensioni: altezza (la verticalità, l'alpinismo, la fisicità estrema), ampiezza (come spazio di vita, rurale, umanizzato), e profondità (nel tempo, come storia incisa nel paesaggio): quindi come natura, cultura e memoria[84]. Si tratta di costruzioni ideologiche, di elementi che emergono con più e meno forza in diversi contesti, e che riflettono tensioni che si sono radicate proprio nel corso del tardo Ottocento. Quando ricorda una delle sue fonti, *Les Alpes suisses* di Eugène Rambert, Stoppani nomina le plurime dimensioni delle Alpi – la natura delle «naturali bellezze», la memoria della «loro storia» e la cultura degli «uomini» che le vivono – e le colloca in una stratigrafia di significati che segnerà il rapporto tra uomo e montagna per molti decenni. Leggendo Rambert, scrive,

> «... voi ci sentite le Alpi colle loro naturali bellezze, colla loro storia che si perde nel bujo de' secoli e si confonde alla creazione del mondo, con le avventure o piacevoli, o paurose, o patetiche, con le canzoni che vi risuonano, con le figure dei grandi uomini che vi si affacciano piene di vita, e colle quali, per così dire, le Alpi stesse parlano, cospirano, fremono, adorano»[85].

[83] In parte già studiato è soprattutto il rapporto tra letteratura (e arte) e montagna, più che tra letteratura e alpinismo strettamente inteso: G. Belli - P. Giacomoni - A. Ottani Cavina (edd), *Montagna: arte, scienza, mito*, Milano, Skira, 2003; J.G. Lughofer, *Das Erschreiben der Berge. Die Alpen in der deutschsprachigen Literatur*, Innsbruck, Innsbruck University Press, 2014. Per l'immaginario alpinistico vedi da ultimo F. Brevini, *Simboli della montagna*, Bologna, Il Mulino, 2017. In alcuni casi immagini e figure dell'alpinismo entrano nella letteratura, anche di immediato successo, come negli *Idilli alpini* di Giosuè Carducci (in particolare *Le esequie della guida E.R.*) o nella *Piccozza* di Giovanni Pascoli, ma il tema merita un approfondimento a parte. Vale la pena di ricordare, anche in prospettiva di transmedialità e di transnazionalità la forza evocativa della montagna ne *La Wally* – che dall'originale tedesco di Wilhelmine von Hillern (*Die Geier-Wally. Eine Geschichte aus den Tyroler Alpen*, Berlin, Paetel, 1875) trova applicazione «di massa» nell'opera lirica italiana tardo-ottocentesca (1892; musica di Alfredo Catalani, libretto di Luigi Illica).

[84] M. Armiero, *Making Italians*, pp. 270-271.

[85] A. Stoppani, *Il Bel Paese*, p. 29.

Seconda parte

Media e transnazionalità

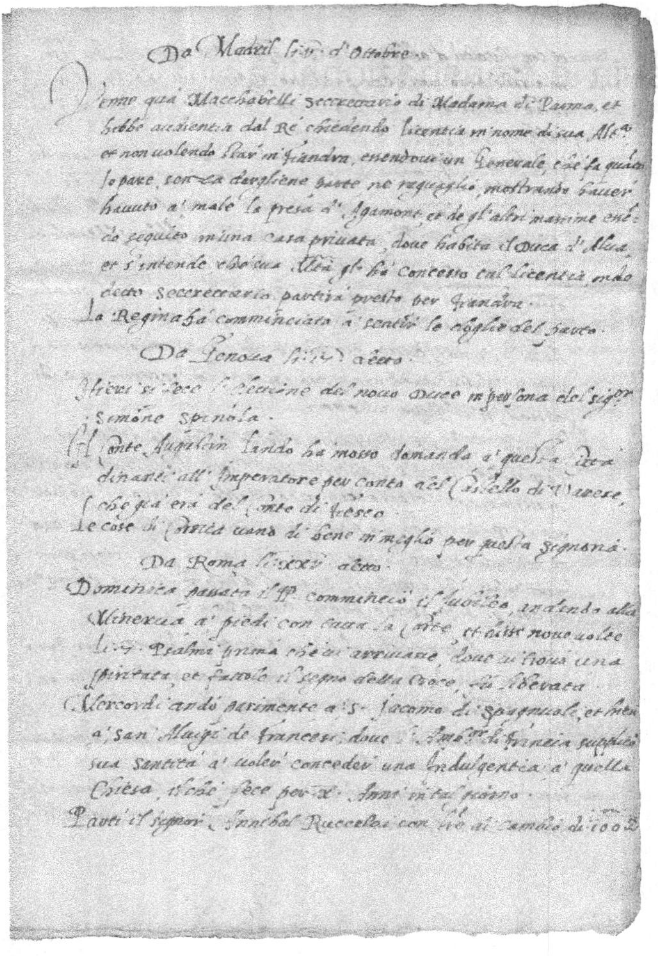

Da Madrid li xi d'Ottobre

Venne qua Macchiavelli seccretario di Madama di Parma, et hebbe audientia dal Re chiedendo licentia in nome di sua Alt.a et non volendo star in Fiandra, essendoui un Generale, che [illegible] le pare, senza darglielene parte ne raguaglio, mostrando hauer hauuto a male la presa d'Agamont, et de gl'altri massime essendo seguito in una casa priuata, doue habita il Duca d'Alua, et s'intende che sua Alt.a gli ha concesso tal licentia, onde detto seccretario partira presto per Fiandra.

La Regina ha commenciato a sentir le doglie del parto.

Da Genova li [illegible] d'ottobre

Hieri si fece l'elettione del nouo Duce in persona del sig.r Simone Spinola.

Il Conte Agustin Lando ha mosso domanda a questa Sig.ria dinanti all'Imperatore per conto del Castello di [illegible], che gia era del Conte di Fiesco.

Le cose di Corsica vanno di bene in meglio per questa Signoria.

Da Roma li xxv d'otto.

Domenica passata il Papa commincio il Giubileo, andando alla Minerva a piedi con tutta la Corte, et disse noue volte li 7 Psalmi prima che ui arriuasse, doue si troua una spiritata, et fattole il segno della Croce, fu liberata.

Mercordi andò parimente a S. Iacomo di Spagnuoli, et hieri a San Aluigi de Francesi, doue l'Amb.or di Francia supplicò sua Santità a voler conceder una Indulgentia a quella Chiesa, il che fece per x anni in tal giorno.

Partì il signor Annibal Rucellai con [illegible] di cambio di 100 [illegible]

Avvisi provenienti da Madrid, Genova e Roma del 1567 inviati dall'oratore imperiale a Venezia Vito di Dornberg a Ferdinando II d'Asburgo a Innsbruck (Innsbruck, Tiroler Landesarchiv, Hofrat, Selekt Ferdinandea 220, Karton 213-003).

«Welsche Zeitungen aus Venedig»: per una storia del circuito informativo tra l'Italia e l'Impero (1567-1576)

di *Katia Occhi*

1. *Inquadramento*

Il fenomeno mediale ha coinvolto le società industrializzate del tardo XIX e XX secolo, progressivamente compenetrate dai nuovi mezzi di comunicazione, i quali nelle loro forme stampate o audiovisive, costituiscono non solo le fonti della ricerca storica, ma anche uno degli elementi che contribuiscono al mutamento sociale. Le tappe della loro affermazione possono essere scandite in quattro fasi: la fine del XIX secolo con l'ascesa della stampa di massa, gli anni Trenta del Novecento con quella della radio, gli anni Cinquanta con la nascita della televisione, e il passato più prossimo, segnato dall'imporsi di internet che ha assunto progressivamente un ruolo primario ed esercita un impatto e un'influenza sugli altri mezzi le cui ripercussioni ci toccano quotidianamente. Il processo di prolificazione e di concentrazione dei media è indicato con il termine di «mediatizzazione», fenomeno che comporta una crescente permeabilità della società ai condizionamenti dei mezzi di comunicazione di massa, dando luogo a fenomeni di autopercezione che offrono diversi campi di indagine per la storia politica, culturale e sociale.

La coesistenza di più forme mediali che agiscono in cooperazione e in competizione tra loro ha indotto recentemente la ricerca a orientarsi sull'analisi del cosiddetto «mass media ensemble», un concetto che permette di mettere a fuoco cambiamenti e persistenze, che si manifestano con l'introduzione di un nuovo media. L'affermazione di un strumento innovativo non comporta necessariamente l'abbandono di quelli precedenti, ma la loro compresenza in una posizione arretrata a fianco del nuovo. Proprio la loro capacità di influire sullo stato e sulla società come un insieme spingono gli studiosi a sottolineare l'importanza di esaminare le relazioni tra i diversi mass media e di ampliare l'indagine non solo sul potere che essi esercitano sulla politica, ma anche sulla sfera privata e nei diversi settori della società contemporanea per coglierne l'azione in contesti comunicativi complessi e interrelati[1]. Non vanno tralasciate le insidie della mediatizzazione: la sua tendenza ad accelerare la distribuzione delle notizie, alla drammatizzazione e allo scandalismo stabiliscono un clima comunicativo che porta in parte a comunicazioni mediatiche esagerate e a lungo termine produce sfiducia[2].

L'ampia eco suscitata dai media, soprattutto nella storiografia tedesca e anglofona, ha dato impulso alle ricerche in una prospettiva di lungo periodo al fine di ricostruire le radici storiche del fenomeno. L'introduzione della stampa è stato senz'altro l'elemento cui si è guardato con maggior interesse, una svolta epocale nella storia dei mezzi di comunicazione e come tale percepita dai contemporanei e dagli studiosi. È stato soprattutto il ruolo svolto dalla stampa nella diffusione della Riforma che ha messo in evidenza i reciproci vantaggi di un settore innovativo (però già in crisi attorno all'anno 1500) che trasse nuovi impulsi dall'incitamento alla lettura da parte dei laici e ampliò in tal modo la dimensione del pubblico.

Se non deve essere sottovalutato il peso svolto dall'introduzione di questa tecnica di riproduzione mediale, non va dimenticato che furono le forme tradizionali di comunicazione a mantenere

[1] Una panoramica è offerta da A. Fickers, *«Hybrid Histories». Versuch einer kritischen Standortbestimmung der Mediengeschichte*, in «Annali dell'Istituto storico italo-germanico in Trento», 44, 2018, 1, pp. 117-131; C. von Hodenberg, *Writing the National and Transnational History of Mass Media and Television Audiences after 1945. Approaches and Methods*, *ibidem*, pp. 93-115. Si veda inoltre F. Bösch, *Mediengeschichte. Vom asiatischen Buchdruck zum globalen Fernsehen*, Frankfurt a.M., Campus, 2011.

[2] K. Hickethier, *Zeitgeschichte in der Mediengesellschaft. Dimension und Forschungsperspektiven*, in «Zeithistorische Forschungen», 6, 2009, pp. 347-366, qui p. 357.

il predominio per tutta l'epoca moderna. Fogli di avvisi politici, scritti satirici o proibiti dalla censura, relazioni a tiratura limitata, che non avrebbero giustificato le spese di stampa, furono per lungo tempo riprodotti in botteghe di copisti e smerciati attraverso i loro canali e raramente con l'aiuto dei librai. Fino alla fine del XIX secolo anche gli atti privati e pubblici, la contabilità, i carteggi diplomatici e le corrispondenze continuarono a essere affidati alla scrittura manoscritta[3].

Dati gli elevatissimi tassi di analfabetismo, il pubblico dei fruitori di questa produzione, tanto manoscritta quanto a stampa, era costituito da uno spaccato di società dell'Europa della prima età moderna, numericamente limitato e costituito dalle elite[4]. Non per questo le notizie non raggiungevano ampi strati di popolazione, soprattutto quella dei centri urbani posti all'incrocio di reti internazionali dei traffici come Venezia e Roma, che erano i principali centri in cui le notizie erano raccolte, elaborate e smerciate. In questi casi il mezzo di trasmissione delle informazioni era veicolato attraverso un «mondo multimediale» costituito da opuscoli, avvisi, fogli volanti, *pamphlet*, un ensemble di media che si pone oggi al centro dell'interesse della storiografia tanto contemporaneistica che modernistica. Superata l'impostazione dicotomica che

[3] M. INFELISE, *Professione reportista. Copisti e gazzettieri nella Venezia del Seicento*, in S. GASPARRI - G. LEVI - P. MORO (edd), *Venezia. Itinerari per la storia della città*, Bologna, Il Mulino, 1997, pp. 193-219, in particolare p. 194; A. WÜRGLER, *I media nella prima età moderna*, in «Annali dell'Istituto storico italo-germanico in Trento», 44, 2018, 1, pp. 63-92.

[4] Le prime serie storiche relative all'alfabetizzazione in Italia sono del secondo Ottocento; nel 1867 la percentuale di donne e di uomini incapaci di sottoscrivere l'atto di matrimonio si attestava rispettivamente al 79,1% e al 59,9% e nel nostro periodo non doveva discostarsi di molto. Le serie sono consultabili nel sito dell'Istituto nazionale di statistica al link http://seriestoriche.istat.it/index.php?id=1&no_cache= 1&tx_usercento_centofe%5Bcategoria%5D=7&tx_usercento_centofe%5Baction%5D=show&tx_usercento_centofe%5Bcontroller%5D=Categoria&cHash=1b020e5419ca607971010a98271e3209 (ultima consultazione il 16 aprile 2018). Per l'alfabetizzazione di Roma tra XVI-XVII secolo si veda A. PETRUCCI, *Scrivere per gli altri*, in A. BARTOLI LANGELI - X. TOSCANI (edd), *Istruzione, alfabetismo, scrittura. Saggi di storia dell'alfabetizzazione in Italia (sec. XV-XIX)*, Milano, Franco Angeli, 1991, pp. 61-74.

contrapponeva la scrittura all'oralità, la stampa al manoscritto si è giunti in tempi più recenti a esplorare l'interazione e l'intersezione tra «vecchi» e «nuovi» media, prendendo in esame un insieme multimediale di oggetti che comprendono testi a stampa, gazzette, fogli volanti e opuscoli[5].

In questo florilegio di forme di scrittura e di stampe che circolavano in società ad alto tasso di analfabetismo la comunicazione orale giocava un ruolo chiave per la diffusione delle informazioni, tanto che uno dei campi di indagine degli studiosi dei media dell'epoca moderna si dedica alla «narrazione delle cose accadute»: quei racconti che confondono il vero e il falso, la realtà e la finzione, che circolavano in forme di versi e di canzoni e si prestavano particolarmente ai processi di memorizzazione e circolazione[6].

La diffusione delle informazioni si nutriva anche della lettura ad alta voce nelle piazze, che permetteva la circolazione di notizie e di idee veicolate dagli esponenti alfabetizzati, che fungevano da collegamento tra livelli culturali e sociali diversi, anche se il loro raggio di azione era limitato spazialmente. Si tratta di un fenomeno non diffuso solo nei centri urbani, ma anche nei distretti rurali economicamente più dinamici, dove a fine Cinquecento sono documentate letture pubbliche del «Quadragesimale volgare» di Gerolamo Savonarola e letture private di Lutero e del Corano[7], come attestano le inchieste

[5] Per una rassegna bibliografica aggiornata si veda M. ROSPOCHER, *L'invenzione delle notizie? Informazione e comunicazione nell'Europa moderna*, in «Storica», 22, 2016, 64, pp. 95-115.

[6] A. PETTEGREE, *L'invenzione delle notizie. Come il mondo arrivò a conoscersi*, Torino, Einaudi, 2015, pp. 152-156; M. ROSPOCHER, *Songs of War. Historical and Literary Narratives of the «Horrendous Italian Wars» (1494-1559)*, in M. MONDINI - M. ROSPOCHER (edd), *Narrating War. Early Modern and Contemporary Perspectives* (Annali dell'Istituto storico italo-germanico in Trento. Contributi/Beiträge, 28), Bologna - Berlin, Il Mulino - Duncker & Humblot, 2013, pp. 79-98.

[7] Sulla edizione in volgare del Corano, proibito dall'Indice tridentino del 1564, si veda P.M. TOMMASINO, *Giovanni Battista Castrodardo*, in D. THOMAS - J. CHESWORTH (edd), *Christian-Muslim Relations. A Bibliographical History. Western Europe (1500-1600)*, Leiden - Boston, Brill, 2014,

delle autorità religiose che restituiscono inedite forme di diffusione del sapere:

«Il qual libro glielo ho visto a legere nella detta canonica et ancora nella piazza tenendo segnati li lochi col piegar le carte dove detto authore dice male della autorità della chiesa et de suoi ministri et quando passava qualcheuno diceva vedi qua quel che dice questo libro et li legeva quelli passi che haveva notato»[8].

2. *Il circuito mediale della prima età moderna*

«... già agli inizi del XVII secolo, prima quindi della comparsa dei primi fogli a stampa periodici, l'Europa era coperta da una rete, un vero e proprio web, che raccoglieva e trasmetteva incessantemente notizie, provenienti da ogni parte del mondo – anche da località esterne alla rete – purché avessero la caratteristica di essere di qualche interesse generale»[9].

Come hanno ricostruito gli studi di Mario Infelise, cui si deve questa citazione, e di altri autori, dalla metà del Cinquecento iniziò una diffusione di fogli manoscritti riprodotti settimanalmente in decine di esemplari in botteghe di copisti. Tale sistema costituiva un'evoluzione di un circuito di comunicazione delle elite mercantili e politiche. I rappresentanti ufficiali si servivano di queste fonti che venivano definite «nuove» ed erano costituite da resoconti di notizie di carattere politico e militare, di origini diverse, talvolta esplicitate talvolta no, redatte in più esemplari e diffuse attraverso le lettere e

pp. 506-511 e, dello stesso autore, *L'Alcorano di Macometto. Storia di un libro del Cinquecento europeo*, Bologna, Il Mulino, 2013.

8 Archivio della Curia vescovile di Feltre, b. 87, c. 123r-v, 5 maggio 1588: inchiesta del vescovo di Feltre contro Antonio Girardi, daziere di Primiero, giurisdizione tirolese al confine tra Venezia e l'Impero. Ringrazio il professor Sergio Claut e don Diego Bardin per avermi consentito di accedere all'archivio, purtroppo chiuso al pubblico.

9 M. Infelise, *Scrivere gli avvisi: autori ignoti e autori di fama*, in G. Ciappelli - V. Nider (edd), *La invención de las noticias. Las relaciones de sucesos entre la literatura y la información (Siglos XVI-XVIII)*, pp. 19-30, qui p. 19, http://www.siers.es/upload/actas/26/actas%20viii%20coloquio%20siers%20-%20trento.pdf (ultima consultazione 13 aprile 2018).

avvisi[10]. In molti casi questi materiali facevano riferimento ad altre corrispondenze che permettevano di ampliare il campo di osservazione; erano integrati inoltre con informazioni provenienti da fonti non ufficiali, giunte attraverso i canali della corrispondenza mercantile, che offrivano dettagli e punti di osservazione che arricchivano il quadro.

I luoghi di produzione di tali fogli erano ubicati in alcune città italiane, centri di reti politiche e commerciali, dove le informazioni erano raccolte, diffuse e rielaborate. Da queste sedi tale pratica si estese progressivamente in Europa e nel Mediterraneo[11].

Sino alla metà del Cinquecento copie di lettere contenenti notizie politiche e militari, fogli con sottoscrizioni e bollettini anonimi ebbero la stessa funzione informativa e circolarono in Europa grazie a uffici di posta dislocati nelle principali città che fungevano da punti di scambio, dotati di stazioni per i cavalli. Con la stabilizzazione di un regolare sistema di spedizione si affermarono notiziari manoscritti appositamente predisposti, chiamati «avvisi»[12], «reporti», «novellari» e più tardi «gazzette», che nel giro di un cinquantennio raggiunsero la loro massima diffusione. La distribuzione dei destinatari (i sottoscrittori) documenta il carattere paneuropeo di questo strumento, rispondente alle esigenze non solo della diplomazia, ma anche delle elite mercantili che acquistavano le notizie sugli eventi politici e militari che avrebbero potuto influenzare il concreto svolgersi degli affari. La loro diffusione fu talvolta agevolata dal nuovo mezzo tipografico che, in concomitanza

[10] M. Infelise, *La circolazione dell'informazione commerciale*, in F. Franceschi - R.A. Goldwhite - R.C. Mueller (edd), *Il Rinascimento italiano e l'Europa. Commercio e cultura mercantile*, IV, Treviso, Fondazione Cassamarca, 2007, pp. 499-522.

[11] J. Raymond, *News Networks: Putting the 'News' on the Origin and Spread of Nationalism*, in J. Raymond - N. Moxham (edd), *News Networks in Early Modern Europe*, Boston - Leiden, Brill, 2016, pp. 102-129.

[12] Sul termine avviso si veda J. Petitjean, *L'intelligence des choses. Une histoire de l'information entre Italie et Méditerranée (XVIe-XVIIe siècles)*, Roma, École française de Rome, 2013, pp. 2-5.

di eventi eclatanti di qualsiasi natura, riprendeva i testi dei fogli manoscritti e li pubblicava a stampa.

Agli inizi del Seicento tra le Fiandre e la Germania cominciarono a circolare con una certa periodicità gazzette settimanali stampate, che in coincidenza con la guerra dei Trent'anni si estero anche all'Italia e alla Francia[13].

Il sistema informativo manoscritto si discostava chiaramente da quello dei primi avvisi stampati, come hanno mostrato gli studi sull'evento della battaglia di Lepanto (7 ottobre 1571) della collezione Fugger della Biblioteca Nazionale di Vienna. Lo studio condotto sulle informazioni presenti nei due circuiti, manoscritto e stampato, rileva che solo dieci giorni dopo l'evento circolavano avvisi manoscritti con dettagliati resoconti di testimoni oculari che interpretavano la vittoria come un episodio importante, ma non decisivo nel conflitto con i turchi nel Mediterraneo. Negli avvisi a stampa prodotti in seguito principalmente a Venezia invece si introdussero varianti di rilievo: i testi furono arricchiti e spesso illustrati con xilografie, ma la vittoria fu presentata in termini più trionfalisti, con finalità propagandistiche. Ciò ha permesso di sostenere che questo tipo di media si poneva in concorrenza con la comunicazione propagandistica orale, piuttosto che con quella manoscritta[14]. Da questi avvisi politici alla fine del XVIII secolo si svilupparono i moderni giornali di informazioni, ma al momento della loro nascita essi non furono percepiti come un'innovazione significativa.

Come abbiamo visto, nonostante la diffusione delle gazzette a stampa, la produzione manoscritta continuò a essere utilizzata

[13] M. INFELISE, *Prima dei giornali. Alle origini della pubblica informazione (secoli XVI e XVII)*, Roma - Bari, Laterza, 2002, p. V.

[14] Z. BARBARICS - R. PIEPER, *Handwritten Newsletter as Means of Communication in Europe*, in F. BETHENCOURT - F. EGMOND (edd), *Correspondence and Culturales Exchange in Europe 1400-1700*, III, Cambridge, Cambridge University Press, 2007, pp. 53-79, qui p. 55. La raccolta delle *Fuggerzeitungen* è ora disponibile online sul sito dell'Università di Vienna a questo indirizzo http://fuggerzeitungen.univie.ac.at/ (ultima consultazione 22 maggio 2018).

quale mezzo informativo e quale fonte principale delle notizie riprodotte nelle versioni stampate. Questa fortuna è imputabile ai vantaggi offerti dagli avvisi: una maggior rapidità di confezione rispetto ai tempi e ai costi richiesti dalla riproduzione tipografica, che si traduceva in una maggior rapidità di circolazione; la sicurezza di restare al riparo dai controlli censori a cui tutta la produzione delle tipografie era sottoposta e infine la possibilità di essere personalizzati in base alle esigenze dei sottoscrittori.

Nonostante la decisiva fortuna degli avvisi manoscritti nell'epoca moderna, va rilevato che è stata la produzione stampata a riscuotere maggior successo storiografico, dovuto probabilmente ai numeri degli esemplari sopravvissuti, ristampati più volte, a differenza di quelli manoscritti condannati a una rapida obsolescenza.

Negli ultimi quindici anni la ricerca sui giornali manoscritti nell'Europa della prima età moderna ha suscitato però un interesse notevole su impulso delle ricerche sulle forme della multimedialità. Sono state condotte analisi su singoli fondi, su specifiche tematiche ospitate negli avvisi (l'immagine della Polonia, l'arrivo dell'argento americano in Europa, la spedizione di Francis Drake nei Caraibi) e sulla loro diffusione spaziale[15]. Esse hanno mostrato come il nucleo più consistente sia rappresentato dai 27 volumi delle *Fuggerzeitung* (1568-1605) della biblioteca di Vienna contenenti migliaia di fogli[16]; a questi vanno aggiunti il resto delle *Fuggerzeitungen* conservate

[15] C. Pirożyńska - J. Pirożyński, *Berichterstattung aus und über Polen in den «Wiener Fuggerzeitungen» (Österreichische Nationalbibliothek, Cod. 8949-8975)*, in W. Leitsch - J. Pirożyński (edd), *Quellenstudien zur polnischen Geschichte aus österreichischen Sammlungen*, Wien, Pax Christi, 1990, pp. 83-120; R. Pieper, *Die Vermittlung einer neuen Welt. Amerika im Nachrichtennetz des Habsburgischen Imperiums 1493-1598*, Mainz, Philippe von Zabern, 2000, pp. 162-207 e, della stessa autrice, *Le corrispondenze dal Nuovo Mondo nel tardo XVI secolo sull'esempio delle 'Fuggerzeitungen'*, in A. Prosperi - W. Reinhard (edd), *Il Nuovo Mondo nella coscienza italiana e tedesca del Cinquecento*, Bologna, Il Mulino, 1992, pp. 183-205.

[16] Österreichische Nationalbibliothek Wien, Cod. 8949-8975, ora anche online.

dell'archivio familiare di Dillingen, la dozzina di volumi della collezione ungherese dei mercanti ungheresi Thurzo, e nuclei di minore entità, quali quelle dei conti di Pfalz-Neuburg e del duca di Baviera; le collezioni svizzere di Hans Jacob Wick e le *Bullinger Zeitungen* allegate alle corrispondenze dell'umanista Heinrich Bullinger e quelli presenti nella raccolta di Gian Vincenzo Pinelli. A ciò vanno sommati gli esemplari presenti nelle corrispondenze diplomatiche imperiali e dell'Austria Interiore, in quelle dei duchi di Urbino e di Firenze, nelle collezioni di Roma[17], di Stettino, di Simancas, di Praga[18], in quelle francesi e dei principati tedeschi[19]. Diversi esemplari del tutto sconosciuti sono conservati anche nell'archivio del Consiglio aulico dell'Alta Austria, conservato al Tiroler Landes-

[17] Data la mole di studi sul tema, per una bibliografia aggiornata rinvio ai seguenti contributi: M. SCHILLING, *Die Fuggerzeitungen*, in J. PAUSER - M. SCHEUTZ - T. WINKELBAUER (edd), *Quellenkunde der Habsburgermonarchie (16.-18. Jahrhundert)*, Wien - München, Böhlau, 2004, pp. 875-880; C. ZWIERLEIN, *Fuggerzeitungen als Ergebnis von italienisch-deutschem Kulturtransfer 1552-1570*, in «Quellen und Forschungen aus italienischen Archiven und Bibliotheken», 90, 2010, pp. 169-224; O. BAUER, *Zeitungen vor der Zeitung. Die Fuggerzeitungen (1568-1605) und das frühmoderne Nachrichtensystem*, Berlin, Oldenbourg, 2011, pp. 366-368; K. KELLER - P. MOLINO, *Die Fuggerzeitungen im Kontext. Zeitungssammlungen im Alten Reich und in Italien*, Wien, Böhlau, 2015; Z. BARBARICS - R. PIEPER, *Handwritten Newsletter*, pp. 53-79; Z. BARBARICS-HERMANIK, *Handwritten Newsletters as Interregional Information Sources*, in B. DOOLEY (ed), *The Dissemination of News and the Emergence of Contemporaneity in Early Modern Europe*, Farnham - Surrey, Ashgate, 2011, pp. 155-178; A. NUOVO, *Manuscript Writings on Politics and Current Affairs in the Collection of Gian Vincenzo Pinelli (1535-1601)*, in «Italian Studies», 2011, 66, pp. 193-205.

[18] Z. ŠIMEČEK, *Geschriebene Zeitungen in den böhmischen Ländern um 1600 und ihr Entstehungs- und Rezeptionszusammenhang mit den gedruckten Zeitungen*, in H. GEBHARDT - H.W. LANG (edd), *Presse und Geschichte*, II: *Neue Beiträge zur historischen Kommunikationsforschung*, München, K.G. Saur, 1987, pp. 71-82 e, dello stesso autore, *The First Brussels, Antwerp and Amsterdam Newspapers. Additional Information*, in «Revue belge de philologie et d'histoire», 1972, 50, pp. 1098-1115.

[19] F. FUNK-BRENTANO, *Les nouvellistes*, Paris, Hachette, 1905; F. MOUREAU (ed), *De bonne main: La communication manuscrit au dix-huitième siècle*, Paris - Oxford, Voltaire Foundation, 1993; J. KLEINPAUL, *Das Nachrichtenwesen der deutschen Fürsten im 16. und 17. Jahrhundert. Ein Beitrag zur Geschichte der Geschriebenen Zeitungen*, Leipzig, Klein, 1930.

archiv di Innsbruck, come vedremo tra poco, ed è verosimile che ulteriori copie ne verranno alla luce[20].

Le indagini comparate nelle diverse collezioni italiane, tedesche, austriache, ceche e svizzere hanno rivelato che i diversi esemplari erano fortemente correlati tra loro, esito della pratica di ricopiare e inoltrare i propri fogli ai rispettivi contatti privati (è il caso dei Fugger e delle loro filiali ad Anversa e Colonia)[21]. L'ampiezza di queste raccolte evidenzia che alla fine del XVI secolo gli avvisi erano un mezzo di informazione di successo, prodotto in due principali centri, Venezia e Roma, acquistato soprattutto dalle elite politiche, mercantili e intellettuali.

3. *«Welsche Zeitungen aus Venedig»*

Le pagine che seguono saranno dedicate a esaminare le cosiddette «Welsche Zeitungen aus Venedig», avvisi finora ignoti alla storiografia, che si trovano allegati ai dispacci inviati a Innsbruck dall'oratore imperiale insediato a Venezia tra gli anni Sessanta e gli anni Ottanta del XVI secolo, che costituiscono «einen Ausschnitt aus einer viel umfangreicheren geschriebenen Medienlandschaft …, die sich im deutschsprachigen Raum in der zweiten Hälfte des 16. Jahrhunderts – beeinflusst von italienischen Vorbildern – ausbildete», come ha scritto recentemente Katrin Keller nell'introduzione al volume dedicato alle *Fuggerzeitungen* di Vienna. Come queste, gli avvisi «veneziani» arricchiscono ulteriormente il consistente panorama mediale del mondo germanofono, influenzato dai modelli italiani[22].

Le sedi diplomatiche erano uno dei centri nevralgici della redazione e dello smercio degli avvisi e gli ambasciatori intrattenevano abitualmente rapporti con i gazzettieri per

[20] Una panoramica sulle collezioni di area germanofona si trova in K. KELLER, *Zeitungen im Alten Reich – ein vorläufiges Verzeichnis*, in K. KELLER - P. MOLINO, *Die Fuggerzeitungen*, pp. 184-196.

[21] O. BAUER, *Zeitungen vor der Zeitung*, pp. 366-368; K. KELLER - P. MOLINO, *Die Fuggerzeitungen*, p. 9.

[22] K. KELLER - P. MOLINO, *Die Fuggerzeitungen*, p. 8.

procurarsi gli avvisi e per far circolare determinate notizie per loro tramite[23].

Gli oratori ufficiali degli Asburgo di Vienna entrarono stabilmente in carica presso le corti europee dalla metà del XVI secolo (Spagna, Portogallo, Venezia, Roma, Russia), anche se la pratica è documentata già anteriormente. Essi corrispondevano con i principi e il consiglio settimanalmente tramite dispacci, cui erano allegati avvisi e scritti diversi, materiali molto più ampi di quelli pubblicati parzialmente nel XIX secolo, che offrono una gamma di informazioni sulle reti di relazione, sul tranfert culturale e sulla percezione dei forestieri nelle società di antico regime[24]. Questo flusso informativo ufficiale era affiancato da una fitta rete di informatori privati, mercanti, medici, ecclesiastici e soggetti diversi, che riferivano sulle materie più disparate: emergenze sanitarie (la peste), incidenti e calamità, eventi pubblici e militari, pagamenti di debiti e crediti, acquisti di beni pregiati e opere d'arte. Questi scritti erano inseriti in una costellazione sovraregionale di mezzi di informazione, costituita da lettere, relazioni, copie e allegati diversi, che circolavano in reti commerciali e personali, i cui confini erano sfumati ed espressione dell'intermedialità che connotava le dinamiche dei flussi informativi[25].

Le «Welsche Zeitungen aus Venedig» sono conservate nella sottoserie *Ferdinandea Selekt* dello *Hofrat* dell'Alta Austria, in cui sono confluiti atti del governo dell'arciduca Ferdinando II

[23] M. INFELISE, *Gli avvisi di Roma. Informazione e politica nel secolo XVII*, in G. SIGNOROTTO - M.A. VISCEGLIA (edd), *La Corte di Roma tra Cinque e Seicento. «Teatro» della politica europea*, Roma, Bulzoni Editore, 1998, pp. 189-205, qui p. 202.

[24] F. EDELMAYER, *Gesandtschaftsberichte in der Frühen Neuzeit*, in J. PAUSER - M. SCHEUTZ - T. WINKELBAUER (edd), *Quellenkunde der Habsburgermonarchie*, pp. 849-859, in particolare pp. 853-856. Per il periodo precedente si veda C. LUTTER, *Politische Kommunikation an der Wende vom Mittelalter zur Neuzeit. Die diplomatischen Beziehungen zwischen der Republik Venedig und Maximilian I. (1495-1508)*, Wien - München, Oldenbourg, 1998, in particolare pp. 208-214 dove sono pubblicati gli elenchi del periodo 1495-1508.

[25] K. KELLER - P. MOLINO, *Die Fuggerzeitungen*, p. 10.

d'Asburgo, della linea di Innsbruck[26]. Vi sono comprese le lettere dell'oratore imperiale Vito di Dornberg, redatte dai suoi segretari e sottoscritte da lui con firma autografa, avvisi di notizie provenienti dalle città europee e mediterranee allegate ai dispacci e diversi scritti indirizzati all'arciduca, classificati dal personale di cancelleria con il termine «Zeitungen» che in alto-tedesco protomoderno indicava dei resoconti (*Berichte*) o delle notizie (*Nachrichten*)[27].

A questi si aggiunge un secondo gruppo denominato «Allerlay Welsche Zeittungen» dove si trovano vari resoconti «italiani» (ma anche alcuni in lingua spagnola) destinati pure a «Ferdinando arciduca, Oeniponti». Vi è documentata in particolare l'attività di due novellanti a Roma, Gio. Paolo Castellino nel 1574 e Gio. Battista Bernerio negli anni 1574-1578, entrambi in contatto diretto con la corte arciducale. Bernerio era un copista accreditato e aveva prestato servizio per il conte Prospero d'Arco, oratore imperiale in città tra 1560-1572[28]. Castellino, già agente e novellista per conto del cardinale e consigliere imperiale Ottone Truchsess di Waldburg, serviva come informatore Ferdinando II di Tirolo dal 1572[29]. In questo gruppo si

[26] Tiroler Landesarchiv Innsbruck (d'ora in poi TLA), Hofrat, Selekt Ferdinandea, Karton 213, Pos. 220 1 e Karton 214, Pos 202, 2. Sull'arciduca si veda J. Hirn, *Erzherzog Ferdinand II. von Tirol. Geschichte seiner Regierung und seiner Länder*, 2 voll., Innsbruck, Wagner'sche Universitäts-Buchhandlung, 1885-1888.

[27] TLA, Hofrat, Selekt Ferdinandea, Karton 213, Pos. 220 1, «Ultima Februarii 73. Veit v. Dornberg Zeitungen»; *Deutsches Wörterbuch von Jacob und Wilhelm Grimm*, Leipzig 1854-1961, Quellenverzeichnis, Leipzig 1971, *sub voce*; il termine si trova usato con questa accezione nel 1522: «habt ir mir befohlen, das ich euch alle zeittung, so sich allhie teglich bey uns zutragen würden, zuschreiben sollte».

[28] TLA, Hofrat, Selekt Ferdinandea, Karton 214, Pos. 220, 2: qui si trovano anche alcuni dispacci del 1571-1572 di Prospero d'Arco e avvisi di diversa provenienza. Su Bernerio si veda G. Rill, *Bernerio Giovanni Battistia*, in *Dizionario Biografico degli Italiani*, 9, Roma, Istituto della Enciclopedia Italiana, 1967, pp. 335-336 e, dello stesso autore, la voce *Arco Prospero d'*, *ibidem*, 3, 1961, pp. 794-796. Su Roma si veda M. Infelise, *Gli avvisi di Roma*, pp. 189-205.

[29] TLA, Hofrat, Selekt Ferdinandea, Karton 214, Pos. 220, 2, Roma, 4 dicembre 1574: in uno scritto indirizzato al dottor Holzappfl, Gio. Paolo

trovano inoltre altre scritti provenienti da Barcellona di Avanzino Avanzini, che attesta come nella città vi fossero pochi corrieri per l'Italia[30]; un secondo gruppo di lettere di Vito di Dornberg da Genova e da Venezia e di Baldassare Dornberg, nipote di Vito, che lo affiancava nell'esercizio della carica veneziana (e che avrebbe dovuto subentrargli se non fosse morto prima dello zio), con allegati altri avvisi di varia provenienza. A queste si aggiungono diverse lettere da Trento del medico Andrea Pietro Mattioli, autore del più noto testo botanico-farmaceutico del Cinquecento, *Di Pedacio Dioscoride Anazarbeo Libri cinque Della historia, et materia medicinale tradotti in lingua volgare italiana*, e di Carlo de Amezqueta da Vienna, soprattutto in lingua spagnola e in italiano, prive però di avvisi[31].

4. *Vito di Dornberg: cenni biografici*

Gli avvisi e i dispacci di Vito di Dornberg (Veit von Dornberg), oratore imperiale a Venezia dal 1567 al 1589, conservati a Innsbruck, permettono da un lato di approfondire la sua

Castellino lo prega di ricordare il suo nome a Ferdinando, sempre che lo ritenga opportuno, precisando che «... approssimandose le feste del santissimo Natale, e convenendomi dare il suo salario al mio scrittore, essendo dui anni a calende d'aprile prossimo ch'io incominciai a far questa poca servitù al serenissimo Arciduca, o per dir meglio, continuai in mio nome quello che per alcuni anni havevo gia fatto di ordine del cardinale di pia memoria». Su Castellino anche C. ZWIERLEIN, *Fuggerzeitungen als Ergebnis von italienisch-deutschem Kulturtransfer*, pp. 191, 193, 194 e n, 196 e n.

30 TLA, Hofrat, Selekt Ferdinandea, Karton 214, Pos. 220, 2, Barcellona, 29 ottobre 1582. Si tratta di un mercante di origine lucchese con interessi nel mercato della lana in Sicilia (1569), della seta a Trento (1572) e fornitore di opere d'arte a Ferdinando II di Tirolo. Su Avanzini si vedano R. SABBATINI, *Manifatture e commerci*, in M. BELLABARBA - G. OLMI (edd), *L'età moderna* (*Storia del Trentino*, IV), Bologna, Il Mulino, 2002, pp. 283-318, qui p. 288; L. MOLÀ, *Il mercante innovatore*, in F. FRANCESCHI - R.A. GOLDWHITE - R.C. MUELLER (edd), *Il Rinascimento italiano e l'Europa*, pp. 623-653, qui p. 647; P. FORTINI BROWN, *Le antichità, ibidem*, pp. 308-337, in particolare p. 324-325.

31 TLA, Hofrat, Selekt Ferdinandea, Karton 214, Pos. 220, 2. Vi sono anche altre lettere in lingua italiana di argomenti disparati, richieste di raccomandazioni, donativi, suppliche. Su Mattioli la voce di C. PRETI, *Mattioli Pietro Andrea*, in *Dizionario Biografico degli Italiani*, 72, 2008, pp. 308-312.

attività diplomatica e dall'altro di ricostruire come viaggiava l'informazione dei giornali manoscritti attraverso le barriere culturali in Europa e in altre parti del mondo[32]. Le lettere, anch'esse ignote, integrano il *corpus* di testi inviati dall'oratore imperiale all'arciduca dell'Austria Interiore Carlo II a Graz e all'imperatore Massimiliano II e, dopo il 1576, al suo successore Rodolfo II a Vienna, conservato allo Haus- Hof- und Staatsarchiv di Vienna[33]. A queste si aggiungono le copie trascritte nei cinque volumi sopravvissuti del suo copialettere custodito nell'archivio Strassoldo-Villanova e pubblicate in parte da Stefano Cavazza nel profilo biografico dedicato a Dornberg[34].

Vito di Dornberg (1529-1591) discendeva da una famiglia di ministeriali dei conti di Gorizia, sin dalle origini vicini agli Asburgo per conto dei quali erano stati capitani della contea. Il padre Erasmo legò le proprie fortune alle guerre del secondo decennio del Cinquecento, combattute in questi territori tra Massimiliano I e Venezia, che offrirono molteplici opportunità ai cadetti della nobiltà locale. La madre Beatrice Jaufen discendeva da una famiglia della nobiltà tirolese. Prima di divenire oratore, fu per quindici anni luogotenente della contea (dal 1553), prendendo posizioni filogovernative guadagnandosi così l'ostilità dei nobili e delle elite che detenevano il potere nella contea.

Vito prese possesso della carica a Venezia nell'aprile del 1567 in sostituzione di Giovanni della Torre. La sede aveva un'im-

32 Nelle lettere qui esaminate Dornberg si sottoscriveva con il nome «Vito», che ho mantenuto, mentre nella letteratura lo si trova citato tanto in lingua italiana quanto in lingua tedesca.

33 Sugli avvisi inviati da Dornberg a Vienna si sofferma in breve anche Z. BARBARICS-HERMANIK, *Handwritten Newsletters*, pp. 155-178, in particolare p. 174.

34 Biblioteca del Seminario Teologico di Gorizia, Archivio Strassoldo Villanova, ms Strassoldo B 1-6; S. CAVAZZA, *«Così buono et savio cavalliere»: Vito di Dornberg, patrizio goriziano del Cinquecento*, in «Annali di storia isontina», 3, 1990, pp. 7-36, qui p. 28, l'autore fornisce una ricognizione sulla documentazione di Dornberg conservata a Vienna, a Udine e a Trieste; ringrazio Claudio Lorenzini per la segnalazione. Sugli esemplari a Vienna si veda Z. BARBARICS - R. PIEPER, *Handwritten Newsletter*, p. 64, n. 45.

portanza strategica non solo per la raccolta di notizie dall'Italia, quanto per quelle che affluivano dall'Oriente mediterraneo e dall'Impero turco[35]. Da quanto risulta dalla documentazione finora conosciuta, l'esercizio della carica non fu particolarmente complicato per la rappresentanza del governo imperiale di Vienna. Ma fu la gestione dei rapporti tra l'Austria Interiore e Venezia a costituire invece il nodo più complesso per le pendenze relative ai confini e per la libera circolazione nell'Adriatico, situazione destinata a peggiorare negli anni Ottanta del secolo. Più volte incaricato come commissario arciducale per Carlo II egli si occupò di materia fiscale, commerciale e monetaria favorendo la politica del governo centrale contro l'autonomia degli Stati provinciali. La passione per il collezionismo degli Asburgo occupò attivamente Dornberg, le cui lettere informano sui principali artisti operativi all'epoca Paolo Veronese, Tiziano, Tintoretto, Giambologna, Andrea Palladio[36] e sugli acquisti di pezzi pregiati, in particolare per la collezione della *Wunderkammer* di Ferdinando II, pagati attraverso i proventi dei suoi uffici doganali nei Confini italiani del Tirolo[37]. Nel 1587 egli fu destinato quale ambasciatore

[35] S. CAVAZZA, «*Così buono et savio cavalliere*», pp. 11-12.

[36] H. VOLTELINI (ed), *Urkunden und Regesten aus dem k.u.k. Haus-, Hof- und Staats-Archiv in Wien*, in «Jahrbuch der Kunsthistorischen Sammlungen des Allerhöchsten Kaiserhauses», II/13, 1892, pp. XXVI-CLXXIV. Sull'ingaggio di Tintoretto: TLA, Hofrat, Selekt Ferdinandea, Karton 213, Pos. 220, 1, Venezia, 16 novembre 1573.

[37] D. SCHÖNHERR, *Urkunden und Regesten aus dem Statthalterei-Archiv in Innsbruck*, in «Jahrbuch der Kunsthistorischen Sammlungen des Allerhöchsten Kaiserhauses», II/14, 1893, pp. LXXI-CCXXIII. I regesti 10305, 10359, 10365 riferiti agli anni 1571-1572 documentano l'interesse dell'arciduca per i vetri di Murano tanto da chiedere all'ambasciatore di mandare a bottega dai maestri vetrai un suo protetto, idea evidentemente fuori questione date le rigide regole che regolamentavano il reclutamento delle maestranze veneziane. Venuto meno questa opzione nel 1574 Ferdinando II si fece inviare da Dornberg a Innsbruck «le ceneri, et l'altra materia da far li vetri ... con il Maistro delli vetri» per produrlo direttamente; si veda TLA, Hofrat, Selekt Ferdinandea, Karton 213, Pos. 220, 1, Venezia, 23 gennaio 1574. La presenza di vetrai forestieri in Tirolo è segnalata a più riprese nel XVI secolo; a tal proposito si veda G. MARCON, *Mobilità artigianale in area alpina. L'esempio di alcuni vetrai italiani in Tirolo nel XVI secolo*, in «Geschichte und Region/ Storia e regione», 26, 2017, 1, pp. 129-153 e la relativa bibliografia.

imperiale a Roma, anche se prese possesso della carica solo alla fine del 1589 e qui morì due anni dopo.

Pur avendo frequentato l'università di Padova negli anni 1545-1547, Dornberg non conosceva il latino, né tanto meno il tedesco e la sua fu una cultura essenzialmente italiana; in tale lingua pubblicò una raccolta di versi e scrisse anche le sue memorie[38]. Per la gestione dei suoi affari a Venezia si serviva di segretari e di uno scrivano tedesco[39].

Le sue lettere destinante a Ferdinando II del Tirolo conservate tra le «Welsche Zeitungen» a Innsbruck sono 132 e furono scritte tra il 2 novembre 1567 e il 5 febbraio 1576, con una media di 4/5 al mese: 117 in lingua italiana e 1 in lingua tedesca partirono da Venezia; a queste si aggiungono una lettera 1 scritta da Acqui e altre 13 redatte durante la sua missione a Genova (16 giugno-25 settembre 1575), tutte in lingua italiana. In alcuni casi è possibile osservare come i suoi dispacci fossero duplicati di quelli inviati a Graz e a Vienna, con varianti più o meno significative[40]. La maggior concentrazione di scritti

[38] S. CAVAZZA, *«Così buono et savio cavalliere»*, pp. 22-23. Nella Biblioteca Apostolica Vaticana, ms Barberini Latini, n. 4878, cc. 47-77 si trova la *Breve narratione delle attioni principali da me passate nel corso della vita mia, sin al dì presente descripto non per mera gloria o ambitione mia, ma solamente perché resti conservato appresso i miei nepoti per memoria delle mie fatighe, affinché anco essi, fuggendo l'otio, attendino a far operationi che a loro e a tutta la casa portino honore et commodo*. Si veda anche la voce di S. Cavazza, *Vito Dornberg*, in *Dizionario Biografico degli Italiani*, 41, 1992, pp. 496-500.

[39] TLA, Hofrat, Selekt Ferdinandea, Karton 213, Pos. 220, 1, Venezia, 16 novembre 1573.

[40] Si veda la lettera in merito alla pace tra Venezia e i turchi indirizzata a Massimiliano II, pubblicata in S. CAVAZZA, *«Così buono et savio cavalliere»*, p. 35 e l'identico esemplare inviato a Ferdinando II, in TLA, Hofrat, Selekt Ferdinandea, Karton 213, Pos. 220, 1, Venezia, 4 aprile 1573: nella copia destinata a Massimiliano II trascritta nel suo copialettere Dornberg aggiunse delle informazioni che non figurano nell'esemplare inviato a Ferdinando II. Riferendosi alla pace aggiunge «la quale è stata da me per qualche potente indicio prevista da decembrio in qua, come la Maestà Vostra haverà benignanmente inteso dalli humili discorsi fatti in proposito»; vi sono anche varianti grafiche di poco conto: «di poi» nel copialettere, «dapoi» in quella destinata a Innsbruck.

riguarda il periodo 1573-1574, gli anni della pace tra Venezia e la Porta ottomana e degli scontri nel Mediterraneo tra turchi e spagnoli.

Dato l'oggetto di questo studio dedicato alla pubblica informazione nella prima età moderna qui non ci interessa approfondire oltre le vicende biografiche di Vito di Dornberg, ma capire le pratiche ordinarie dell'uso e della trasmissione dei fogli manoscritti veicolati attraverso i suoi dispacci, cui egli attingeva per raccogliere e ampliare le informazioni da trasmettere alla corte arciducale di Innsbruck. Alle lettere si ricorrerà per fornire informazioni integrative che consentano di far luce sulle modalità di utilizzo e l'affidamento riposto dai contemporanei nelle informazioni veicolate attraverso questi strumenti.

5. *Gli avvisi nelle corrispondenze di Vito di Dornberg*

Le missive di Dornberg indirizzate a Ferdinando II di Tirolo si diversificavano in base alle esigenze correnti: a lettere più dettagliate con notizie raccolte da altri ambasciatori e negli ambienti del governo veneziano si affiancavano scritti più brevi, in cui egli si limitava a segnalare di avere accluso i cosiddetti *sumari*, elenchi di avvisi di diversa provenienza[41]. Essi costituivano la sintesi di una grande messe di informazioni che raggiungevano Venezia, e come scriveva lui stesso, era solito vagliarli preventivamente prima di trasmetterli, salvo in casi d'eccezione «... non ho potuto molto attendere ad investigare gli avisi et nuove secondo il solito»[42].

Tali fogli erano tuttavia uno strumento accessorio all'attività diplomatica che comportava contatti diretti e difficili per individuare notizie attendibili:

[41] TLA, Hofrat, Selekt Ferdinandea, Karton 214, Pos. 220, 2, Venezia, 5 febbraio 1576: «Quel poco che al presente s'ha di novo l'Altezza vostra benignamente intenderà dal solito incluso sumario ...». che acclude notizie del 28 gennaio 1576 da Roma e del 4 febbraio da Venezia.

[42] TLA, Hofrat, Selekt Ferdinandea, Karton 214, Pos. 220, 2, Venezia, 16 aprile 1575.

«Qui non si può ben intendere per molta diligenza ch'io habbi usata come stano le cose di questi signori in Constantinopoli, percioche se bene si è publicato che l'Ambasciatore et Baili loro habbino basciato la mano al signor Turco et havuto un pasto in Divano, non si è circa le conditioni della pace publicato o sentito altro, se non che del continuo stano in consigli secretissimi, et non si vede in loro molta contentezza, et s'intende che preparano gran summa di denari»[43].

Tra le fonti dell'ambasciatore non circolava solo informazione pubblica, ma anche avvisi segreti «havuti da buon luoco»[44]. La segretezza era senza dubbio un elemento determinante nelle corrispondenze diplomatiche, che dovevano essere trattate in maniera adeguata come scriveva Vito a Ferdinando II: «Suplico vostra Altezza a far stracciar questa copia di lettera di Costantinopoli perché mi è stata confidata in sacretto», richiesta evidentemente non accolta nell'entourage dell'arciduca[45].

Per le spedizioni degli avvisi l'ambasciatore faceva affidamento sulla posta ordinaria o su corrieri straordinari. Fin al 1573 egli si servì di un servizio di posta della Polonia che collegava Venezia alla Carinzia e a Vienna per portare i suoi dispacci all'imperatore e che fu sostituito con un servizio ordinario di posta imperiale che era attivo di giorno e di notte e copriva anche la distribuzione in Tirolo[46] (fig. 1).

6. *Il milieu veneziano*

Come richiamato sopra, per quasi tre secoli tra Cinquecento e sino alla seconda metà del Settecento le notizie di qualche rilievo continuarono a circolare in un circuito di fogli mano-

[43] TLA, Hofrat, Selekt Ferdinandea, Karton 213, Pos. 220, 1, Venezia, 26 dicembre 1573.

[44] TLA, Hofrat, Selekt Ferdinandea, Karton 213, Pos. 220, 1, Venezia, 7 marzo 1573.

[45] TLA, Hofrat, Selekt Ferdinandea, Karton 213, Pos. 220, 1, Venezia, 13 febbraio 1574.

[46] TLA, Hofrat, Selekt Ferdinandea, Karton 213, Pos. 220, 1, Venezia, 14 giugno 1573.

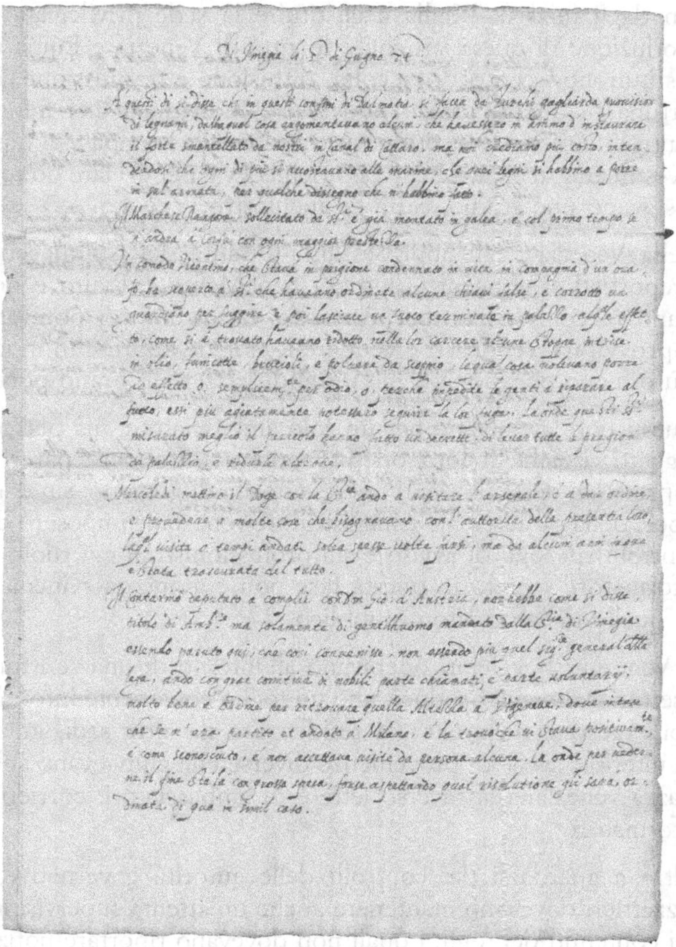

Di Venegia li 5 di Giugno 74

A questi dì si disse che in questi confini di Dalmatia si facea da Turchi gagliarda provision di legnami, dalla qual cosa argomentavano alcuni che havessero in animo d'instaurare il forte smantellato da nostri in Canal di Cattaro. ma noi crediamo più certo, intendendosi che ogni dì più si accostavano alla marina, che quei legni si habbino a porre in sul armata, per qualche dissegno che vi habbino fatto.

Il Marchese [illegible] sollecitato da S.ri è già montato in galea, e col primo tempo se n'andrà a Corfù con ogni maggior prestezza.

Un [illegible] Vicentino, che stava in prigione condennato in vita, in compagnia d'un [illegible], se ha [illegible] a S.ri che havevano ordinate alcune chiavi false, e corrotto un guardiano per fuggire, e poi lasciare un fuoco terminato in palazzo, al qual effetto, come si è trovato havevano ridotto nella lor carcere alcune stoppe intrise in olio, funicelle, bossoli, e polvere da scoppio, le qual cose volevano porre ad effetto o semplicemente per odio, o perchè impedite le genti a riparare al fuoco, essi più agiatamente potessero seguire la lor fuga. La onde questi S.ri misurato meglio il pericolo hanno fatto un decreto di levar tutte le prigioni da palazzo, e ridurle altrove.

Mercoledì mattina il Doge con la S.ria andò a visitare l'arsenale, e a dar ordine, e provedere a molte cose che bisognavano con l'auttorità della prefata lor, la qual visita a' tempi andati solea farsi molte volte l'anno, ma da alcuni anni in qua è stata trascurata del tutto.

Il Contarini deputato a complire con Don Giò d'Austria, non hebbe come si disse titolo di Amb.re ma solamente di gentilhuomo mandato dalla S.ria di Venegia essendo paruto qui, che così convenisse, non essendo più quel sig.re generale [illegible], andò con gran comitiva di nobili parte chiamati, e parte voluntarij, molto bene [illegible] per ritrovare quella Altezza a Vigevano, dove intese che se n'era partito et andato a Milano, e là trovò che vi stava ritiratamente, e come sconosciuto, e non accettava visite da persona alcuna. La onde per vederne il fine stà là con grossa spesa, forse aspettando qual risolutione gli sarà ordinata di qua in simil caso.

Fig. 1. Avviso proveniente da Venezia del 5 giugno 1574 inviato dall'oratore imperiale Vito di Dornberg a Ferdinando II d'Asburgo a Innsbruck (Innsbruck, Tiroler Landesarchiv, Hofrat, Selekt Ferdinandea 220, Karton 213-071).

scritti animato da un mercato che non era costituito solamente da esponenti del mondo delle corti e dello spionaggio, ma serviva anche un pubblico limitato e in continua crescita.

Fin dagli inizi fu l'Italia a costituire la sede privilegiata di produzione di questi articoli e le città di Venezia e Roma ne costituirono i centri di raccolta, diffusione e trasmissione. La fortuna di questo mezzo può essere individuata nei minori controlli cui esso era sottoposto rispetto alla stampa e ai bassi investimenti di capitale che essa richiedeva: per avviare bottega bastavano uno studio, carta ed inchiostro.

Nella Venezia degli anni Sessanta-Ottanta del Cinquecento i reportisti si concentravano tra San Marco e Rialto e non erano raccolti in una corporazione; figure minori potevano improvvisarsi reportisti e vendere le notizie apprese in modo più o meno occasionale, ma i grandi gazzettieri erano pochi.

Questi non lavoravano per un solo ambasciatore, ma per più soggetti. Poiché il loro operato poteva diffondere pareri e impressioni destabilizzanti per le autorità di governo, sin dagli albori della professione le magistrature veneziane imposero dei controlli sui fogli di avviso e sui professionisti, il cui ruolo di informatore segreto in questa fase non era ancora svincolato da quello di informatore pubblico.

A Venezia i novellanti operavano all'interno di una scrittoria e settimanalmente producevano un foglio contenente informazioni raccolte nella città di residenza e da altre sedi, grazie ad ulteriori avvisi di provenienze diverse che giungevano sulla piazza veneziana attraverso lettere di ambasciatori, corrieri e informatori.

Oltre a guardarsi dai controlli delle autorità governative, i gazzettieri dovevano mantenere anche un'attenta supervisione dei contenuti dei fogli, i quali non dovevano riportare notizie sfavorevoli ai loro sottoscrittori, che si sarebbero propagate velocemente in Europa, compromettendo la clientela[47].

Gli studi compiuti sulla collezione delle *Fuggerzeitungen*, cui si è fatto cenno hanno confermato che i primi i fogli provenienti dall'Italia, risalenti al 1568, erano compilati da novellanti professionisti, mentre per l'ambito germanofono si

[47] M. INFELISE, *Professione reportista*, pp. 196, 202-204, 210.

dovette aspettare la fine del Cinquecento perché si affermassero figure simili.

A fine secolo anche ad Augusta gli eredi di Georg Fugger impiegavano scrittori professionisti, mentre nelle sedi di Anversa e Colonia per le trascrizioni dei fogli continuarono a servirsi di collaboratori impiegati nella mercatura[48].

Sulla base dei documenti di Innsbruck non è possibile ricavare dati sui costi di questi avvisi, ma le *Fuggerzeitungen* di provenienza veneziana erano acquistati al prezzo di 28 fiorini annui, una cifra in linea con i costi dell'epoca.

Si trattava di circa 20 ducati veneziani, una cifra notevole se pensiamo che il salario di un medico di una comunità della Terraferma in questi anni assommava a 220 ducati annui[49]. Questo importo andava poi moltiplicato per il numero dei clienti che ogni gazzettiere riusciva a legare a sé; si trattava dunque di un'attività che poteva consentire di guadagnare cifre elevate da una clientela d'elite[50].

7. *Caratteristiche degli avvisi*

La caratteristica più rilevante degli avvisi era l'anonimato, mancavano tanto il destinatario, quanto l'autore. L'assenza del destinatario li rendeva fruibili da più persone, mentre quella dell'autore sfuggiva il problema della censura ecclesiastica e secolare. La vicenda di Giovanni Quorli, uno dei più attivi gazzettieri della Venezia di metà Seicento con una sessantina di abbonati e la produzione di circa 245 fogli settimanali, è emblematica: nonostante sia stato «forse uno degli autori

[48] O. BAUER, *Zeitungen vor der Zeitung*, pp. 209, 369.

[49] Archivio Museo Biblioteca di Bassano del Grappa, Atti del Maggior Consiglio, vol. 1591, c. 30r: salario di Giovanni Locatelli, medico della comunità di Bassano. Il cambio ducato/fiorino era fissato a 124 soldi contro 90 soldi. Negli stessi anni in quest'area 1 fiorino era valutato 4 lire venete e 10 soldi.

[50] O. BAUER, *Zeitungen vor der Zeitung*, p. 108.

italiani più letti del secolo» il suo nome è del tutto assente da ogni repertorio[51].

Ogni avviso si apriva sempre con un luogo e una data «Da Vinegia li XXIIII di genaro»[52], «Di Madrid ali 31 di gennaro 1573» sotto il quale erano riportati brevi notizie, generalmente su eventi di natura politica e militare. Essi potevano contenere voci raccolte in loco, magari dal compilatore stesso e notizie copiate da altri avvisi provenienti da tutta Europa.

La pratica di copiare e ricopiare i testi impedisce di distinguere un autore dall'altro[53]. In alcuni casi rarissimi veniva indicata la persona che aveva recapitato le informazioni «Avisi di Constantinopoli li quali ha portato Michel Masi che partì di Constantinopoli li primi de genaro 1573 et arrivò a Corfù alli 30 detto con despacci per li signori Venetiani»[54].

All'interno dell'avviso, ciascun paragrafo era segnato da altri luoghi e altre date: «Di Vinegia li XX di giugno 1573» in cui si davano informazioni arrivate per lettere da Lione sull'assedio di La Rochelle.

Dopo aver fornito tutte le notizie da una località si passava a una nuova intestazione e a nuove informazioni e nello stesso foglio seguivano notizie da Bologna, Candia, Ragusa, inframezzate da notizie da Venezia sulle nomine di nuovi castellani in Terraferma[55].

Ne risultava quindi un quadro articolato con ragguagli di politica internazionale e interna, non meno importante per i servizi informativi di uno Stato che aveva il suo confine

[51] M. Infelise, *Professione reportista*, pp. 205-210.

[52] TLA, Hofrat, Selekt Ferdinandea, Karton 213, Pos. 220, 1, Venezia, 24 gennaio 1573, avviso allegato.

[53] M. Infelise, *Scrivere gli avvisi*, p. 30.

[54] TLA, Hofrat, Selekt Ferdinandea, Karton 213, Pos. 220, 1, avviso allegato al dispaccio datato Venezia, ultimo febbraio 1573.

[55] TLA, Hofrat, Selekt Ferdinandea, Karton 213, Pos. 220, 1, avviso allegato al dispaccio Venezia, 20 giugno 1573: nomine nella Rocca di San Felice a Verona, fortezza di Brescia, Rocca vecchia di Verona e Monfalcone.

meridionale a diretto contatto con la Repubblica veneta e con il quale le divergenze per cessioni territoriali, sconfinamenti, politiche commerciali erano una prassi ordinaria.

In altri casi gli avvisi manoscritti riunivano le informazioni in fogli distinti per ciascuno luogo di raccolta, mentre quelli a stampa li ponevano in rapida successione. A differenza della produzione stampata, la composizione dei fogli manoscritti non era seriale, i vari avvisi venivano adattati alla richiesta della clientela e il successo di un novellista stava proprio nella sua capacità di corrispondere alle richieste di nuovi clienti. Proprio la flessibilità di questo strumento è alla base della sua lunga fortuna.

I fogli in genere recavano traccia del percorso che le notizie avevano fatto prima di essere messe sulla carta, come documenta un avviso da Roma inviato a Innsbruck da Baldassare di Dornberg:

> «Da Roma l'ultimo d'ottobre 1573. Sono lettere di Palermo di XVIII detto con aviso che quella mattina erano capitate lettere del signor Don Giovanni per via di Trapani al duca di Terranova ... Dopo che venne la detta nuova è passato un altro corriero in Inspagna che ha portato, come si ragiona, lettere di Tunesi del XX che dicono ...»[56].

Venezia era il punto di arrivo di flussi informativi incrociati giunti tramite avvisi e lettere trasmessi da diverse sedi europee e trascritti dai reportisti negli avvisi per i propri abbonati.

Dagli avvisi veneziani si avevano informazione sul Levante e la Dalmazia, tramite quelli di Anversa ragguagli sulla monarchia spagnola, il Portogallo, la Germania, l'Olanda; da quelli di Lione novità sulla Francia; da Vienna giungevano notizie da Cracovia; da Malta informazioni sui turchi e da Roma sulla Santa Sede e il centro Italia, oltre a una ampia messe di notizie sulla politica internazionale[57].

[56] TLA, Hofrat, Selekt Ferdinandea, Karton 213, Pos. 220, 1, Venezia, 7 novembre 1573, avviso allegato.

[57] TLA, Hofrat, Selekt Ferdinandea, Karton 213, Pos. 220, 1, Venezia, 30 ottobre 1574, avvisi allegati.

Gli avvisi includevano un'ampia gamma di notizie, senza ordine o un focus tematico, che non fosse quello del luogo o del posto di compilazione. Alle notizie più generali i novellisti aggiungevano informazioni ritenute di interesse per i propri sottoscrittori: notizie sugli eventi luttosi, sulla situazione sanitaria o sull'ordine pubblico nel Dominio.

Vediamo alcuni esempi relativi al naufragio di due navi al largo della Galizia e alle misure repressive messe in atto per il contenimento della peste del 1576.

«Di Venetia li 4 di febraro.

È gionta nova qui che le navi Delfinia et la Barbara sono perite sopra Galitia, andando di conserva molto ricche in Inghilterra. Per il che questa piazza ne riceve notabilissimo danno, et tutta la terra parimente grandissimo per la marinareccia, che vi era sopra in gran numero d'huomini eletti, et eccellenti in quell'essercitio.

Li signori della Sanità innanzi la stanza dell'Offitio loro hanno fatto impiccare un Ministro del lazzaretto, che in alcune barilli si era ingegnato di porre alcune robbe state suspette per mandarle in casa sua»[58].

Come anticipato sopra gli avvisi davano spazio anche a informazioni relative agli eventi locali, come attesa la nota relativa ai disordini provocati dagli studenti dell'università di Padova.

«Di Venetia li 2 aprile 1575

Li scolari di Padova divisi in due fattioni vennero alle mani con morte et ferite d'alcuni di loro, al quale rumore sopraggiongendo il capitano a caso, che tornava di chiesa et accostandosi con alcuni suoi per rimediar al disordine et quietarli gli fu risposto che si dovesse retirare appresentandoli gl'archibugi, per il che il capitano la mattina seguente chiamò in scala tutti quei che s'erano trovati a detta fattione, li quali non volendo compare si misero insieme in gran numero con le bandiere spiegate per andarsene parte a Ferrara et parte a Bologna, il che vedendo i cittadini ricorsero dal capitano a supplicarlo di rimedio a questa cosa altrimenti che sarebbe la

[58] TLA, Hofrat, Selekt Ferdinandea, Karton 214, Pos. 220, 2, Venezia, 5 febbraio 1576, avvisi allegati.

rovina della città partendosi di là il studio et così per mezo loro furono richiamati et quietati non procedendosi più contro di loro»[59].

Gli studi compiuti sulla collezione degli avvisi degli anni 1568-1605 raccolti da Octavian Secundus e il fratello Philipp Eduard Fugger hanno evidenzato che quasi i tre quarti delle notizie in essi contenuti riguardano la materia politica e militare e in misura minore quella economica (6%), sociale (6%) e religiosa (3%).

Questi risultati hanno consentito di archiviare le ipotesi iniziali sugli avvisi, risalenti già agli anni Venti del XX secolo, che li avevano considerati strumenti di lavoro della comunità mercantile e quindi fonti per la storia del protocapitalismo[60]. Le migliaia di *Fuggerzeitungen* disponibili online consentono di verificare sul campo come le notizie sui cambi, sui mercati e sui prezzi scarseggino[61].

Questa caratteristica è confermata anche dagli esemplari delle «Welsche Zeitungen aus Venedig» nelle quali la materia economica è piuttosto ridotta, anche se non del tutto assente, come si può leggere di seguito nelle due note riferite al finanziamento del debito pubblico veneziano e alla politica doganale della Repubblica.

«Di Vinegia li XXX di genario 1574.

Questi signori illustrissimi fano nuove provigioni, dicendosi, che mercordì notte messero parte di far un lotto di 200 mila ducati, differente dal primo, che raccordò quell'hebreo, si come s'intenderà poi per la stampa. Hanno aperto anco li 8 per cento per trovar danari, et che trovandosi nella ceccha in alcuni scrigni un deposito di tre millioni d'oro, che per nissuna occasione si dovea mai aprire, se non in caso di grandissima necessità, hanno similmente presa parte d'aprirlo ...

[59] TLA, Hofrat, Selekt Ferdinandea, Karton 214, Pos. 220, 2, Venezia, 2 aprile 1575.

[60] Sui contenuti si veda O. BAUER, *Zeitungen vor der Zeitung*, pp. 189-201, che fornisce indicazione anche sugli altri temi: natura/metereologia, curiosità, poste e comunicazioni, legislazione (in tutto 9%); sul dibattito C. ZWIERLEIN, *Fuggerzeitungen als Ergebnis von italienisch-deutschem Kulturtransfer*, pp. 173-175.

[61] Si veda *supra*, nota 14.

Vogliono acrescer di più alquante hostarie nella città per le contrade et privar quelli ch'hanno case o camera a pigione per far acrescer il datio della spina, che poco valeva»[62].

Le notizie di eventi politici e militari erano integrate con dati biografici sulle nascite e le morti dei regnanti: «Da Madrid li V di ottobre. La regina ha cominciato a sentire le doglie del parto».

Si trovano inoltre cenni alle calamità naturali «Da Vinegia li XX di marzo 1574 … Mercordì notte, cosa che di rado aviene, si sentì in questa città un gran terremotto»[63].

Non mancavano brevi resoconti su balli e feste che nell'insieme offrono un quadro della società europea di antico regime pieno di colore:

«Di Turino 24 agosto 1574. Dalla venuta di sua Maestà fino a quest'hora siamo stati in allegrezza, feste, balli et mascherati come nel Carnevale essendosi la Maestà sua Serenissima Altezza et altri signori principali mascherati per la città»[64].

Negli avvisi raccolti nelle «Welsche Zeitungen aus Venedig» si osserva come alla metà degli anni Settanta del Cinquecento le notizie provenienti dalla Germania continuassero a essere diffuse attraverso il circuito che aveva come punto di raccolta e di redistribuzione Venezia.

Da qui esse attraverso la mediazione dell'oratore imperiale si diramavano nelle sedi delle corti asburgiche, come si può leggere nel foglio proveniente da Colonia sotto riportato, il quale, con un gusto *noir*, narra il rapimento e la reclusione di un boia al fine di indurlo alla decapitazione di venti gentiluomini.

[62] TLA, Hofrat, Selekt Ferdinandea, Karton 213, Pos. 220, 1, Venezia, 30 gennaio 1574, si veda l'avviso allegato.

[63] TLA, Hofrat, Selekt Ferdinandea, Karton 213, Pos. 220, 1, Venezia, 2 novembre 1567, si veda l'avviso allegato; Venezia, 20 marzo 1574, si veda l'avviso allegato.

[64] TLA, Hofrat, Selekt Ferdinandea, Karton 213, Pos. 220, 1, Avvisi di Lione e di Torino, 24-25 agosto 1574.

«Li Colonia li 28 febraro [1575]

Per che è solito in Germania che gli boia medicano con grasso d'huomo, capitarono qui X gentilhuomini vestiti all'alemana con cathene al collo, et andorono a casa del boia dicendo che volevano che andasse seco per sanare un'gentilhuomo di importantia. Il boia disse non potersi partire se non haveva licentia dal Borgo Mastro dal quale gli fu concessa per 3 giorni, et partendosi esso boia con detti gentilhuomini et come furono allontanati due leghe, 4 d'essi levorono l'armi al boia, et gli missero un sbaio in bocca, et una cappa in testa et lo condussero per 3 hore continue così coperto in una stanza serata dove era una tavola apparecchiata con buonissimi cibi, et a lume // di torcie li levero la cappa di testa dove vidde da 20 altri che non erano quelli che l'havevano condotto e gli dissero che dovesse stare di buona voglia et mangiare che volevano uno servigio da lui. Il boia se li gettò alli piedi et gli pregò che se lo volevano ammazzare gli dessero tempo che potesse accomodare li fatti suoi et gli gentilhuomini l'assigurono della vita. Et dipoi mangiato uno di loro gli disse fa bisogno che tu tagli la testa ad alcuni condennati dalla giustitia senza cercare altro et negando non poterlo fare gli dissero che harebbono tagliato la testa a lui. Il che vedendo il boia si risolse di farlo, et così gli fu condotto un gentilhuomo vestito di velluto ornatissimamente con uno sbaio in bocca che non poteva parlare, et per quanto riferisce il boia questo signore mostrava essere persona di grande autorità et così di mano in mano gli ne fu condotto fino al numero di 20 a quali tagliò la testa, tutte persone all'ordine vestite di raso et veluto et per quanto riferisce il boia crede che in questi v'erano degli Italiani che con urli et ceni perché non potevano parlare mostravano che gli era fatto torto. Finita la tragedia il boia fu legato et postoli la cappa in testa fu condotto per 3 hore sopra un carro et poi lo fecero dismontare et gli misero una borsa al collo et si partirono, et il boia dipoi quattro hore sentendo animali et ancho huomini passare urlò, havendo il sbaio in bocca et fu agiutato et trovò ch'era poco discosto dell'hospitale di Cologna et fu sciolto et trovato nella borsa 150 ducati, et ciò riferisce detto boia.

Qui sopra questo si fanno diversi discorsi, non sapendo il // boia s'era dì o notte quando fu condotto, ne per qual strada et si fanno assai giuditii tenendosi per fermo che quelli che vennero a dimandare il boia fussero travestiti. Alcuni fanno giuditio, che in questo sia intervenuto il Palatino del Reno, o che sia stata fatta la burla a suoi presi nella giornata quando fu rotto[65] il duca Christofolo suo figliolo overo che egli l'habbi fatto fare a qualcun altro di importantia cattolico».

Quanto riportato nell'avviso a proposito del grasso umano documenta una pratica definita dagli antropologi «canniba-

[65] Il termine «rotto» ha il significato di sconfitto.

lismo medicinale», ampiamente diffuso nell'Europa cinquecentesca, quando tale impiego nella farmacopea raggiunse il suo apice[66].

In quanto all'evento narrato pare verosimile che la notizia faccia riferimento a una vicenda legata agli scontri della battaglia di Mookerheide (nei pressi di Nimega) avvenuta il 14 aprile 1574 tra calvinisti e cattolici durante le rivolte dei Paesi Bassi, cui aveva preso parte un ingente numero di principi riformati tedeschi. Il bilancio di questi scontri era stato di oltre 4.000 morti, tra i quali Christoph, il figlio del conte palatino del Reno Federico III il Pio, la cui morte è richiamata dal novellante veneziano[67].

Se le notizie provenienti dal mondo tedesco in questa fase rimbalzavano ancora a Venezia e da qui erano distribuite in varie sedi dell'Impero, a partire dagli anni Ottanta del secolo in area tedesca si assiste a un significativo mutamento, segnato dalla diffusione di un nuovo tipo di avviso redatto nella lingua nazionale, influenzato dal modello italiano, ma che da questo si differenziava per contenuto e per un focus di tipo regionale, come hanno documentato i recenti studi sulla collezione viennese degli avvisi dei Fugger.

Anche se resta da mettere a fuoco il ruolo svolto dalla città di Augusta, la sede dei Fugger, nel transfert culturale di questo media tra l'Italia e gli stati tedeschi, la raccolta testimonia che nel 1605, alla nascita del primo giornale tedesco

[66] K. GORDON-GRUBE, *Anthropophagy in Post-Renaissance Europe: The Tradition of Medicinal Cannibalism*, in «American Anthropologist», NS, 90, 1988, 2, pp. 405-409. Tale pratica era ancora in uso due secoli dopo; la commercializzazione di grasso umano nelle spezierie è documentata dall'inventario dello speziale veneziano Carlo Lodoli all'insegna di *San Marcilian*: Archivio di Stato di Venezia, Notarile Atti, Giovanni Piccini, b. 10807, cc. 701r-715v, Venezia, 8 novembre 1642.

[67] TLA, Hofrat, Selekt Ferdinandea, Karton 214, Pos. 220, 2, 28 febbraio 1575. Sulla battaglia si veda O. MÖRKE, *Wilhelm von Oranien (1533-1584). Fürst und 'Vater' der Republik*, Stuttgart, Verlag. W. Kohlhammer, 2007, pp. 182-183; S.C. TUCKER (ed), *A Global Chronology of Conflict. From the Ancient World to the Modern Middle East*, Santa Barbara CA, ABC-CLIO, 2010, 2, p. 532.

a stampa esisteva un pubblico d'elite, già preparato a questo nuovo strumento dalla fruizione di un foglio manoscritto, in circolazione da circa quarant'anni[68].

68 K. KELLER - P. MOLINO, *Die Fuggerzeitungen*, p. 10

LA DOMENICA DEL CORRIERE

Si pubblica a Milano ogni Domenica

Supplemento illustrato del "Corriere della Sera"

Uffici del giornale: Via Solferino, N. 28 MILANO

Per tutti gli articoli e illustrazioni è riservata la proprietà letteraria e artistica, secondo le leggi e i trattati internazionali.

Anno XX — Num. 45. 10-17 Novembre 1918. Centesimi 10 il numero.

Il nemico, il barbaro aguzzino è in rotta, e le terre fatte sacre da un anno di martirio tornano alla Patria. Il tricolore dei fratelli che aspettavano si leva fiero a baciare, nel fulgore della Vittoria, le lacere gloriose bandiere dell'Esercito liberatore.

Copertina della rivista «La Domenica del Corriere», del 10-17 novembre 1918, illustrata da Achille Beltrame per celebrare la vittoria italiana sull'Austria-Ungheria (collezione privata).

Le grandi illusioni: la costruzione transnazionale di una guerra immaginata in Europa (1914-1919)

di *Marco Mondini*

1. *La rivoluzione mediatica del racconto di guerra*

In anni recenti, i teorici della propaganda organizzata, così come gli storici dei conflitti in età moderna, hanno spesso ipotizzato che si possa parlare di una rappresentazione mediatica della guerra ben prima del XX secolo. La pubblicazione di *pamphlet* encomiastici al fine di sostenere la spedizione di Carlo VIII nell'Italia del 1494, i catechismi edificanti a beneficio della guerra di religione contro gli eretici nelle Fiandre del XVII secolo o la pubblicistica filo protestante e anti imperiale durante la guerra dei Trent'anni sarebbero efficaci testimonianze di come la rivoluzione della stampa abbia prodotto effetti in tempi molto rapidi anche sull'arte della guerra, esigendo dagli eserciti contrapposti (e dai loro governi) un uso sempre più estensivo e perfezionato di quella che oggi si definisce una «strategia mediatica»[1]. Talvolta, questa estensione delle categorie di «propaganda» e «guerra mediatica» ha portato a considerazioni ancora più radicali, e si è voluto proporre lo spettacolo del conflitto armato – legittimo, tra Stati, o asimmetrico, nel caso di rivolte interne – come oggetto di costruzioni narrative ideologiche dirette a costruire e mantenere

[1] P. TAYLOR, *Munitions of the Mind. A History of Propaganda from the Ancient World to the Present Day*, Manchester, Manchester University Press, 1990; M. MONDINI - M. ROSPOCHER (edd), *Narrating War. Early Modern and Contemporary Perspectives* (Annali dell'Istituto storico italo-germanico in Trento. Contributi/Beiträge, 28), Bologna - Berlin, Il Mulino - Duncker & Humblot, 2013.

il consenso sostanzialmente immutate nei temi (anche se non nelle forme del linguaggio) fin dall'evo antico, e comunque prima di Gutenberg[2]. Nonostante queste interpretazioni di lunga durata, affascinanti quanto controverse, la letteratura specialistica concorda generalmente sull'individuazione della Grande guerra come vera scansione nel rapporto tra media e gestione dei conflitti. Una convinzione basata su almeno due ordini di motivi: l'avvento di una dimensione «totale» della guerra moderna, che comporta la mobilitazione di ogni risorsa umana, economica e culturale del paese coinvolto (ivi compresi i media che vengono militarizzati), e lo sviluppo nell'Europa e negli Stati Uniti del XIX e XX secolo di un'industria dell'informazione e dell'intrattenimento compiutamente di massa, in grado di raggiungere e orientare opinioni pubbliche calcolabili ormai in milioni di individui, e di fatto coincidenti con la popolazione adulta (quantomeno maschile)[3]. L'utilizzo della retorica per sostenere che una guerra sia più giusta di un'altra, o che uno dei contendenti sia nel suo pieno diritto e stia combattendo il male è antica probabilmente quanto

[2] A. Pizarroso Quintero, *Historia de la propaganda. Notas para un estudio de la propaganda politica y de 'guerra'*, Madrid, Eudema, 1990; J. Lynn, *Battle. A History of Combat and Culture. From Ancient Greece to Modern America*, Boulder CO, Westview, 2003; A. Vakogianni - V. Hope (edd), *War as Spectacle. Ancient and Modern Perspectives on the Display of Armed Conflict*, London, Bloosmbury, 2015; H. Hinck - B. Bommersbach, *Cross-Border Representations of Revolt in the Later Middle Ages: France and England During the Hundred Years War (1337-1453)*, in M. Griesse (ed), *From Mutual Observation to Propaganda War. Premodern Revolts in Their Transnational Representations*, Bielefeld, Transcript, 2014, pp. 37-52.

[3] U. Daniel - W. Siemann, *Historische Dimensionen der Propaganda*, in U. Daniel - W. Siemann (edd), *Propaganda. Meinungskampf, Verführung und politische Sinnstiftung 1789-1989*, Frankfurt a.M., Fischer, 1994, pp. 7-20; J. Horne, *Mobilizing for Total War*, in J. Horne (ed), *State, Society and Mobilization in Europe during the First World War*, Cambridge, Cambridge University Press, 2002 (1997[1]), pp. 1-20; H. Strachan, *From Cabinet War to Total War*, in R. Chickering - S. Förster (edd), *Great War, Total War. Combat and Mobilization on the Western Front 1914-1918*, Cambridge, Cambridge University Press, 2000, pp. 19-34; D. Welch, *Winning Hearts and Minds: The Changing Context of Reportage and Propaganda 1900-2003*, introduzione a M. Connelly - D. Welch (edd), *War and the Media. Reportage and Propaganda*, London - New York, Tauris, 2007, pp. IX-XXI.

l'idea di un'oratoria pubblica, ma non c'è dubbio che fino all'avvento dei media moderni la sua efficacia sia stata drasticamente limitata al perimetro della comunicazione orale, agli spazi pubblici preposti all'uopo (le piazze dei villaggi e delle città) o ai pochi circoli di colti alfabetizzati[4].

Per concordare sull'importanza dei sistemi di informazione e intrattenimento dei vari paesi (ciò che, con un lessico bourdiesiano, potremmo chiamare «campi mediatici nazionali») nel promuovere, sostenere o semplicemente rendere pensabile e accettabile la guerra nell'Europa del 1914 non è necessario ritenere che essi fossero tendenzialmente schierati sul versante del nazionalismo, guerrafondai e in definitiva responsabili del radicalismo delle opinioni pubbliche, è controversa[5]. In effetti, è sufficiente ricordare come, ben prima della crisi di Sarajevo, la stampa delle principali potenze europee avesse conquistato un pubblico di lettori calcolabile in milioni, e sostanzialmente plasmasse le opinioni pubbliche urbane del continente. Quotidiani come i francesi «Le Figaro» o «Le Petit Journal» vantavano tirature di oltre 100.000 copie giornaliere, un *tabloid* popolare come «Le Matin» oltre 600.000, il «Berliner Tageblatt», il più venduto degli oltre 4.000 quotidiani pubblicati nel Secondo Reich, raggiungeva quota 250.000, mentre i solidi giornali britannici, attori primari della vita pubblica del Regno Unito (e consapevoli di esserlo), orientavano l'opinione di oltre mezzo milione di lettori («Daily Telegraph» e «Daily Chronicle»)[6]. Ai quotidiani si affiancavano riviste destinate a

[4] J. FOX - D. WELCH, *Justifying War. Propaganda, Politics and the Modern Age*, in J. FOX - D. WELCH (edd), *Justifying War*, London - New York, Palgrave, 2012, pp. 1-20.

[5] Cfr. per esempio D. GEPPERT, *Pressekriege. Öffentlichkeit und Diplomatie in den deutsch-britischen Beziehungen*, München, Oldenbourg, 2007; B. ROSENBERGER, *Zeitungen als Kriegstreiber? Die Rolle der Presse im Vorfeld des Ersten Weltkrieges*, Köln, Böhlau Verlag, 1998.

[6] Per i dati di circolazione dei principali quotidiani europei cfr. A. LEE, *The Structure, Ownership and Control of the Press*, in D. BOYCE - J. CURRAN - P. WINGATE (edd), *Newspapers History from the Seventeenth Century to the Present Day*, London, Constable, 1978; C. CHARLE, *Le siècle de la presse (1830-1939)*, Paris, Seuil, 2004, pp. 143-167.

raggiungere gli strati meno acculturati della popolazione, attraverso il racconto per immagini (le riviste illustrate) e spesso l'insistenza su uno spettro di temi (l'esotico, il meraviglioso, il folkloristico e lo scandalistico) trascurati dai più prestigiosi della borghesia urbana: «Le Miroir» di Parigi, l'«Illustrierte Zeitung» tedesca o i *tabloids* britannici avevano come target soprattutto (anche se non solo) i ceti popolari, e grazie all'investimento tecnologico sulla riproduzione di fotografie, oltre che sul tradizionale ricorso a grandi e colorate copertine illustrate, prima del 1914 avevano tirature che non faticavano a raggiungere il milione di esemplari[7]. Ma le generazioni di europei in età adulta all'inizio del secolo non erano solamente le meglio informate della storia, erano anche quelle che potevano fruire dell'industria dell'intrattenimento più tecnologica e diffusa. In molti paesi il cinema stava attraversando nel primo decennio del XX secolo una fase di crescita accelerata, uscendo dal clima ambiguo che lo aveva circondato negli anni precedenti, quando era classificato più o meno come un divertimento riservato ai settori umili (per non dire malfamati) della società, e affermandosi definitivamente non solo come un intrattenimento socialmente legittimo per le classi medie e per la borghesia urbana ma anche come una forma di espressione artistica. Nel Regno Unito di inizio secolo si contavano 5.000 sale cinematografiche e persino nell'arretrato Impero zarista a Pietroburgo e Mosca oltre 200 cinema erano diventati appuntamento fisso di una clientela sempre più colta e benestante: non era solo una questione di conquista del pubblico, ma di affermazione del cinematografo come teatro dell'immaginario popolare e mezzo di comunicazione (e progressivamente anche di informazione) che, specialmente nell'Italia delle avanguardie, era ormai accreditato da un intenso dibattito intellettuale[8]. Il

[7] Cfr. per esempio J. MARCHANDIAU, *L'Illustration 1843-1944. Vie et mort d'un journal*, Toulouse, Privat, 1987; W. WEBER, *Johann Jakob Weber. Der Begünder der Illustrierten Presse in Deutschland*, Leipzig, Lehmstedt, 2003.

[8] J. KERMABON (ed), *Pathé. Premier Empire du cinema*, Paris, Editions du Centre Pompidou, 1994; R. PEARSON, *Early Cinema*, in G. NOWELL-SMITH (ed), *The Oxford History of Cinema*, Oxford, Oxford University Press, 1997, pp. 13-22; M. PARIS, *Introduction*, in M. PARIS (ed), *The First World War and*

consolidamento di un pubblico realmente di massa negli anni della *belle époque* ebbe un'importanza centrale nel successo delle forme di comunicazione – quelle spontanee nate dalla mobilitazione della cultura di guerra e quelle riconducibili alla propaganda organizzata – che avrebbero diffuso le ragioni del conflitto, incitato alla vittoria, sostenuto il consenso (e per certi versi deciso le sorti dei paesi belligeranti) tra 1914 e 1918. Le immagini pubblicitarie che incitavano all'arruolamento o alla sottoscrizione dei prestiti nazionali per finanziare lo sforzo bellico (o anche semplicemente che invocavano la disciplina e la resistenza dei soldati di fronte all'apparente infinità del conflitto), così la narrazione semplice, patetica e patriottica della maggior parte dei film «dal vero» o di fiction girati e messi in circolazione a guerra in corso, conobbero uno straordinario successo (quantomeno tra il pubblico in borghese), tra gli altri motivi, anche perché erano ormai strumenti di comunicazione maturi e tradizionali, a cui il pubblico di massa guardava con familiarità e a cui, di conseguenza, si affidava con fiducia[9].

2. *Parole e immagini come armi*

Ciò non vuol dire che i contendenti scesi in campo nell'estate 1914, e nemmeno quelli dei paesi (come l'Italia) che entrarono nel conflitto successivamente, fossero realmente attrezzati per l'utilizzo del vasto arsenale di parole e immagini su cui ormai potevano contare per raggiungere le masse dei propri soldati e, fatto ancora più importante nelle fasi più critiche del consenso al conflitto, per rafforzare il fronte interno. In generale, anche i maggiori eserciti europei (così come del resto i governi civili) erano impreparati a creare e gestire una stra-

Popular Cinema. 1914 to Present, New Brunswick NJ, Rutgers University Press, 2000, pp. 1-5; A. Costa, *Il cinema e le arti visive*, Torino, Einaudi, 2002; L. Véray, *La Grande Guerre au cinéma. De la gloire à la mémoire*, Paris, Ramsay, 2008.

[9] P. James, *Reading World War I Posters*, in P. James (ed), *Picture This. World War I Posters and Visual Culture*, Lincoln NE - London, University of Nebraska Press, 2009, pp. 1-36.

tegia mediatica che prevedesse l'utilizzo dei moderni sistemi di comunicazione di massa: dominati da una generazione di alti ufficiali formatisi nella seconda metà del XIX secolo, perlopiù conservatori e mentalmente arretrati; gli Stati maggiori europei si erano dimostrati ampiamente restii, negli anni della lunga pace seguiti al 1870, a dotarsi di uffici specializzati nei rapporti con i mezzi di comunicazione di massa, o anche solo nel loro utilizzo ai fini di una propaganda sistematica[10]. L'unica (anche se rilevante) eccezione era rappresentata dall'esercito imperiale tedesco che, già nell'agosto 1914, aveva attribuito all'ufficio III B dell'*Oberste Heeresleitung* (comando supremo dell'esercito) la responsabilità di tutto quanto riguardasse le materie di propaganda, opinione pubblica e censura[11]. Un compito svolto con tanta serietà da spingere gli uomini della *Nachrichtenabteilung* (sezione notizie) ad assumere il controllo della produzione cinematografica al fronte già nell'ottobre successivo, quando gli altri eserciti erano ancora alle prime armi nell'utilizzo dell'arma propagandistica e le poche *troupes* che percorrevano le zone di guerra, perlopiù interdette a giornalisti e cineoperatori, erano sovente civili che lavoravano in appalto o venivano militarizzati in tutta fretta, impiegati alla spicciolata, senza direttive e senza alcun coordinamento centrale da parte degli Stati maggiori.

Tuttavia, al principio, la diffusa inesperienza dei vertici militari e governativi nella gestione della galassia mediatica non ebbe alcuna conseguenza sostanziale. Il consenso nei confronti della

[10] Per la cultura professionale e la mentalità della generazione dei generali nel 1914 cfr. I.V. HULL, *Absolute Destruction. Military Culture and the Practices of War in Imperial Germany*, Ithaca NY, Cornell University Press, 2004; C. GÖTTER, *Die Macht der Wirkunsannahmen. Medienarbeit des britischen und deutschen Militärs in der ersten Hälfte des 20. Jahrunderts*, Berlin - Boston, de Gruyter, 2016; M. MONDINI, *Il Capo. La grande guerra del generale Luigi Cadorna*, Il Mulino, Bologna, 2017. Per un caso esemplare specifico, quello della Gran Bretagna, si vedano: M.L. SANDERS, *Wellington House and British Propaganda during the First World War*, in «The Historical Journal», 28, 1975, 1, pp. 119-146 e M.L. SANDERS - P.M. TAYLOR, *British Propaganda During the First World War 1914-1918*, London, Macmillan, 1982.

[11] D. WELCH, *Germany, Propaganda and Total War, 1914-1918. The Sins of Omission*, New Brunswick NJ, Rutgers University Press, 2000.

scelta della guerra era largamente condiviso dai proprietari e dalle redazioni dei principali quotidiani e delle riviste popolari, con l'esclusione delle testate riconducibili ad alcuni frammenti della sinistra europea, e con una certa approssimazione si può affermare che il mondo del giornalismo si mobilitò spontaneamente a larga maggioranza in nome della guerra giusta e necessaria, con molto più slancio di quello dimostrato dalle masse di coscritti avviate, con rassegnazione e disciplina ma perlopiù senza alcun sacro ardore, verso il fronte[12]. Anche se il mito dello «spirito del 1914», con il suo carico di facili entusiasmi per la bella avventura e la bellezza del sacrificio per la patria, è stato ampiamente ridimensionato, non ci sono dubbi che il dissenso sia scomparso repentinamente dal circuito della comunicazione di massa tra la fine di luglio e i primi giorni di agosto di quell'anno, quando la raffica delle dichiarazioni di guerra ricondussero nell'alveo dell'«unione sacra» patriottica anche molti fogli dei grandi partiti socialisti continentali[13]. I giornalisti, beninteso, furono contemporaneamente privati della libertà di agire a propria discrezione, cooptati com'erano all'interno di un gigantesco mercato dell'informazione controllata. La militarizzazione della società europea comportò infatti, fin dalle prime ore delle ostilità, un rigoroso disciplinamento della stampa, ridotta a funzione del governo della guerra e ad arma psicologica con il paradossale dovere, almeno inizialmente, di non informare: ritenuti un fastidio poco più che tollerabile dagli Stati maggiori, tetragoni ad ogni necessità di informazione da parte della popolazione civile, gli inviati in zona di guerra vennero in principio tenuti accuratamente lontani dai teatri delle operazioni, e i resoconti delle prime settimane di combattimenti vennero costruiti generalmente in

[12] J.-J. Becker, *1914. Comment les Français sont entrés dans la guerre. Contribution à l'etude de l'opinion publique printemps-été 1914*, Paris, Fondation National des Sciences Politiques, 1977; A. Gregory, *A Clash of Cultures. The British Press and the Opening of the Great War*, in T.R. Paddock (ed), *A Call to Arms. Propaganda, Public Opinion and Newspapers in the Great War*, Westport CT, Praeger, 2004, pp. 15-49; B. Cabanes, *Août 1914. La France entre en guerre*, Paris, Gallimard, 2014.

[13] J. Verhey, *The Spirit of 1914. Militarism, Myth and Mobilization in Germany*, Cambridge, Cambridge University Press, 2000.

base agli anodini bollettini ufficiali, ai dispacci accuratamente selezionati e ad una buona dose di fantasia[14]. L'adozione della censura sulle notizie militari, provvedimento a cui si ricorse in modo più o meno efficiente in tutta Europa, contribuì in modo decisivo al depotenziamento della capacità dei media di raccontare realisticamente l'evento bellico, così come l'interdizione della zona di operazioni ai civili impedì lungamente ai corrispondenti di vedere i combattimenti e la prima linea[15].

In molti casi il mondo del giornalismo europeo accolse consensualmente le misure restrittive che venivano imposte. In Francia le due principali associazioni di categoria, il Syndicat de la Presse parisienne e l'Association de la presse républicaine départementale appoggiarono il principio che gli ampi poteri conferiti all'esecutivo in tema di censura preventiva e di soppressione delle testate sospettate di propagare notizie pericolose per la sicurezza nazionale (secondo il dettato della legge adottata il 4 agosto 1914, praticamente ogni dato riguardante l'andamento delle operazioni, dai dettagli più insignificanti alla situazione generale) fossero adeguati al momento eccezionale e funzionali al benessere della nazione: lungi dal considerarsi un contropotere o di tentare di garantire un'informazione libera (compatibilmente con le magie normative), i giornalisti francesi accolsero di buon grado il proprio reclutamento all'interno della macchina della guerra totale, e si misero a disposizione del bene supremo dello Stato e delle Forze armate, in una delle più evidenti dimostrazioni di come l'auto-mobilitazione in nome della cultura di guerra non riguardasse solo accademici e artisti[16]. Ma il caso francese fu tutt'altro che isolato:

14 O. Forcade, *Informazione, censura e propaganda*, in S. Audoin-Rouzeau - J.-J. Becker (edd), *La prima guerra mondiale*, a cura di A. Gibelli, Torino, Einaudi, 2007, pp. 481-495.

15 C. Cornelissen, *Militärzensur der Presse im Deutschen Kaiserreich während des Ersten Weltkriegs*, in M. Andel et al. (edd), *Propaganda, (Selbst-)Zensur, Sensation. Grenzen von Presse und Wissenschaftsfreiheit in Deutschland und Tschechien seit 1871*, Essen, Klartext, 2005, pp. 33-50.

16 Per un recente quadro sintetico della ormai folta letteratura sulla mobilitazione spontanea della cultura di guerra si vedano: A. Rasmussen, *Mobilising Minds*, in J. Winter (ed), *The Cambridge History of the First World War*,

al contrario, si può considerare paradigmatico (così come del resto l'ampiezza di intervento della norma di soppressione delle libertà di stampa risulta praticamente identica quasi ovunque). In tutti i paesi belligeranti la stampa svolse infatti una propria «missione patriottica» la cui priorità non era certo un'informazione corretta. Piuttosto, redattori e inviati furono attori di una strategia mediatica che ebbe come risultato una rappresentazione del conflitto decisamente lontana dall'esperienza del combattimento moderno, dalla brutalità e dall'anonimato della morte nell'epoca della guerra industriale.

In effetti, sia gli operatori dei media tradizionali (inviati dei quotidiani e delle riviste, editorialisti) sia quelli dei nuovi media dell'epoca (cineoperatori e fotografi) non furono solo vittime della militarizzazione; per molti versi, ne furono protagonisti. Alcuni, alla pari di scrittori, accademici e artisti, si arruolarono negli eserciti in campo o nei diversi uffici statuali (a volte misti civili-militari), contribuendo in prima persona alla creazione della gigantesca macchina della propaganda organizzata di guerra, cui Stati maggiori e governi decisero di ricorrere quando, a partire dall'autunno del primo anno di ostilità, gli altissimi e imprevisti costi umani e materiali del conflitto e l'evidente imprevedibilità della sua durata cominciarono a minarne il consenso[17]. Un esempio di questa corsa al reclutamento di professionisti della parola e della comunicazione fu il War Propaganda Bureau britannico, costituito nel settembre 1914 sotto la direzione di Charles Masterman (saggista, opinionista e politico liberale) e funzionante fino al suo assorbimento alla fine del 1917 da parte del neonato Ministero dell'Informazione, che si servì di molti pubblicisti, giornalisti e scrittori per dispiegare un'intensa attività di propaganda all'interno e all'esterno del paese: alla fine del primo anno di lavoro, i suoi addetti (molti

Cambridge, Cambridge University Press, 2016, III, pp. 390-418; O. FORCADE, *La censure en France pendant la Grande Guerre*, Paris, Fayard, 2016.

[17] D. WELCH, *Germany, Propaganda and Total War*; M. CORNWALL, *The Undermining of Austria-Hungary: The Battle for Hearts and Minds*, London, Palgrave Macmillan, 2000; D. MONGER, *Patriotism and Propaganda in First World War Britain. The National War Aims Committee and Civilian Morale*, Liverpool, Liverpool University Press, 2012.

dei quali scelsero di rimanere anonimi e il cui operato sarebbe stato rivelato solo negli anni Trenta) avevano pubblicato oltre due milioni di copie di pamphlet, volumetti, volantini e dossier in diciassette lingue per sostenere la sacralità della crociata britannica contro i selvaggi tedeschi che avevano violato il Belgio neutrale e dato fuoco al Vecchio Mondo[18]. In Francia, le strutture deputate al coordinamento dei media tradizionali si svilupparono con tempi simili. Il tentativo di riunire le deleghe per la sorveglianza della stampa sotto l'ufficio stampa, posto nel gennaio 1915 definitivamente sotto l'egida del Ministero della Guerra, venne considerato solo relativamente inefficiente, ma all'inizio del 1916, con la creazione della Maison de la Presse, si giunse alla regia di una efficace strategia mediatica complessiva a beneficio del conflitto, anche se solo nel 1918 si intitolò formalmente un ufficio alla direzione della propaganda organizzata (Commissariat général de la propagande)[19]. Ma l'esempio più lampante di come il 1914-1918 abbia portato ad un'accelerazione drastica nel rapporto tra guerra e media è dato dall'unanimità con cui governi e soprattutto eserciti accolsero, sia pure con molto ritardo e non senza titubanze dovute ai pregiudizi della casta dei generali, la nuova arma del cinema e della fotografia. L'esempio tedesco fu seguito con relativa rapidità, anche se non fu sempre semplice riorganizzare gli uffici adibiti a informazione e censura per far posto all'uso e alla lavorazione di materiali visivi, un compito molto più difficile da gestire rispetto ai rapporti con la stampa quotidiana e al controllo della censura, e che costrinse soprattutto i militari (a cui venne peraltro affidato gran parte dell'onere di produrre il racconto visivo del conflitto) ad una vera e propria rivoluzione psicologica, oltre che organizzativa. In Francia, solo nel 1917 si giunse alla creazione di un ufficio centralizzato (SPCA, Section photographique et cinephotographique de l'Armée) che non

18 E. Hopkins, *Charles Masterman (1873-1927). Politician and Journalist. The Splendide Failure*, Lewiston NY, Mellen, 1999; J. Horne (ed), *Vers la guerre totale. Le tournant de 1914-1915*, Paris, Tallandier, 2010.

19 S. Audoin-Rouzeau, *'Bourrage de crâne' et information en France en 1914-1918*, in J.-J. Becker - S. Audoin Rouzeau (edd), *Les sociétés européennes et la guerre de 1914-1918*, Nanterre, Université Paris, 1990, pp. 163-174.

aveva più solo compiti di censura sulla produzione civile ma, sull'esempio del BUFA tedesco (Bild- und Filmamt), anche di produzione di cinegiornali e filmati «dal vero» che mostrassero la potenza del proprio esercito e la debolezza (o la crudeltà) del nemico: il lungometraggio *La puissance militaire de la France* di quell'anno, che traccia una sorta di storia per immagini della grande lotta sostenuta dai soldati francesi per la difesa della patria e della civiltà e che esalta la meravigliosa potenza delle armi nazionali che porterà all'inevitabile vittoria, è una buona testimonianza del salto qualitativo compiuto dagli Stati maggiori nel considerare uno strumento che, tre anni prima, in pochi avrebbero ammesso di conoscere[20]. Senza pressoché differenza tra belligeranti dell'Intesa e degli Imperi Centrali, l'arma cinematografica fu la più evidente rappresentazione del canone linguistico del racconto di guerra tra 1914-1918. Le immagini «dal vero» (in realtà, nella quasi totalità dei casi i cosiddetti documentari dal fronte vennero girati nelle retrovie, in teatri lontani dal combattimento o addirittura riprodotti in posa successivamente alle battaglie) trasmisero al pubblico la sensazione di una guerra tutto sommato incruenta, quasi sempre vittoriosa, spesso gioiosa, mai orribile, una rappresentazione corroborata dalla circolazione massiccia di fotografie ufficiali, prodotte dalle sezioni fotografiche degli eserciti e immesse nei circuiti della comunicazione istituzionale e spesso anche civile, in cui ad essere espunte, con poche eccezioni (quasi tutte concentrate nelle prime settimane di combattimenti, quando l'ottimismo nella vittoria permetteva talvolta una circolazione più libera delle immagini private e una narrazione più disinvolta degli eventi su talune testate illustrate) furono le immagini della morte, dell'osceno e della sconfitta[21]. Anche se con profonde differenze tecniche, e spesso di qualità estremamente differenti, i «film» ufficiali prodotti dagli uffici di propaganda (o sostenuti finanziariamente da essi, e affidati a

20 L. Veray, *Cinema*, in J. Winter (ed), *The Cambridge History of the First World War*, pp. 475-503.

21 J. Beurier, *Photographier la Grande Guerre. France-Allemagne. L'héroïsme et la violence dans les magazines*, Rennes, Presses Universitaires de Rennes, 2016.

case di produzione civili compiacenti) restituiscono ancora oggi la realtà di un linguaggio irrealistico della guerra moderna di cui i mass-media si impadronirono pienamente: pellicole come *La Somme* del 1916 (britannico) e *Bei unseren Helden an der Somme* del 1917 (tedesco) raccontano ambedue l'(ir)realtà di una guerra asettica, le cui regole seguono l'obbligo di non mostrare la morte e l'impossibilità (spesso tecnica, considerata l'attrezzatura dell'epoca) di far vedere i combattimenti, mentre l'assenza della battaglia dallo schermo viene compensata da sorridenti sfilate di truppe, da lusinghieri primi piani dei capi e da esaltanti inquadrature delle nuove e stupefacenti macchine da guerra messe in campo dalle industrie nazionali[22].

Il linguaggio della guerra irreale non fu però solo appannaggio dei media istituzionali (o controllati). A riprova di come la narrazione della guerra tra 1914 e 1918 sia stata elaborata secondo alcune coordinate ampiamente condivise a prescindere dai rispettivi campi culturali nazionali, il canone del racconto di guerra fu comune anche alla maggior parte degli attori civili che gestivano i media tradizionali e nuovi senza vincoli di dipendenza organica dalla propaganda ufficiale. Quotidiani, periodici, riviste illustrate, produzioni cinematografiche, diventarono una fucina di immagini e narrazioni, destinate soprattutto al pubblico lontano dalla linea del fuoco, in grado di alimentare una visione della guerra glorificante, entusiasmante e rassicurante. A un anno dall'inizio delle ostilità, mentre si consumava già l'olocausto della battaglia di logoramento nelle trincee, «Le Petit Journal» di Parigi raggiungeva una tiratura di mezzo milione di copie proponendo l'illustrazione di assalti eroici, il cui elemento saliente era l'ardore della carica alla baionetta dei fanti in calzoni rossi; allo stesso modo, l'«Illustrierte Zeitung» avrebbe continuato a fornire ai suoi lettori tedeschi la fotografia di una guerra fatta di pose eroiche e soldati dalle

[22] H. Bakhausen, *Filmpropaganda für Deutschland im Ersten und Zweiten Weltkrieg*, Hildesheim, Olms, 1982; N. Reeves, *Official British Film Propaganda during the First World War*, London, Christopher Helm, 1986; K. Kreimer, *Une histoire du cinéma allemand: la UFA*, Paris, Flammarion, 1994; L. Veray, *La Grande Guerre au cinema*.

uniformi immacolate in ordinati *défilés*[23]. Idealizzata, indulgente al folkloristico, vagamente *retrò* e soprattutto confortante, l'iconografia del primo conflitto veramente mediatico della storia avrebbe svelato raramente la morte oscena e i cadaveri scomposti del moderno campo di battaglia[24]. I soldati cadevano, naturalmente, ma lo facevano nobilmente per l'onore e la patria, secondo i canoni di un immaginario romantico e idealizzato che attingeva agli stereotipi visuali dell'epica premoderna. Un linguaggio grottescamente irrealistico, fatto di cavalieri morenti adagiati vicino ai propri destrieri e fanti che baciavano la bandiera prima di spegnersi, ma anche l'unico davvero accettabile per il pubblico dei lettori: la morte di massa di padri, mariti, figli e amici non era negabile, ma almeno la si poteva rendere «tollerabile», come ha scritto George Mosse, «banalizzandola», trasformandola cioè in un'immagine familiare, edulcorata e per quanto possibile serena[25]. Distruzione, orrore e violenza efferata erano riservate al nemico, invariabilmente barbaro e demoniaco; un manicheismo narrativo che troverà la sua prima declinazione nelle truculente cronache delle atrocità tedesche in Francia e Belgio[26]. In questa guerra delle illusioni, l'automobilitazione di giornalisti, illustratori e fotografi andò ben oltre i meccanismi coercitivi dispiegati da governi e comandi militari. Il che non vuol dire che non si registrassero casi di dissenso. Alla stregua dei rari scrittori pacifisti, anche tra i

[23] B. COULIOU - C. MARTY, *La représentation de la charge à la baïonnette entre affirmation nationale et affirmation de soi*, in R. CAZALS - E. PICARD - D. ROLLAND (edd), *La Grande Guerre. Pratiques et expériences*, Toulouse, Privat, 2005, pp. 149-158; J. BEURIER, *Voir ne pas voir la mort*, in T. BLONDET-BISCH - R. FRANK - L. GERVEREAV - A. GUNTHERT (edd), *Voir, ne pas voir la guerre. Histoire des représentations photographiques de la guerre*, Paris, Somogy, 2001, pp. 63-69.

[24] G. PAUL, *Der erste Weltkrieg*, in G. PAUL, *Bilder des Krieges, Krieg der Bilder. Die Visualisierung des modernen Krieges*, München, Fink, 2004, pp. 103-172.

[25] G.L. MOSSE, *Le guerre mondiali. Dalla tragedia al mito dei caduti*, Roma - Bari, Laterza, 1999 (ed. orig. 1990), pp. 142 ss.; D. PICK, *La guerra nella cultura contemporanea*, Roma - Bari, Laterza, 1994 (ed. orig. 1993), pp. 207 ss.

[26] J. HORNE - A. KRAMER, *1914. Les Atrocités allemandes. La vérité sur les crimes de guerre en France et en Belgique*, Paris, Talandier, 2005 (2001[1]).

media l'allineamento all'unione sacra della comunità di agosto non fu totale e il pluralismo della stampa, specialmente nelle democrazie dell'Intesa, non fu represso completamente; nel campo delle arti visive, inoltre, la contemplazione del campo di battaglia moderno, atroce e irriducibile ad ogni rappresentazione gloriosa, e dei corpi devastati (ma non uccisi) dalle nuove armi, causò un progressivo moto di repulsione, e se un'intera schiera di artisti austriaci (i cosiddetti *Kriegsmaler*) contribuì fortemente alla mobilitazione culturale per la patria, alcuni pittori europei (basti pensare a Otto Dix) crebbero impegnandosi nella denuncia della menzogna della bella guerra patriottica[27]. Ma la voce contro la guerra si levò flebile dalle pagine dei giornali. Le notizie dal fronte continuarono perlopiù a parlare di atti eroici e di gloria, così come le incisioni, le fotografie e le stampe raccontarono per molto tempo un conflitto nobile e bello in cui l'entusiasmo per la lotta santa e giusta faceva aggio sull'orrore del campo di battaglia: la determinazione patriottica portò inviati e cronisti, con rare eccezioni, a distogliere lo sguardo dalla realtà[28].

3. *Parole e immagini di una guerra tardiva: il caso italiano*

L'Italia non rappresentò un'eccezione al canone transnazionale del linguaggio di guerra, anche se interpretò il suo racconto secondo delle variabili particolari dovute alle caratteristiche fisiche del fronte (montano) e culturali del suo pubblico (semi-analfabeta). Anche nel caso italiano, quando il conflitto infine arrivò, i media tradizionali non ritennero di dover rappresentare un «quarto potere» più o meno indipendente, ma in larga maggioranza, neutralisti compresi, si schierarono

[27] C. PROCHASSON, *14-18. Retours d'expériences*, Paris, Tallandier, 2008, pp. 287-290; A. KRAMER, *Dynamic of Destruction. Culture and Mass Killing in the First World War*, Oxord, Oxford University Press, 2007, pp. 159-210; M. SCUDIERO - F. ORLANDI - M. LIBARDI (edd), *«Qualcosa di immane». L'arte e la Grande Guerra*, Trento, Silvy, 2012.

[28] M.J. FARRAR, *News from the Front: War Correspondents on the Western Front 1914-18*, London, Sutton, 1998.

graniticamente a favore della causa patriottica[29]. Da un lato, il governo si attrezzò, fin dai mesi della neutralità, con una serie di decreti sulla censura per porre strettamente sotto controllo il mercato editoriale, anticipando la politica di stretto disciplinamento dell'informazione e della comunicazione che sarebbe stata poi messa in opera con i decreti del 23 maggio 1915. Grazie alle leggi eccezionali promulgate per lo stato di guerra, le autorità civili e militari acquisirono il potere di bloccare qualsiasi quotidiano, periodico o volume che divulgasse notizie di carattere militare e di vietare opere teatrali e cinematografiche sospette. Teoricamente, la libertà di espressione rimaneva garantita ma i governi che si succedettero tra 1915 e 1918 fecero sì che il dissenso a mezzo stampa fosse ridotto quasi completamente, attraverso invasivi interventi dei censori e sequestri delle pubblicazioni recidive. Lo scopo non era tanto quello di impedire fughe di notizie più o meno riservate (a cui comunque i giornali non avevano accesso) ma di consentire esclusivamente un'informazione che massimizzasse il consenso, non facendo trapelare dubbi sulla solidarietà patriottica di ciascun italiano (con l'esclusione dei «nemici interni», che andavano emarginati e perseguitati) e incentivando la fiducia nel successo finale[30]. «L'Avanti», che rappresentava la protesta contro l'intervento, finì per autocensurarsi, relegando le notizie sulla guerra nelle pagine interne. Il 24 maggio 1915 l'Associazione della Stampa italiana, per bocca del suo presidente Barzilai, si propose al governo come agenzia subordinata alle esigenze dell'esercito e della politica, allo scopo di mantenere alto il consenso e l'entusiasmo della popolazione, e suggerì di sottoporre gli inviati al fronte al completo controllo dei comandi e a tutte le misure della disciplina militare; era l'epilogo di una militarizzazione della stampa favorita da una mobilitazione largamente spontanea[31].

[29] M. Mondini, *La guerra italiana. Partire, raccontare, tornare*, Bologna, Il Mulino, 2014.

[30] A. Fiori, *Il filtro deformante. La censura sulla stampa durante la prima guerra mondiale*, Roma, Istituto storico italiano, 2001, pp. 79-82.

[31] G. Licata, *Storia e linguaggio dei corrispondenti di guerra dall'epoca napoleonica al Vietnam*, Miano, Guido Milano, 1972, pp. 114 ss.

Come negli altri esempi europei, sia di paesi alleati che amici, i corrispondenti di guerra e chi spacciava le immagini proiettate o fotografate come «cronache dal fronte» raramente visitò la prima linea, e non presenziò mai ad una battaglia. Il risultato fu un racconto alimentato da pochi fatti e molta epica eroica. Le singole scaramucce divennero epocali battaglie, le modeste avanzate sfondamenti strategici, i massacri si tramutarono in sacrifici gloriosi e anche le sconfitte, e persino i rovesci più temibili, vennero dipinti nel modo più suggestivo e rassicurante attraverso formule di mascheramento verbale (dai «ripiegamenti tattici» alle «perdite significative») destinate a fare scuola nelle guerre successive. Maestro di questa narrazione fu indubbiamente Luigi Barzini, probabilmente il più famoso corrispondente di guerra italiano, i cui resoconti dal fronte si distinsero per lo stile brillante e l'indulgenza alla cronaca di colore. Soldati animosi e senza paura, giovani ufficiali atletici slanciati all'assalto con piglio sportivo e nemici perennemente sconfitti e in fuga, popolavano un paesaggio pittoresco: le vette innevate slanciate verso il cielo erano la cornice ideale per l'unica guerra che valesse (esteticamente) la pena di raccontare, quella dei piccoli gruppi di alpini e *Kaiserjäger* impegnati in epiche lotte tra i ghiacciai e quella dei piloti da caccia, novelli cavalieri che si sfidavano nei cieli, entrambi lontano dal massacro indecoroso del fango e delle trincee[32]. Il contrasto tra le «barzinate», come vennero battezzate le notizie pittoresche dei media, e la realtà di un conflitto anonimo e logorante, non poteva essere più stridente. Non era solo questione delle immagini edificanti con cui la prima linea veniva dipinta a beneficio dei lettori del fronte interno, era soprattutto un problema di linguaggio: la prosa fiorita e brillante di Barzini, così efficace nel relegare sullo sfondo violenza e morte di massa, non aveva nulla a che fare con la «lingua del soldato», un

[32] Cfr. E. BRICCHETTO, «*Percorrendo il fronte da occidente ad oriente*». *Luigi Barzini inviato speciale sul fronte alpino*, in E. FRANZINA (ed), *Una trincea chiamata Dolomiti 1915-1917. Una guerra, due trincee*, Udine, Gaspari, 2003, pp. 168-178 e, dello stesso autore, *Raccontare la guerra sull'arco alpino*, in H. KUPRIAN - O. ÜBEREGGER (edd), *Der erste Weltkrieg im Alpenraum*, Innsbruck, Wagner, 2006, pp. 145-163.

gergo impastato di neologismi, dialettismi, termini folkloristici e crudi che i soldati utilizzavano per descrivere la propria esperienza al fronte e il cui registro, con buona pace di padre Gemelli che per primo ne sottolineò l'importanza, era spesso ben lontano dalla filosofica e serena accettazione della bontà della guerra[33]. Il problema risiedeva nel fatto che si trattava di esperienze inenarrabili. Non solo gli eventi della guerra erano inconoscibili per chi non li viveva in prima persona (oscurati dalla censura, dalle esigenze di segretezza, dalla lontananza) ma erano anche inaccettabili, nella loro crudezza e nella loro mancanza di senso, al lettore lontano, se non a prezzo di uno sconfortante crollo di fiducia nel risultato del conflitto e nella possibilità che i propri cari ne uscissero indenni; un fattore intuitivamente noto agli stessi combattenti, come emerge dalle molte forme di autocensura delle scritture epistolari. Barzini, Fraccaroli e i loro colleghi mobilitati assolsero così il proprio ruolo elaborando un racconto intriso di stilemi suggestivi e romantici, patriottici e spettacolari, ai confini della seduzione pubblicitaria, che fosse socialmente gradito e conciliabile con l'immagine canonica della guerra e dei suoi clichés narrativi, per quanto tale magniloquenza potesse apparire già all'epoca (e ancor più appaia oggi) inadeguata e caricaturale. La loro «missione patriottica», del resto, aveva come destinatario non i soldati ma il pubblico civile, il cui consenso andava protetto dalle disillusioni delle prime carneficine e del logorio di una guerra lunga. Anche in Italia la distanza tra la «lingua delle trincee», con i suoi neologismi e le sue asperità, e la lingua colta dei media, marcò così ancor più la separatezza incolmabile tra prima linea (coloro che percepivano frammenti di realtà e ne erano travolti) e il fronte interno (coloro che la potevano solo immaginare e quasi sempre fraintendere)[34]. Eppure, ci sono pochi dubbi sul fatto che questo collettivo mascheramento retorico della guerra incontrasse i gusti dei lettori a casa. Nel corso del conflitto le vendite dei quotidiani e dei periodici aumentarono vertiginosamente, segnando il decollo dell'in-

[33] A. GEMELLI, *Il nostro soldato*, Milano, Treves, 1917, pp. 188-190.

[34] O. ROYNETTE, *Les mots des tranchées. L'invention d'une langue de guerre 1914-1919*, Paris, Colin, 2010.

dustria dell'informazione di massa: il «Corriere della Sera» salì dalle 350.000 copie del 1913 (un risultato ritenuto già notevolissimo) ad una media di 500.000/600.000, «La Stampa» raggiunse le 200.000, «Il Resto del Carlino» le 150.000 e un quotidiano locale come il veneziano «Il Gazzettino», favorito dai comandi e dagli uffici di propaganda nella distribuzione alle truppe, passò da 30.000 a 150.000 copie.

Infine, non ci si può dimenticare il ruolo egemone, quasi monopolista, che nel racconto per immagini del conflitto detenne Achille Beltrame, da anni ormai celebre illustratore delle vivaci copertine de «La Domenica del Corriere», la più popolare rivista illustrata dell'epoca e, con tutta probabilità, l'unico foglio di informazioni e intrattenimento a raggiungere le masse semianalfabete del paese. Invisibile (o insopportabile) per l'occhio del fotografo, il combattimento e il soldato in azione affollavano le tavole pittoriche, un genere che durante gli anni di guerra conobbe un *revival* di popolarità.

Se la nuova riproduzione meccanica della realtà non poteva fornire al pubblico ciò che si aspettava (volti e azioni, *pathos* e spettacolarità), gli illustratori potevano invece colmare il vuoto della narrazione: la metà delle copertine disegnate da Beltrame tra 1915 e 1918 furono dedicate a scene di combattimento, così come alcune delle più evocative prime pagine de «L'Illustrazione italiana» e almeno una settantina (su 700) delle sue illustrazioni e incisioni interne[35]. Ma, come e più del fotografo, l'illustratore non partecipava davvero alla vita militare e meno che mai all'esperienza del combattimento. Anche se probabilmente facilitato dalla conoscenza domestica di alcuni teatri di combattimento, l'affermazione di Beltrame di essersi recato sul posto per poter riprodurre dal vero le azioni e i luoghi era una vanteria priva di fondamento (il pittore ottenne un lasciapassare di due settimane per la zona di guerra, ma si guardò bene dal recarsi in prima linea); come consueto, lavorava basandosi su alcune fotografie e su vedute dei paesaggi arricchite con molta

[35] L. Tomassini, *Immagini della grande guerra: fra pubblico e privato, I*, in «AFT. Rivista di storia della fotografia», 12, 1996, 22, pp. 35-47.

fantasia[36]. Proprio l'autonomia dal reale permise del resto agli illustratori di dispiegare i tradizionali codici figurativi della pittura di battaglia nella rappresentazione dei combattimenti e dei combattenti, ponendo al centro il valore dell'individuo in armi e la magnificenza del gesto intrepido. I primi piani, così come gli sfondi di Beltrame, erano del tutto verosimili e rifuggivano quasi sempre dal simbolismo delle vittorie alate e delle citazioni metaforiche magniloquenti: si trattava di un'eredità della pittura sociale ottocentesca, tradizionalmente rivolta ad un pubblico popolare che doveva decodificare facilmente le immagini e le apprezzava per la loro semplicità, e al contempo di una priorità tradizionale dell'illustratore di giornali, il cui successo si basava sull'illusione realistica del proprio lavoro[37]. Enrico Toti che lancia la sua stampella contro il nemico atterrito e in fuga, il volto sereno di Cesare Battisti sul patibolo, un prode capitano che sul Veliki si slancia all'assalto avvolto nel tricolore, gli alpini del battaglione Feltre che respingono gli austriaci gettando macigni dopo aver finito le munizioni e l'anonimo «eroe ingegnoso che da solo fa numerosi prigionieri lasciando credere di essere seguito da intere compagnie» finirono così per essere assunti come testimonianze attendibili, e divennero cardini del corredo iconografico attraverso cui gli italiani immaginarono la «nostra guerra»[38]. Allo stesso modo,

[36] P. PALLOTTINO, *Cinematografo Beltrame. Le copertine della domenica: epico film del Novecento*, in F. BARBIERI - A. CERA (edd.), *Achille Beltrame (1871-1945). La sapienza del comunicare*, Milano, Electa, 1996, pp. 21-27; G. GINEX, *L'arte dell'illustrazione nelle pagine de 'la Domenica del Corriere' (1899-1989)*, in *La Domenica del Corriere. Il Novecento illustrato*, Milano, Skira, 2007, pp. 17-77.

[37] Cfr. P. PALLOTTINO, *Storia dell'illustrazione italiana. Libri e periodici a figure dal XV al XX secolo*, Bologna, Zanichelli, 1988, pp. 195-239. Tra i pochi casi di copertine fortemente evocative: *Gli Stati Uniti nel conflitto*, in «La Domenica del Corriere», 15 aprile 1917, che raffigura un soldato statunitense con la bandiera a stelle e strisce salutato dai rappresentanti di ciascun esercito alleato, mentre un gigantesco mostro semiumano, dall'elmetto chiodato e con una mazza ferrata, si staglia sulle rovine di una città distrutta.

[38] Ne *L'eroica fine del mutilato Enrico Toti*, in «La Domenica del Corriere», 24 settembre 1916; *La nuova infamia austriaca. il martirio di Cesare Battisti*, *ibidem*, 30 luglio 1916; *Un eroe ingegnoso*, *ibidem*, 13 agosto 1916; *Sul Veliki*, *ibidem*, 19 novembre 1916; *L'epica difesa degli alpini del battaglione 'Feltre'*, *ibidem*, 30 dicembre 1917.

la rivista concorrente ricorse a soluzioni tematiche omogenee, mettendo in scena bersaglieri all'assalto a passo di corsa, alpini scalzi impegnati in arrampicate dolomitiche ai confini della realtà, fanti giovanetti intenti ad abbattere le aste del vecchio confine austro-ungarico e travolgenti avanzate nelle vie delle cittadine trentine appena conquistate, con i soldati (ancora privi di elmetto) ritratti in posizione di sparo e in slanci propri dell'iconografia patriottica risorgimentale[39].

L'«industria dell'immaginario» dei periodici illustrati diede vita, insomma, ad un sistema coerente di rappresentazioni celebrative e didascaliche che, per semplicità, possono essere scomposte e lette su tre livelli: l'esaltazione del valore guerriero, la costruzione del nemico e l'evocazione delle virtù del popolo italiano che sosteneva compattamente il suo esercito[40]. Al primo asse argomentativo vanno ricondotte tutte le raffigurazioni dei prodi, dei coraggiosi, degli astuti e generosi soldati italiani, dai capi agli anonimi fanti, messi in scena in situazioni spesso del tutto aliene dalla guerra di massa: il buon combattente di Beltrame era tipicamente un giovane adulto, serio e compito, lontano dalla condizione degradante della trincea, dai bombardamenti dell'artiglieria, dal fango della guerra di posizione. Al contrario, il fante, l'alpino, il bersagliere o l'aviatore correvano in campo aperto, si sporgevano da rupi inaccessibili su paesaggi sensazionali (la guerra era pur sempre anche una prodigiosa avventura), si ergevano sui parapetti delle trincee offrendo il petto al nemico e si esibivano in imprese atleticamente invidiabili, con il piglio dello sportivo e il gusto per la beffa e il *beau geste*. Se morivano, cosa rara, lo facevano nella posa più patetica e commovente possibile, degna di generazioni di studenti formatisi su *Cuore*, dopo aver compiuto atti di valore ammirevoli e dedicando l'ultimo respiro alla patria amata; con buona pace dello scrittore americano Stephen Crane, che alla

[39] *Gli alpini all'assalto delle Dolomiti*, in «L'Illustrazione Italiana», 4 luglio 1915 e *L'occupazione delle prime terre irredente. Scene dall'occupazione di Ala*, *ibidem*, 4 luglio 1915, copertina e p. 9; *Avanti Savoia!*, *ibidem*, 1° agosto 1915, copertina.

[40] F. COLOMBO, *La cultura sottile. Media e industria culturale in Italia dall'Ottocento agli anni Novanta*, Milano, Bompiani, 2009, pp. 127-132.

fine dell'Ottocento aveva salutato la fine della «distorsione romantica» generata da generazioni di pittori di battaglia, le copertine di Beltrame testimoniarono che lo stile eroico era ancora centrale nell'iconografia del conflitto mondiale[41]. In questa messa in scena di una guerra fatta di buoni esempi e bravi figlioli, il nemico era raramente degno di un primo piano ma, quando si scorgeva, era solitamente impaurito e in fuga. Era raro che se ne sottolineasse la minaccia, perché l'importante era piuttosto ridicolizzarlo o sminuirne la forza, anche a costo di limitare la sua declinazione come barbaro e incivile, una soluzione linguistica e figurativa tipicamente utilizzata per il «martirio» della popolazione (sotto le «barbare incursioni aeree») e dei volontari irredenti impiccati (celeberrima la copertina dedicata all'impiccagione di Cesare Battisti). Al limite, se ne poteva mettere in evidenza la meschinità, attribuendogli l'adozione di armi sleali e barbariche[42].

Nelle sue parole e nelle sue immagini, il racconto della guerra italiana finiva così per ricalcare pedissequamente i principi del canone transnazionale di un conflitto irreale, da cui la morte oscena inflitta dalle armi moderne era tenuta distante, mentre si rievocavano i tratti eroici di un campo di battaglia passato, eroico e ideale.

41 P. Burke, *Testimoni oculari. Il significato storico delle immagini*, Roma, Carocci, 2008, p. 174. In *Il segno rosso del coraggio* (1895), romanzo ambientato durante la guerra di Secessione, Stephen Crane aveva messo in scena tutte le contraddizioni e i paradossi del valore militare come fondamento dell'identità maschile.

42 Si vedano: *La nuova infamia austriaca: il martirio di cesare Battisti*, in «La Domenica del Corriere», 31 luglio 1916; *Le vittime delle barbare incursioni aeree*, *ibidem*, 13 gennaio 1918, copertina; *I barbari preparativi austriaci per l'offensiva del Basso Isonzo: bombole di gas asfissianti e mazze chiodate per finire i nostri soldati*, *ibidem*, 23 luglio 1916.

REVISTA CATOLICA

PERIODICO SEMANAL.

Se publica todos los Sábados, en Las Vegas, N. M.

Año III. 6 de Enero de 1877. **Núm. 1.**

NOTICIAS TERRITORIALES.

Nuevo Méjico.—Los habitantes de la Parroquia de Mora se prepararon á las últimas fiestas de Navidad con extraordinarias demostraciones de devocion. Hubo durante la Novena tres novenarios de Misas de la Virgen. El Rev. J. Guérin cantó el primero en el Oratorio de las Hermanas. Los devotos acudieron asiduamente todos los dias en gran número. Muchos recibieron los SS. Sacramentos durante la semana y la mayor parte quisieron recibir el pan de los Angeles en la Misa de la Media noche; la cual fué muy concurrida, no obstante que en dos otras plazas de la Parroquia se celebraba la misma funcion á la misma hora. El Sr. J. Boucard cantó el segundo Novenario en la hermosa Capilla de D. Vicente Romero en la Cueva. Todos los dias predicó al crecido número de gente que venia de todos los puntos vecinos. El celo de este Padre fué coronado con una numerosa comunion en la Misa del Nacimiento, á la cual tomaron parte casi todas las personas principales de aquel lugar. El tercer Novenario fue cantado por el Rev. S. Personé S. J. en S. Antonio. La gente de todos los lugares vecinos acudió devotamente y todos los dias se llenaba la Capilla. Durante la Misa se daba una instruccion. A las 3½ de la tarde despues de la recitacion del Sto Rosario se daba otra instruccion. No faltó ni un solo dia un cierto número de personas que se acercaran á la Mesa eucarística, y la comunion de *Noche buena* fué numerosísima.

En este tiempo dió el P. Gasparri unos dias de mision en Galisteo y en Pecos. En Galisteo desde la tarde del dia 16 hasta la mañana del dia 20, y en Pecos desde el dia 21 hasta la fiesta de Navidad. Hubo sermones mañana y tarde. En Galisteo subieron las Confesiones á 313 no quedando sino unos pocos sin confesarse y se acabó con la fiesta Patronal, á la cual asistió el muy Rev. Eguillon, Vic. Gen., invitado por el Rev. Lestra cura párroco, para presidir una junta, en la que se determinó levantar una Iglesia muy espaciosa. La gente se mostró tan bien dispuesta, que se espera ver construido el templo en muy breve plazo. En Pecos, no obstante el mal tiempo, que impidió á muchos de los alrededores asistir á la Mision, hubo otras 330 Confesiones, y se acabó con las funciones de la *Noche Buena* y del dia siguiente; fué extraordinario el concurso del pueblo. La asistencia y disposicion de la gente son pruebas del buen espíritu que reina en una y otra localidad, y de la celosa administracion de su Rev. Cura-párroco, Francisco Lestra, que acaba de procurarles este otro bien.

Ultimamente se han celebrado las fiestas patronales de La Cuesta y de S. José, á las cuales asistieron los dos mencionados PP. Lestra y Gasparri, invitados por el Cura de S. Miguel, Rev. J. B. Fayet. En uno y otro lugar fueron recibidos los PP. por la gente que salió á su encuentro, unos á caballo y otros á pié. El P. Gasparri predicó en ambas funciones, y hubo hermosas y concurridas procesiones: en ellas se cantaban los cánticos introducidos, hace casi tres años, en las Misiones que allí se dieron.

Hé aquí los nombres de los representantes y senadores elegidos el 1. Noviembre. *Representantes*—*Bernalillo*—José Manuel Montoya, Jesus Armijo, Manuel Gonzalez. *Colfax*—Wilson L. South. *Doña Ana y Lincoln y Grant*—Paul Dowlin, John K. Houston. *Mora*—Rafael Romero, Alejandro Branch. *Rio Arriba*—José Mersed Sanchez, Perfecto Esquibel. *Santa Fé*—Juan José Padilla, Cristino Montoya, Anastasio Sandoval y Abrid. *San Miguel*—Roman Lopez, Atanasio Garcia, Benito Romero, Antonio J. Gallegos, Ramon Ulibarri. *Socorro*—José de Jesus Garcia, José Baca y Cedillo. *Taos*—Santiago Abreu, José de la Luz Martinez, Matias Ortega. *Valencia*—J. P. Connelly, Manuel Sanchez y Zamora, Policarpo Garcia.

Senado.—*Bernalillo*—Santiago Baca, Felipe Garcia. *Doña Ana, Lincoln y Grant*—John S. Crouch. *Mora*—Fernando Nolan. *Rio Arriba*—Diego Archuleta. *Santa Fé*—Nicolas Pino. *San Miguel*—Lorenzo Lopez, Gabriel Rivera. *Socorro*—Tomás Gonzalez. *Taos*—Juan G. Martin, Juan A. Sanchez. *Valencia*—Gregorio N. Otero, Antonio Robles.

Copiamos del Nuevo-Mejicano cuanto sigue. "Segun los números obtenidos en el departamento del Ejecutivo, el siguiente fué el producto de las minas de Nuevo Méjico para el año que [illegible] (es decir [illegible]) Junio de 1875. *Condado de Grant*; oro, $50,291.36—plata, $232,829.45—total, $473,100.81 (es decir 183,220.81). *Condado de Colfax*; oro $212,500. *El resto del Territorio*; oro $20,000—plata $2,500—total $22,500. Total de oro $282,891.36 (es decir 282,891.36). Total de plata $425,320.45 (es decir 435,329.45). Suma total $[illegible] (léase 718,220.81). Este es un resúmen que demuestra un aumento de $200,000 sobre el año de 1874. Debe añadirse al producto arriba mencionado cerca de 208,000 libras de cobre, sacadas principalmente de las minas de Santa Rita, el único cobre producido en las Montañas Rocallosas. "Aquí nos dispense el Nuevo-Mejicano si le decimos que se engaña. Se saca el cobre de otras minas de las Montañas Rocallosas—p. e. de las de la Sierra Mojada, minas ricas de [illegible] (plomo [illegible]) y que tienen una buena cantidad de plata y de cobre.

Santa Fé.—De carta particular recibimos la noticia de la muerte de la Señora Doña Manuela Armijo acontecida el 24. Dic.

Albuquerque.—Recibimos de Albuquerque una carta en que despues de habernos informado de la funcion de noche buena, la que salió muy lucida, se nos da la noticia que el Domingo (31 Dic.) debia haber llegado allí el Señor Arzobispo, para salir á la visita de las parroquias de Rio Abajo.

Prima pagina del periodico la «Revista Católica», 3, 1877, 1 (collezione privata).

La «Revista Católica»: un periodico gesuitico nel Nuovo Messico (1875-1918)

di *Claudio Ferlan*

1. *Dalle Due Sicilie al Nuovo Mondo*

Negli anni immediatamente precedenti i moti del 1848 l'atteggiamento dei gesuiti italiani era prevalentemente favorevole ai regimi assoluti al tramonto e solo per una porzione minoritaria incline a sostenere la diffusa volontà di riforme. Nel Regno delle Due Sicilie non vi era uniformità in seno alla Compagnia: nel napoletano si registrava il diffuso favore nei confronti di Ferdinando II, mentre in Sicilia si percepiva al contrario un sostanziale clima di sostegno alle novità, anche dopo i primi momenti della rivoluzione iniziata nel gennaio del 1848. Le differenze non ebbero conseguenze al momento in cui la cacciata dei gesuiti fu decisa e sostenuta con il pieno consenso popolare: essi furono costretti a lasciare Napoli il 12 marzo 1848 e la Sicilia nell'agosto dello stesso anno, pure se nell'isola – contrariamente a quanto accaduto altrove – ai padri fu consentito di rimanere, godendo anche di un vitalizio[1].

Nel Regno la parentesi del 1848 fu comunque poco rilevante per l'ordine ignaziano, che a breve avrebbe riguadagnato le posizioni consolidate prima dei moti. Un problema importante si registrò però a Napoli a partire dall'agosto 1850, quando re Ferdinando II ripristinò la censura preventiva per la stampa. Qualche mese prima proprio in quella città aveva visto la luce

[1] G. De Rosa, *I gesuiti in Sicilia e la rivoluzione del '48*, Roma, Edizioni di storia e letteratura, 1963, pp. 61-65; G. Martina, *Storia della Compagnia di Gesù in Italia (1814-1983)*, Brescia, Morcelliana, 2003, pp. 73-88.

«La Civiltà Cattolica», la rivista che i gesuiti si proponevano «venisse riguardata come indigena da Susa in sino a Malta e da Nizza insino a Trieste» e la cui fondazione aveva dato una svolta decisiva, destinata a durare nel tempo, all'apostolato della stampa[2]. La disposizione del sovrano aveva causato degli screzi non da poco all'interno della Compagnia in generale e alla comunità degli scrittori in particolare e aveva alla fine consigliato lo spostamento della rivista a Roma, avvenuto il 21 settembre dello stesso 1850[3].

La situazione politica precipitò in poco tempo, tra maggio 1859 e novembre 1860, tanto che dal 1861 i cataloghi gesuitici delle province sicula e napoletana riportavano la dicitura «provincia dispersa». In quello napoletano del 1860, per fare un esempio, su 403 religiosi residenti, più della metà (206) risultavano sparsi in vari paesi europei[4]. La diaspora conseguiva a due provvedimenti emanati da Giuseppe Garibaldi. Il primo, datato 17 giugno 1860 e valido per la Sicilia, sanciva:

> «Le corporazioni di regolari esistenti in Sicilia sotto il vario nome di compagnie o case di Gesù e del SS. Redentore sono sciolte. Gl'individui che le componevano sono espulsi dal territorio dell'Italia. I loro beni sono aggregati al demanio dello stato».

Il secondo, datato 11 settembre 1860, nel suo primo articolo lapidariamente recitava: «L'ordine dei Gesuiti e tutte le loro dipendenze e diramazioni sono aboliti in tutto lo Stato continentale e delle Due Sicilie» e disciplinava poi la confisca dei

2 *Memorie della Civiltà Cattolica. Primo quadriennio 1850-1853*, Roma, Tipi della Civiltà Cattolica, 1854, p. 30. L'espressione «apostolato della stampa» (*apostolado de la prensa*) è contenuta in *Diccionario Histórico de la Compañía de Jesús. Biográfico Temático* (d'ora in poi *DHCJ*), a cura di C. O'Neill - J.M. Domínguez, Roma - Madrid, Institutum Historicorum - Universidad Pontificia Comillas, 2001, pp. 4091-4092. È questo infatti il titolo scelto per la prima appendice, dove si legge un elenco nutrito ma non esaustivo delle riviste di ricerca e cultura e delle case editrici apparse nella storia della Compagnia di Gesù.

3 F. Dante, *Storia della «Civiltà Cattolica» (1850-1891). Il laboratorio del Papa*, Roma, Studium, 1990, pp. 67-70.

4 G. Martina, *Storia della Compagnia*, pp. 115-120.

beni appartenuti all'ordine e i termini della sua esecuzione[5]. Da questi provvedimenti nacque tutta una serie di spostamenti che avrebbe segnato la storia della Compagnia del secondo Ottocento, e non solo, in Europa come negli altri continenti.

Tra i gesuiti costretti a lasciare la provincia napoletana vi era Donato Maria Gasparri. Nato a Biccari, non lontano da Foggia, il 26 aprile 1834 da famiglia agiata, aveva studiato al collegio ignaziano di Salerno ed era entrato nell'ordine a sedici anni (Napoli, 19 ottobre 1850), immediatamente dopo il trasloco della redazione de «La Civiltà Cattolica». Intrapresi gli studi a Napoli, come d'uso nel suo ordine religioso, li aveva condivisi con l'attività di insegnamento, nei collegi di Lucera e Napoli. I provvedimenti del 1860 lo avevano costretto prima a studiare teologia a Laval in Francia (1860-1864) e poi a spostarsi in Spagna a Manresa per la terza probazione (1865), l'ultimo gradino da salire per raggiungere la piena integrazione nella Compagnia[6]. Mentre si trovava in Spagna, il 19 aprile 1867 lo raggiunse la lettera del padre provinciale napoletano Francesco Ferrante (dal quale ancora dipendeva) che lo destinava alla missione del Nuovo Messico. Insieme a lui venivano designati all'impresa evangelizzatrice i padri Livio Vigilante, unico già stabilitosi oltreoceano e superiore della futura missione, all'epoca impegnato nell'insegnamento presso il collegio della Santa Croce (*Holy Cross*) a Worchester, Massachusetts e Raffaele Bianchi, professore di filosofia nel collegio catalano di Tortosa. A completare la squadra vi erano Prisco Caso, che come altri gesuiti era rimasto a Napoli in incognito, cuoco e giardiniere e Raffaele Vezza, carpentiere anche lui a Tortosa[7].

5 G. D'Amelio, *Stato e Chiesa. La legislazione ecclesiastica fino al 1867*, Milano, Giuffrè, 1961, pp. 165 e 174.

6 E.R. Vollmar, *Donato Gasparri, New Mexico-Colorado Mission Founder*, in «Mid-America», 20, 1938, 9, pp. 96-102; T.J. Steele, alla voce *Gasparri, Donato Maria*, in *DHCJ*, p. 1587.

7 G. McKevitt, *Brokers of Culture. Italian Jesuits in the American West 1848-1919*, Stanford CA, Stanford University Press, 2007, p. 98.

2. *Il Nuovo Messico cattolico*

Il Nuovo Messico era sotto il controllo politico degli Stati Uniti fin dal 1846, anno dello scoppio della Guerra messicano-americana, conclusasi poi nel 1848 con il Trattato di Guadalupe-Hidalgo. Lo stato era abitato in maggioranza da una popolazione di lingua spagnola e cattolica, più nominalmente che di fatto, e rientrava nella giurisdizione ecclesiastica del vescovo di Durango (Messico), José Antonio de Zubiría, che non poteva concretamente occuparsi di un territorio molto lontano dalla sua sede e caratterizzato da una classe sacerdotale scarsa nei numeri, nella preparazione e nella testimonianza. Anche per questo il Nuovo Messico fu elevato a sede episcopale con residenza a Santa Fe nel 1851, a dirigere la quale fu chiamato il francese Jean-Baptiste Lamy, già attivo nelle missioni americane, in Ohio e in Kentucky[8]. I rapporti tra il nuovo prelato e il clero locale furono immediatamente molto tesi, poiché la severità dei costumi pretesa da Lamy e dal suo collaboratore Machebeuf male si sposava con un'abitudine di vita ormai radicata, tesa a una certa rilassatezza, testimoniata in particolare dalla scarsa osservanza del celibato, dal troppo disinvolto rapporto con l'alcol di alcuni preti ma anche dalla severità delle richieste dei due francesi nella riscossione delle decime, in un territorio niente affatto ricco. Troviamo una forte eco del clima assai teso del tempo nella lettera pastorale pubblicata il primo gennaio 1853 e riportata anche nelle pagine spagnole del giornale locale, «Santa Fe Weekly Gazette», un settimanale bilingue[9].

Nel suo messaggio Lamy insisteva a lungo sui doveri materiali dei fedeli, ricordando l'obbligo morale di versare le decime ed esplicitando le tariffe richieste per la celebrazione di matrimoni,

[8] P. Horgan, *Lamy of Santa Fe*, Middletown CT, Wesleyan University Press, 1975, pp. 113-165; M. Simmons, *History of the Pueblos Since 1821*, in *Handbook of the North American Indians*, IX: A. Ortiz (ed), *Southwest*, Washington D.C., Smithsonian Institution, 1979, pp. 206-223.

[9] R.J. de Aragon, *Padre Martinez and Bishop Lamy*, Las Vegas NV, The Pan-American Publ. Co., 1978, pp. 50-65; P. Horgan, *Lamy of Santa Fe*, pp. 169-172.

funerali (con quote diverse per quelle di bambini di età inferiore ai sette anni e per tutti gli altri) e battesimi, differenziati a seconda dello status economico del debitore. Gli introiti, scriveva il vescovo, servivano al bene della comunità, come dimostrato dalla recente apertura di un convento di religiose con annessa scuola per bambine, particolarmente costosa, e di un istituto per ragazzi, oltre che dall'acquisto di una cappella per il culto. La seconda parte della lettera invece si soffermava sulle peccaminose abitudini locali, definite «scandali» e riconosciute in balli, divorzi, giochi e blasfemie[10].

Mentre Lamy nel 1854 si trovava in viaggio in Europa, le tensioni nella sua diocesi andavano crescendo, in virtù della severità di Machebeuf che la governava in sua vece. A difendere la voce del clero locale era soprattutto padre Antonio José Martínez, parroco della cittadina di Taos Rientrato Lamy a Santa Fe, le cose andarono di male in peggio e contro di lui furono levate accuse formali a causa delle sue pretese economiche, in particolare quelle legate alle spese per i funerali, talmente alte da indurre i più poveri a seppellire i propri cari nel deserto. Fu presentata anche una petizione alla Santa Sede nella quale si richiedeva la rimozione di Lamy (24 aprile 1856), firmata da José Manuel Gallegos, un ex prete entrato presto in conflitto con il prelato francese, votatosi poi con successo alla politica, fino a essere eletto quale delegato del Nuovo Messico nel Congresso[11].

La tesissima contesa tra Martínez e Lamy fu giocata molto a mezzo stampa, in particolare sulle pagine della «Weekly Gazette», con una peculiare insistenza del primo nel condannare le pretese economiche del secondo, arrivato a disporre l'esclusione dai sacramenti per i capifamiglia che non avessero versato le decime, oltre all'aumento delle tariffe dei servizi ecclesiastici per i suoi familiari. Lamy sospese Martínez, che incurante continuò a dire messa e amministrare i sacramenti,

10 «Santa Fe Weekly Gazette»/«Gaceta Semanaria de Santa Fe», II, 28, 1° gennaio 1853, p. 3.

11 P. Horgan, *Lamy of Santa Fe*, pp. 219-251; R.J. de Aragon, *Padre Martinez*, pp. 75-85.

finendo con l'essere accusato di eresia e scomunicato. Con il sostegno di molti dei suoi parrocchiani, proseguì nel combattere la sua battaglia fino alla morte, sopraggiunta nel 1877. Al di là dei toni conflittuali, ci interessa evidenziare come la stampa costituisse il palcoscenico sul quale rappresentare la battaglia, a dimostrazione che il Nuovo Messico dell'epoca era territorio ricettivo a quella forma di comunicazione[12].

3. *I gesuiti nel Nuovo Messico*

Come visto nel descrivere la lettera pastorale del 1853, Lamy aveva chiamato in aiuto dei religiosi per sviluppare la pastorale nella propria diocesi, rivolgendosi prima di tutto alle suore loretane già attive negli Stati Uniti e ai frati dottrinari, facendoli venire dalla natia Francia. Ma le forze ancora scarseggiavano e per questo decise di appellarsi all'ordine missionario per eccellenza, la Compagnia di Gesù. Ci volle tempo, ma l'occasione si presentò quando il vescovo di Santa Fe fu designato quale rappresentante del secondo Concilio nazionale statunitense (tenutosi a Baltimora nel 1866) e inviato a Roma per presentarne gli atti. Nell'occasione, Lamy incontrò il generale ignaziano Pierre-Jean Beckx e gli chiese un aiuto per la sua diocesi[13]. La risposta fu positiva e Beckx decise di coinvolgere i napoletani in esilio, incaricando il provinciale Ferrante di individuare gli uomini giusti per la missione del Nuovo Messico. La spedizione fu preparata con buona celerità, tanto che Gasparri, Bianchi, Caso e Vezza lasciarono il Vecchio Continente sulla stessa nave che ospitava Lamy e il suo entourage, salpando dal porto di Le Havre il 9 maggio 1867 per raggiungere New York poco più di due settimane più tardi. Raggiunti lì da Livio Vigilante, i gesuiti intrapresero il lungo viaggio verso Santa Fe, prima in treno e poi quali membri di una delle tante carovane che solcavano gli Stati Uniti del tempo, insieme con altri religiosi

[12] R.J. de Aragon, *Padre Martinez*, pp. 86-106; «Santa Fe Weekly Gazette»/«Gaceta Semanaria de Santa Fe», V, 29, 26 aprile 1856; V, 38, 25 ottobre 1856.

[13] P. Horgan, *Lamy of Santa Fe*, pp. 337-341.

reclutati da Lamy soprattutto in Francia. La lunga marcia non fu aliena da spaventi e pericoli, raccontati nel diario di Gasparri e in quello di Vigilante, pronti entrambi ad annotare l'impatto emotivo della visione dei segni di scontri tra indiani e pionieri come anche dell'incontro con carovane costrette a fermarsi per riorganizzarsi dopo essere state aggredite dagli indigeni. Vittime loro stessi di un attacco, i futuri missionari non ebbero alcun danno, protetti con maestria dalla scorta armata e dagli altri viaggiatori. Ben più pericolosa fu una epidemia di colera, scoppiata nella carovana, della quale cadde vittima, senza sopravviverci, anche Alfonsina Thompson, una delle suore loretiane destinate al Nuovo Messico. Santa Fe fu raggiunta il 15 agosto e qui i gesuiti furono accompagnati da una appariscente processione e accolti dal vescovo Lamy (che aveva percorso strade diverse e li aveva anticipati) e dal governatore Robert Byington Mitchell[14].

Arrivati a Santa Fe, i cinque ignaziani ebbero subito modo di fare i conti con una realtà che non corrispondeva certo con esattezza alle loro aspettative. Prima di lasciare l'Europa, Gasparri e Bianchi, infatti, avevano promosso una colletta per raccogliere denaro utile allo stabilimento di una missione tra gli indigeni del luogo, i Navajo, ma il progetto non avrebbe avuto modo di essere realizzato. L'anno successivo l'arrivo dei padri napoletani a Santa Fe (giugno 1868), i Navajo erano rientrati in una piccola porzione dei propri territori nativi del Nuovo Messico e dell'Arizona settentrionali, dopo aver vissuto la terribile esperienza della riserva di Bosque Redondo, dove erano stati confinati in seguito alla sconfitta subita nella guerra condotta contro di loro dal colonnello Kit Carson (1863). A Bosque Redondo, località del Nuovo Messico tutt'altro che prospera, essi avrebbero dovuto imparare l'autosufficienza, secondo i piani miseramente falliti del generale James Henry Carleton. Il disastro fu riconosciuto dal generale William Tecumseh Sherman, che accettò di ridiscutere il destino degli

[14] J.M. Espinosa, *Account of the First Jesuit Missionary Journey Across the Plans to Santa Fe*, in «Mid-America», 20, 1938, 9, pp. 51-62; L.M. Owens, *Jesuit Beginnings in New Mexico, 1867-1882*, El Paso TX, Revista Catolica Press, 1950, pp. 22-45, 85-108.

indiani e consentì loro di lasciare l'inospitale riserva per fare ritorno alle proprie terre[15]. Qui avevano trovato ad accoglierli, oltre ai funzionari governativi, il ministro presbiteriano David F. McFarland, al quale era stata affidata la cristianizzazione dei Navajo. Così come avevano fatto i cattolici Martínez e Lamy, anche McFarland, nell'attesa del rientro di molti nativi da Bosque Redondo, aveva usato la stampa per promuovere il proprio punto di vista. Sul giornale «The Presbyterian Banner», pubblicato a Pittsburgh, il pastore aveva pubblicato tre articoli per criticare il disinteresse dei suoi compagni di fede nei confronti del Nuovo Messico, un territorio a suo dire ritenuto dai più poco appetibile per una missione organizzata, cosa molto rischiosa anche per l'aspra concorrenza cattolica nell'azione di evangelizzazione. La lamentela non era caduta nel vuoto e negli ambienti presbiteriani si iniziò a pensare a una più strutturata organizzazione della missione presso i Navajo[16].

I gesuiti trovarono dunque un serio ostacolo di fronte alle proprie ambizioni missionarie per la cura d'anime dei nativi, ostacolo che sarebbe divenuto insormontabile nel 1870, quando la politica di pace del presidente Grant giunse a una svolta decisiva. Fu accettata infatti la proposta del segretario del *Board of Indian Commissioners*, Vincent Coyler, secondo la quale in ogni agenzia sarebbero stati presenti dei missionari, scelti dagli uffici centrali delle più grandi chiese della nazione. Al provvedimento doveva perciò seguire un'adeguata distribuzione territoriale degli incarichi e il responsabile fu proprio Coyler; il criterio guida fu quello della continuità: dove i missionari erano attivi, era meglio rimanessero. Per i cattolici si chiudevano le porte della missione tra i Navajo[17]. Prima che

[15] G. Bailey - R.G. Bailey, *A History of the Navajos*, Santa Fe NM, School of American Research Press, 1986, pp. 9-10, 25-27.

[16] «The Presbyterian Banner», 3 aprile 1867; 10 aprile 1867; 17 aprile 1867; H.G. Waltmann, *John C. Lowrie and Presbyterian Indian Administration, 1870-1882*, in «Journal of Presbyterian History», 54, 1976, pp. 259-276; N.J. Bender, *«New Hope for the Indians». The Grant Peace Policy and the Navajos in the 1870s*, Albuquerque NM, University of New Mexico Press, 1989, pp. 10-11, 18-22.

[17] N.J. Bender, *«New Hope for the Indians»*, pp. 27-30.

la notizia raggiungesse la casa madre in Italia, il provinciale gesuita napoletano, Davide Palomba, ancora immaginava che i suoi confratelli potessero raggiungere gli Stati Uniti sud-occidentali per occuparsi degli indigeni: scrisse infatti una lettera (datata 12 novembre 1870) a Gasparri nella quale raccomandava Alessandro Leone e Pasquale Tomassini per la missione, descrivendoli come alimentati dallo zelo missionario, dall'entusiasmo giovanile e dagli ideali che li spingevano tra i Navajo[18].

La vocazione alla missione dipendeva in buona parte anche dalla lettura della narrativa prodotta dai confratelli, che fin dalle origini dell'ordine erano stati invitati a scrivere le proprie esperienze per farle circolare nei collegi e nelle case professe. Nella parte VIII delle Costituzioni gesuitiche, infatti, Ignazio di Loyola aveva previsto che i membri della Compagnia si tenessero in costante contatto grazie alle lettere, destinate a promuovere la conoscenza reciproca e a consentire la circolazione di notizie e relazioni tra ogni parte del mondo[19]. Con il passare degli anni e il consolidarsi dell'identità missionaria dei gesuiti si delineò con precisione la distinzione tra lettere edificanti e amministrative, dedicate le prime alla testimonianza delle presunte meraviglie della vita missionaria, le seconde, più prosaicamente, al governo dell'ordine. Quelle edificanti venivano rese pubbliche, distribuite tra i confratelli, lette nei refettori e spesso anche stampate. Quelle amministrative invece rimanevano segrete, limitate all'uso interno e in qualche caso visibili solo agli occhi del generale.

Fu soprattutto nel primo Settecento, con l'edizione della lunga serie delle *Lettres édifiantes et curieuses* (stampate a Parigi in 36 volumi tra 1703 e 1743), che l'uso della stampa fu istituzionalizzato all'interno della Compagnia di Gesù per promuovere l'azione evangelizzatrice e, allo stesso tempo, per suscitare nuove vocazioni. Si trattava di un *corpus* composito, fatto sì

[18] G. McKevitt, *Brokers of Culture*, p. 108.

[19] Ignazio di Loyola, *Gli scritti*, a cura di M. Gioia, Torino, UTET, 1977, p. 603 (Costituzioni, parte VIII, cap. 1, par. 673).

di relazioni di missione, ma anche di documenti amministrativi, giuridici e diplomatici[20]. Il successo della pubblicazione francese ispirò il gesuita bavarese Joseph Stöcklein, che nel 1724 iniziò la pubblicazione di una serie tedesca, *Der neue Welt-Bott*, iniziata come traduzione delle *Lettres édifiantes* ma presto dedicata alle missive redatte da missionari di lingua tedesca: furono dati alle stampe trentotto volumi (l'ultimo nel 1861), il cui successo fu davvero notevole[21]. Una formula simile fu ripetuta anche con l'apertura delle missioni dei gesuiti italiani negli Stati Uniti del XVIII secolo, pronti nell'informare confratelli e fedeli in patria attraverso due periodici in particolare: le lettere edificanti delle province napoletana e torinese della Compagnia di Gesù[22].

Ordine missionario per eccellenza, i gesuiti avevano prestato fin dalle origini particolare interesse alla parola stampata quale strumento di evangelizzazione. Prima ancora della pubblicazione delle menzionate grandi raccolte di lettere missionarie, infatti, su impulso del suo padre fondatore l'ordine ignaziano si era dotato di stamperie proprie, a partire da quella del Collegio Romano e ne aveva usufruito con profitto proprio nei paesi di missione[23]. La fondazione poi di un quindicinale come «La Civiltà Cattolica» aveva segnato un punto di svolta nella storia della mediatizzazione della Chiesa di Roma, che si sarebbe dimostrata nel secolo successivo molto attenta all'adeguamento dei propri mezzi di apostolato alle nuove sfide della modernità: i giornali, come in seguito sarebbe stato per

[20] M. FRIEDRICH, *Der lange Arm Roms? Globale Verwaltung und Kommunikation im Jesuitenorden 1540-1773*, New York - Frankfurt a.M., Campus, 2011, pp. 379-386; A. PASCHOUD, *Le monde amérindien au miroir des Lettres édifiantes et curieuses*, Oxford, Voltaire Foundation, 2008, pp. 1-14.

[21] H. Platzgummer, alla voce *Stöcklein Joseph*, in *DHCJ*, p. 3641.

[22] B. HAUSBERGER, *Die Verknüpfung der Welt. Geschichte der frühen Globalisierung vom 16. bis 18. Jahrhundert*, Wien, Mandelbaum Verlag, 2015, p. 72; G. MCKEVITT, *Brokers of Culture*, pp. 107-108.

[23] O. HEIN - R. MADER, *La stamperia del Collegio Romano*, in «Archivio Romano di Storia Patria», 115, 1992, pp. 133-146, per un quadro generale si veda E.A Diederich - C.J. Viscardi, alla voce *Prensa*, in *DHCJ*, pp. 3224-3228.

radio e televisione, si stabilirono come mezzo privilegiato per la propagazione della fede, giocando un ruolo che nei secoli precedenti era stato appannaggio delle arti figurative e dell'architettura[24]. Non fu per caso che papa Pio XI scelse proprio i padri della Compagnia di Gesù per costituire la redazione di Radio Vaticana: erano gli esponenti di un ordine che più di ogni altro aveva familiarità con il linguaggio e le modalità dei mezzi di comunicazione[25].

4. *L'ingresso della Compagnia di Gesù nel mondo della stampa periodica americana*

Come abbiamo già avuto modo di osservare, la stampa negli Stati Uniti del secondo Ottocento era viva e dinamica, quotidiani e periodici nascevano di continuo e la loro possibile influenza pedagogica era ben chiara negli ambienti più colti, religiosi e non. Un chiaro esempio ci viene dalla «North American Review», il cui primo numero uscì nell'aprile 1815. Inizialmente dedicata soprattutto alla descrizione della cultura europea oltreoceano (letteratura, società e politica), con l'espansione verso occidente i temi interni occuparono un crescente numero di pagine, fino a diventare centrali. La storia della recente nazione fu protagonista soprattutto negli anni a cavallo del Centenario (1876) e, a dispetto di una circolazione che oggi potrebbe sembrare di dimensioni trascurabili, il giornale acquisì una sempre maggiore influenza nel dibattito politico e sociale[26]. Un articolo dell'aprile 1866 ci consente un rilevante grado di comprensione del giornalismo del tempo e delle idee che circolavano intorno al proliferare di pubblicazioni. Scrivendo dell'importanza della stampa periodica, in particolare quella

[24] G. ARBOIT, *L'histoire dans la médiatisation du Siège apostolique*, in M. MATHIEU (ed), *La médiatisation de l'Histoire. Ses risques et ses espoirs*, Bruxelles, Bruyland, 2005, pp. 163-191.

[25] R. PERIN, *La radio del papa. Propaganda e diplomazia nella seconda guerra mondiale*, Bologna, Il Mulino, 2017, pp. 26-29.

[26] F.L. MOTT, *A History of American Magazines, 1741-1930*, Cambridge MA, Harvard University Press, 1970^4, pp. 219-261.

locale, con un argomentare senza tempo l'autore ragionava sulla fondatezza dell'opinione, comune a molti negli *States*, che «il prestigio dell'editoriale fosse esaurito». Così come in Inghilterra c'era chi proponeva di eliminare i sermoni dalle funzioni religiose, dato che il popolo non ne aveva più bisogno, anche i giornalisti avrebbero dovuto smettere di commentare, limitandosi a pubblicare le notizie. Ma, giudicava l'articolista, «il tempo per una scelta simile non è ancora arrivato e probabilmente non arriverà mai»: i giornali infatti erano «una di quelle cose che sono radicate nelle necessità della civilizzazione moderna», in quanto capaci di connettere gli individui con la *general life*, facendoli parte del tutto[27]. I gesuiti del Nuovo Messico erano mossi dalle stesse convinzioni, anche se il loro tutto non erano gli Stati Uniti d'America, ma la Chiesa di Roma.

Presa coscienza di non poter esercitare la propria missione tra i Navajo, i gesuiti arrivati a Santa Fe si dedicarono quasi esclusivamente ai cattolici di lingua spagnola e fu Donato Maria Gasparri in particolare a porre l'accento sull'apostolato della stampa[28]. Nel panorama di estrema vitalità del mercato tipografico, negli Stati Uniti d'America non avevano ancora trovato spazio editori che si occupassero di pubblicare in spagnolo, tanto che libri, giornali e *pamphlet* in quell'idioma certo circolavano ma provenivano abitualmente dal Messico o dalla Spagna. Il gesuita napoletano, divenuto nel frattempo superiore della missione (aveva sostituito nel giugno 1869 padre Vigilante, richiamato nel Maryland) decise di colmare il

27 «North American Review», aprile 1866, pp. 373-419, citazioni alle pp. 375-377 (trad. mia).

28 Gasparri scrisse una storia dei primi anni della missione in Nuovo Messico: *Historia de la Compañía de Jesús en Nuevo Méjico, Norte America, Desde El Principio 15 Agosto 1867*. Il manoscritto fu da lui spedito alla Casa Madre e per questo conservato prima nell'Archivio della Provincia Napoletana della Compagnia di Gesù il cui patrimonio è stato in buona parte spostato, ivi compresa la *Historia*, a Roma presso l'Archivio Storico della Provincia Euro-Mediterranea della Compagnia di Gesù. Si veda al proposito G. McKevitt, *Italian Jesuits in New Mexico: A Report by Donato M. Gasparri, 1867-1869*, in «New Mexico Historical Review», 62, 1997, pp. 357-392.

vuoto, impegnandosi nell'impresa con un'energia che le testimonianze sulla sua attività definiscono sovente caratteristica e fuori dall'ordinario[29].

Dalla sua corrispondenza con la casa madre napoletana sappiamo che già nell'estate nel 1871 il progetto di costruire una tipografia e fondare una casa editrice era stato approvato, con delle condizioni piuttosto precise: l'opera poteva essere iniziata solo dopo il conseguimento dei fondi necessari, i primi guadagni dovevano essere utilizzati per l'estinzione dei debiti iniziali e gli utili per stampare buoni libri da vendersi a modico prezzo. Le condizioni imposte dal provinciale napoletano Davide Palomba rispecchiavano una convinzione già espressa in precedenti scambi epistolari avuti con Gasparri, uno fra tutti quello del 1869, nel quale Palomba rispondeva di non potere assecondare le sue richieste di aiuto economico, esortandolo a ricavare da sé i fondi necessari alla sopravvivenza della missione del Nuovo Messico[30]. In una regione non certo ricca, Gasparri ebbe bisogno di tempo per acquistare la macchina tipografica (il cui costo fu di 1.600 dollari) e tutto il necessario per aprire la stamperia. Ci riuscì grazie soprattutto alle donazioni di parroci e fedeli e nei primi mesi del 1873 furono pubblicati i primi testi, un breve trattato di aritmetica e una grammatica spagnola[31]. Un così grande sforzo economico e organizzativo rischiò di essere vanificato nell'autunno del 1874, quando un'esondazione del Rio Grande minacciò il luogo dove erano conservati i macchinari di stampa. Gasparri riuscì a organizzare in breve tempo un gruppo di volontari che si spese per spostare i pesanti manufatti e metterli al sicuro[32].

[29] A.G. Meléndez, *Spanish-Language Newspapers in New Mexico 1834-1958*, Tucson AZ, The University of Arizona Press, 2005, pp. 21-27, 47-49; G. McKevitt, *Brokers of Culture*, pp. 255-259.

[30] G. McKevitt, *Brokers of Culture*, p. 49.

[31] G.M. Sorrentino, *Dalle Montagne Rocciose al Rio Bravo. Brevi appunti storici circa la missione gesuitica del Nuovo Messico*, Napoli, s.e., s.d., pp. 50-53.

[32] E.J. Burrus, *The Jesuits come to the American Southwest*, in «Archivum Historicum Societatis Iesu», 1, 1980, pp. 433-448, qui p. 441.

La tipografia rappresentava un punto di partenza indispensabile ma non sufficiente per raggiungere il vero obiettivo di Gasparri e dei suoi confratelli nel Nuovo Messico: la preparazione di una rivista. Iniziativa ormai consolidata nello stile dell'apostolato della Compagnia di Gesù, l'allestimento di un periodico non era cosa nuova negli Stati Uniti. Nel Maryland i padri avevano aperto un proprio seminario a Woodstock, all'interno del quale promossero anche la pubblicazione delle «Woodstock Letters», un mensile apparso per la prima volta nel 1872 e destinato a una distribuzione interna: «Printed for private circulation only», recitava la copertina del primo numero, dicitura sostituita dal «for circulation among us only» del 1891 e infine da un «for Jesuit use» per gli ultimi anni della rivista (1965-1969). Le «Woodstock Letters» presentarono innanzitutto una testimonianza di attualità e storia a proposito delle missioni gesuitiche nelle Americhe settentrionale e meridionale e servirono senza dubbio d'ispirazione per il giornale immaginato da Gasparri[33].

Alla fine del 1874 tutto era pronto per la pubblicazione del periodico, preannunciata da un volantino scritto da Gasparri e distribuito l'8 dicembre, poi apparso in apertura del primo numero della rivista[34]. Il programma del settimanale era molto chiaro: la divulgazione di alcune notizie (divise per aree geografiche), pur rilevante, non sarebbe stato il suo principale compito, da ritrovarsi invece nell'istruzione dei lettori, nell'esposizione dei principi di privata e pubblica onestà e nella promozione del dibattito su argomenti fondamentali. Stampato il giorno della festività dell'Immacolata Concezione (proclamata da Pio IX solo vent'anni prima), il volantino coglieva l'occasione per parlare del peccato originale e di sue «tre funeste conseguenze»: ignoranza, inclinazione al male ed errore. L'8 dicembre era anche il giorno della promulgazione del *Syllabus* di Pio IX (1864), ricordato anche questo da Gasparri, nel proporre la nascente

[33] Sul sito http://jesuitarchives.org/woodstock-letters/ si trova la digitalizzazione di tutta la collezione della rivista, 1872-1969; G. McKevitt, *Brokers of Culture*, pp. 75-90.

[34] «Revista Católica» (d'ora in poi «RC»), I, 1875, 1, pp. 1-2.

rivista come guida contro quelle proposizioni già condannate dal pontefice ma ancora attuali nella vita privata e in quella sociale del Nuovo Messico. Ci si soffermava poi sulla scelta della lingua spagnola, motivata dal fatto che il pubblico al quale ci si dirigeva erano «le nostre popolazioni messicane», tenuta ferma la speranza che la «Revista» potesse essere letta anche da altri, pur se seguaci di «altre idee, principi e sette» e dunque non cattolici. La funzione pedagogica ed evangelizzatrice dell'apostolato della stampa risultava chiaramente già dagli esordi. L'insistenza sull'idioma parlato nel territorio prima dell'annessione degli Stati Uniti, mirava anche a contrastare l'indifferenza del governo dell'Unione, simboleggiata dal Trattato di Guadalupe Hidalgo, nel quale non era stata prevista alcuna garanzia di preservazione dello spagnolo nei territori strappati al Messico. Nel corso degli anni il settimanale avrebbe a più riprese difeso la scelta della lingua, a fronte di chi la criticava per la rinuncia all'inglese: la rivista era nata per i messicani e non vi era alcun motivo per deviare dalla strada maestra, questa era la ferma convinzione ribadita nel tempo dal collegio degli scrittori[35].

La rivista conteneva una sezione di notizie religiose provenienti da tutto il mondo, per la cui compilazione era evidente l'importanza della solida rete gesuitica di raccolta delle informazioni; articoli educativi e chiarificativi sui principi della religione cattolica e pezzi che confutavano le accuse mosse da altre confessioni o da poteri secolari alla Chiesa di Roma e alle sue convinzioni; oltre a romanzi popolari a puntate di chiaro stampo edificante: lo schema era chiaramente ispirato da quello pensato per «La Civiltà Cattolica».

Il primo volume fu inviato a 250 abbonati, ma il giornale ebbe presto un buon successo e già per il numero del 6 marzo 1875 furono stampate 450 copie, che divennero 800 nell'agosto dello stesso anno. Il successo dell'iniziativa fu effettivamente confortante, tanto che nel corso degli anni si moltiplicarono le voci a sostegno del periodico, soprattutto per impulso di

[35] «RC», II, 1876, 43; XIV, 1888, 1; XVI, 1890, 42.

vescovi e prelati impegnati nelle aree in cui si parlava prevalentemente lo spagnolo, dove la «Revista» fu molto utilizzata a fini didattici e catechetici[36]. La produzione di un settimanale con una simile tiratura richiedeva competenze tecniche particolari e furono necessari dunque degli spostamenti tra il personale missionario: subito da Conejos (Colorado) fu richiamato Enrico Ferrari e due anni dopo fu la volta di Alfonso Rossi: i due si sarebbero occupati della tipografia per un trentennio, altri collaboratori della prima ora furono Lorenzo Fede (protagonista con Gasparri del primo fascicolo), Raffaelle Tummolo e Giuseppe Marra, tutti originari della provincia napoletana. Lo stesso Gasparri dovette lasciare la direzione della missione e fu sostituito il 23 giugno 1876 da padre Raffaele Baldassarre, guadagnandosi così il tempo necessario a dedicarsi quasi esclusivamente alla «Revista»[37].

Il numero degli abbonati crebbe, tenendo conto del fatto che il periodico veniva effettivamente a colmare una lacuna, tanto che per molti anni rimase l'unico settimanale cattolico in spagnolo di tutte le Americhe[38]. La scelta fatta da napoletani di pubblicare in lingua spagnola in territorio americano viene a confermare il carattere intrinsecamente transnazionale della Compagnia di Gesù, quello che la rese capace di intercettare le esigenze della popolazione cattolica del Nuovo Messico, basti pensare che in alcune contee dello Stato la Commissione incaricata di preparare i programmi delle scuole pubbliche utilizzò la «Revista» come testo per l'insegnamento di quell'idioma[39].

36 L.M. Owens, *Jesuit Beginnings in New Mexico*, pp. 69-70; E.J. Burrus, *The Jesuits come to the American Southwest*, pp. 442-443.

37 E.R. Vollmar, *La Revista Católica*, in «Mid-America», 58, 1976, 2, pp. 85-96, qui p. 88; G.M. Sorrentino, *Dalle Montagne Rocciose al Rio Bravo*, pp. 186-190.

38 E.C. Fernández, *Jesuits in the U.S. Southwest during the Nineteenth and Twentieth Centuries: Agents and Chroniclers of Cross-Cultural Ministry and History*, in M.J. Rozbicki - G.O. Ndege (edd), *Cross-Cultural History and the Domestication of Otherness*, New York, Palgrave Macmillan, 2012, pp. 83-101, qui p. 91.

39 G.M. Sorrentino, *Dalle Montagne Rocciose al Rio Bravo*, p. 81.

5. *Devozione cattolica e condanna dei protestanti: il poco virtuoso esempio tedesco*

Come tutti i rifugiati che si muovono tra la propria cultura e quella del luogo in cui si insediano, anche i gesuiti napoletani, i redattori della «Revista» in particolare, portarono con sé la personale eredità europea. Nel tentativo di impedire l'omogeneizzazione del proprio credo con quello dei protestanti negli Stati Uniti, essi promossero la romanizzazione della cultura americana e lo fecero, con alterne fortune, in collegi e università, nelle parrocchie, nelle missioni e anche nelle pubblicazioni. In primo luogo tale obiettivo fu perseguito attraverso l'introduzione di pratiche religiose e principi teologici radicati nella fede romana: la devozione mariana (il mese di maggio e il rosario), quella al Sacro Cuore e la centralità dell'autorità pontificia[40]. La «Revista» fu uno strumento privilegiato per promuovere questo tipo di sapere, come chiaramente testimoniato dagli articoli pubblicati nel suo primo anno di vita: si scrisse molto su Pio IX, sui cardinali e sulla Santa Sede, sulle feste dedicate a Maria e ai santi[41].

Un esempio del tentativo di importazione delle credenze radicate nella propria terra da parte dei gesuiti napoletani è dato dall'articolo sul miracolo di san Gennaro, pubblicato sulla «Revista» il 19 settembre 1875, uno dei giorni in cui nella città partenopea si può assistere alla liquefazione del sangue del santo. Il redattore (gli articoli non erano firmati) introdusse il tema mettendo il punto sulla cattolicità dell'evento: nessuna altra confessione cristiana, ci teneva infatti a sottolineare, poteva vantare i miracoli tra i propri articoli di fede. Certo, altri li avrebbero ben volentieri accolti, ma Dio li aveva loro negati e dunque agli avversari della fede romana (leggi i protestanti di qualsiasi confessione) non era rimasto che negare l'autenticità dei miracoli nei quali i cattolici avevano fede. Seguiva una dettagliata e didascalica descrizione di quanto avveniva a Napoli, specificando in conclusione che chi scriveva era un

40 G. McKevitt, *Brokers of Culture*, pp. 11-13, 191-196.

41 «RC», I, 1875, 2, 3, 5, 11, 14, 21, 23, 24, 26, 29, 30, 44, 46, 47, 49.

testimone oculare e in questa veste poteva confermare quanto seguito di fedeli avesse

«... un vero e proprio prodigio che Dio opera per intercessione e glorificazione del suo santo, così da alimentare sempre più la pietà dei suoi devoti, e aggiungere nuovi motivi di credibilità alla nostra Santa Chiesa Cattolica»[42].

L'*incipit* del racconto dedicato a san Gennaro lascia intendere quale fosse uno dei punti fissi della pastorale della stampa portata avanti dal settimanale già dal suo primo anno di vita: un insistito anti-protestantesimo di matrice europea, dove attraverso racconti dedicati al Vecchio Continente, e in particolare ai paesi di lingua tedesca, si attaccavano gli evangelici stanziatisi sul suolo americano mettendo in radicale discussione le fondamenta del loro credo. Si stabilivano così delle connessioni del tutto indipendenti dalle distanze e, possiamo dire, anche dalla loro effettiva sussistenza.

A questo proposito, la già segnalata finalità pedagogica del settimanale risulta chiaramente dall'articolo pubblicato nel quinto fascicolo del primo anno (31 gennaio 1875), intitolato *Principio Fondamentale del Protestantesimo*[43]. Tale principio veniva individuato nell'interpretazione personale della Sacra Scrittura, alla quale si contrapponeva la fede cattolica nell'autorità della Chiesa. Con brevi e teologicamente non certo raffinati appunti argomentativi, il redattore pretendeva di smontare la tesi protestante:

«Voi vorreste provare tutto e solamente attraverso le Scritture: noi vi proveremo che dalle sole Scritture non può venire tutto, non potete lasciarvi guidare solamente da loro, non le potete eleggere a vostro ultimo sostegno».

Era questo il primo di una lunga serie di articoli contro le dottrine evangeliche, destinata a durare negli anni. In parallelo, nella «Revista» trovò spazio una altrettanto frequente produzione dedicata alla Germania, dai cui territori la Compagnia di Gesù era stata cacciata nel 1872, con un provvedimento voluto da Otto von Bismarck e destinato a rimanere in vigore

[42] «RC», I, 1875, 38, pp. 299-300.

[43] «RC», I, 1875, 5, pp. 37-38.

fino al 1917. Come i confratelli italiani prima di loro, i gesuiti tedeschi si allontanarono dalla provincia di origine, cercando rifugio sia in Europa (soprattutto in Olanda e Inghilterra), sia in numerose missioni extra-europee, tra le quali si distinse per il loro contributo quella statunitense di Buffalo. Il periodico promosso dall'ordine ignaziano nel *Reich* solo un anno prima dell'espulsione, «Stimmen aus Maria Laach», rimase in vita, pur se il collegio degli scrittori fu costretto a frequenti spostamenti[44]. Grazie alla circolazione di uomini e giornali, sulla «Revista Católica» si scrisse dunque spesso di Germania, con l'obiettivo di presentare i mali del protestantesimo ai propri lettori, così da scavare un solco ancora più profondo con gli evangelici locali.

Seguendo la linea dettata da «La Civiltà Cattolica»[45], fu spesso preso di mira Bismarck, con argomentazioni la cui precisione non costituiva l'interesse principe dei redattori neo-messicani, come dimostra in maniera esemplare l'articolo intitolato *Il Giubileo e la Gazzetta di Bonn* («Bonner Zeitung»), apparso nell'aprile 1875[46]. Definita «il giornale di Bismarck», la «Gazzetta» fu accusata di aver pubblicato un articolo nel quale falsamente si imputava a Pio IX di aver invitato i cattolici a pregare per la distruzione degli eretici, quando invece il pontefice esortava a pregare per la conversione di chi era nell'errore e per lo sterminio delle eresie, non certo delle persone. L'occasione della polemica era costituita dalla pubblicazione dell'enciclica *Gravibus Ecclesiae*[47], con la quale Pio IX aveva annunciato per il 1875 il Giubileo. Nella verità, una lunga serie di articoli apparsi sulla «Bonner Zeitung», in particolare tra fine febbraio e inizio marzo, si scagliava più decisamente contro

[44] K. SCHATZ, *Geschichte der deutschen Jesuiten*, 5 voll., Münster, Aschendorff, 2013, II: *1872-1917*, pp. 1-26, 120-126.

[45] Se prendiamo in visione per esempio l'anno XXVI del quindicinale (1875), ci si rende infatti conto di quanto fossero ripetute le condanne contro la politica anticlericale del cancelliere.

[46] «RC», I, 1875, 16, pp. 125-126.

[47] Il testo si trova al link: https://w2.vatican.va/content/pius-ix/it/documents/epistola-encyclica-gravibus-ecclesiae-24-decembris-1874.html.

un'altra enciclica, la *Quod Numquam*[48], destinata ai «Venerabili Fratelli Arcivescovi e Vescovi del Regno di Prussia» e dedicata al provvedimento bismarckiano che concedeva ai giudici laici «il potere di privare della loro dignità e della loro funzione i Vescovi e l'altro clero preposto alla cura delle anime». Il quotidiano tedesco protestava l'infondatezza della pretesa pontificia di avere diritto di intervenire nella giurisdizione secolare[49]. Tra l'altro, la «Bonner Zeitung» aveva pure pubblicato una severa nota di stampo antigesuitico, nella quale lodava il governo del *Reich* per i provvedimenti presi contro l'ordine ignaziano, un'istituzione, che come aveva detto Catone di Cartagine, andava distrutta[50]. C'è da chiedersi quanto potesse risultare familiare, ma anche di interesse, ai lettori di lingua spagnola del Nuovo Messico una polemica avente come bersaglio un presumibilmente oscuro quotidiano di un mondo lontano. Lo sforzo di creare connessioni cattoliche indipendenti dai confini degli Stati poteva talvolta spingersi troppo in là.

I paesi di lingua tedesca furono assunti quale esempio negativo anche per una delle urgenze pastorali più sentite dai missionari gesuiti del Nuovo Messico: il matrimonio. Essi avevano più volte manifestato una vibrante preoccupazione per una morale che Gasparri nella sua *Historia de la Compañía de Jesús en Nuevo Méjico* definì scioccante. Nelle diverse parrocchie della diocesi di Santa Fe, a suo dire, le coppie non avevano alcun rispetto per l'indissolubilità sacramentale del matrimonio. Spesso uomini e donne cambiavano compagno di vita e lo facevano più volte, dando vita a unioni che Gasparri definiva illegittime, così come definiva illegittimi i figli nati da tali legami[51]. Lo stesso gesuita napoletano fu con ogni probabilità

48 Il testo si trova al link: https://w2.vatican.va/content/pius-ix/it/documents/enciclica-quod-nunquam-5-febbraio-1875.html.

49 «Bonner Zeitung», 51, 21 febbraio 1875; *ibidem*, 52, 24 febbraio 1875; *ibidem*, 57, 27 febbraio 1875; *ibidem*, 58, 4 marzo 1875; *ibidem*, 59, 3 marzo 1875; *ibidem*, 60, 4 marzo 1875; *ibidem*, 65, 7 marzo 1875; *ibidem*, 66, 8 marzo 1875.

50 *Ibidem*, 59, 2 marzo 1875.

51 G. McKevitt, *Italian Jesuits in New Mexico*, pp. 375-376.

l'autore dell'articolo comparso nell'ultimo numero del primo anno della «Revista Católica» e intitolato *I Protestanti e il Matrimonio Civile in Prussia*[52]. Tra i molti mali del matrimonio civile, esordiva l'autore, i due principali erano la sottrazione alla Chiesa di un fatto essenzialmente religioso, per questo di sua competenza, e la preparazione di una strada agevole al divorzio. Di conseguenza, la stessa Chiesa «minaccia e impone le pene più terribili contro i propri figli che si azzardano a profanare una cosa così santa, anche se con l'autorizzazione delle leggi civili». Si trattava di un principio talmente sacro, proseguiva Gasparri, che persino i luterani lo avevano fatto proprio, nel tentativo di opporsi a una legge voluta per la Prussia da Bismarck e dal «suo degno accolito», il ministro Adalbert Falk. Le conseguenze dell'introduzione della legge sulle unioni civili avevano messo d'accordo cattolici e luterani, convinti che essa avrebbe dato libero sfogo a costumi deviati, al moltiplicarsi dei divorzi e, di conseguenza, della poligamia. E le previsioni si erano avverate, stando alle cifre sui divorzi diligentemente annotate dalla «Revista». Nel commentarle, Gasparri teneva a sottolineare la superiorità dei cattolici, evidenziando come dove nel *Reich* essi erano in maggioranza l'indissolubilità del sacramento resisteva meglio. Ma proseguiva poi nel ribadire l'unione d'intenti tra le Chiese cristiane, puntualizzando come i protestanti avessero deciso sì di non proibire l'atto civile ai propri fedeli, ma al contempo affermavano di non considerare pienamente compiuto un matrimonio non celebrato nel luogo sacro. A questa regola seguiva la necessità di un nuovo codice disciplinare e di un nuovo «diritto ecclesiastico matrimoniale», da approvarsi da parte dello Stato sulla base di principi indiscutibili dettati dalla Chiesa, brevemente riassunti nell'articolo, la cui chiosa dimostrava una sorprendente benevolenza nei confronti dei luterani:

«Queste risoluzioni, pur se sono di persone che si trovano disgraziatamente nell'errore su tanti punti della vera religione, onorano quelli che le hanno prese, poiché rivelano una grande dignità di carattere nel resistere ai tiranni di Prussia».

[52] «RC», I, 1875, 52, pp. 411-412.

La «Revista» godette di un buon successo, come testimoniato anche da alcune campagne di stampa alimentate da periodici del Nuovo Messico per difendere le classiche tesi dell'antigesuitismo, secondo le quali la Compagnia di Gesù ospitava al suo interno «fautori di regicidio, avvelenatori di Papi, sobillatori di popoli, nemici dell'ordine»[53]: il periodico «The New Mexican» propose ai propri lettori la pubblicazione (un capitolo a settimana) dei *Monita Secreta*, un libro pubblicato anonimo nel 1614 in Polonia ma presto diffuso in tutta Europa e poi anche oltreoceano. Lo scritto rivelava fantomatiche direttive nascoste che guidavano le azioni dei gesuiti. L'opera era stata composta da Hieronim Zahorowski, un ex gesuita che voleva vendicarsi dell'ordine nel quale non era riuscito a fare carriera[54]. Evidentemente nel Nuovo Messico ci si preoccupava della diffusione del settimanale, segno che i lettori c'erano e sussisteva pure una certa capacità di influenza. A confermarla sta anche il fatto che la «Revista» ebbe l'elogio di due pontefici nei primi decenni di vita: Leone XIII, al quale erano state consegnate alcune copie da Luigi Marra, gesuita napoletano del Nuovo Messico, ricevuto in udienza dal papa durante il periodo romano della propria vita, e Pio X: entrambe le lettere furono pubblicate nella prima pagina del settimanale[55].

In seguito alla riorganizzazione della presenza territoriale della Compagnia di Gesù negli Stati Uniti, la redazione della rivista fu spostato a El Paso (Texas) nel 1918, un anno prima che la risoluzione del generale Ledochowski determinasse la fondazione della nuova provincia gesuitica di New Orleans, nella cui giurisdizione ricaddero residenze ubicate in Texas e nel Nuovo Messico. La «Revista Católica» dunque cambiò di sede ma non perse vitalità: avrebbe continuato le proprie pub-

[53] G.M. Sorrentino, *Dalle Montagne Rocciose al Rio Bravo*, pp. 73-76, qui p. 76; E.R. Vollmar, *La Revista Católica*, p. 89.

[54] C. Ferlan, *I gesuiti*, Bologna, Il Mulino, 2015, p. 7.

[55] «RC», XVIII, 1892, 11; «RC», XXVI, 1906, 5; G.M. Sorrentino, *Dalle Montagne Rocciose al Rio Bravo*, pp. 141, 188.

blicazioni fino al 1962[56], dimostrando che l'idea di Gasparri era stata lungimirante e che l'apostolato della stampa rispondeva effettivamente alle esigenze del tempo e lo avrebbe continuato a fare per quasi un secolo.

[56] E.R. VOLLMAR, *La Revista Católica*, p. 92; G. McKEVITT, *Brokers of Culture*, pp. 304-305.

JEREMIAS DREXEL, *Antigrapheus, sive conscientia hominis coram serenissimo Maximiliano Electore Bavaro illustrata per R.P. Hieremiam Drexelium Societatis Iesu anno 1632 nunc primum, cum facultate superiorum et privilegio*, Coloniae Agrippinae, Apud Iodocum Kalcotium et socios, 1655, frontespizio (Rovereto, Biblioteca Rosminiana).

La coscienza illustrata: per una storia della mediatizzazione dell'interiorità

di *Fernanda Alfieri*

1. *Due donne*

Due donne sono sedute una accanto all'altra, separate da un ramo spinoso e spoglio. Alle loro spalle, le mura di un palazzo. La donna sulla sinistra ha capo e fronte coperti e guarda il cuore che tiene nella mano. Quella sulla destra sembra colta in un attimo di turbamento, come se qualcuno la stesse chiamando dall'alto spaventandola o si accorgesse d'un tratto che qualcosa incombe sulla sua testa. Mentre un serpente le sale nel grembo diretto verso la parte sinistra del petto, che le si è scoperto, il capo si volge di scatto verso l'alto, facendo ondeggiare i lunghi capelli. In mano tiene un bastone (o forse una lima, come avremo modo di ipotizzare più avanti). Sopra di lei compare la scritta *Antigrapheus sive conscientia hominis*. L'*Antigrapheus* – può essere d'aiuto anticipare quanto spiegato nel testo – è il controllore che fedelmente segnala e prende nota non solo delle cose fatte male, ma anche di quelle omesse. Dice: «avresti potuto fare questo … o far meglio quest'altro» e prende nota, come un notaio, affinché si fissino per sempre le parole altrimenti volatili[1]. Comunica con noi nostro malgrado,

[1] Cito dall'edizione JEREMIAS DREXEL, *Antigrapheus, sive conscentia hominis coram serenissimo Maximiliano Electore Bavaro illustrata per R.P. Hieremiam Drexelium Societatis Iesu anno 1632 nunc primum, cum facultate superiorum et privilegio*, Coloniae Agrippinae, Apud Iodocum Kalcotium et socios, 1655, p. 27. L'edizione è in formato in 16°, recante incisione non firmata sul frontespizio, datata Antwerpiae, apud viduam Cnobbaert, 1655. Il volume contiene 19 incisioni precedute da una *scriptura*, ovvero una breve citazione biblica, e una *pictura*, ovvero un commento dell'immagine. Nel 1683 esce presso lo stesso editore un'edizione con le medesime immagini e alcune variazioni nella disposizione del testo. Secondo P. Begheyn, citato in P.M. DALY - G.R. DIMLER, *Corpus Librorum Emblematum. The Jesuit Series*

a voce e per iscritto[2]. L'immagine riprodotta a introduzione di questo saggio è il frontespizio della seconda edizione dell'opera pubblicata per la prima volta a Neuburg nel 1652, a quasi trent'anni dalla morte del suo autore, il gesuita Jeremias Drexel (1581-1638)[3]. Non vi è alcun motto a schiudere il significato delle due figure femminili, ma per ipotizzarne un'interpretazione possiamo aiutarci con la didascalia che Cesare Ripa nella sua celebre *Iconologia* (Roma, 1593) accompagna all'emblema della coscienza, dandone due definizioni (fig. 1). La prima, con relativa immagine, è:

«Donna con un cuore in mano dinanzi agl'occhi ... stando in piedi in mezo un prato di fiori, et un campo di spine. La coscienza è la cognitione, che ha ciascuno dell'opere, et de pensieri nascosti, et celati a gl'altri homini. Però si dipinge in atto di riguardare il proprio cuore, nel quale ciascuno tiene occultate le sue secretezze, le quali solo a lui medesimo sono a viva forza palesi. Sta con piedi ignudi nel luogo sopradetto, per dimostrare la buona, e cattiva via, per le quali ciascuno caminando, o con le virtù, o co' vitii, è atto a sentire l'aspre punture del peccato, come il soave odore della verità».

part two (D-E), Toronto, University of Toronto Press, p. 33, si tratta di un «false imprint» usato da Joan Blaeu di Amsterdam. A Colonia presso Balthasar Emgond nel 1715 esce l'ultima edizione latina, con incisioni derivanti dall'edizione di Anversa del 1655 (vol. 29 degli *Opera omnia*). Tradotte in olandese sono invece le edizioni *Den Contre-rolluer dat is de conscentie van den mensch*, uscite rispettivamente ad Anversa, presso Christian Vermey. n.d., con illustrazioni differenti e firmate da «Bouche», e presso Cornelius Woons, 1666, che riproduce le illustrazioni dell'edizione 1655. Cfr. anche la voce *Drexel, Jérémie*, in C. SOMMERVOGEL (ed), *Bibliothèque de la Compagnie de Jésus*, III, Louvain, Éditions de la Bibliothèque du collège philosophique et théologique de la Compagnie de Jésus, 1960, 12 voll. (rist. anast. dell'ed. Bruxelles-Paris 1890-1900), coll. 182-205.

2 Si veda anche la voce *Antigraphus* in C. DU CANGE, *Glossarium mediae et infimae latinitatis*, éd. augm., Niort, L. Favre, 1883-1887, I, col. 300.

3 Al contrario dell'edizione sopra citata, la *princeps* non è illustrata. Si veda JEREMIAS DREXEL, *Antigrapheus, sive conscientia hominis coram serenissimo Maximiliano Electore Bavaro illustrata per R.P. Hieremiam Drexelium Societatis Iesu anno 1632 nunc primum, cum facultate superiorum et privilegio*, sumptibus Johannis Wagneri bibliopolae monacensis et formis Johannis Strasser in lucem edita Neoburgi, 1652. Cfr. P.M. DALY - G.R. DIMLER, *Corpus Librorum Emblematum*, p. 33, n. J.275.

98 Iconologia di Cef.Ripa

Vlterius duxit Nobilis Achilles
Sedereque fecit in fedilibus, tapetibusque purpureis.
Statim autem Patroclum, allocutus eſt prope exiſtentem
Maiorem iam craterem Menœtii fili ſtatuito
Meraciuſque fundito; poculum autem para vnicuique
Hi enim cariſſimi viri mea ſunt in domo

Più abaſſo poi Aiace accenna ad Vliſſe, che faccia vn brindiſi ad Achille & Vliſſe gli lo fà in tal modo.

Innuit Aiax Phœnici: intellexit autem nobilis Vlyſſes
Impleuſq; vino poculum, propinauit Achilli
Salue Achilles,

& quello, che ſeguita de quali brindiſi, n'è pieno Homero, à paſſo, à paſſo, ſegno d'vnione, & conſermatione d'amicitia.

C O S C I E N Z A.

DONNA con vn cuore in mano dinanzi à gl'occhi con queſto ſcritto in lettere d'oro ΟΙΚΕΙΑ ΣΙΝΕΣΙΣ, cioè la propria coſcienza, ſtando in piedi in mezo vn prato di fiori, & vn campo di ſpine.

La coſcienza è la cognitione, che hà ciaſcuno dell'opere, & de penſieri naſcoſti, & celati à gl'altri huomini.

Però ſi dipinge in atto di riguardare il proprio cuore, nel quale ciaſcuno tiene occultate le ſue ſecretezze, le quali ſolo à lui medeſimo ſono à viua forza paleſi.

Stà con piedi ignudi nel luogo ſopradetto, per dimoſtrare la buona, e cattiua via, per le quali ciaſcuno caminando, ò con le virtù, ò co' vitii, è atto à ſentire l'aſpre punture del peccato, come il ſuaue odore della virtù.

Coſcienza.

DOnna di ſembiante belliſſimo, veſtita di bianco, con la ſopraueſte nera, nella deſtra

Fig. 1. CESARE RIPA, *Nova iconologia ... nella quale si descrivono diverse imagini di virtù, vitii, affetti, passioni humane, arti, discipline, humori, elementi, corpi celesti, provincie d'Italia, fiumi, tutte le parti del mondo ed altre infinite materie ... ampliata ultimamente dallo stesso auttore*, in Padova, per Pietro Paolo Tozzi, nella stampa del Pasquati, 1618, alla voce «Coscienza», pp. 98-99 (Trento, Biblioteca comunale).

La seconda definizione, senza immagine, è invece:

«Donna di sembiante bellissimo, vestita di bianco, con la sopraveste nera, nella destra mano terrà una lima di ferro, haverà scoperto il petto dalla parte del cuore, donde la morderà un serpe, overo un verme, che sempre stimola, et rode l'anima del peccatore»[4].

Se torniamo al nostro frontespizio, avendo davanti agli occhi le immagini della coscienza di Ripa, notiamo che anche la donna di sinistra dell'*Antigrapheus* guarda il proprio cuore, retto con la mano sinistra, all'altezza del proprio volto. Notiamo anche che è calma e composta, mentre alla sua sinistra spuntano fiori. Traendo spunto da Ripa, possiamo pensarla sulla via della virtù. E la sua postura ferma sembrerebbe confermare che in essa non vi è alcuna scissione fra quello che è e quello che lei vede nel suo cuore: è tutto chiaro e limpido. Un rovo – ovvero, stando sempre a Ripa, ciò che cresce sulla via del vizio – è invece dal lato della figura femminile di destra, su cui incombe la minaccia del serpente (o del verme del rimorso) che sta per mordere dalla parte del cuore. Dietro, uno spazio urbano – un elemento nordico che nell'italiano Ripa non era presente – che evoca forse gli affari del mondo. Si può presumere che l'immagine anticipi quello che verrà trattato e illustrato nel volume, ovvero la coscienza e i suoi stati. Il frontespizio ne anticipa due, opposti: uno al quale tendere e l'altro da rifuggire, entrambi parte inevitabile dell'esperienza umana. Ecco la *conscientia hominis* – la coscienza di un'umanità che il titolo specifica, come da consuetudine, al maschile, non riferendola a un neutro *humanum genus* – incarnata, come vuole la tradizione emblematica, da due figure femminili: la purezza con

[4] Cesare Ripa, *Nova iconologia ... nella quale si descrivono diverse imagini di virtù, vitii, affetti, passioni humane, arti, discipline, humori, elementi, corpi celesti, provincie d'Italia, fiumi, tutte le parti del mondo ed altre infinite materie ... ampliata ultimamente dallo stesso auttore*, in Padova, per Pietro Paolo Tozzi, nella stampa del Pasquati, 1618 pp. 98-99. La prima edizione dell'opera dell'erudito e letterato (1560-1645) è del 1593, ristampata fino al XVIII secolo inoltrato. Sull'autore rimando alla voce del *Dizionario Biografico degli Italiani* a cura di F. Biferali, LXXXVII, 2016 consultabile online http://www.treccani.it/enciclopedia/cesare-ripa_%28Dizionario-Biografico%29/. Ringrazio Roberto Pancheri per l'indicazione.

il cuore in mano e la corruzione con il serpente in grembo. Anticipando un'ulteriore informazione contenuta nel testo, possiamo aggiungere ancora una congettura: la donna di destra potrebbe essere la coscienza sconvolta dalla lussuria, che, ci dirà Drexel, è il peggior nemico della tranquillità d'animo[5].

2. *«Media» e mediatori della coscienza*

Partendo da un testo relativamente poco noto dell'invece conosciuto – specie fra gli studiosi di emblematica e spiritualità gesuitica – autore di origini bavaresi, predicatore di corte del principe elettore Massimiliano I di Wittelsbach duca di Baviera (1597-1651), questo saggio intende iniziare a esplorare aspetti ad oggi trascurati di un tema cruciale per la storia religiosa e politica dell'età moderna, che ha ricevuto negli ultimi anni una crescente attenzione da parte della storiografia religiosa, politica e giuridica, ma non ancora considerata nell'ambito della storia dei media: la coscienza, ovvero il tribunale interiore nel quale si disputano il bene e il male, i desideri individuali e le leggi, postulato come tanto inviolabile quanto scrutabile da parte non solo del soggetto, ma anche di un clero addestrato, specie in età post-tridentina, alla sua indagine nel confessionale[6].

[5] JEREMIAS DREXEL, *Antigrapheus*, ed. 1655, p. 62.

[6] La coscienza è stata oggetto di importanti e numerosi studi, specie fra anni Novanta e primi anni Duemila, di cui è impossibile dare conto estesamente. Mi limito a ricordare i lavori di M. TURRINI, *La coscienza e le leggi: morale e diritto nei testi per la confessione della prima età moderna* (Annali dell'Istituto storico italo-germanico in Trento. Monografie, 13), Bologna, Il Mulino, 1991; A. PROSPERI, *Tribunali della coscienza. Inquisitori, confessori, missionari*, Torino, Einaudi, 1996; P. PRODI, *Una storia della giustizia. Dal pluralismo dei fori al moderno dualismo tra coscienza e diritto*, Bologna, Il Mulino, 2000. Al di fuori dell'Italia, ma in risonanza con il dibattito italiano, J.-P. GAY, *Morales en conflit. Théologie et polemique au Grand Siècle (1640-1700)*, Paris, Éditions du Cerf, 2011; S. TUTINO, *Shadows of Doubt: Language and Truth in Post-Reformation Catholic Culture*, Oxford, Oxford University Press, 2014 e, della stessa autrice, *Uncertainty in Post-Reformation Catholicism: A History of Probabilism*, Oxford, Oxford University Press, 2018; N. REINHARDT, *Voices of conscience. Royal Confessors and Political Counsel in Seventeenth-Century Spain and France*, Oxford, Oxford University Press, 2018. Un bilancio in F. ALFIERI, *The Necessary Vigilance? Erring Conscience and Sensitive Bodies in Catholic*

Allo stato attuale degli studi, si è giustamente privilegiata la dimensione «discorsiva» della tematizzazione della coscienza: ovvero come, e in funzione di quali istituzioni giudicanti, essa sia stata definita e quali criteri normativi siano stati, nel corso dei secoli, escogitati per il suo giudizio. È un dato di fatto che a partire dalla seconda metà del Cinquecento, mentre la geografia politica e confessionale europea si riconfigurava a seguito della più drammatica frattura religiosa mai conosciuta dall'Occidente cristiano e la conquista delle anime prendeva uno slancio missionario senza precedenti per dimensioni e modalità organizzative (ordini religiosi e congregazioni dedicate, ingenti investimenti politico-economici), una letteratura *ad hoc* sulla coscienza si prendeva un posto di prim'ordine nel mercato editoriale, moltiplicata dall'obbligo della confessione annuale per tutti i fedeli ribadito dal Concilio di Trento. Dal censimento pionieristico e tutt'ora di riferimento di Miriam Turrini, risultano centinaia di testi pubblicati negli stati della penisola italiana fra XVI e XVII secolo[7], mentre per i territori della monarchia iberica, da uno sguardo d'insieme sulla letteratura raccolta dal bibliografo Nicolás Antonio nella *Bibliotheca hispana nova* (la cui prima edizione è del 1672) risultano circa ottocento titoli solo nella sezione *moralia*, di cui circa centoventi classificati come *directoria conscientiae*, manuali per la direzione della coscienza[8].

Il libro appare quindi essere *medium* assai efficace per la *mise en discours* – a sua volta senza precedenti per mole e detta-

Moral Theology (Fifteenth-Seventeenth Century), in A. Brendecke - P. Molino (edd), *Cultures of Vigilance*, numero speciale di «Storia della storiografia», in corso di stampa. Altri riferimenti *infra*.

[7] M. Turrini, *La coscienza e le leggi*, pp. 325-524.

[8] Così nell'edizione aggiornata N. Antonio, *Bibliotheca hispana nova*, I, Matriti, Ioachimum de Ibarra, 1788, pp. 562-571, 4 voll. Sulla letteratura riguardante la coscienza destinata al Nuovo Mondo, M. Azoulai, *Les pechés du Nouveau Monde. Les manuels pour la confession des Indiens XVIe-XVIIe siècle*, Paris, Albin Michel, 1993, pp. 120-132; M. Turrini, *Anime e corpi di peccatori e il sapere della coscienza*, in «MEFRIM», 121, 2009, 1 (*Administer les sacrements en Europe et au Nouveau Monde: la Curie Romaine et les dubia circa sacramenta*», a cura di C. Castelan - P. Broggio - G. Pizzorusso), pp. 213-217.

glio – di questo luogo dell'interiorità umana, tanto astratto e sfuggente nella sua localizzazione fisica quanto necessario per l'ascrizione dell'individuo al gruppo umano, e tanto segreto e inviolabile quanto potenzialmente oggetto di continuo scrutinio ed esame. Una trasposizione in discorso che, come è stato evidenziato[9], assume le forme principali della teologia morale e della teologia spirituale: due macro-contenitori all'interno dei quali – si consenta una generalizzazione – si dirama, da un lato, un discorso giuridicizzato sulla coscienza finalizzato a qualificare gli atti secondo vari gradi di liceità in base alle circostanze in cui si verificano, e dall'altro, un discorso finalizzato all'edificazione personale, che passa attraverso una fase valutativa del sé (non priva di *modus* giuridicizzanti) e una fase costruttiva/esortativa, che fa leva sull'emotività più che sulla pratica analitica. Si può aggiungere a queste due «scienze della coscienza»[10], se non un'altra scienza, quantomeno un altro genere letterario dedicato, quello dell'omiletica. Questo terzo genere introduce anche un'ulteriore tipologia di fruizione: accanto a quella mediata della teologia morale (il teologo legge un testo che userà per giudicare la coscienza del penitente in confessione o in un altro tribunale della coscienza)[11] e a quella altrettanto mediata di certa letteratura spirituale (gli *Esercizi* di Ignazio di Loyola sono pensati non per essere letti ma per essere somministrati dal direttore spirituale)[12], il testo finalizzato alla predicazione introduce una fruizione immediata

[9] J.-P. GAY, *Doctrina Societatis. Le rapport entre probabilisme et discernement des esprits dans la culture jésuite (XVIe-XVIIe siècles)*, in S. ICARD (ed), *Le discernement spirituel au XVIIe siècle*, Paris, Nolin, 2011, pp. 23-46.

[10] *Ibidem*, p. 23.

[11] Sui tribunali della coscienza in età moderna, resta riferimento per l'appunto A. PROSPERI, *I tribunali della coscienza*.

[12] M. CATTO, *Dagli Esercizi spirituali alle Costituzioni della Compagnia di Gesù. Il discernimento spirituale e il governare. La struttura di un «modo di procedere»*, in A. OLIVIERI (ed), *Strutture e forme del «discorso storico»*, Milano, Unicopli, 2009, pp. 7-231; M. SLUHOVSKY, *Loyola's Spiritual Exercises and the Modern Self*, in R.A. MARYKS, *Companion to Ignatius*, Leiden - Boston, Brill, 2014, pp. 216-231; il saggio di S. MOSTACCIO, in corso di stampa per I.G. ŽUPANOV (ed), *Oxford Handbooks Online*, New York, Oxford University Press.

e pubblica, mirando a colpire direttamente la coscienza degli uditori – di entrambi i sessi – parlando ad essi.

In tutti questi casi[13], cruciale appare comunque la presenza di un clero che potremmo definire «mediatore del *medium* testuale» nella forma di interprete, intendendo quest'ultimo termine nelle varie accezioni che gli sono proprie: colui che decifra e congettura un testo, trasmettendolo in una forma ulteriore; colui che traducendolo lo rende comprensibile; e colui che lo rappresenta «recitandolo» di fronte ad un uditorio. Ciò accade in una cultura, come quella del cattolicesimo post-tridentino, che tende a interdire l'accesso individuale alla lettura dei testi sacri per introdurre la mediazione obbligata del clero maschile. Insisto sull'aspetto del *gender* perché il ruolo del «mediatore del *medium*» – nel caso specifico dei saperi sulla coscienza – è talmente maschile *in toto*, senza eccezioni alla regola (se restiamo almeno nell'ambito dell'ortodossia e su un piano istituzionalizzato), da rischiare di rendere assuefatto l'osservatore di fronte a un paesaggio così uniforme.

Quello della connotazione di genere del mediatore è invece un aspetto di enorme portata in dinamiche, quali quelle relative alla veicolazione controllata di contenuti, che non sono mai scevre da meccanismi di potere[14]. Tanto più che l'oggetto da veicolare e mediare in questo caso è tutt'altro che neutro: la coscienza è il cuore dell'umano, luogo in cui si ripone la verità ultima, profonda e inviolabile sulla persona.

Questo spazio non è stato solo oggetto, come ricordato sopra, di una tematizzazione verbale veicolata dal *medium* del libro, un libro fruito principalmente da un clero mediatore presso la «massa» dei fedeli e in un'epoca in cui l'appartenenza

13 Questa breve enumerazione è lungi dall'essere esaustiva. Si veda il lavoro collettaneo coordinato da P. Chinchilla Pawling et al., *Lexicón de las formas discursivas cultivadas per la Compañía de Jesús*, Ciudad de México, Universidad Iberoamericana, 2018.

14 Pur nella diversità di orizzonti tematici e cronologici, sono utili le considerazioni formulate da C. von Hodenberg, *Expeditionen in den Methodendschungel. Herausforderungen der Zeitgeschichtsforschung im Fernsehzeitalter*, in «Journal of Modern European History», 10, 2012, 1, pp. 24-48.

confessionale implica inevitabilmente appartenenza politica e inclusione nella comunità. Come le prossime pagine intendono mostrare, la coscienza è stata anche trasposta in immagini e offerta al lettore come oggetto di una fruizione immediata che passa attraverso il senso della vista, dandole una tangibilità che il *medium* del testo scritto non avrebbe potuto conferirle.

Dobbiamo tenere presente che la psicologia di Antico Regime attribuisce alla vista un ruolo capitale nella percezione umana, e che la spiritualità gesuitica in particolare attribuisce alle immagini un'importantissima funzione di potenziamento dell'esperienza religiosa e di educazione del sé. Essere consapevoli di questa episteme psicologico-spirituale di base può contribuire a una storia della mediatizzazione in età moderna[15].

In estrema sintesi, la vista è considerata uno dei cinque sensi esterni (insieme a tatto, udito, odorato, gusto) il cui funzionamento è reso possibile dall'attività dell'anima cosiddetta «sensitiva». Essa è chiamata così perché è responsabile, appunto, delle attività sensoriali, mentre quella «vegetativa» si occupa delle funzioni vitali di nutrizione e riproduzione e quella «razionale» di quelle dell'intelletto, esclusive dell'umano. A ognuna delle tre funzioni dell'anima corrisponde un certo numero di potenze, o facoltà, che sono i principi attraverso cui l'anima opera e che, a parte quelli dell'anima «razionale», hanno sede nel corpo.

Le tre funzioni dell'anima sono connesse sia fra loro, sia con il corpo, di cui si servono per trarre «informazioni» dal mondo esterno tramite la percezione. I «dati» (per usare un'immagine anacronistica) raccolti vengono «elaborati» (altra immagine anacronistica) per tramite di attività intellettuali che consentono la loro ascrizione all'interno di categorie concettuali universali (esempio quell'animale a quattro zampe che vedo

[15] Sulla psicologia nella storia di lungo periodo della Compagnia di Gesù rimando a F. ALFIERI, *Tracking Jesuit Psychologies. From Ubiquitous Discourse on the Soul to Institutionalized Discipline (16th-20th centuries)*, in I.G. ŽUPANOV (ed), *The Oxford Handbook of Jesuits*, New York - Oxford, Oxford University Press, 2018; Doi: 10.1093/oxfordhb/9780190639631.013.27 (versione online maggio 2018).

scodinzolare e che sento abbaiare è da collocare all'interno del concetto «cane») e il loro giudizio morale. Per la prima attività ha un'importante funzione di raccordo la facoltà cosiddetta «immaginativa» (uno dei cosiddetti «sensi interni»). La seconda attività che abbiamo menzionato, ovvero il giudizio, avviene all'interno della coscienza, la quale opera sempre – come quella immaginativa – grazie all'attività dell'anima razionale, quindi astratta e acorporea.

Tuttavia entrambe, immaginativa e coscienza, «lavorano» anche sui «dati» che arrivano dal mondo attraverso i sensi, e la coscienza giudica tutto l'operato dell'uomo, sia spirituale sia corporeo. Le sensazioni che arrivano attraverso la vista sono considerate particolarmente importanti per l'acquisizione della conoscenza intellettuale. La percezione visiva avviene attraverso la ricezione delle «species», che sono – in termini aristotelici, base della psicologia di Antico Regime – «forma» senza «materia», ovvero copie degli accidenti sensibili che fanno le veci degli oggetti.

Questo fa della vista il senso più «nobile» e «intellettuale», perché non mette la persona a contatto diretto, fisico, con le cose, come invece il gusto e il tatto, che sono considerati i sensi più «animali». Anche per questa visione della psicologia dell'epoca, la vista è il senso (fisico ma non «bestiale») su cui la spiritualità – in particolare quella gesuitica – investe maggiormente. La Compagnia di Gesù sviluppa una tradizione consolidata di uso delle immagini, a partire dagli *Esercizi spirituali*, in cui l'evocazione di immagini, associate a una componente affettiva, è elemento cruciale. Si pensi inoltre che un paio d'anni dopo la morte di Drexel, nel 1640, primo centenario della fondazione dell'ordine di Loyola, la Compagnia celebra la ricorrenza producendo un'opera significativamente intitolata *Imago primi saeculi*[16].

[16] L. Salviucci Insolera, *L'imago primi saeculi (1640) e il significato dell'immagine allegorica nella compagnia di Gesù: genesi e fortuna del libro*, Roma, Pontificia Università Gregoriana, 2004; J. O' Malley (ed), *Art, Controversy, and the Jesuits: The Imago Primi Saeculi (1640)*, Philadelphia, Saint Joseph's University Press, 2015 e, dello stesso autore, *The Imago. Context, Contennts,*

L'*Antigrapheus* di Drexel di cui qui si intende trattare traspone la coscienza in immagini. E lo fa a partire da un testo originariamente composto per la predicazione, la quale è indirizzata *in primis* all'uomo che dell'autore fu protettore e ospite per oltre vent'anni, il principe elettore Massimiliano I. A lui la coscienza è da Drexel «illustrata» – come recita il titolo sin dalla prima edizione, che come si è detto ha solo testo, niente immagini – ovvero «spiegata», dotata di quel «lustro» (luce) che viene dallo svelamento dei significati. Immagini (nella seconda edizione) che possono essere direttamente fruite dal lettore accompagnano un testo pensato originariamente per essere ascoltato. Una sorta di precipitato di «multimedialità»[17], racchiuso in un unico *medium*-libro, finalizzato a rendere accessibile e decifrabile nel modo più efficace possibile la parte più intima e inviolabile dell'essere umano.

L'operazione è rivolta, nel suo atto di nascita, a uno dei protagonisti del conflitto religioso e politico che dilaniò l'Europa dell'età moderna, la guerra dei Trent'anni, il quale ebbe con la Compagnia di Gesù un rapporto di reciproca collaborazione. Membri dell'ordine di Ignazio furono attivi sui campi di battaglia, nei collegi, a corte, e Massimiliano incoraggiò a sua volta la canonizzazione del fondatore nonché le attività

and Controversy, *ibidem*, pp. 11-30. Sulla teoria delle immagini P.-A. Fabre, *Ignace de Loyola: le lieu de l'image. Le problème de la composition de lieu dans le pratiques spirituelles et artistiques jésuites de la seconde moitié du XVI siècle*, Paris, Éditions de l'École des Hautes Études en Sciences Sociales, Librairie Philosophique Vrin, 1992; W. de Boer - K.A.E. Enenkel - W.S. Melion (edd), *Jesuit Image Theory*, Leiden - Boston, Brill, 2016, e qui in particolare W. Melion, *The Jesuit Engagement with the Status and Functions of the Visual Image*, pp. 1-52; W. de Boer, *The Early Jesuits and the Catholic Debate about Sacred Images*, pp. 53-73.

17 Sulla dimensione multimediale della comunicazione in età moderna, B. Emich, *Bildlichkeit und Intermedialität in der Frühen Neuzeit. Eine interdisziplinäre Spurensuche*, in «Zeitschrift für Historische Forschung», 35, 2008, pp. 31-56; A. Messerli - M. Schilling (edd), *Intermedialität des frühneuzeitlichen Flugblatts*, Basel, Hirzel, 2014. Si veda la sezione dedicata all'interno del bilancio di M. Rospocher, *Per una storia della comunicazione nella prima età moderna*, in «Annali dell'Istituto storico italo-germanico in Trento», 44, 2018, 1, pp. 37-62, cui si rimanda per un quadro generale sul tema. Si veda inoltre A. Würgler, *Medien in der frühen Neuzeit*, München, Oldenbourg, 2009.

dei gesuiti, come vedremo, sia nelle terre di suo dominio sia nelle missioni[18]. Quando l'*Antigrapheus* fu pubblicato postumo dai confratelli di Drexel, venne dedicato al langravio Ernesto d'Assia (1623-1693), nell'anno della sua conversione dal calvinismo al cattolicesimo. Gli elementi di cui disponiamo lasciano quindi già intravvedere una dinamica che intreccia potere, religione e utilizzo di un *medium* di comunicazione singolo ma intrinsecamente multimediale, sul tema cruciale dell'umano e del suo governo.

3. *L'autore e il suo contesto. Un fenomeno mediatico*

Prima di entrare nel merito del testo, può essere d'aiuto accennare alla biografia del suo autore e alla fisionomia dell'ordine religioso cui apparteneva, che ebbe cura di pubblicare l'*Antigrapheus* postumo, insieme ad altre cinque opere (23 invece erano uscite in vita). Attraverso l'*Antigrapheus* parla infatti non solo l'autore, ma anche il corpo religioso all'interno del quale era stato attivo per quasi sessant'anni (quaranta sotto il vincolo del quarto voto), e che, dopo la morte, ne eredita e governa l'opera. Anche la sua memoria postuma è nelle mani del suo ordine, che, come è noto, mette la comunicazione a fondamento normativo (si pensi solo alla *formula scribendi*, che impone la redazione regolare e invio di relazioni alla curia generalizia)[19]. Nel 1638, i confratelli del collegio di Monaco

[18] Massimiliano I ottenne la canonizzazione di Ignazio da Gregorio XV come «ricompensa» per la vittoria nella battaglia della Montagna Bianca. Si veda R. BIRELEY, *The Jesuits and the Thirty Years War. Kings, Courts, and Confessors*, Cambridge, Cambridge University Press, 2003, p. 43; V. LAVENIA, *Dio in uniforme. Cappellani, catechesi cattolica e soldati in età moderna*, Bologna, Il Mulino, 2017, pp. 177-178 e *infra*. Sul rapporto tra Drexel e la corte bavarese, nonché per il profilo politico e religioso di Massimiliano I, si veda anche D. ALBRECHT, *Maximilian I. von Bayern 1573-1651*, München, Oldenbourg, 1998, pp. 130-131.

[19] M. FRIEDRICH, *Der lange Arm Roms?: globale Verwaltung und Kommunikation im Jesuitenorden: 1540-1773*, Frankfurt a.M. - New York, Campus Verlag, 2011; M.M. MORALES, *A mis manos han llegado: cartas de los PP. Generales a la Antigua Provincia del Paraguay (1608-1639)*, Madrid - Roma, Universidad Pontificia Comillas, Institutum Historicum Societatis Iesu, 2005.

compongono un necrologio che, come vuole l'occasione, celebra le imprese del defunto: grande predicatore, ma soprattutto produttore instancabile di libri in latino e nelle lingue vernacolari. L'enfasi sulla traduzione in volgare, ad opera di gesuiti locali, mira a dimostrare la capacità del defunto predicatore e autore – produttore di parole parlate e scritte – di raggiungere anche il pubblico meno attrezzato con nozioni teologiche superando per giunta confini linguistici (e relative identità politiche e religiose).

Centocinquantamila erano le copie delle sue opere stampate solo a Monaco (luogo che una politica editoriale sostenuta da Massimiliano I, volta a promuovere la produzione di opere cattoliche in chiave antiprotestante[20], aveva reso particolarmente vivace), opere che sapevano parlare anche agli *haeretici* e che nei lettori – tutti – avevano il potere più di destare che di placare il desiderio di conoscenza.

Uno squarcio sulla quotidianità e persino dentro il *cubiculum* (la camera da letto) è funzionale alla resa del ritratto del gesuita mediatico: qui si ritirava non tanto per dormire, quanto per dedicarsi allo studio indefesso, alla preparazione delle sue omelie e all'annotazione sistematica di materiali, da lui stesso scrupolosamente catalogati, che avrebbero potuto essere di utilità per un'orazione o un libello. Il gesuita riversava la propria conoscenza in uno schedario, affidando a questa tecnica un sapere che diveniva così riutilizzabile, moltiplicabile all'infinito e infine socializzabile[21].

Queste operazioni, come spiega il necrologio, erano l'esito finale del suo operato e il modo del suo «publico servire», del suo

[20] D. ALBRECHT, *Maximilian I*, p. 304.

[21] Così avrebbe dichiarato in JEREMIAS DREXEL, *Aurifodina Artium et Scientiarum omnium; Excerpendi Sollertia, Omnibus litterarum amantibus monstrata*, Antuerpiæ, Apud Viduam Ioannis Cnobbari, 1638, p. 100, citato in A. CEVOLINI, *L'archivio come macchina storica: selezione e informazione nei processi di catalogazione*, pubblicato sul blog dell'Archivio Storico della Pontificia Università Gregoriana, in data 11 aprile 2018, consultabile online: https://archiviopug.org/2018/04/11/larchivio-come-macchina-storica-selezione-e-informazione-nei-processi-di-catalogazione/#more-4483.

essere di utilità pubblica. Cosa quel «publicum» significasse lo può suggerire il testo stesso: è la *respublica christiana*, per la salute della quale il principe elettore Massimiliano I avrebbe dichiarato sarebbe stato meglio morisse lui stesso, invece che il gesuita Drexel[22].

Già negli anni della maturità Drexel aveva una salute precaria. E questo è un *topos* dell'agiografia gesuitica, che da Ignazio di Loyola in poi esalta la capacità eroica di saper trascendere il limite del corpo, spesso malato. È anche quanto spesso annotato nei *catalogi* della Compagnia, i registri che annualmente schedavano i membri dell'ordine, tenendo conto del loro grado e incarico, nonché delle capacità intellettuali e della complessione fisica (nel linguaggio psicologico e medico di Antico Regime, la «complessione» è la combinazione dei quattro umori, dai quali derivano le caratteristiche caratteriali e lo stato di salute)[23].

Nel 1625, all'età di quarantaquattro anni, il «concionator aulicus» (predicatore di corte) aveva quindi forze «debiles», ma otto anni dopo era ancora eccellente in ingegno e prudenza, e soprattutto «in omni literatura». A questo spiccato talento si accompagnava un temperamento tendente al flemmatico, «cum melancholia non ingrata», ovvero «melancolia non infruttuosa», interpretabile, forse, nel senso di favorevole all'attività intellettuale, anche questo un *topos* ricorrente, benché non solo esclusivo del discorso interno alla Compagnia di Gesù[24]. Una

[22] Sulle accezioni di pubblico e sul dibattito storiografico in merito, rimando a M. Rospocher (ed), *Beyond the Public Sphere: Opinions, Publics, Spaces in Early Modern Europe* (Annali dell'Istituto storico italo-germanico in Trento. Contributi/Beiträge, 27), Bologna - Berlin, Il Mulino - Duncker & Humblot, 2012.

[23] C. Casalini, *Discerning Skills: Psychological Insight at the Core of Jesuit Identity*, in R.A. Maryks (ed), *Exploring Jesuit Distinctiveness. Interdisciplinary Perspectives on Ways of Proceeding within the Society of Jesus*, Leiden - Boston, Brill, 2016, pp. 189-211; M. Massimi, *La psicologia dei temperamenti nei Cataloghi Triennali dei gesuiti in Brasile*, in «Physis. Rivista internazionale di Storia della Scienza», 37, 2000, pp. 137-150.

[24] Archivum Romanum Societatis Iesu (d'ora in poi ARSI), *Provincia Germania Superioris* (d'ora in poi *Germ. Sup.*) 2, contenente il *Cathalogus* 1614-1633, pp. 214r, 285v, 407r.

figura quindi votata anima e corpo – due entità integrate, nell'antropologia dell'epoca – alla produzione intellettuale, in un costante contatto fisico con il supporto materiale della carta e dell'inchiostro, con cui personalmente segnava i propri appunti. Per il tramite materiale e tecnico della stampa, il prodotto dell'autore veniva divulgato e la presenza dell'autore stesso moltiplicata e prolungata al di là della sua contingente esistenza biologica.

Ciò che il necrologio, preparato dai confratelli e inviato da Monaco a Roma insieme ai fatti accaduti nell'anno della sua morte, non dice è che Drexel era nato in una famiglia protestante e che si era convertito al cattolicesimo in età giovanile, entrando pressoché immediatamente nella Compagnia di Gesù, ad Augusta, dove aveva studiato. Aveva poi insegnato retorica e seguito Massimiliano I sui campi di battaglia d'Austria e Boemia, nel 1620.

Di quei quattro mesi (fra luglio e novembre, dalla partenza da Monaco ai giorni seguenti la battaglia della Montagna Bianca) Drexel ha lasciato, attraverso un diario annotato quotidianamente[25], una testimonianza viva delle atrocità della guerra dei Trent'anni e del ruolo del clero in una quotidianità piena di morte. In paesaggi disseminati di cadaveri di uomini e animali, vi sono feriti ancora agonizzanti su paglericci fetidi e infestati dagli insetti, ai quali accorrere per ascoltare l'ultima confessione, e condannati a morte da accompagnare al patibolo, offrendo l'orecchio alle parole di pentimento prima dell'ultimo respiro. Benché mai nominata esplicitamente nel diario, anche qui la coscienza ha un ruolo cruciale, in quanto scintilla della vita morale di soldati che hanno molto peccato, e su cui il gesuita cappellano castrense deve agire per salvare quelle anime *in extremis*.

[25] S. RIEZLER, *Kriegstagebücher aus dem ligistischen Hauptquartier 1620*, in «Abhandlungen der Phil.-Hist. Klasse der Bayerischen Akademie der Wissenschaften München», 23, 1906, pp. 139-189. Sulla Compagnia di Gesù e sul ruolo di cappellano militare, si veda V. LAVENIA, *Missiones Castrenses: Jesuits and Soldiers between Pastoral Care and Violence*, in «Journal of Jesuit Studies», 4, 2017, pp. 545-558.

Nei villaggi devastati dal fuoco e dalle violenze, resistono talvolta le biblioteche, come a Greillenstein, dove i padri strappano con le loro mani gli scritti luterani contro la Compagnia, mentre poco più in là infuria la battaglia[26]. Notti a giacere – tutti quanti, anche i padri a seguito di Massimiliano – sulla terra, interrotte da incendi, talvolta appiccati dalle truppe esasperate dalla mancanza di compenso e di cibo (*Hungerland* era il nome di quelle terre di digiuno protratto all'esasperazione). Un mondo di presenze maschili, in cui le donne vengono notate e messe per iscritto come *mirabilia*: quella che cavalca come un uomo, *apertis cruris* (gambe aperte) con un'oscena presa di possesso del modo maschio di cavalcare[27], e quella che eroicamente invece riesce a reggere una culla sul capo, recante un bambino, per avendo le mani monche, essendo coperta di ustioni, e con i fianchi carichi come quelli di un mulo. Un'altra si era vista portare il moschetto proprio come un uomo. Era un mondo assurdo, scriveva Drexel, in cui si poteva incontrare tutto questo: stupefacente come lo era un bue sellato, trasformato maldestramente in un cavallo[28]. Come avrebbe scritto nell'*Antigrapheus,* la causa di tutto questo tormento sarebbe stata da cercare nella coscienza.

Nel capitolo riservato alla coscienza errante (*conscientia errans*), l'autore afferma infatti che le guerre «intestine che da quindici anni incendiano la Germania, cosa pessima» e che vedono «cristiani [che] combattono contro cristiani» e «splendere da una parte e dall'altra croci», ognuno convinto di essere dalla parte della vera religione, sono dovute al fatto che da una delle due parti la coscienza sbaglia. E i segni di questo errare sono evidenti: ribellarsi all'autorità legittima, cercare alleanze con i nemici capitali del cristianesimo, non stare ai patti, mutare indifferentemente partito, infierire sugli innocenti cacciandoli dalle loro case[29].

26 S. Riezler, *Kriegstagebücher*, p. 160.

27 *Ibidem*, p. 149.

28 *Ibidem*, p. 171.

29 Jeremias Drexel, *Antigrapheus*, ed. 1655, pp. 73-74.

Questo particolare lega l'*Antigrapheus* alla vitalità drammatica della contingenza storico-politica.

Quando si era stabilito alla corte di Monaco, tutta la provincia della Germania Superiore, costruita con la funzione esplicita di baluardo difensivo contro l'eresia protestante, contava 20 case, ospitanti in totale 546 membri di cui 230 sacerdoti. A Monaco ve ne erano 70, di cui 35 sacerdoti, 10 dei quali erano esperti di teologia morale. Insieme alle confessioni (se ne ascoltavano quasi novantamila all'anno), nella comunicazione interna alla Compagnia le prediche erano riportate essere strumento particolarmente efficace di mietitura di anime: mossi dalle parole dei padri, nel 1616 avevano cambiato vita 600 uditori e 50 si erano convertiti[30]. La figura del principe Massimiliano I compare nella veste di benefattore, che sostiene tanto la Compagnia locale attiva nei collegi della provincia gesuitica, quanto la Compagnia globale attiva nella missione in Cina[31].

Quello che le biografie sottolineano costantemente è la natura straordinariamente prolifica della produzione di libri da parte di Drexel («the most published European writer in the sixteenth and seventeenth centuries»)[32], e del sistema all'interno del quale operava: ne usciva regolarmente uno all'anno, e se ad essere pubblicata non era un'opera inedita, lo era almeno una sua traduzione. All'enorme successo avrebbe contribuito l'uso delle immagini accostato a testi caratterizzati da una vivace e immaginifica prosa barocca[33]. Anche il rapporto con l'autorità,

30 ARSI, *Germ. Sup.* 67, p. 14.

31 ARSI, *Germ. Sup.* 67, p. 27. S. RIEZLER, *Kriegstagebücher*, p. 189, riporta la lettera del generale Vitelleschi a Massimiliano I, che «humillimus atque obligatissimus servus» plaude alla vittoria della Lega cattolica guidata dal principe elettore bavarese alla Montagna Bianca, alle porte di Praga, in data 16 dicembre 1620 (meno di venti giorni dopo).

32 A. YOUNG, *Drexel's The Christian Zodiake (1647)*, in P.M. DALY et al., *Emblematik und Kunst der Jesuiten in Bayern: Einfluss und Wirkung*, Turnhout, Brepols, 2000, pp. 251-268.

33 Il testo di riferimento per la vita e le opere di Jeremias Drexel resta K. PÖRNBACHER, *Leben und Werk eines Barokpredigers*, München, Franz X. Seitz Verlag, 1965.

che trapela dalla corrispondenza che da Monaco Drexel ebbe fino a poco prima della morte con il padre generale dell'ordine a Roma, Muzio Vitelleschi (preposito dal 1615 al 1645) è articolato intorno a questo aspetto. Richiamarla qui può essere utile non solo per avere ulteriori notizie sulla figura dell'autore in relazione alle gerarchie in un ordine religioso improntato all'obbedienza come sua regola primaria[34], ma anche per aprire uno squarcio ulteriore sui sistemi di produzione libraria interna alla Compagnia, e per avere qualche indizio sui tempi di comunicazione attraverso l'Europa, che, tenuto conto della temperie tutt'altro che pacifica attraversata dall'Europa in quegli anni, risulta sorprendente per velocità ed efficienza.

Nel febbraio del 1636, il generale scriveva a Drexel di aver molto gradito le *elucubrationes* (le riflessioni manoscritte) che il confratello tedesco gli aveva anticipato, mano a mano che venivano prodotte, restando in attesa di vederle raccolte in un'unica opera stampata[35]. A giugno gli scriveva quindi per ringraziarlo di avergli inviato la *Rhetorica caelestis*[36], una guida alla preghiera uscita quell'anno.

Nel novembre dello stesso anno, appena ricevuto il *Tribunal*, uscito nel 1632 e più volte ristampato[37], ecco arrivare anche *Caelum*, uscito nel 1636[38], che il generale confessa di non aver ancora letto, ma di aver trovato a una prima occhiata ottimo,

[34] Si vedano i saggi in F. Alfieri - C. Ferlan (ed), *Avventure dell'obbedienza nella Compagnia di Gesù: teorie e prassi fra XVI e XIX secolo* (Annali dell'Istituto storico italo-germanico in Trento. Quaderni, 86), Bologna, Il Mulino, 2012; S. Mostaccio, *Early Modern Jesuits Between Obedience and Conscience During the Generalate of Claudio Acquaviva (1581-1615)*, Farnham, Ashgate, 2014.

[35] ARSI, *Germ. Sup.* 7, p. 814, Roma, 23 febbraio 1636, Muzio Vitelleschi a Jeremias Drexel.

[36] Jeremias Drexel, *Rhetorica cælestis: seu, attente precandi scientia*, Antwerpiae, apud Joan. Cnobbarum, 1636.

[37] Jeremias Drexel, *Tribunal Christi seu arcanum ac singulare cuiusvis hominis in morte iudicium*, Monachii, apud Cornelium Leysserium, 1632.

[38] Jeremias Drexel, *Caelum beatorum civitas aeternitatis*, Monachii, Formis Cornelii Leysserii, 1635.

come gli altri *opuscula*[39]. Nel marzo del 1637, lo ringrazia per l'invio di *Rosas*[40] (uscito nel 1636 sia a Monaco che ad Anversa)[41] e nell'agosto per l'invio di «entrambe le parti dell'opera», di cui non si specifica il titolo. In quest'ultima lettera, il generale accenna – fatto non frequente nella corrispondenza con Drexel, dedicata soprattutto al commento delle sue opere – alla propria preoccupazione per la pubblica incolumità, per il bene della quale promette le sue preghiere[42]. L'ultima lettera risale al dicembre 1637 (Drexel sarebbe morto l'aprile successivo)[43] ed è ancora un ringraziamento per l'invio di un libro, questa volta sul digiuno. Si tratta dell'*Aloe amari sed salubris succi ieiunium*, uscito a Monaco quello stesso anno[44], e che, come molte delle opere inviate Vitelleschi (e gran parte della produzione di Drexel) raccoglie un'orazione tenuta a Massimiliano I e alla sua consorte Elisabetta di Lorena.

Nella corrispondenza fra Roma e Monaco sin qui esaminata non vi è traccia delle operazioni di censura preliminare alle quali le opere dei membri della Compagnia di Gesù venivano sottoposte, passando per lo scrutinio di confratelli addetti al compito di consultori. Il libro arriva al generale per lo più già stampato, recante la licenza del padre provinciale che da Monaco approvava il testo, salvo nel caso delle citate *elucubrationes*, la cui condivisione pre-stampa con il padre generale appare essere un atto più di omaggio che di ottemperanza alle procedure. L'autorità massima dell'ordine, a sua volta, sembra riporre

39 ARSI, *Germ. Sup*, 7, p. 896, Roma, 1° novembre 1636, Muzio Vitelleschi a Jeremias Drexel.

40 ARSI, *Germ. Sup.* 7, p. 925, Roma, 7 marzo 1637, Muzio Vitelleschi a Jeremias Drexel.

41 ARSI, *Germ. Sup.* 7, p. 954, Roma, 15 agosto 1637, Muzio Vitelleschi a Jeremias Drexel.

42 Jeremias Drexel, *Rosae selectissimarum virtutum quas Dei Mater orbi exhibet*, Monachii, Formis Cornelii Leysserii, 1636.

43 ARSI, *Germ. Sup.* 7, p. 970, Roma, 13 dicembre 1637, Muzio Vitelleschi a Jeremias Drexel.

44 Jeremias Drexel, *Aloe Amari sed salubris succi Ieiunium*, Monachii, Formis Cornelii Leysserii, 1637.

assoluta fiducia nel confratello, di cui «calamo, voce e vita» vengono messi ineccepibilmente al servizio della gloria di Dio[45]. Agli occhi del padre, Drexel è tutto penna, inchiostro e voce, parola scritta e parola parlata.

4. *«Antigrapheus»*

Proviamo ora ad addentrarci nell'opera, dopo averla inserita nel suo contesto, e ad esplorarne una parte nella prospettiva di un futuro lavoro di approfondimento. Ricordiamo che nel 1632, sei anni prima della morte, Jeremias Drexel aveva «illustrato», ovvero spiegato, l'*Antigrapheus* a Massimiliano I e l'anno successivo aveva messo il testo per iscritto, in latino[46]. Vent'anni dopo i confratelli ne avevano curato la stampa.

Ci troviamo quindi di fronte al lavoro di un singolo e al contempo del corpo religioso del quale egli faceva parte. Un'autorialità plurale partecipa a composizione e stampa del testo. Un testo, fra l'altro, pensato *in primis* per essere detto, che viene adeguato allo scritto dal suo autore, e tradotto da lui medesimo in latino per permetterne una circolazione al di fuori dell'area germanofona. Altri poi lo stampano, altri ancora lo illustrano e altri ancora lo tradurranno nuovamente. L'*Antigrapheus* diventerà infatti *Den Contre-rolluer* in olandese, in due edizioni[47].

Un sistema di appropriazioni, traduzioni e restituzioni, attraverso molteplici confini geografici e linguistici, collabora quindi al discorso sulla coscienza che stiamo per affrontare. Se seguiamo la struttura del testo, che si mantiene inalterata nelle varie edizioni, troviamo – come ricorrente nei trattati di età medievale e moderna – una prima sezione definitoria che risponde alla domanda rituale «quid sit conscientia». A questa domanda l'*Antigrapheus* risponde con una constatazione, non

45 ARSI, *Germ. Sup.* 7, p. 814, Roma, 23 febbraio 1636, Muzio Vitelleschi a Jeremias Drexel.

46 K. PÖRNBACHER, *Leben und Werk*, p. 121.

47 Si veda *supra*, nota 1.

altrettanto ricorrente, a mia conoscenza, circa l'infinita varietà degli esseri umani: non si troveranno mai volti, affetti, modi di morire uguali l'uno all'altro, e lo stesso vale per la coscienza. Ognuna è diversa da tutte le altre, quindi impossibile da schematizzare e generalizzare (*auctoritas* di Drexel è Plinio, *Naturalis Historia*). Eppure, possiamo notare noi, quello che Drexel sta facendo, sulla scorta di una tradizione ben radicata, è un tentativo di cogliere e tipizzare la coscienza nelle sue caratteristiche generali, di catturare una irriducibile complessità in uno schema tale da poter essere valido universalmente, idealmente destinato alla lettura di altre coscienze. Come abbiamo visto, in età moderna in ambito cattolico la coscienza è uno degli argomenti di maggiore trattazione, oggetto di operazioni discorsive di astrazione e generalizzazione. E l'*Antigrapheus*, a partire dalla seconda edizione, aggiungerà alla tipizzazione per iscritto anche quella per immagini, assegnando a ogni stato della coscienza l'ulteriore elemento di concretezza e impatto della rappresentazione visiva (abbiamo trattato l'importanza strategica del senso della vista nella psicologia di Antico Regime e nella spiritualità gesuitica). La coscienza viene così triplamente «mediatizzata»: rappresentata, normativizzata (dal momento che ogni operazione definitoria è intrinsecamente normativa) e moltiplicata attraverso la stampa.

Continuando nella lettura, troveremo un'altra definizione significativa: la coscienza è anche «il volto dell'animo»[48], ovvero ciò in cui si può vedere la parte interiore dell'essere umano (a differenza di *anima*, che può indicare il principio della vita biologica tanto negli uomini quanto negli animali, *animus* pertiene esclusivamente alla vita psichica umana). Si tratta quindi di qualcosa di scrutabile, benché nascosto e sfuggente. La si può osservare e decifrare come un volto, e attraverso di essa cogliere l'umano nella sua essenza, messo a nudo. Questo sembra dirci anche la *pictura* che accompagna questo primo capitolo: essa raffigura un occhio che si apre nel cielo, fra le nubi. Sotto di esso vi è un paesaggio attraversato da persone di spalle, dirette verso una rovina, e recanti fagotti. La *scriptura*

[48] JEREMIAS DREXEL, *Antigrapheus*, ed. 1655, p. 20.

(il passo che introduce ogni capitolo) suggerisce al lettore di immaginare queste parole mentre osserva l'immagine: «qui sono il solo arbitro della coscienza [solus hic arbiter conscientiae]» (fig. 2). Un occhio scruta ogni cosa dall'alto, osserva gli esseri umani presi dalle loro faccende e, nel cammino della loro vita, dalle loro discordie.

Quest'ultimo particolare lo suggerisce un altro passo allegato al precedente:

«Mettiti presto d'accordo con il tuo avversario mentre sei per via con lui, perché l'avversario non ti consegni al giudice e il giudice alla guardia e tu venga gettato in prigione» (Mt 5, 25).

Abbiamo condensata in una pagina una dimensione quasi sinestetica della fruizione del *medium*-libro: mentre guarda l'immagine il lettore può sentire (grazie a un'immaginazione uditiva guidata dalla lettura) la coscienza-Dio dichiararsi l'unico arbitro. Quando la coscienza parla, infatti, parla il divino.

Se si va oltre nella lettura del capitolo introduttivo, emergerà infatti che la coscienza è soprattutto un «dictamen», ovvero un ordine, una cosa «detta» in modo assertivo e con effetto obbligante (da *dictare*, iterativo e rafforzativo di *dicere*). La coscienza parla. Il primo *medium* di comunicazione è la sua voce (la «voce della coscienza» è una formula entrata ormai nel nostro linguaggio comune, avente alla base secoli di rappresentazione).

Per limitarci alla tradizione cristiana medievale e moderna[49], la letteratura sulla coscienza è solita rappresentare quest'ultima come un luogo all'interno del quale avviene un dialogo fra forze diverse che abitano l'interiorità umana e che, benché immateriali, sono capaci di farsi sentire.

[49] Per una storia di lungo periodo, C.A. VIANO, *La scintilla di Caino. Storia della coscienza e dei suoi usi*, Torino, Bollati Boringhieri, 2013, ripercorre, dalla filosofia classica ad oggi, il progressivo svuotamento della coscienza dalla «scintilla», ovvero l'idea che essa contenga nozioni innate e universali di bene e di male. Resta un guscio vuoto e protetto, in cui rifugiarsi per giustificare scelte (quali, per esempio, certe obiezioni di coscienza) contrarie alle leggi.

Fig. 2. JEREMIAS DREXEL, *Antigrapheus, sive conscientia hominis coram serenissimo Maximiliano Electore Bavaro illustrata per R.P. Hieremiam Drexelium Societatis Iesu anno 1632 nunc primum, cum facultate superiorum et privilegio*, Coloniae Agrippinae, Apud Iodocum Kalcotium et socios, 1655, in «conscientia rea», p. 51 (Rovereto, Biblioteca Rosminiana).

Questo dialogo è rappresentato da Drexel secondo uno schema tipico della letteratura morale del suo tempo, scandendolo in tre fasi: «La sinderesi dice: 'bisogna fuggire ogni male'. La ragione aggiunge: 'ma la menzogna, la fornicazione, il furto, l'adulterio sono male'. La coscienza aggiunge la conclusione: 'dunque è da fuggire'»[50].

La sinderesi è la conoscenza innata del bene, la regola generale che la coscienza è capace di applicare al caso singolare attraverso un sillogismo. Per usare una delle definizioni dell'autore, se la sinderesi è la scintilla della coscienza, ovvero lo stimolo primo che dà vita al fuoco, la coscienza fa invece le funzioni delle «schegge di zolfo» che, di fatto, il fuoco lo accendono[51].

Per ragionare in termini aristotelici, se la sinderesi è potenza, la coscienza è atto. E per applicarsi alla concretezza della vita, essa usa procedure logiche, razionali. Benché sembri trattarsi di un processo molto astratto, i suoi effetti sono tuttavia forti e tangibili: la coscienza esorta e ammonisce, dicendo «fai questo, attento a quello, contieni questo, astieniti da quello, questo fuggi e quello aborri»[52]. E se la persona erra, il dolore che questa entità razionale e inesorabile, sempre parlante e impossibile da zittire, può infliggere è simile a un supplizio fisico. Questo è rappresentato dall'immagine corrispondente allo stato della coscienza colpevole[53] (fig. 3): un cuore al cui interno sono chiusi un cane, una scimmia, un gallo e un serpente, che combattono tra di loro torturando il nostro *animus* (come si è detto lo spazio dell'interiorità) così come nel mondo antico veniva torturato il parricida, messo nel *culleus* insieme ad animali e lanciato nell'acqua. L'esecuzione rituale, attestata ancora in area germanica in Antico Regime, faceva morire il suppliziato fra i peggiori tormenti, impossibilitato a sfuggire ai morsi e ai graffi degli animali in preda al panico. Così, la persona colpevole non sfugge ai morsi della coscienza che la

50 Jeremias Drexel, *Antigrapheus*, cap. 1, p. 23.

51 *Ibidem*.

52 *Ibidem*.

53 *Ibidem*, pp. 50-65.

Fig. 3. JEREMIAS DREXEL, *Antigrapheus, sive conscientia hominis coram serenissimo Maximiliano Electore Bavaro illustrata per R.P. Hieremiam Drexelium Societatis Iesu anno 1632 nunc primum, cum facultate superiorum et privilegio*, Coloniae Agrippinae, Apud Iodocum Kalcotium et socios, 1655, in «quid sit conscientia», p. 24 (Rovereto, Biblioteca Rosminiana).

abita, simile a quelli della tigna, talmente piccola da non poter essere quasi vista ma inesorabile nei suoi danni. Tanto razionale e ineccepibile nelle procedure, quanto animale nella forza.

5. *Considerazioni conclusive*

L'intento di questo contributo è quello di far emergere attraverso il caso dell'opera del gesuita bavarese Jeremias Drexel una serie di dinamiche di mediatizzazione tra loro intrecciate e profondamente legate all'organizzazione del potere nell'Europa dell'età moderna. Consapevoli del fatto che orizzonti cronologici più recenti hanno dato vita a questo concetto storiografico, potremmo definire queste dinamiche transnazionali[54], nella misura in cui il discorso sulla coscienza dell'*Antigrapheus*, veicolato dalla lingua universale del latino (per un universo colto e pronto, come abbiamo visto, alla mediazione col popolo degli illetterati) e da quella ancor più universale delle immagini, ambisce a uscire dai confini dell'Impero in cui viene prodotto. Gli attori in gioco sono *in primis* membri di un ordine religioso che fa della comunicazione – interna ed esterna – la sua principale arma di militanza. Fra di loro, Jeremias Drexel, comunicatore di professione, in quanto predicatore ufficiale della corte bavarese e, *a latere*, produttore instancabile di opere che conobbero una grande diffusione e lungo successo. L'oggetto «mediatizzato» è cruciale per la storia politica e religiosa dell'età moderna: la coscienza. Essa

[54] Su tale concetto e le possibili aperture da esso consentite, si veda C. Cornelissen, *Transnationale Geschichte als Herausforderung an die Europa-Historiographie*, in F. Wilhelm Graf - E. Hanke - B. Picht (edd), *Geschichte intellektuell. Theoriegeschichtliche Perspektiven*, Tübingen, Mohr Siebeck, 2015, pp. 387-402; un bilancio in M. Hilton - R. Mitter, *Introduction* in M. Hilton - R. Mitter (edd), *Transnationalism and Contemporary Global History*, in «Past and Present», numero speciale, 8, 2013, pp. 7-28. Sulla dimensione transnazionale nella storiografia modernistica dei media e della medialità, si veda M. Rospocher, *Per una storia della comunicazione nella prima età moderna*; sul lungo periodo, una panoramica in A. Fickers, *«Hybrid Histories»: Versuch einer kritischen Standortbestimmung der Mediengeschichte*, in «Annali dell'Istituto storico italo-germanico in Trento», 44, 2018, 1, pp. 117-132.

è tematizzata come il *medium* interiore attraverso il quale il divino parla nell'essere umano, e attraverso il quale la legge del desiderio individuale negozia con le leggi della società. Un luogo al contempo intimo ma postulato come scrutabile, che rende «umano» il soggetto in quanto responsabile di sé ma anche in quanto assoggettabile allo scrutinio e al giudizio. La trasposizione in discorso e in immagine della coscienza contribuiscono a questa visione e gestione dell'umano, legando inscindibilmente il processo comunicativo a istanze di potere.

Terza parte

Media e autorappresentazione del potere

Commissariato del Governo per la Provincia di Trento (foto di M. Cau).

Selfie di Stato: forme di visualizzazione del potere in età contemporanea

di *Maurizio Cau*

1. *Definizione del campo d'indagine e strumenti di analisi*

Sono trascorsi quasi trent'anni da quando William John Thomas Mitchell e Gottfried Boehm hanno proposto una ridefinizione dello statuto delle immagini a partire dalla centralità che la dimensione visuale ha progressivamente assunto nello spazio culturale contemporaneo. Nonostante la ricca messe di studi sulla cultura visuale che negli anni è seguita, non è ancora chiaro se la cosiddetta «svolta iconica» (*iconic turn*, *pictorial turn*) rappresenti l'analisi di un cambiamento radicale delle coordinate sociali e culturali della contemporaneità o realmente se non costituisca invece una proposta ermeneutica avanzata anzitutto per superare il monopolio che l'elemento linguistico ha avuto nello sviluppo del sapere. La discussione intorno alla «nuova attualità del medium figurativo»[1] e alla necessità di elevare le immagini a paradigma culturale ha in ogni caso condotto a una sostanziale accettazione di come «l'immagine non sia un oggetto supplementare, ma diventi un vettore, medium o operatore decisivo per le nostre pratiche e i nostri saperi»[2].

Anche se la sottovalutazione che le fonti e i media visuali hanno a lungo subito da parte degli storici è in parte superata, il cammino verso una piena fondazione teorica del sapere storico-visuale è ancora lungo. Il discorso storico continua a

1 G. Boehm, *La svolta iconica*, Milano, Meltemi, 2009, p. 69.

2 E. Alloa, *Iconic Turn. Alcune chiavi di svolta*, in «Lebenswelt», 2012, 2, pp. 144-159, qui p. 145.

riservare un'attenzione limitata al patrimonio visuale e tende a leggerne la funzione in termini sostanzialmente ancillari rispetto al proprio bagaglio metodologico; eppure è un'idea sempre più condivisa che le immagini non rappresentino un semplice riflesso della realtà, ma siano forze in grado di influenzare il processo storico[3].

In questo senso i media visuali non costituiscono solo 'tracce' del passato nel presente o, secondo la suggestiva espressione di Peter Burke, «testimoni oculari» in grado di fornire agli storici delle 'prove' intorno a cui fondare il proprio discorso. Come è stato scritto, l'uso delle immagini da parte degli storici

> «... non può e non deve essere limitato a quello di 'prova' nel senso stretto del termine ..., mentre sarebbe opportuno lasciare spazio anche per ciò che Francis Haskell ha definito 'l'impatto dell'immagine sull'immaginazione storica'»[4].

Questo perché le immagini non sono uno specchio passivo della realtà, ma atti che generano a loro volta immaginazione, immaginari, mentalità[5]. Valgono naturalmente come 'documento storico', ma anche come fattori di sviluppo del processo storico: «non [sono] solo 'fatti', ma anche atti, oggetti produttori di senso»[6] in grado non solo di descrivere la realtà, ma di influenzarla e crearla.

Ciò che guardiamo ha potere su di noi, ci 'ri-guarda' e produce effetti sulla realtà. È entro quest'ottica che espressioni come «secolo visuale» assumono senso: la questione non riguarda tanto, o almeno non solo, la quantità di immagini che ha invaso la società, ma il potere che esse hanno eserci-

[3] G. PAUL, *Von den Historischen Bildkunde zur Visual History. Eine Einführung*, in G. PAUL (ed), *Visual History. Ein Studienbuch*, Göttingen, Vandenhoeck & Ruprecht, 2006, pp. 7-36, qui p. 9.

[4] P. BURKE, *Testimoni oculari. Il significato storico delle immagini*, Roma, Carocci, 2002, p. 16.

[5] G. PAUL, V*on den Historischen Bildende zur Visual History*, p. 18.

[6] G. BOHM, *La svolta iconica*, p. 90.

tato in ambito politico, economico, sociale e culturale. Non è fuori luogo sostenere che, in questo senso, le immagini fanno storia[7]:

«Le immagini creano mondi ... La storia si svolge in immagini ... La nostra conoscenza del mondo non solo è mediata dalle immagini, ma in buona parte è resa possibile da esse. Statue, icone, ritratti regali, foto giornalistiche, film per milioni di spettatori, tecniche di produzione scientifica delle immagini, fototessere o caricature decidono la validità sociale, epistemica, rituale ed estetica di eventi, oggetti e persone ... Non ritraggono semplicemente qualcosa, ma costruiscono un proprio mondo»[8].

Del resto chi come Ernst Cassirer, Edmund Husserl, Maurice Merleu-Ponty, Roland Barthes o Susanne Langers si è preoccupato di definire i fondamenti filosofici delle immagini, ha insistito sulla tendenza del pensiero a esprimersi non solo in forma astratta, ma anche per immagini e forme preconcettuali[9], sottolineando a più riprese l'interdipendenza e la relazione costruttiva che si crea tra immagine e idea, tra forme e pensiero.

Se è vero che per il sapere storico si è reso necessario mettere a tema la centralità dell'interazione tra immagine, idea, simboli e realtà, non vanno però nascoste le ambiguità che continuano a caratterizzare la natura delle immagini e la loro traducibilità in segni e significati. Non è il caso di addentrarsi nei dibattiti sulla natura ontologica o semiotica della fotografia, ma è utile richiamare le osservazioni che John Berger, uno dei più acuti indagatori delle immagini, ha dedicato alla capacità delle immagini di farsi memoria degli eventi:

«A differenza della memoria, le fotografie in sé non conservano il significato di un evento. Offrono apparenze – con tutta la credibilità e il peso che

[7] Cfr. sul punto G. Paul, *Das Jahrhundert der Bilder. Die visuelle Geschichte und der Bildkanon des kulturellen Gedächtnisses*, in G. Paul (ed), *Das Jahrhundert der Bilder*, II: *1949 bis heute*, Göttingen, Bundeszentrale für politische Bildung, 2008, p. 14.

[8] L. Schwarte, *Einleitung. Die Kraft des Visuellen*, in L. Schwarte (ed), *Bild-Performanz*, München, Fink, 2011, pp. 11-13, qui p. 10.

[9] Cfr. R. Breckner, *Sozialtheorie des Bildes. Zur interpretativen Analyse von Bildern und Fotografien*, Bielefeld, Transkript, 2010, pp. 20-32.

attribuiamo alle apparenze – estrapolate dal loro significato. Il significato è il prodotto di processi cognitivi ... Le fotografie di per sé non narrano, trattengono apparizioni istantanee»[10].

2. *La fotografia come medium (politico)*

Il carattere mediale dell'immagine fotografica presenta da sempre confini ambigui. L'immagine non è solo mezzo e non si riduce all'oggetto fisico che la contiene. Le immagini fisiche producono immagini mentali ed è proprio l'interazione tra la realtà, la loro immagine e la nostra mente a definire lo spazio in cui si esprime il carattere mediale dell'immagine. Come ha sottolineato Hans Belting,

«... l'interazione tra i nostri corpi e le immagini esteriori includerebbe un terzo parametro che io definisco 'mezzo' ('medium'), nel senso di un vettore, di un agente, ciò che in francese si chiama 'dispositif'. Il mezzo funziona come un supporto, un attrezzo per l'immagine»[11].

Le immagini, se analizzate da questa prospettiva, sono fenomeni che hanno

«... bisogno dei media e dell'uso dei media per diventare visibili a noi ... Un'immagine non è né un semplice oggetto (ad esempio una stampa fotografica) né un corpo vero e proprio (il corpo di una persona amata che si trova in una fotografia)»[12].

Testimoniando l'assenza di ciò che rende presente, l'immagine non è relegata al semplice artefatto figurativo. Essa prende corpo nella cornice in cui è inscritta e nel materiale di cui è composta, ma come amava dire André Bazin riflettendo sui confini dell'immagine cinematografica, è parte di una realtà più estesa, in molta parte mentale, che si prolunga oltre i bordi dello schermo che la contiene.

10 J. BERGER, *Sul guardare*, Milano, Bruno Mondadori, 2004, pp. 57-58.

11 H. BELTING, *Antropologia delle immagini*, Roma, Carocci, 2011, p. 14.

12 *Ibidem*.

Così, l'immagine fotografica è forma, cornice, mezzo di comunicazione sociale, ma è anche «uno spazio pubblico, ben al di là del fatto di raffigurarne uno, di documentarlo in effigie; è il luogo di una percezione pubblica, del farsi pubblico dell'immagine»[13]. L'immagine è prova, fonte, documento, ma è anche, e forse prima di tutto, 'monumento'[14]. Da qui la necessità di considerare le immagini come un oggetto di studio autonomo, come un mezzo di comunicazione capace di svolgere un ruolo centrale nel gioco della comunicazione mediale e dotato di un potere di cui è opportuno ricostruire i contorni mettendo al centro lo studio delle forme e del contenuto, i processi che ne sovrintendono produzione e distribuzione, la ricezione. Senza dimenticare che quello delle immagini è uno spazio mediale regolato da una logica propria e profondamente diversa da quella che fonda il discorso: è infatti una logica 'non-predicativa', vale a dire che non è strutturata sul modello preposizionale o di una qualche forma linguistica. Essa non si realizza nel linguaggio, ma nella percezione»[15].

Quando si parla di 'politicità delle immagini' ci si riferisce solitamente all'uso propagandistico che forze politiche, regimi e istituzioni fanno dell'immagine fotografica, ma esiste anche a un'accezione più larga dell'espressione, che porta a pensare all'immagine, nel nostro caso alla ritrattistica fotografica ufficiale delle più alte cariche istituzionali, come una pratica culturale orientata a costruire l'immagine pubblica dello Stato. Il significato storico-sociale e culturale delle immagini rappresenta, in questo senso, «un fenomeno politico, o meglio un fenomeno del Politico»[16].

La forza e il potere delle immagini che prenderemo in esame viene in fondo da qui, dalla loro capacità di dare accesso «a

[13] E. Grazioli, *I generi fotografici tra realtà e finzione*, in G. De Luna - G. D'Autilia - L. Criscenti (edd), *L'Italia del Novecento. Le fotografie e la storia*, II: *La società in posa*, Torino, Einaudi, 2005, pp. 243-298, qui p. 243.

[14] G. Boehm, *La svolta iconica*, p. 289.

[15] *Ibidem*, p. 105.

[16] R. Breckner, *Sozialtheorie des Bildes*, p. 27.

qualcosa che è altrove, un potere sovrano, ... qualcosa di invisibile, ciò che non ha corpo né volto, qualcosa di immaginario, di sognato»[17]. Il ritratto di un presidente o di un cancelliere non ha del resto il solo compito di dare un volto a chi nell'esercizio delle proprie funzioni incarna le istituzioni, ma di consentire, almeno sul piano simbolico, l'esercizio del potere attraverso la supplenza dell'immagine.

Ha scritto Hans Belting che «la persona che vediamo in una fotografia in realtà non è lì ... Una volta scattate, le fotografie cominciano ad appartenere a un altro tempo ... L'assenza del corpo viene sostituita dalla presenza dell'immagine»[18]. È ciò che succede con le immagini ufficiali appese sui muri di prefetture, ambasciate, uffici giudiziari, scuole. Come notava Barthes riflettendo sull'aura emanata dalle foto della madre[19], è un fenomeno in tutto e per tutto simile a quello della transustanziazione che permette la 'presenza' di Cristo durante la celebrazione della messa: la fotografia delle più alte cariche dello Stato non testimonia solo la loro esistenza, ma in una forma tutta laica di transustanziazione le rende 'presenti'. L'immagine alla parete di un presidente è, se considerata da questa prospettiva, lo strumento per renderlo presente negli atti e nei riti che in quella stanza si compiono in nome della Repubblica. Non è l'adattamento civile e ritualmente sostenibile del monito «Dio ti vede», non è una forma di raffigurazione, non è neppure solo uno strumento di rappresentanza simbolica, è la via per 'dire', rendendola presente, l'autorità.

Se è vero che, secondo le parole di Berger, «ogni fotografia è un mezzo per verificare, confermare e costruire una visione totale della realtà»[20], ritrarre sovrani e presidenti e appenderne l'immagine nei luoghi pubblici rappresenta a tutti gli effetti una forma di legittimazione figurativa dell'autorità e una forma del

17 G. BOEHM, *La svolta iconica*, p. 110.

18 H. BELTING, *Facce. Una storia del volto*, Roma, Carocci, 2014, p. 195.

19 R. BARTHES, *La camera chiara. Nota sulla fotografia*, Torino, Einaudi, 1980, pp. 72-73.

20 J. BERGER, *Capire una fotografia*, Roma, Contrasto, 2014.

suo esercizio. Del resto sovrani e regnanti sono sempre stati ridotti a immagine, a icona. Per buona parte della popolazione, il rapporto con chi incarna l'autorità è mediato dalle forme della loro rappresentazione iconografica, la cui funzione primaria non è, lo si ripete, di carattere documentario. Le statue dei re o i 'ritratti di Stato' non si limitano a descrivere le forme di un individuo, non nascono solo per renderne intelligibile e nota la fisionomia, ma per fornire «una rappresentazione drammatica, la raffigurazione di un sé idealizzato»[21].

Lo studio dell'*imagerie* repubblicana rappresenta pertanto un terreno particolarmente fecondo per cogliere alcune forme del processo di mediatizzazione che ha da sempre accompagnato la politica e che una prospettiva di studio attenta all'intreccio tra storia dei media, storia della cultura e storia politica può pensare di ricostruire. Un potere politico, lo ha ricordato qualche anno fa Maurizio Ridolfi sulla scorta di Agulhon,

> «... non è soltanto composto di uomini che instaurano e che guidano certe istituzioni, che si appellano a certe idee e promuovono certe azioni. Esso mira a farsi riconoscere, identificare e, se possibile, a farsi favorevolmente apprezzare grazie a tutto un sistema di segni e di emblemi, tra i quali i principali sono quelli che colpiscono la vista»[22].

Nell'azione di rappresentare l'autorità e di marcare la propria esistenza mostrandola, il potere visualizza ciò che visibile non è. Questa forma di rappresentazione e messa in trasparenza dei simboli in cui si incarna la statualità ha una chiara funzione di stabilizzazione dell'autorità e di conferma dell'ordine costituito[23]. La visualizzazione del potere è, in questo senso, espressione di un progetto politico e rappresenta una forma della politica stessa[24].

21 P. BURKE, *Testimoni oculari*, p. 80.

22 M. RIDOLFI, *Una tradizione da reinventare*, in M. RIDOLFI (ed), *Almanacco della Repubblica*, Milano, Mondadori, 2003, p. 161

23 H. MÜNKLER - J. HACKE (edd), *Strategien der Visualisierung*, Frankfurt a.M., Campus, 2009, p. 8.

24 Cfr. H. MÜNKLER, *Die Visibilität der Macht und die Strategien der Machtvisualisierung*, in G. HÖHLER (ed), *Macht der Öffentlichkeit – Öffentlichkeit der Macht*, Baden Baden, Nomos, 1995, pp. 213-230.

Una componente centrale di questo processo di raffigurazione metonimica della corporeità dello Stato è costituita proprio dall'esposizione delle immagini nei luoghi pubblici. Esse non trasmettono contenuti politici in senso stretto, ma esprimono un capitale e un potere simbolico che rientrano a tutti gli effetti nel processo di costruzione della sfera politica. I ritratti fotografici che prenderemo in analisi vivono un'esistenza sospesa tra la loro realtà fisica e la dimensione simbolica che esprimono. A contare è la raffigurazione fisica (*picture*, *Darstellung*) di presidenti e cancellieri, ma soprattutto l'immagine mentale (*image*, *Vorstellung*) che di essi viene proposta, nonché il processo che rende «visibile l'assenza fisica (di un corpo) trasformandolo in una presenza iconica»[25].

Come ci ha insegnato Cassirer, esiste una relazione costruttiva tra simbolo e oggetto. I ritratti fotografici che prenderemo in esame sono al tempo stesso immagini materiali e mentali, realtà e rappresentazioni di realtà, atti e costruzioni simbolico-performative. Il loro valore non si limita alla dimensione referenziale, ma si estende al potenziale rappresentativo del loro contenuto simbolico[26]. Il processo di simbolizzazione operato attraverso immagini ufficiali, statue, bandiere e stemmi non lavora solo sul piano denotativo ma su quello connotativo, dunque su un piano ideale e concettuale, contribuendo in questo senso alla fondazione sul piano simbolico e mentale dell'ordine politico.

L'organizzazione della politica in forma estetica è parte dell'azione politica stessa, ne rappresenta un'espressione performativa. Come sottolineava Burke riflettendo sul destino degli stereotipi figurativi nell'era del ritratto fotografico, «ciò che i ritratti registrano non è ... la realtà quanto un'illusione sociale, non è la quotidianità bensì una 'performance' speciale»[27]. È

[25] H. BELTING, *Antropologia delle immagini*, p. 12.

[26] Sui processi di costruzione simbolica della realtà cfr. R. BRECKNER, *Sozialtheorie des Bildes*, pp. 30 ss.; E. RUDOLPH, *Symbol, Metapher, Mythos: Komplemente oder Konkurrenten sprachlicher Visualisierung?*, in H. MÜNKLER - J. HACKE (edd), *Strategien der Visualisierung*, p. 14.

[27] P. BURKE, *Testimoni oculari*, pp. 32-33.

l'esplicitazione del carattere attivo e influente che le immagini esercitano nella costruzione dello spazio pubblico. Le immagini non costituiscono un semplice 'oggetto', ma sono al tempo stesso 'soggetto' e agiscono autonomamente.

Performativi sono in questo senso i processi che attraverso riti e forme di messinscena sono produttori di realtà simbolica. Ogni immagine «va oltre ciò che rappresenta»[28] e costituisce un attore originario della comunicazione sociale, non un suo semplice prodotto derivato né un nudo elemento del circuito comunicativo. L'esposizione e la visione stessa delle immagini costituiscono un atto performativo: le immagini-atto (*Bild-Akte*) guidano le azioni, forniscono testimonianza e producono certezze, impressioni, convincimenti, accuse, falsità, dubbi. In una parola, producono realtà[29].

Se analizzate sotto questa luce si comprende come le immagini non siano dei semplici 'segni', né solo dei 'media'; sono enunciati dichiarativi, eventi visuali il cui grado di performatività e la cui incidenza sociale sono in parte indipendenti dalle intenzioni dei loro autori, derivando dalle forme di esposizione/distribuzione delle immagini stesse e dall'azione di decodifica che gli spettatori esercitano sul loro contenuto[30].

3. *I casi di studio*

Un ambito interessante per analizzare le strategie di visualizzazione dell'autorità è rappresentato dal ritratto (fotografico) ufficiale dei capi di Stato. Per economia di sintesi si è scelto di limitare il campo di analisi a tre tradizioni nazionali (Italia, Germania Federale, Francia) dal cui esame comparato è possibile ricavare alcuni primi elementi di interesse.

[28] *Ibidem*, p. 39.

[29] L. SCHWARTE (ed), *Bild-Performanz*, p. 11.

[30] Sulle culture performative cfr. C. WULF - J. ZIRFAS, *Bild, Wahrnehmung und Phantasie. Performative Zusammenhänge*, in C. WULF - J. ZIRFAS (edd), *Ikonologie des Performativen*, München, Fink Verlag, 2005, pp. 7-30.

L'arco cronologico preso in esame è circoscritto agli anni che vanno dall'immediato secondo dopoguerra ad oggi; si tratta di un lasso temporale sufficientemente lungo per verificare la presenza di eventuali costanti ed evoluzioni nello stile comunicativo delle differenti tradizioni iconografiche.

Non si tratta di casi in tutto e per tutto omogenei, né per le figure istituzionali prese a modello (il presidente della Repubblica nel caso italiano e francese, il cancelliere e il presidente federale nel caso tedesco), né per le funzioni politiche che i protagonisti dei ritratti considerati svolgono nei rispettivi contesti istituzionali. Non si opererà dunque una vera comparazione, ma ci si limiterà a descrivere alcune tendenze caratteristiche delle diverse politiche di visualizzazione delle cariche dello Stato, ponendo l'accento sulle convergenze e sulle difformità tra i codici iconografici promossi nei diversi contesti nazionali. Al centro dell'analisi, lo si sarà capito, non è lo studio dell'evoluzione dello stile fotografico, ma l'esame delle 'maschere' che quei ritratti costruiscono (la fotografia non cattura volti, ma produce maschere) e dell'immagine mentale espressa dai ritratti di Stato e dalla loro ideologia rappresentativa. Ancora, a interessare è la relazione che si crea tra le forme della rappresentazione e la presentazione (l'ostensione) di quelle immagini in pubblico.

Il ritratto fotografico ufficiale viene qui considerato una sorta di autoritratto che lo Stato fa di sé. O, se ci è concesso dialogare con l'evoluzione che l'autoritratto ha conosciuto negli ultimi anni, un vero e proprio «selfie di Stato», come se ad armare lo scatto e a protrarre il braccio metallico su cui correntemente si posiziona il cellulare per fissare un'immagine di sé fosse lo Stato stesso, inteso come espressione organizzata della comunità politica. Quello che si tenterà di fare in queste pagine, dunque, è di riflettere su un genere fotografico connotato, considerandolo una sorta di metonimia, l'esame di una parte per il tutto capace di descrivere su scala ridotta le pratiche e le strategie di visualizzazione dell'autorità. Se è vero che il selfie costituisce, lo ha notato con acutezza Michele Smargiassi, «uno strumento di ricerca, verifica e costruzione della nostra relazione con gli altri», «una dichiarazione, una informazione, una illustrazione, non del nostro io segreto, ma del nostro Ego pubblico»[31], il ritratto fotografico ufficiale di presidenti e cancellieri può essere considerato a tutti gli effetti come l'esposizione in forma di immagine dell'io pubblico dello Stato.

Un elemento generale da cui partire è costituito da un tratto comune che caratterizza la ritrattistica ufficiale in Italia e Germania. Per entrambe le nazioni il 1945 ha costituito una cesura anche dal punto di vista della politica delle immagini. La discontinuità col passato totalitario ha comportato un «distacco dal pathos»[32] che aveva segnato la politica delle immagini della precedente stagione; il carattere monumentale del registro visuale di fascismo e nazismo è stato così abbandonato in favore di uno stile antieroico e anticelebrativo che esprimeva lo scetticismo nei riguardi della concezione mitizzata della politica e della tendenza a saturare lo spazio pubblico visuale.

Italo Calvino, che aveva trascorso i suoi primi vent'anni «con la faccia di Mussolini sempre in vista, in quanto il suo ritratto era appeso in tutte le aule scolastiche, così come in tutti gli uffici e locali pubblici»[33], ha ricordato in un suggestivo esercizio di memoria critica visuale come l'immagine mussoliniana, dovendo trasmettere giovinezza, modernità, efficienza, severità autoritaria, energia, prepotenza, bellicosità, fierezza plebea, contrastasse «con tutto quel che era stata fino allora l'immagine d'un uomo di Stato»[34]. È ciò che Sergio Luzzato ha definito «mussolinismo fotografico», un articolato dispositivo di rappresentazione della multiforme corporeità del Duce che di volta in volta veniva rappresentato come uomo di Stato, operaio, cittadino, imperatore, contadino, borghese, sportivo:

[31] M. Smargiassi, *L'ansia dell'autoritratto in cerca di mondo*, in «la Repubblica», 3 gennaio 2018.

[32] M. Ruck, *«Abschied vom Pathos» – Beginn eines «Mythos». Die visuelle Gründungskonstruktion der Bundesrepublik*, in G. Paul (ed), *Das Jahrhundert der Bilder*, pp. 40-47, qui p. 42.

[33] I. Calvino, *Saggi 1945-1985*, II: *I ritratti del Duce*, Milano, Mondadori, 1995, p. 2878.

[34] *Ibidem*, pp. 2884-2885.

«… il corpo del Duce – vivo, effigiato, parlato e scritto – incombeva visibile, invadente e ubiquitario. Niente di discreto, di misterioso e riposto, in questo moderno re di masse: niente che rimanga in ombra, semmai il rischio della sovraesposizione … Il Duce sa, vede tutto. A tutto provvede personalmente. Ed è in ogni luogo»[35].

Pur articolata in forme parzialmente diverse, in Germania la costruzione dell'identità visuale del *Führer* era stata altrettanto pervasiva. Rappresentato di volta in volta come capo del partito, comandante delle *Sturmarbteilung*, politico in abiti civili, comandante delle forze armate con mantello e binocolo, il volto di Hitler era stato oggetto di un'imponente campagna di monumentalizzazione, la quale per registri e stilemi richiamava solo in parte il canone della tradizionale raffigurazione degli imperatori della *Kaiserzeit*[36]. L'iconografia hitleriana era stata il frutto di un chiaro processo di personalizzazione della politica e seguiva itinerari diversi da quelli battuti dalla tradizione iconografica monarchica o, ancor più, dalla rappresentazione di un «potere senza splendore»[37] promossa in forme assai più prosaiche negli anni di Weimar.

Nel caso italiano come in quello tedesco non c'erano referenti forti a cui appellarsi per la costruzione dell'*imagerie* repubblicana. La Repubblica italiana nata nel 1946 non poteva contare su una tradizione consolidata: «Quella più aulica, di derivazione rivoluzionaria, era come un fiume carsico, emerso prepotentemente nel 1797-1801, poi ancora nel 1848-49, e, in forme più edulcorate e marginali, fra il 1880 e il 1914»[38]. Anche per la Repubblica Federale Tedesca non era semplice richiamarsi a solidi modelli di rappresentazione del progetto democratico: l'esempio weimariano, che si era distinto per l'abbandono del pomposo cerimoniale guglielmino e per una declinazione in chiave borghese della simbologia e ritualità statuale, non

[35] M. Isnenghi, *L'Italia del Fascio*, Firenze, Giunti, 1996, p. 411.

[36] T. Ronge, *Das Bild des Herrschers in Malerei und Grafik des Nationalsozialismus*, Berlin, Lit Verlag, 2010, p. 347.

[37] *Ibidem*, p. 31.

[38] R. Balzani, *Immagini e simboli*, in M. Ridolfi (ed), *Almanacco della Repubblica*, pp. 32-41, qui p. 40.

rappresentava certo un esempio vincente, se è vero che tra le ragioni del tramonto della Repubblica di Weimar va annoverata anche la fragilità della sua *imagerie*, orgogliosamente lontana dalla tradizione monarchica.

Estendendo il giudizio formulato sul caso italiano da Maurizio Ridolfi, si può dire che la definizione del corredo simbolico repubblicano avvenne in entrambi i casi «senza pathos e trepidazioni particolari»[39]. Il destino istituzionale incerto e il chiaro peso dell'esperienza politica precedente «compressero fortemente la sensibilità del mondo intellettuale e della classe dirigente verso la costruzione di un apparato di simboli capace di favorire l'identificazione dei cittadini nello stato democratico»[40]. L'obiettivo era di umanizzare la figura del leader politico[41], sottraendola all'ingombrante corporeità fotografica mussoliniana e hitleriana.

In Francia, invece, dove la definizione di un rinnovato orizzonte politico non dovette scontrarsi con la rielaborazione di un'esperienza autoritaria tanto lunga e pervasiva, l'*imagerie* repubblicana è proseguita in buona sostanza nel solco della tradizione precedente. L'esame del modello francese di messinscena del potere presidenziale, segnato da alcune rotture di stile ma all'interno di un registro iconografico costantemente orientato all'esaltazione della funzione istituzionale, consentirà in questo senso di cogliere meglio alcune tendenze dell'autonarrazione visuale proposta dalle democrazie italiana e tedesca.

a. L'*imagerie* presidenziale oltre l'iconografia mussoliniana. Il caso italiano

I ritratti fotografici dei primi presidenti della Repubblica incarnano la circospezione con cui nell'Italia post-fascista si torna a

39 M. Ridolfi, *Una tradizione da reinventare*, in M. Ridolfi (ed), *Almanacco della Repubblica*, pp. 161-172, qui p. 164.

40 *Ibidem*.

41 G. D'Autilia, *Storia della fotografia in Italia dal 1839 a oggi*, Torino, Einaudi, 2012, p. 303.

raffigurare i rappresentanti dell'indirizzo politico della nazione. C'è chi, a riguardo, ha parlato esplicitamente di una banalità intenzionale dei ritratti dei presidenti italiani[42], a sottolineare lo scarto che si produce in pochi anni tra la prepotente fierezza dell'iconografia mussoliniana e il compassato registro narrativo dei ritratti presidenziali dell'Italia repubblicana[43].

Di Enrico De Nicola, che ricoprì la carica di presidente della Repubblica dal gennaio al maggio 1948, non fu in tutta probabilità predisposto alcun ritratto fotografico ufficiale. L'immagine associata alla sua funzione presidenziale non ha affatto l'aspetto di un ritratto istituzionale e verosimilmente è uno scatto ripreso in altra occasione e utilizzato in seguito come fotografia pubblica. Lo suggeriscono, oltre alla mancanza di evidenze archivistiche, la qualità, il taglio e la composizione dell'immagine, nata evidentemente per altri scopi.

Un caso solo parzialmente diverso è quello del ritratto di Luigi Einaudi (1948-1955), il quale si occupò della propria immagine pubblica solo a seguito di un'interpellanza parlamentare che nel maggio 1950 ne lamentava l'assenza[44]. La scelta di Einaudi non cadde sulla costruzione di una fotografia pensata per l'occasione, ma sul recupero di uno scatto già esistente, opera di Domenico Riccardi Peretti Griva, un magistrato torinese dalla solida pratica fotografica[45]. Anche qui siamo all'interno di un

[42] L. Cheles, *Immagini presidenziali nel tempo presente. Francia e Italia in prospettiva comparata*, in M. Ridolfi (ed), *Presidenti. Storia e costumi della Repubblica nell'Italia democratica*, Roma, Viella, 2014, pp. 157-170, qui p. 158.

[43] Per una riflessione sulla funzione presidenziale nella storia repubblicana cfr. G. Galasso, *Il presidente e la storia della Repubblica*, in S. Cassese - G. Galasso - A. Melloni (edd), *I Presidenti della Repubblica. Il Capo dello Stato e il Quirinale nella storia della democrazia italiana*, 2 voll., Bologna, Il Mulino, 2018, 1, pp. 3-32.

[44] La notizia è contenuta in L. Cheles, *Immagini presidenziali nel tempo presente*, p. 159.

[45] Si tratta di Domenico Riccardi Peretti Griva, esponente del movimento pittorialista italiano. Avvicinatosi alla fotografia di paesaggio da autodidatta, sviluppò una solida conoscenza del mezzo fotografico, senza tuttavia abbandonare la professione di magistrato. Nel dopoguerra fu presidente della Corte d'appello di Torino e presidente onorario della Corte di cassazione.

ritratto dai contorni poco istituzionali e senza alcun contenuto simbolico di particolare rilievo, eccezion fatta per l'insieme di carte (di impossibile identificazione) che Einaudi regge sotto il braccio mentre, incorniciato entro uno spazio indefinito e omogeneo, guarda in camera in una posa frontale e impettita. La foggia dell'abito, un frac con fazzoletto al taschino, tradisce l'origine non istituzionale dello scatto, di cui in assenza di ulteriori elementi di contorno non sembra utile azzardare analisi iconologiche strutturate.

Le fotografie ufficiali di De Nicola e Einaudi evidenziano l'assenza di un investimento programmatico sulla dimensione simbolica dell'iconografia presidenziale. Pur non dichiarato, ciò costituisce già di per sé un netto distanziamento dalla politica delle immagini del passato: la figura di garanzia dell'intero impianto democratico non è oggetto di culto, né viene monumentalizzata o eroicizzata. Al contrario, il presidente è raffigurato in forma anonima, senza segni ed elementi specifici che alludano a una qualche simbologia o retorica istituzionale.

La stabilizzazione del sistema repubblicano e la progressiva definizione delle funzioni presidenziali[46] hanno condotto alla definizione di un canone ritrattistico caratterizzato da una certa omogeneità di stile e di impianto, che va almeno fino al ritratto di Francesco Cossiga del 1985. La scarsità di informazioni a disposizione relative agli autori degli scatti e alle condizioni in cui avvennero non consente di svolgere riflessioni articolate rispetto alla fase di ripresa e alle logiche che ne guidarono la composizione. Nel caso italiano, ma lo stesso può dirsi del ritratto ufficiale dei cancellieri tedeschi, siamo di fronte a una pratica non formalizzata, la quale non fa riferimento a protocolli codificati e non ha di conseguenza lasciato dietro di sé significative tracce documentali e archivistiche.

Accanto al desiderio di smarcarsi dall'ingombrante iconografia fascista, l'impressione che si ricava da uno sguardo d'insieme di

[46] Per un esame generale delle prassi presidenziali e della progressiva definizione della sua funzione politica, cfr. A. GIACONE, *Il capo dello Stato nella 'Repubblica dei partiti' (1946-1978)*, in M. RIDOLFI (ed), *Presidenti*, pp. 89-114.

questa prima produzione fotografica è che al mezzo fotografico si sia in fondo portati ad attribuire un ruolo limitato. Il ritratto ufficiale del presidente non costituisce un simbolo ufficiale della Repubblica e l'investimento simbolico sulle immagini con cui 'personificare' l'ideale repubblicano è limitato.

Un primo affinamento del canone si ebbe con il ritratto ufficiale di Giovanni Gronchi (1955-1962), di cui non conosciamo l'autore. Quello del politico democristiano è un ritratto in studio di taglio tradizionale ma di buona fattura. Lo sguardo in macchina, assai meno severo e pungente di quello di Einaudi, suggerisce un contatto diretto con i cittadini, a cui Gronchi si rivolge alleggerendo il rigore compassato con un sorriso accennato. Dall'abito, dalla postura e dallo sfondo neutro non si ricavano elementi in grado di guidare lo sguardo verso significati o simboli precisi. Non lo sapessimo, non potremmo intuire che quello raffigurato è il presidente della Repubblica italiana. A essere rappresentato, viene da dire, non è il presidente della Repubblica, ma l'uomo chiamato a esercitarne la funzione; non è il rappresentante più alto del sistema politico italiano, ma il cittadino nominato per svolgere quella carica. La differenza può apparire sottile, ma se confrontato con la tradizione fascista, questo processo di rarefazione e de-simbolizzazione del codice visuale ufficiale dello Stato risponde a una precisa strategia di rappresentazione della nuova esperienza politica.

Il ritratto fotografico di Antonio Segni (1962-1964), anche questo di mano ignota, segue lo stesso stilema figurativo. Ambientazione, posa, foggia e punto di ripresa non rivelano alcun contenuto simbolico. Lo sguardo, invece, torna a farsi astratto e a sfuggire l'incontro con gli occhi dello spettatore. Si inaugura, così, un'abitudine che si interromperà solo con Giorgio Napolitano (2006), il quale dopo sette presidenti intenti a volgere lo sguardo altrove (tutti verso la propria destra, come a scrutare il futuro, eccezion fatta per Saragat), torna a rivolgersi direttamente ai cittadini che ne incrociano la vista, quasi a chiederne il sostegno o a promette loro l'avvio di un rapporto più diretto con la società civile.

Lo sguardo, come è stato detto, «è il grande problema del ritratto»[47]. In assenza di emblemi, simboli e altri elementi figurativi, è proprio la scelta dello sguardo ad attribuire allo scatto molta parte della propria coloritura emotiva e, di conseguenza, a veicolare l'immagine che il presidente, e per estensione la Repubblica, intende dare di sé. Quelli di Antonio Segni, Giuseppe Saragat (1964-1971), Giovanni Leone (1971-1978) e Sandro Pertini (1978-1985) sono in questo senso molto simili tra loro: il fondale omogeneo, la lieve torsione del busto, lo sguardo oltre il margine del fotogramma e (in particolare per Segni e Pertini) un'illuminazione radente restituiscono un'immagine asciutta, a tratti astratta, dei presidenti e della loro funzione istituzionale.

Sono ritratti che, come quello di Giovanni Giolitti ripreso da Mario Nunez Vais nel 1895, più che lavorare sulla restituzione dell'individuo che presta il proprio volto al ritratto, più della 'somiglianza intima' al presidente «vuole darne e rispecchiarne il senso ideale»[48]. Sono tutti ritratti consapevoli di essere rappresentazioni pubbliche che partecipano alla costruzione della funzione pubblica del presidente; consapevoli, dunque, della funzione pubblica delle immagini. L'assenza di un'ambientazione riconoscibile e l'uso di uno sfondo omogeneo evidenziano la funzione icastica degli scatti. Qualche accento di idealizzazione si ha nei ritratti di Segni, di Leone e soprattutto di Pertini, fotografato senza i tradizionali occhiali dalla vistosa montatura e con un lavoro sulle luci (una di taglio a 45° a illuminare il volto, una a schiarire lo sfondo per far risaltare ulteriormente la figura) che enfatizza la dimensione spirituale e idealizzata della messinscena. È sufficiente una lieve torsione del busto o un'inclinazione più o meno evidente dello sguardo verso l'alto o verso un lato per modificare significativamente il contenuto simbolico della fotografia. Senza scendere in analisi troppo dettagliate, si tratta di scatti che ignorano, pur

[47] E. Grazioli, *I generi fotografici tra realtà e finzione*, in G. De Luna - G. D'Autilia - L. Criscenti (edd), *L'Italia del Novecento. Le fotografie e la storia*, p. 246.

[48] *Ibidem*, p. 244.

presupponendola, la presenza dello sguardo dell'osservatore. I presidenti non guardano i cittadini, ma mostrano un contegno assorto, quasi a sottolineare il peso e il carico della funzione che svolgono e delle responsabilità che li attendono.

Parzialmente diverso risulta lo scatto di Saragat. Anche qui lo sguardo del presidente, che non vediamo completamente, è fuori asse e non sembra prendere in considerazione l'esistenza di un osservatore; il volto è girato, ma non nella tipica posa di chi, il mento leggermente sollevato, contempla il destino di una nazione o cerca l'ispirazione per guidarne la rotta. Non sorprende che la fotografia ufficiale di Saragat esprima un codice figurativo più prossimo alla ritrattistica privata; l'autrice è Ghitta Carell, la fotografa ungherese autrice di numerosi celebri ritratti di protagonisti del mondo borghese, aristocratico e artistico italiano. La scelta, non sappiamo se di Saragat, è significativa: la fotografa di origini ebraiche, a lungo etichettata come fotografa del regime, è autrice di alcuni celebri ritratti di Mussolini (colto nella doppia veste pubblica e privata), Edda e Galeazzo Ciano, ma anche Pio XII, Cesare Pavese e in seguito Giovanni XXII, industriali, uomini pubblici e molti esponenti della Democrazia cristiana. Il ritratto di Saragat, non a caso, è il meno 'istituzionale', il meno inquadrabile nel canone dell'immagine pubblica e istituzionale, il meno convenzionale in relazione al linguaggio fotografico e compositivo utilizzato.

Si tratta di un *unicum* nella storia della ritrattistica ufficiale dei presidenti italiani, i quali sono stati ritratti da fotografi non professionisti (è il caso, già citato, di Einaudi, e di Leone, ritratto dal figlio Giancarlo) o da professionisti non attivi nel mondo della cosiddetta fotografia d'arte (è il caso del ritratto di Pertini, prodotto dallo Studio Cantera di Roma, o dei ritratti ufficiali di Cossiga, Scalfaro, Ciampi, Napolitano e Mattarella, prodotti dal Poligrafico dello Stato[49], oggi Poligrafico e Zecca dello Stato Italiano).

[49] Inizialmente il Poligrafico dello Stato si limitava a curare la stampa dei ritratti forniti dal Quirinale. A partire dal 1988 e sotto la supervisione di Claudio Milza, responsabile dell'attività fotografica del Poligrafico, ne ha curato anche la ripresa. I ritratti non sono firmati e sotto il ritratto appare la scritta: «Istituto Poligrafico e Zecca dello Stato».

In realtà nel caso di Cossiga siamo in presenza di due fotografie ufficiali: una legata al tradizionale canone figurativo e pensata per la diffusione alle istituzioni civili; una che introduce elementi iconografici nuovi ed è destinata alle istituzioni militari[50]. L'esistenza di una doppia immagine ufficiale costituisce un fatto singolare, che rivela una precisa scelta di politica delle immagini e ribadisce la funzione tutt'altro che ornamentale che il ritratto ufficiale dei capi di Stato assume.

Le due immagini mostrano in buona sostanza due presidenti diversi: quello esibito negli spazi civili segue le forme più intime del ritratto presidenziale e si pone in continuità con la fotografia poco connotata dei predecessori, quello predisposto per una diffusione negli spazi militari costruisce un'immagine più istituzionale della funzione presidenziale e apre a un nuovo codice figurativo. In questo secondo scatto Cossiga è ripreso frontalmente negli spazi del Quirinale ed è affiancato dalla bandiera italiana. Si tratta di due elementi che verranno conservati nei ritratti presidenziali successivi e che di fatto definiscono un protocollo, quello legato alla fotografia ufficiale del presidente, ben poco definito[51].

Il ritratto di Cossiga pensato per gli organi militari marca una discontinuità anche rispetto al carattere tradizionalmente meno frontale dello scatto, al suo ordine compositivo, a un diverso rapporto tra i volumi della figura e dell'ambiente (Cossiga è ripreso in mezzo busto), all'orientamento dello sguardo, che sceglie un punto di fuga insolito: se tradizionalmente lo sguardo si alza in cerca di un simbolico approdo ideale o, tutt'al più, si mantiene alla medesima altezza dell'osservatore, qui si piega in una curiosa sottrazione degli occhi all'attenzione dell'obiettivo.

[50] Lo testimonia un documento conservato presso l'Archivio Storico della Presidenza della Repubblica, in cui il segretario generale del Quirinale specifica all'Istituto Poligrafico e Zecca dello Stato che le due fotografie hanno destinatari differenti (ASPR, Archivio Servizio Patrimonio, b. 330, c. 6). Ringrazio la dott.ssa Laura Curti per la segnalazione.

[51] Inquadrare la bandiera è l'unico obbligo imposto dal protocollo. Ringrazio Claudio Milza per le preziose informazioni fornitemi riguardo al ruolo del Poligrafico e Zecca dello Stato Italiano nell'attività di ripresa fotografica dei presidenti.

Con Oscar Luigi Scalfaro (1992-1999) si torna a un ritratto che ricorrendo al primo piano isola la figura dal contesto, nuovamente caratterizzata dalla presenza della bandiera, resa più sfumata dalla scelta di lavorare sulla riduzione della profondità di campo. Il sorriso accennato, tradizionale segno di un'apertura nei riguardi dell'osservatore, e la posizione della mano sinistra che regge il volto del presidente segnano gli altri elementi di distinzione di un ritratto che per certi versi mescola gli stilemi del ritratto 'ispirato' e il nuovo registro narrativo più aperto alla caratterizzazione simbolica della carica presidenziale[52].

Carlo Azeglio Ciampi (1999-2006) introduce un ulteriore elemento iconografico, affiancando alla bandiera italiana lo stendardo presidenziale blu con al centro l'emblema della Repubblica in oro[53]. È il segno, confermato dalla fierezza dello sguardo, di una politica presidenziale fortemente incentrata sulla valorizzazione e il rilancio degli elementi simbolici della nazione. Prima ancora che declinarsi in atti concreti come il ripristino della Festa della Repubblica del 2 giugno, il 'patriottismo costituzionale' di cui Ciampi è stato strenuo difensore[54] si è mostrato in forma visuale nel ritratto ufficiale che ne ha accompagnato il settennato.

Anche nel caso di Giorgio Napolitano (2006-2015) il ritratto, frutto come negli altri casi di un suo diretto coinvolgimento

52 Lo stesso ritratto è alla base del francobollo commemorativo emesso dal Ministero dello Sviluppo Economico il 22 giugno 2018 in occasione del centenario della nascita di Scalfaro. Nella stessa occasione sono stati emessi due francobolli commemorativi di Giovanni Gronchi e Giuseppe Saragat, entrambi ricavati dalle loro fotografie ufficiali.

53 Proprio Ciampi avrebbe introdotto con il decreto presidenziale 241 del 14 ottobre 2000 un nuovo modello dello stendardo presidenziale; si tratta dello stendardo attualmente in uso, che richiama la bandiera della Repubblica italiana del 1802-1805.

54 Cfr. U. Gentiloni Silveri, *Carlo Azeglio Ciampi*, in S. Cassese - G. Galasso - A. Melloni (edd), *I Presidenti della Repubblica*, 1, pp. 407-438; G. Mammarella - P. Cacace, *Il Quirinale. Storia politica e istituzionale da De Nicola a Napolitano*, Roma - Bari, Laterza, 2011; G. Pasquino, *Ciampi*, in J. Blondel - P. Segatti (edd), *Politica in Italia*, Bologna, Il Mulino, 2003.

nella scelta dello stile di ripresa, ha rappresentato in un certo senso una promessa rivolta ai cittadini. Per la prima volta dai tempi di Gronchi il presidente torma a guardare dritto davanti a sé, orientando il proprio sguardo verso l'osservatore. È una scelta di cui non sfuggono il senso retorico e il carico simbolico. L'altro elemento di novità è rappresentato dalla presenza centrale della bandiera dell'Unione Europea, che in termini di superficie raffigurata supera in misura significativa quella italiana. Il senso di questa scelta è, ancora una volta, piuttosto chiaro e svela in forma nitida il rapporto che la Repubblica italiana guidata da Napolitano avrebbe inteso stringere con gli alleati europei.

Il ritratto ufficiale di Sergio Mattarella (2015-) si colloca nel solco del modello iconografico del suo predecessore. Lo sguardo resta frontale e incontra l'obiettivo del fotografo, come a dire che il presidente oggi non può che farsi carico di guardare negli occhi il paese, reggendone lo sguardo e accogliendone le istanze. E non può che farlo con accanto i simboli che segnano la cornice istituzionale del suo ufficio, ossia la bandiera italiana e quella dell'Unione Europea. Queste ultime rivelano una centralità meno manifesta (soprattutto per quanto riguarda la bandiera europea) di quanto non accadesse nell'effigie di Napolitano, ma marcano con decisione l'orizzonte entro cui si è inteso indirizzare l'azione presidenziale.

Dal ritratto un po' improvvisato e simbolicamente poco connotato di De Nicola il canone visuale presidenziale si è definito e precisato, muovendo da un modello piuttosto rarefatto della messinscena a una costruzione narrativa più apertamente politica del ritratto del presidente. Una costante sembra in ogni caso rimasta, e riguarda il carattere composto e poco retorico del discorso fotografico presidenziale. La grammatica visuale si è andata affinando e definendo, ma la cornice è rimasta quella di una politica delle immagini (e di un uso politico dell'immagine ufficiale) misurati, in cui l'elemento celebrativo dell'uomo politico non ha mai trovato spazio.

b. Tra stile documentario e trasfigurazione artistica. Il caso tedesco

Un discorso per molti versi analogo è applicabile al caso della Repubblica Federale Tedesca, dove il distanziamento dagli eccessi della visualizzazione del potere totalitario ha segnato in profondità l'iconografia ufficiale delle due più alte cariche dello Stato: il cancelliere federale e il presidente federale[55].

L'«hitlerismo fotografico» si era risolto in un'accentuazione dell'elemento fanatico della volontà di potenza del capo, in una rappresentazione della politica come lotta e nella stilizzazione del suo principale interprete come una 'guida' capace di mescolare i tratti del culto religioso a quelli dell'osservanza militare[56]. Nella Germania di Bonn non poteva esserci più spazio per un modello così apertamente propagandistico della rappresentazione del potere. Il superamento dell'esperienza totalitaria ha portato con sé l'impraticabilità di ogni forma di personalizzazione del potere, divenuto il modello negativo intorno a cui costruire una nuova simbologia dell'autorità e una nuova politica delle immagini.

Non a caso le fotografie ufficiali dei cancellieri hanno smesso di essere coperte dalla rigidissima tutela riconosciuta dal nazionalsocialismo[57]. I nuovi simboli dello Stato sono diventati la bandiera federale, lo stemma federale e l'inno nazionale, mentre le immagini ufficiali delle più alte cariche dello Stato sono state sottratte ai rigidi protocolli. Nella Germania Federale la costruzione dell'immagine pubblica ufficiale del cancelliere e del presidente federale non è un processo regolato dalla legge, ma è la conseguenza di una prassi, la quale prevede che all'inizio di ogni legislatura venga composto un ritratto

[55] Per un esame delle competenze costituzionali delle due figure istituzionali cfr. S. Grimaldi, *Germania: Il Presidente federale* in G. Passarelli (ed), *Presidenti della Repubblica. Forme di governo a confronto*, Torino, Giappichelli, 2010, pp. 227-259.

[56] Cfr. T. Ronge, *Das Bild des Herrschers*, pp. 106 ss.

[57] L'immagine del *Führer* era considerata simbolo nazionale ed era tutelata dal *Gesetz zum Schutz der nationalen Symbole* del maggio 1933.

del presidente federale e del cancelliere federale, in seguito messi a disposizione della stampa e del pubblico che ne fa richiesta. Gli scatti sono tradizionalmente opera di fotografi della *Bundesbildstelle*, anche se non è mancato in alcuni casi il coinvolgimento di fotografi esterni[58].

Nella loro disadorna omogeneità, i ritratti dei cancellieri si presentano molto più simili a fotografie a uso stampa che ai dispositivi simbolici condensati nella tradizionale iconografia del sovrano e tradiscono in forma piuttosto evidente il carattere di servizio che viene loro attribuito dall'organo che ne presiede la creazione (la *Bundesbildstelle*). La componente artistica e la dimensione retorica degli scatti sono completamente schiacciate dalla destinazione funzionale delle immagini, il cui obiettivo appare di carattere denotativo più che connotativo. Segnato da una piatta ordinarietà iconica, il ritratto di cancellieri e presidenti descrive e illustra il volto dei rappresentanti dello Stato, ne presentifica i contorni, ma non li inserisce in un racconto per immagini dotato di una forza evocativa capace di spingersi più in là della «retorica dell'antiretorica» nata dal rifiuto di ogni culto della personalità. Abiti, foggia, pose, assenza di simboli: nei ritratti dei cancellieri tutto sembra giocare in favore di una costruzione piana e omogenea del codice iconografico. I cancellieri sono ripresi frontalmente e in primo piano, con lo sguardo in macchina. Non c'è spazio per altro che non sia il volto, talvolta lievemente sorridente, del leader di governo.

Un discorso simile è applicabile alle fotografie ufficiali dei presidenti federali, che con quelle dei cancellieri condividono un registro visuale anonimo e piuttosto standardizzato, buono più per gli usi della comunicazione giornalistica che per la costruzione dell'immaginario pubblico. I dodici presidenti federali sono inscritti nel medesimo canone raffigurativo: un primo piano che anche in questo caso rimanda allo stile da fototessera più che alla maestosità del ritratto politico, un fondo omogeneo e senza riferimenti ambientali utile a centrare

[58] In assenza di significative documentazioni d'archivio, sono state utili alcune informazioni trasmesse da referenti del governo tedesco.

l'attenzione sul volto presidenziale più che sul contesto in cui esercita le proprie funzioni, abito scuro e compostezza, una generalizzata espressione di pacata serietà, che talvolta prende le forme di un sorriso più o meno accennato. Il dato più significativo resta la presenza negli ultimi sei ritratti dello stendardo presidenziale, che nel ritratto di Roman Herzog (1994-1999) funge da sfondo e nelle fotografie seguenti (Johannes Rau, Horst Köhler, Christian Wulff, Joachim Gauck, Frank-Walter Steinmeier) diventa un elemento costante, seppur più misurato. È una tendenza simile a quella riscontrata nell'iconografia presidenziale italiana, col suo richiamo alla bandiera nazionale e, in tempi più recenti, ai simboli dell'Unione Europea. Il registro visuale tedesco conserva un baricentro tutto nazionale e in generale descrive un rapporto con l'orizzonte politico-istituzionale europeo diverso rispetto a quello mostrato ed evocato dagli ultimi presidenti italiani.

La lontananza dal nazismo cresce, ma la rinuncia a ogni rappresentazione enfatica delle più alte cariche dello Stato resta in Germania un dogma invalicabile. Nella costruzione dell'identità visuale del cancelliere c'è però uno spazio più libero di quello concesso dalla ritrattistica fotografica, ed è rappresentato dalla cosiddetta *Ahnengalerie*, la galleria di ritratti pittorici che ha preso forma a partire dal 1976 per volontà del cancelliere Helmut Schmidt a voler sottolineare, sembra, la continuità della democrazia con l'aiuto delle immagini[59]. La sua scelta di recuperare alcuni ritratti pittorici dei quattro predecessori per impreziosire la sede del governo è all'origine di una prassi significativa dal punto di vista simbolico, che consiste nella cessione da parte di ogni cancelliere a fine mandato di un ritratto commissionato a un artista contemporaneo, destinato a essere acquistato e appeso nella galleria presidenziale, situata oggi al primo piano del *Bundeskanzleramt* nel foyer della sala conferenze[60].

[59] Il recupero di immagini di cancellieri attivi prima della fondazione della BRD fu espressamente escluso da Helmut Schmidt.

[60] Nella maggior parte dei casi, i ritratti dei primi cancellieri non sono dunque stati pensati con lo scopo di una loro esposizione nella *Ahnengalerie*.

A differenza dei ritratti fotografici ripresi a inizio mandato e privi di una chiara connotazione iconica del cancellierato, sono composti dopo la fine dell'esperienza di governo, lasciando in alcuni casi trapelare elementi espressivi utili a caratterizzarla iconograficamente. Non tutte le scelte compiute dai singoli cancellieri sono state accolte positivamente. Al ritratto di Adenauer fatto nel 1966 da Oskar Kokoschka[61], uno dei protagonisti indiscussi delle arti figurative di area tedesca del Novecento, lo statista renano ne ha preferito in seguito uno più tradizionale dipinto nel 1963 da Hans Jürgen Kallmann, pittore cresciuto artisticamente nella Berlino tra le due guerre[62]. Sempre di Kokoschka è il primo ritratto di Ludwig Erhard (1963-1966), che l'ex cancelliere ha rifiutato per via della difficoltà a riconoscersi nel quadro del pittore austriaco[63]. La tela di Kokoschka è stata così sostituita da una più convenzionale del noto ritrattista Günter Rittner, a cui si affidò per il proprio ritratto lo stesso Georg Kiesinger (1966-1969).

Anche il ritratto che Willy Brandt (1969-1974) propose di acquistare non passò inosservato; si trattava di una tela dipinta qualche anno prima da Georg Meistermann, noto artista già presidente del *Deutscher Künstlerbund*, che aveva ritratto Brandt con uno stile figurativo di grande impatto ma assai poco incline al realismo[64]. A protestare non fu però Brandt,

È consuetudine che anche dei presidenti federali sia fatto un ritratto ad opera di un artista contemporaneo, ma il limitato valore artistico delle opere e la loro visibilità parziale ci suggeriscono di non prenderle in considerazione in questa sede.

61 Cfr. *Öl für Kinder*, in «Der Spiegel», 23 maggio 1966, p. 31.

62 Il ritratto di Kokoschka trova comunque posto, oggi, nel palazzo del Governo; non nella *Ahnengalerie*, ma nell'ufficio della cancelliera Angela Merkel, dove è stato appeso nel febbraio 2006 (fonte ufficiale *Bundeskanzlerin*).

63 Nel 1959 Kokoschka aveva ritratto in due distinte tele sia Theodor Heuss che Ludwig Erhard, all'epoca ministro dell'Economia. Alcune informazioni si trovano in G. SELLO, *Kunstkalender*, in «Die Zeit», 7 ottobre 1966.

64 Sulle vicende legate alla tela intitolata *Farbige Notizen zur Biografie des Bundeskanzler Brandt, 1969-1973*, attualmente esposta alla Friedrich Ebert Stiftung di Bonn e alla seconda tela dipinta da Meistermann per Brandt nel 1977, intitolata *Bildnis des Altbundeskanzler Willy Brandt, 1977/78, 1984/85*, oggi esposta nel Willy-Brandt-Forum a Unkel, si veda J.M. CALLEEN, *Wenn die*

che apprezzava il lavoro di Meistermann, ma il suo successore Helmut Schmidt, il quale respinse la proposta del predecessore. Brandt chiese a Meistermann un nuovo ritratto dai contorni più riconoscibili, ma anche in questo caso il *Bundeskanzleramt* criticò l'astrattezza e la scarsa convenzionalità dell'opera (il cancelliere era raffigurato senza naso e senza cravatta) e rifiutò di appenderlo nella *Kanzlergalerie*[65]. Per vedere un ritratto di Brandt nel palazzo del cancelliere si dovette attendere il 1982, quando Kohl convinse Brandt a farsi ritrarre in forma più convenzionale da Oswald Petersen, un ritrattista figlio d'arte (il padre Walter era stato ritrattista di Bismarck).

La scelta di Helmut Schmidt (1974-1982) di commissionare (nel 1986, dunque a Germania ancora divisa) il proprio ritratto a Bernhard Heisig, un artista tedesco-orientale molto in vista nel mondo artistico-culturale della DDR, ha avuto un significativo valore simbolico, anche per il carattere in parte ambivalente dei suoi rapporti con la politica artistica della Germania orientale. Il ritratto, scelto tra altri, coglie Schmidt al tavolo di lavoro, immerso in un'attività istituzionale intensa.

La scelta di guardare al mondo artistico della Germania orientale è stata confermata da Helmut Kohl (1982-1998), il quale per il proprio ritratto ha scelto nel 2002 di rivolgersi ad Albrecht Gehse, un artista di Lipsia cresciuto alla scuola dello stesso Heisig, il quale nel ritratto di Kohl introduce un elemento simbolico: la Porta di Brandeburgo intorno a cui si era consumata la fine della divisione tra le due Germanie e l'inizio della nuova storia tedesca, a voler marcare il ruolo centrale avuto da Kohl nel processo di riunificazione della nazione.

Una rottura del canone iconografico presidenziale si è avuta con Gerhard Schröder (1998-2005), il quale per il proprio ritratto si è rivolto a Jörn Immendorf, autore controverso e non

Kunst (von) der Demokratie verbannt wird. Gleich zwei Willy-Brandt-Porträts von Georg Meistermann wurden aus der Bundeskanzler-Galerie verbannt, in *Kunst der Demokratie*, III, Saarbrücken, Die Redner, 2013, pp. 77-80.

[65] Tra le altre cose, Meistermann era criticato per aver ritratto (al costo di 35.000 DM) il volto di Brandt come una sorta di «cavaliere dell'apocalisse».

nuovo agli scandali. La tela di Immendorf, dipinta con l'aiuto di alcuni assistenti per via delle precarie condizioni di salute, rappresenta un ritratto per molti aspetti insolito: il carattere misurato e convenzionale di molte tele della *Kanzlergalerie* viene stravolto e Schröder è ritratto come un'icona sacra contemporanea, inscritto in un ovale e dipinto coi toni dell'oro in una prospettiva piatta e frontale. I richiami simbolici sono altrettanto insoliti e riguardano un'aquila federale stilizzata, l'immagine di una statua distrutta e una serie di scimmie poste sullo sfondo del cancelliere, a simboleggiare gli artisti che Schröder avrebbe sempre sostenuto nell'esercizio delle funzioni istituzionali. In sintesi, un ritratto fuori dagli schemi, perfettamente in linea col codice comunicativo così attento alla dimensione mediale e mediatica utilizzato dal cancelliere nel corso della sua vita politica[66].

c. La messinscena fotografica del presidente tra continuità e discontinuità. Il caso francese

Si sono fin qui esaminate, seppur in linea generale, le politiche visuali proposte dalle democrazie italiana e tedesca, accomunate da un atteggiamento di circospezione nei riguardi di ogni possibile esaltazione personalistica del codice visuale istituzionale e dalla progressiva definizione dei modelli di rappresentazione della massima autorità.

Vale ora la pena aprire la riflessione al caso francese, che rivela un panorama iconografico differente. In Francia non c'è alcuna diffidenza nei confronti di un genere figurativo che si presta, in potenza, a un uso celebrativo delle personalità politiche. Non avendo dovuto costruire, come è avvenuto in Italia e Germania, una contro narrazione delle immagini del potere, la democrazia francese si è potuta liberamente riconnettere a una tradizione figurativa di lungo corso, legata a una netta azione di teatralizzazione della pratica politica.

[66] Su quest'ultimo aspetto si veda A. DÖRNER - L. VOGT, *Der Medienkanzler. Die mediale Inszenierung des Gerhard Schröders*, in G. PAUL (ed), *Das Jahrhundert der Bilder*, pp. 654 ss.

In Francia la definizione di forme simboliche in grado di contribuire alla costruzione dell'autorità politica rimanda alla tradizionale messinscena dell'autorità monarchica modellatasi intorno a Luigi XIV, la quale prevedeva un intreccio tra riproduzione delle sembianze fisiche del sovrano e costruzione simbolica della funzione 'mitica' del potere[67]. La fotografia si inserisce, in questo senso, nel solco di un genere figurativo ben radicato nella storia politica e culturale francese. Cambia il supporto, mutano il medium e la riproducibilità tecnica delle immagini, ma la cornice estetica entro cui è organizzato lo spazio iconografico presidenziale si pone in continuità col passato e costituisce un sostanziale prolungamento e aggiornamento del modello iconografico monarchico: la rappresentazione dell'autorità è colta attraverso la raffigurazione del suo più alto rappresentante e l'esposizione di alcuni simboli dello Stato.

I primi ritratti ufficiali dei presidenti della Repubblica, da Jules Grévy (1879-1887) fino a Georges Pompidou (1969-1974) condividono con la tradizione figurativa precedente la «visione idealizzata della figura presidenziale»[68]. La verticalità dell'immagine, l'orientamento dello sguardo, la postura intendono trasmettere una chiara impressione di onorabilità, dignità e rispetto del (e verso il) presidente. La centralità degli elementi culturali e tradizionali (libri, codici) vale a sottolineare (e legittimare) la dimensione intellettuale della massima carica dello Stato e a trasmettere il senso della continuità con la tradizione e l'odine politico democratico. La presenza di simboli e insegne dello Stato (gran croce della legione d'onore, collari dell'ordine della liberazione, medaglie dell'ordine al merito ...) servono da un lato a sottolineare che a essere rappresentata

[67] Cfr. Y. BOUDE, *Le portrait du président. Sur les usages politiques des photographies officielles des présidents de la République (1906-1995)*, in O. BONFAIT - B. MARIN (edd), *Les portraits du pouvoir*, Rome, Somogy éditions d'Art, 2003, pp. 202 ss. Dello stesso autore si veda anche il lavoro di dottorato Y. BOUDE, «Les portraits officiels des présidents de la République en France: histoire et sociologie d'une mise en scène», sostenuto all'Università di Grenoble nel 2005 sotto la direzione di Olivier Ihl.

[68] Y. BOUDE, *Le portrait du président*, p. 192.

è la funzione presidenziale prima della persona, dall'altro che il presidente esprime nella sua forma più alta il servizio che i cittadini sono portati a prestare alla nazione.

L'emblema di questa azione di raccordo tra la rappresentazione contemporanea dell'immagine presidenziale e la tradizionale iconografia del potere sovrano è costruito dalla fotografia ufficiale che ritrae Charles de Gaulle (1959-1969) all'indomani dell'elezione a presidente della Repubblica francese. Per il proprio ritratto de Gaulle, assai sensibile alle forme simboliche della comunicazione politica e a un uso strumentale dei media[69], scelse di rivolgersi a Jean-Marie Marcel, noto fotografo di moda che aveva già scattato la foto del generale utilizzata ampiamente nella campagna del referendum del 1946 e nel 1958, un ritratto a colori per la rivista «Jours de France»[70].

Lo scatto[71], ripreso il 21 febbraio 1959 nella biblioteca dell'Eliseo, fissa de Gaulle in abito da cerimonia, con la mano destra appoggiata su due libri posti in un angolo della scrivania (la *Costituzione* e la *Storia della Legion d'Onore*)[72], il viso leggermente girato a osservare l'orizzonte, il simbolo della Gran Croce della Legion d'onore, la collana del Gran Maestro dell'Ordine di Liberazione al collo.

Il successore di de Gaulle, Georges Pompidou, ricalca in maniera pedissequa il modello figurativo messo a punto dal generale, confermando posa, ambientazione, abiti, postura e direzione dello sguardo a traguardare l'osservatore. Un'immagine, quella

[69] Cfr. R. BRIZZI, *L'uomo dello schermo. De Gaulle e i media*, Bologna, Il Mulino, 2010.

[70] L'apprezzamento di de Gaulle per il lavoro di Marcel sembra derivasse dal carattere moderno del suo stile fotografico, favorito anche dall'utilizzo di due flash a torcia, uno strumento tecnico nuovo per l'epoca: cfr. C. HOFSTEIN, *De Gaulle, 50 ans après: les dessous d'une photo officielle*, in «Le Figaro Magazine», 3 gennaio 2009.

[71] La seduta comprese in realtà quaranta scatti: venti in abiti civili, venti in abiti militari. Per ogni tipologia, la metà fu ripresa in bianco e nero, la metà a colori.

[72] La scelta dei volumi, da quel che raccontano i protagonisti di quello scatto, non fu fatta da de Gaulle.

ripresa dal fotografo di «Paris Match» François Pagés, in totale continuità con l'iconografia precedente. Il punto di rottura arriva con l'elezione di Valéry Giscard d'Estaing (1974-1981), il quale rivoluziona il codice figurativo presidenziale rompendo con l'iconografia classica di chiara ascendenza monarchica. La scelta del fotografo ricade su Jacques-Henri Lartigue, uno dei più celebri fotografi internazionali, che d'intesa con Giscard d'Estaing stravolge la politica visuale presidenziale: il fotogramma diventa orizzontale, l'ambientazione istituzionale lascia il posto a uno sfondo composto da un dettaglio della bandiera francese[73], il 'piano americano' con cui era ripreso de Gaulle è sostituito da un primo piano, la composizione dell'inquadratura si modernizza, lo sguardo si fa frontale e incrocia quello dell'osservatore, il viso si apre in un sorriso più che accennato, emblemi e onorificenze si riducono e stilizzano nella rosetta della Legion d'Onore, la sontuosità dell'abito cerimoniale si alleggerisce e viene sostituita dalla sobria eleganza di un abito civile. La richiesta di «rinnovare radicalmente l'immagine repubblicana»[74] fatta a Lartigue dal presidente appare più che riuscita e apre una nuova via alla costruzione simbolica dell'*imagerie* presidenziale, con un'attenzione più spiccata alla dimensione intima e personale dell'uomo di Stato.

Ciò non ha comportato la dismissione dei simboli e dei richiami al tradizionale immaginario repubblicano. Lo conferma il ritratto fotografico che François Mitterrand (1981-1995) commissionò a Gisele Freund, icona della storia della fotografia nota in particolare per i molti ritratti di intellettuali, da Benjamin a Joyce, da Kahlo a Woolf, da Giacometti a Sartre e Beauvoir. Con Mitterrand si torna nella biblioteca dell'Eliseo, ma i libri smettono di essere un elemento decorativo o un 'sostegno' su cui il presidente, come nel caso di de Gaulle, poggia simbolicamente la mano, diventando invece il segno di un uomo di Stato che

[73] Lartigue ha dichiarato di aver appeso una bandiera alle scale dell'Eliseo, lasciando che sventolasse fino a inquadrare il volto del presidente sulla porzione bianca della bandiera.

[74] M. Guerri, *Clichés de présidents*, in «Le Monde», 10 giugno 1995.

è, anzitutto, un *homme des lettres*[75]. Mitterrand è còlto in un frammento sottratto a una possibile quotidianità mentre sfoglia un libro (gli *Essais* di Montaigne), a sottolineare la dimensione intellettuale e l'ancoraggio culturale della funzione presidenziale esercitata dal nuovo presidente. Non si tratta dello scatto più riuscito della lunga carriera della Freund, la quale sembra non sia stata particolarmente soddisfatta del ritratto. Le riuscì, in ogni caso, di veicolare una nuova immagine del presidente, desacralizzandone in parte la funzione e presentandola in una cornice al tempo stesso austera ma prossima ai cittadini, cui è rivolto lo sguardo di un Mitterrand informalmente seduto (una novità) e quasi sorridente.

Un nuovo avvicinamento dell'iconografia presidenziale ai cittadini si ha con la fotografia ufficiale di Jaques Chirac, opera della nota fotografa francese Bettina Rheims, emblema di una ricerca fotografica provocatoria dedicata in molta parte all'universo femminile, la quale aveva seguito Chirac nella parte conclusiva della campagna elettorale. In base alle dichiarazioni rilasciate a «Libération», l'idea di Rheims era di attribuire al nuovo presidente francese «l'aspetto rilassato dei grandi eroi nei western»[76]. Al di là delle intenzioni della fotografa, l'immagine prodotta rappresenta un ulteriore passo verso la desacralizzazione fotografica della funzione presidenziale[77]: Chirac esce dal palazzo, apre le porte al giardino dell'Eliseo (da cui campeggia il tricolore), si mostra accessibile e sorridente, sostituisce la posa compassata con una postura rilassata e quasi dimessa (le mani portate dietro la schiena). La ricerca di un registro più intimo non si esprime senza ambiguità: c'è chi nella posa di Chirac ha visto trionfare gli stilemi della foto ricordo, chi il registro visuale tipico di una pubblicità alberghiera.

[75] E. von Hagenow, *Bildniseinsatz*, in U. Fleckner - M. Warnke - H. Ziegler (edd), *Handbuch der politischen Ikonographie*, 2 voll., München, C.H. Beck, 2011, p. 171.

[76] L. Le Vaillant, *Bettina Rheims, 46 ans, photographe. Des filles à nu, Chirac en Président cow-boy, et Jésus avec des seins. Succès et polémiques. La chair et Christ*, in «Libération», 21 ottobre 1998.

[77] Y. Boude, *Le portrait du président*, p. 227.

Con Nicolas Sarkozy (2007-2012) il percorso di modernizzazione e personalizzazione del codice visuale presidenziale subisce una parziale una battuta d'arresto. Non solo perché si torna tra le mura dell'Eliseo (ancora una volta nella biblioteca), ma perché viene ripreso un modello molto istituzionale del ritratto. Lo scatto del neogollista Sarkozy è simile a quello di de Gaulle, alleggerito naturalmente dai simboli e dalle forme anacronistiche: gli abiti cerimoniali lasciano il posto a quelli civili, corone e collane sono sparite, lo sguardo è rivolto al cittadino, ma l'impianto generale dello scatto sembra richiamare la tradizione passata; una rinnovata centralità viene data alla bandiera nazionale, affiancata da quella dell'Unione Europea, come avveniva nel ritratto di Giorgio Napolitano. L'autore della fotografia ufficiale è Philippe Warrin, fotografo che aveva seguito la campagna elettorale del candidato dell'UMP.

Con François Hollande (2012-2017) l'investimento sulla costruzione di un rinnovato registro visuale torna a farsi significativo. Lo scatto è affidato a Raymond Depardon, uno dei più importanti fotografi e documentaristi francesi, particolarmente sensibile alla rappresentazione di uomini politici di rilievo[78]. La scelta di Hollande e Depardon è di ambientare lo scatto nel giardino dell'Eliseo, una cornice informale che coglie il neopresidente mentre cammina verso l'osservatore, in una chiara azione di simbolizzazione dell'avvicinamento al popolo francese che Hollande intendeva promuovere. Il formato quadrato dello scatto, conseguenza dell'uso di una fotocamera di medio formato, è un marchio dell'autorialità della fotografia, che punta a isolare la figura del presidente (si potrebbe dire 'la sua persona') dal contesto istituzionale. Non mancano riferimenti simbolici tradizionali, come la presenza delle bandiere francese – oggetto di contestazioni per via della sua esposizione verticale – ed europea, ma il palazzo del presidente resta in questo scatto sullo sfondo, uno sfondo peraltro tenuto volutamente fuori fuoco. Al di là dell'esito strettamente artistico dello scatto, esso segna un ulteriore passo verso la progressiva semplificazione e

[78] Ci si limita a ricordare il suo documentario sulla campagna presidenziale di Giscard d'Estaing e il volume fotografico *Photographies de Personnalités Politiques* (2007).

personalizzazione della messinscena che nella Francia contemporanea sembra caratterizzare l'evoluzione del canone iconografico presidenziale. Scatto dopo scatto, presidente dopo presidente, si passa – lo ha sottolineato Boude – dalla raffigurazione della trascendenza del sovrano/presidente alla rappresentazione della sua immanenza[79]. Più che essere rappresentato e fatto oggetto di un'astratta opera di simbolizzazione, il presidente viene sempre più spesso 'presentato' nella sua dimensione quotidiana, intima, ordinaria. A partire da Giscard d'Estaigne c'è molta meno solennità: i simboli del potere, necessari a inquadrare e ambientare il ritratto, sono mostrati e rappresentati, ma sono sempre meno oggetto di ostentazione.

Questo processo di enfatizzazione della dimensione personale del presidente a scapito della messinscena tradizione 'del potere' non comporta peraltro la piatta banalizzazione del carattere simbolico del ruolo presidenziale. Lo si vede in forma trasparente nel caso del ritratto ufficiale di Emmanuel Macron, in cui la misurata ordinarietà con cui veniva raccontato Hollande lascia il posto a un'immagine che mescola con forza informalità e solennità, 'presentazione' e 'rappresentazione', documentazione e costruzione simbolica dell'autorità. Per certi versi l'immagine ufficiale di Macron è una fusione di stilemi e registri discorsivi già incontrati fin qui: la spiccata frontalità dell'immagine e l'insolita posa del presidente, né seduto né in piedi e con le mani saldamente poggiate sul tavolo di lavoro donano allo scatto al tempo stesso informalità e fierezza. La finestra che dà sul giardino dell'Eliseo è spalancata, a sottolineare l'ormai ricorrente e convenzionale apertura del presidente al dialogo con la nazione, ma Macron a quella finestra volge le spalle, intento com'è a osservare con sguardo deciso in macchina. Come mostra un video dei preparativi dello scatto condiviso dal suo staff, Macron sceglie personalmente i dettagli dell'ambientazione: due iPhone, l'orologio del Consiglio dei Ministri, un calamaio, tre libri (le memorie di de Gaulle, *Il rosso e il nero* di Stendhal, *I nutrimenti terrestri* di Gide), il tutto inserito in uno scatto profondamente simmetrico dove

[79] Y. BOUDE, *Le portrait du président*, p. 229.

ogni elemento appare frutto di una chiara scelta. Se è vero che a partire dal secondo dopoguerra si assiste anche in Francia a una progressiva degradazione della rappresentazione in termini sacrali dell'autorità, la fotografia ufficiale di Macron, così carica di contenuto simbolico, mostra come non si sia persa la natura spiccatamente performativa di un rituale nato per dare senso, forma e plasticità all'immaginario repubblicano.

4. *Conclusioni*

La produzione dei ritratti ufficiali costituisce solo una parte del fenomeno della costruzione dell'identità visuale presidenziale. Una questione altrettanto rilevante, di cui in questa sede ci limitiamo a descrivere i contorni generali, è naturalmente rappresentata dalla diffusione e dall'esposizione di queste immagini.

In ognuno dei tre contesti di analisi scelti, il ritratto ufficiale della più alta carica istituzionale non è simbolo ufficiale dello Stato (come lo sono per l'Italia la bandiera, l'inno, l'emblema, lo stendardo, il Vittoriano, la festa della Repubblica; per la Germania la bandiera, l'emblema, la capitale, l'inno, le onorificenze; per la Francia la bandiera, la Marsigliese, il motto «Liberté, Egalité, Fraternité» la Marianna, il gallo, il logo della Repubblica e il Gran sigillo di Francia). Ciò nonostante, per consuetudine o per esplicita disposizione di legge l'immagine del capo dello Stato è tradizionalmente esposta nei principali uffici pubblici e nelle scuole. Nel caso italiano la fotografia del presidente della Repubblica è da esporre negli uffici in cui vanno esibite le bandiere della Repubblica e dell'Unione europea (dunque non negli uffici scolastici)[80], nel caso tedesco le immagini ufficiali

[80] Si tratta, secondo il D.P.R. del 7 aprile 2000, n. 121, degli uffici a) dei membri del Consiglio dei Ministri e dei Sottosegretari di Stato; b) dei dirigenti titolari delle direzioni generali od uffici equiparati nelle amministrazioni centrali dello Stato nonché dei dirigenti preposti ad uffici periferici dello Stato aventi una circoscrizione territoriale non inferiore alla provincia; c) dei titolari della massima carica istituzionale degli enti pubblici di dimensione nazionale, e dei titolari degli uffici dirigenziali corrispondenti a quelli di cui alla lettera b); d) dei titolari della massima carica istituzionale delle autorità indipendenti; e) dei dirigenti degli uffici giudiziari indicati nell'articolo 1, comma 3; f) i capi delle rappresentanze diplomatiche, degli uffici consolari e degli istituti italiani

del cancelliere e del presidente federale non costituiscono un arredo necessario presente in ogni ufficio pubblico[81], proprio come in Francia, dove è consuetudine che le migliaia di uffici (prefetture, commissariati, scuole, ambasciate francesi ...) che ricevono in dono il ritratto del presidente della Repubblica lo espongano, seppur in assenza di un obbligo normativo[82].

Un esame esaustivo della costruzione dell'immaginario politico di una nazione còlto attraverso la ritrattistica ufficiale delle più alte cariche dello Stato deve necessariamente confrontarsi con ciò che della pratica performativa che abbiamo fin qui descritto si deposita nella mente e nelle esperienze dei cittadini messi di fronte e quelle immagini e portati ad assorbire, spesso in forme non consapevoli, codici, simboli e idee contenuti in quelle immagini. La produzione dell'immagine, la stampa in ampia tiratura e l'esposizione dei ritratti ufficiali dei presidenti trasforma i loro volti in «volti mediatici»[83]. Per un esame complessivo del fenomeno lo studio della ricezione delle immagini è, in questo senso, rilevante quanto lo studio del dispositivo visuale e del suo processo creativo. Si tratta di una ricerca tanto complessa quanto necessaria, senza la quale non è semplice misurare l'impatto che il medium fotografico ha nella costruzione dell'immaginario pubblico. Qui contava, però, definire il campo di indagine e alcune possibili linee di ricerca legate alla cultura politica visuale delle democrazie contemporanee. I meccanismi mentali, culturali e sociali che sovrintendono la fruizione e la rielaborazione dei contenuti iconografici e iconologici di quelle immagini attendono ancora di essere studiati.

di cultura all'estero. Per i consoli onorari l'esposizione è facoltativa. Si veda l'immagine in apertura del saggio, per la quale si ringrazia il Commissariato del Governo per la Provincia di Trento.

81 Gli uffici e le autorità pubbliche (ministeri, parlamento, comuni, biblioteche), le scuole di ogni ordine e grado, le istituzioni finanziate dallo Stato federale e dai *Länder* hanno diritto a una copia gratuita della fotografia. I privati possono acquistare una copia del ritratto, disponibile in vari formati.

82 Cfr. Y. Boude, «Les portraits officiels des présidents de la République en France», pp. 225 ss.

83 Sulla trasformazione delle facce in volti mediatici e sulla loro circolazione come merce di consumo cfr. H. Belting, *Facce*, p. 221.

I presidenti della Repubblica Italiana 1948-2019

Enrico De Nicola
1.1948 - 5.1948
(foto di ignoto)

Luigi Einaudi
1948-1955
(foto D. Riccardi
Peretti Griva)

Giovanni Gronchi
1955-1962
(foto di ignoto)

Antonio Segni
1962-1964
(foto di ignoto)

Giuseppe Saragat
1964-1971
(foto G. Carell)

Giovanni Leone
1971-1978
(foto G. Leone)

Sandro Pertini
1978-1985
(foto studio Cantera)

Francesco Cossiga
1985-1992
(foto Poligrafico
dello Stato)

Francesco Cossiga
1985-1992
(foto Poligrafico
dello Stato)

Oscar Luigi Scalfaro
1992-1999
(foto Poligrafico
dello Stato)

Carlo Azeglio Ciampi
1999-2006
(foto Poligrafico
dello Stato)

Giorgio Napolitano
2006-2015
(foto Poligrafico
dello Stato)

Sergio Mattarella
2015-
(foto Poligrafico
dello Stato)

Referenze fotografiche: Archivio Storico della Presidenza della Repubblica, *Archivio fotografico.*

I cancellieri della Repubblica Federale Tedesca 1949-2019

Konrad Adenauer
1949-1963
(foto R. Unterberg)

Ludwig Erhard
1963-1966
(foto G. Heisler)

Kurt Georg Kiesinger
1966-1969
(foto R. Patzek)

Willy Brandt
1969-1974
(foto G. Bauer)

Helmut Schmidt
1974-1982
(foto H. Schafgans)

Helmut Kohl
1982-1998
(foto K.R. Müller)

Gerhard Schröder
1998-2005
(foto K.R. Müller)

Angela Merkel
2005-
(foto S. Kugler)

Referenze fotografiche: Presse- und Informationsamt der Bundesregierung.

I presidenti della Repubblica Federale Tedesca 1949-2019

Theodor Heuss
1949-1959
(foto T. Schafgans)

Heinrich Lübke
1959-1969
(foto E. Steiner)

Gustav Heinemann
1969-1974
(foto G. Bauer)

Walter Scheel
1974-1979
(foto L. Schaack)

Karl Carstens
1979-1984
(foto E. Reineke)

Richard von
Weizsäcker
1984-1994
(foto E. Reineke)

Roman Herzog
1994-1999
(foto J. Darchinger)

Johannes Rau
1999-2004
(foto J. Faßbender)

Horst Köhler
2004-2010
(foto B. Kühler)

Christian Wulff
2010-2012
(foto J. Denzel)

Joachim Gauck
2012-2017
(foto J. Denzel)

Frank-Walter
Steinmeier
2017-
(foto S. Kugler)

Referenze fotografiche: Presse- und Informationsamt der Bundesregierung.

L'*Ahnengalerie*, la galleria dei ritratti pittorici dei cancellieri tedeschi presso il *Bundeskanzleramtsgebäude* di Berlino (foto J. Herzog).

I presidenti della Repubblica Francese 1959-2019

Charles de Gaulle
1959-1969
(foto J.-M. Marcel)

Georges Pompidou
1969-1974
(foto F. Pagès /
Paris-Match)

Valéry Giscard d'Estaing
1974-1981
(foto J.-H. Lartigue)

François Mitterrand
1981-1995
(foto G. Freund)

Jacques Chirac
1995-2007
(foto B. Rheims)

Nicolas Sarkozy
2007-2012
(foto P. Warrin)

François Hollande
2012-2017
(foto R. Depardon)

Emmanuel Macron
2017-
(foto S. de La
Moissonnière)

Referenze fotografiche: © La Documentation française; © DILA-La Documentation française per i ritratti di Hollande e Macron.

Visita di papa Pio XII alla Radio Vaticana, 1947 (ANSA, Servizio Fotografico - L'Osservatore Romano).

Da cardinale volante a papa internazionale: Pacelli al soglio di Pietro

di Camilla Tenaglia

«Erano le diciassette e ventidue, cinque minuti prima della memoranda fumata bianca.

Sul colonnato di San Pietro, all'estremità del braccio rettilineo opposto ai Palazzi Apostolici, dicitori di diverse lingue erano raggruppati intorno ai vari microfoni scaglionati presso il davanzale. In fervida attesa di una eventuale fumata, che al termine di un primo scrutinio non poteva essere che bianca, essi eran pronti per tenere gli ascoltatori del mondo in contatto con il grande avvenimento di Roma.

Gli sguardi di tutti erano volti verso il cammino della Cappella Sistina; quando una chiamata telefonica porta come di sorpresa la grande notizia: 'Il Papa è fatto!' L'annuncio dell'avvenuta elezione, portato in primo luogo al Maresciallo del Conclave; è corso come un brivido attraverso la rete telefonica per dare alla Radio Vaticana l'atteso 'via': occorreva d'urgenza attuare i collegamenti con varie 'Stazioni' di radio diffusione estere, di Europa e d'oltre Oceano; molteplici collegamenti erano per di più necessari affinché i vari Paesi potessero, per vie diverse, ascoltare la descrizione dell'avvenimento nella propria lingua»[1].

Questo contributo indaga la mediatizzazione degli eventi relativi all'elezione di papa Pio XII nel marzo 1939, la prima trasmessa da Radio Vaticana, creata nel 1931. Pio XII pronunciò il suo primo discorso il 3 marzo 1939 in una emissione transnazionale in latino su Radio Vaticana, anche se ormai essa trasmetteva in nove lingue. La cerimonia di incoronazione si tenne il 12 marzo 1939 e venne diffusa in diretta in tutto il mondo. Molte chiese vennero aperte al pubblico e altoparlanti furono installati nelle strade per permetterne l'ascolto ai credenti.

1 *Da Roma ai confini del mondo attraverso le onde della Radio Vaticana*, in «L'Osservatore Romano», 5 marzo 1939.

L'analisi si concentra principalmente sui mezzi di comunicazione vaticani dell'epoca: Radio Vaticana e «L'Osservatore Romano». Entrambi saranno presi in considerazione da soli ma anche, e soprattutto, nelle loro relazioni, come parte di un *media ensemble*[2]. Radio Vaticana trasmise in diretta i maggiori eventi in questa transizione di potere, mentre «L'Osservatore Romano» li documentò, evidenziando allo stesso tempo il ruolo cruciale che vi ebbe la radio. Per la prima volta nella storia i cattolici di tutto il mondo si riunirono per sentire la prima benedizione, il primo discorso e l'incoronazione del nuovo pontefice.

Gli eventi inizialmente trasmessi dai media vaticani vennero poi rapidamente diffusi in tutto il mondo da altri media nazionali. Si proverà quindi a proporre un confronto tra la ricezione e l'adattamento di questa notizia in Italia e in Germania.

1. *I «media events»*

Daniel Dayan e Elihu Katz hanno fissato alcune caratteristiche fondamentali che permettono di riconoscere un *media event*[3]: la trasmissione su reti unificate e la conseguente obbligatorietà sociale di visione, l'organizzazione da parte di autorità costituite esterne ai media, una preparazione preventiva che genera attesa e la rottura della routine quotidiana consolidata. Grazie proprio a quest'ultima caratteristica, tali eventi riuscirebbero ad avere un maggiore potere mediatico. Lo scopo principale di queste celebrazioni, volute dall'autorità costituita, è quello di consolidare le basi culturali di un gruppo, attraverso drammatizzazioni e simboli[4]. In un evento mediatico di questo tipo,

[2] A. Schildt, *Das Jahrhundert der Massenmedien. Ansichten zu einer künftigen Geschichte der Öffentlichkeit*, in «Geschichte und Gesellschaft», 27, 2001, 2, pp. 177-206.

[3] D. Dayan - E. Katz, *Media Events: The Live Broadcasting of History*, Cambridge MA, Harvard University Press, 1994.

[4] J. Alexander - R. Jacobs, *Mass Communication, Ritual and Civil Society*, in J. Curran - T. Liebes - E. Katz, *Media, Ritual and Identity*, London, Routledge, 1998, pp. 23-41, qui p. 28.

infatti, sono veicolati a un vasto pubblico i valori fondanti della comunità, trascendendone i confini e rivolgendosi anche all'esterno. Partendo da queste caratteristiche di base gli autori hanno individuato tre tipologie di *media events*: «conquista», «competizione» e «incoronazione», che a loro volta possono essere ricollegate alla teoria weberiana della leadership (legale-razionale, carismatica, tradizionale)[5]. Esse hanno sempre valenza positiva e di riconciliazione per la società[6]. Per conquista si intende la trasmissione di «passi da gigante per l'umanità», come appunto l'allunaggio nel 1969; competizione riguarda invece eventi sportivi come possono essere le Olimpiadi; infine con incoronazione si connotano tutti quegli eventi che evidenziano un rito di passaggio, siano essi di carattere politico, monarchico ma anche elettorale, oppure commemorativo (funerali di Stato)[7].

Dayan e Katz hanno elaborato questa definizione di *media event* soprattutto secondo la prospettiva televisiva. Alcuni di questi tratti possono però essere riconosciuti anche nella rappresentazione di eventi particolari via radio. La differenza fondamentale tra televisione e radio risiede appunto nella visualità. Se da un lato però Dayan e Katz attribuiscono una maggiore incisività della trasmissione televisiva in cui i simboli, inseriti nell'evento e visti dal pubblico, sono spiegati dal commentatore[8], Mary Vipond riconosce una maggiore possibilità per il giornalista radiofonico di plasmare la narrazione essendone l'unico intermediario[9]. La veicolazione dell'evento

5 D. Dayan - E. Katz, *Media Events*, p. 25.

6 Questa limitazione è una delle critiche maggiori al lavoro di Dayan e Katz, cui gli stessi autori hanno dato voce in successive rielaborazioni, includendo anche eventi mediatici negativi, come ad esempio catastrofi naturali o scandali. J. Sonnevend, *The Lasting Charm of Media Events*, in «Media Culture & Society», 40, 2018, 1, pp. 122-126, qui p. 124.

7 D. Dayan - E. Katz, *Media Events*, p. 26.

8 *Ibidem*, p. 38.

9 M. Vipond, *The Royal Tour of 1939 as a Media Event*, in «Canadian Journal Communication», 35, 2010, 1, pp. 149-172, qui p. 155.

mediato al pubblico radiofonico sarebbe quindi forse meno diretta ma non per questo meno efficace.

In particolare in questa sede ci concentreremo sull'ultima tipologia di evento mediatico. L'elezione e la successiva incoronazione di un pontefice, specialmente in età contemporanea, hanno assunto i caratteri di un'incoronazione, così come intesa da Dayan e Katz. Per la Santa Sede lo scopo della ritualità di questa transizione è riaffermare la continuità del potere di Roma sulla sua Chiesa e allo stesso tempo consolidare la leadership del nuovo pontefice. Inoltre, l'elezione del papa è a tutti gli effetti un'incoronazione.

Seguendo l'elaborazione di Arnold Van Gennep sui riti di passaggio, René Schlott individua tre distinti momenti nel rituale della successione pontificia[10]. Alla fase di separazione corrisponde la morte del papa, che si concretizza in primo luogo con il suo annuncio e secondariamente con la celebrazione solenne del funerale. La successiva fase della transizione prende invece corpo con l'indizione del conclave. Più ritualmente complessa risulta invece l'ultima fase, ossia quella della reintegrazione. Anche in questo caso in primo luogo avviene l'annuncio: la fumata bianca, l'*Habemus Papam* e la prima benedizione, cui segue l'incoronazione.

Il significato dell'elezione pontificia ha chiaramente subito notevoli trasformazioni nel corso dei secoli[11]. In particolare questi cambiamenti sono dipesi dalla relazione tra spirituale e temporale nella definizione del ruolo del capo della Chiesa[12].

10 R. SCHLOTT, *Papsttod und Weltöffentlichkeit seit 1878. Die Medialisierung eines Rituals*, München, Schöningh, 2013, p. 19. Il volume di Schlott è dedicato allo studio della mediatizzazione della morte del papa a partire da quella di Pio IX nel 1878. Si veda, anche, A. VAN GENNEP, *I riti di passaggio*, Torino, Bollati Boringhieri, 1981 (ed. orig. Paris 1909).

11 Per l'età medievale e moderna si vedano in questo riguardo A. PARAVICINI BAGLIANI - M.A. VISCEGLIA, *Morte e elezione del papa: norme, riti e conflitti*, in A. PARAVICINI BAGLIANI, *Morte e elezione del papa. Norme, riti e conflitti. Il Medioevo*, Roma, Viella, 2013; M.A. VISCEGLIA, *Morte e elezione del papa. Norme, riti e conflitti. L'Età moderna*, Roma, Viella, 2013.

12 P. PRODI, *Il sovrano pontefice. Un corpo e due anime: la monarchia papale nella prima età moderna*, nuova edizione, Bologna, Il Mulino, 2006.

La perdita del potere temporale con la fine dello Stato pontificio, il conseguente protrarsi della questione romana e infine la creazione dello Stato della Città del Vaticano resero il periodo dal 1870 fino al Concilio Vaticano II un momento di fondamentale trasformazione per l'istituto pontificio. Questa ridefinizione del papa da capo dello Stato pontificio a pastore spirituale della Chiesa universale passò indubbiamente anche dalla presenza mediatica progressivamente attribuitagli.

Inoltre, anche l'avvento dei nuovi mezzi di comunicazione di massa contribuì alla ridefinizione dell'autocoscienza del papato: per la prima volta raggiungeva davvero dimensioni universali. I media permettevano una diffusione dei messaggi pontifici in tutto il mondo. Diventava quindi sempre più necessario utilizzarli efficacemente, riadattando i riti per massimizzarne la potenza mediatica[13].

2. *L'elezione di Pacelli come «media event»*

Il 10 febbraio 1939 moriva Pio XI. Il 2 marzo successivo, dopo solo tre scrutini il cardinale Eugenio Pacelli venne eletto il giorno del suo sessantatreesimo compleanno.

Eugenio Maria Pacelli nacque a Roma il 2 marzo 1881 da una famiglia molto ben inserita nell'ambiente vaticano[14]. Il padre, Filippo, era, infatti, un avvocato della Sacra Rota. Anche Eugenio intraprese gli studi legali, ma solo parallelamente a quelli teologici e nel 1899 venne ordinato sacerdote. Cominciò dunque una rapida carriera all'interno della Curia romana, in particolare nella Segreteria di Stato, divenendo segretario

[13] G. Wassilowsky, *Symbolische Inszenierung päpstlicher Autorität in Vormoderne und Moderne*, in «Rottenburger Jahrbuch für Kirchengeschiche», 36, 2017, pp. 15-36, in particolare pp. 29-31.

[14] Riguardo alla figura di Pacelli si vedano: A. Tornielli, *Pio XII. Il papa degli ebrei*, Casale Monferrato, Piemme, 2001; R.A. Ventresca, *Soldier of Christ. The Life of Pope Pius XII*, Cambridge MA, Belknap Press of Harvard University Press, 2013; J. Cornwell, *Hitler's Pope: The Secret History of Pius XII*, New York, Penguin, 2008.

del cardinale Pietro Gasparri. Elevandolo a dignità vescovile nel 1917, Benedetto XV lo nominò nunzio in Baviera. La sua nunziatura tedesca fu di particolare importanza[15]: grazie al suo lavoro si stipularono il concordato bavarese nel 1924 e, successivamente all'estensione del suo mandato all'intera Germania nel 1925, anche quello prussiano nel 1929.

Tornato a Roma alla fine del 1929, il 7 febbraio 1930 fu nominato segretario cardinale di Stato da Pio XI. In qualità di segretario di Stato Pacelli mantenne un'attenzione particolare per il caso tedesco, tanto da riuscire a stipulare un concordato con il regime nazista nel settembre del 1933. Allo stesso tempo Pacelli mantenne un alto profilo internazionale. Fu il primo segretario di Stato a visitare gli Stati Uniti, nell'autunno del 1936. La ragione ufficiale del viaggio era una vacanza, in realtà fu probabilmente fatto per sondare la maturità delle relazioni diplomatiche con il governo di Washington[16]. La sua presenza mediatica in quella circostanza fu molto vivace, sia grazie a resoconti dei quotidiani sia alla trasmissione radio di alcuni suoi discorsi che gli valsero il titolo di «cardinale volante».

Quando, a un solo giorno dall'inizio del conclave, dalla stufa della Cappella Sistina si elevò una fumata bianca, moltissime erano le persone radunate in piazza San Pietro. Molte di più però furono immediatamente informate dell'avvenimento: per la prima volta era stato trasmesso dalla radio.

L'elezione di Pacelli è di particolare importanza perché fu la prima avvenuta dopo i Patti Lateranensi del 1929, che risolvevano la questione romana aperta nel 1870 ristabilendo una

[15] Riguardo alle nunziature di Pacelli in Germania si vedano E. FATTORINI, *Germania e Santa Sede: le nunziature di Pacelli fra la Grande guerra e la Repubblica di Weimar* (Annali dell'Istituto storico italo-germanico in Trento. Monografie, 18), Bologna, Il Mulino, 1992. H. WOLF (ed), *Eugenio Pacelli als Nuntius in Deutschland: Forschungsperspektiven und Ansätze zu einem internationalen Vergleich*, Paderborn - München - Wien - Zürich, Schöningh, 2012.

[16] Il 6 novembre il cardinale Pacelli incontrò il presidente americano Franklin Delano Roosevelt nella sua residenza di Hayden Park; R.A. VENTRESCA, *Soldier of Christ*, p. 112.

sovranità territoriale per la Santa Sede[17]. La perdita del potere temporale era però servita a cambiare la prospettiva stessa del Vaticano rispetto al proprio ruolo nel sistema internazionale. Soprattutto proprio nel pontificato pacelliano, questa nuova posizione si manifestò sulle linee dell'internazionalizzazione[18].

Inoltre, la congiuntura storica era molto critica dal punto di vista internazionale. La situazione era particolarmente tesa in Europa per la crescente aggressività nazista in politica estera, sia con l'*Anschluss* del marzo 1938 che con la crisi dei Sudeti nel maggio successivo. I tentativi, prevalentemente britannici, di *appeasement*, concretizzatisi negli accordi di Monaco nel settembre dello stesso anno, non stavano però disinnescando efficacemente la situazione[19]. Gli stessi giorni in cui a Roma aveva luogo il conclave, in Germania si preparava l'invasione della Boemia-Moravia che avvenne il 14 marzo, due giorni dopo l'incoronazione di Pacelli.

Nel primo discorso, radiodiffuso in latino, lo stesso Pio XII rivolgeva a tutti un «augurio e un invito di pace»:

«E in queste ore trepide e difficili, mentre tante difficoltà sembrano opporsi al raggiungimento di quella pace che è l'aspirazione più profonda dei cuori, Noi leviamo al Signore una speciale preghiera per tutti coloro cui incombe

17 Sul ruolo internazionale della Santa Sede e in particolare sulla sua statura transnazionale si vedano: M. BARBATO, *A State, a Diplomat, and a Transnational Church: The Multi-layered Actorness of the Holy See*, in «Perspectives», 21, 2013, 2, pp. 27-48; L. FERRARI, *The Vatican as a Transnational Actor*, in L. REARDON - C. WILCOX (edd), *The Catholic Church and the Nation-State. Comparative Perspectives*, Washington D.C., Georgetown University Press, 2006, pp. 33-45; I. VALLIER, *The Roman Catholic Church: A Transnational Actor*, in «International Organisation», 25, 1971, 3, pp. 479-502.

18 Questa internazionalizzazione fu poi evidente anche all'interno della Curia romana, nel Concistoro del 1946 infatti vennero nominati 32 nuovi cardinali, dei quali quattro americani, alcuni sudamericani, un africano, un cinese e solamente quattro italiani. C. MENEGUZZI ROSTAGNI, *Il Vaticano e i rapporti est-ovest nel secondo dopoguerra (1945-1949)*, in «Storia delle Relazioni Internazionali», 4, 1988, 1, pp. 35-46.

19 E. DI NOLFO, *Storia delle relazioni internazionali. Dal 1918 ai giorni nostri*, Roma - Bari, Laterza, 2009[3], pp. 230-265.

l'altissimo onore e il peso gravissimo di guidare i popoli nelle vie della prosperità e del progresso»[20].

Soprattutto, il neoeletto pontefice si rivolgeva anche a quelli che «sono fuori dalla Chiesa», a evidenziare quanto la Santa Sede, anche grazie alle nuove tecnologie, volesse e potesse rivolgersi a un più ampio pubblico e non solo ai suoi fedeli.

Radio Vaticana[21] era stata inaugurata da papa Pio XI e Guglielmo Marconi, il 12 febbraio 1931: «Per circa venti secoli il Pontefice Romano ha fatto sentire la parola del suo divino magistero nel mondo, ma questa è la prima volta che la sua viva voce può essere percepita simultaneamente su tutta la superficie della terra»[22]. La sua realizzazione era stata possibile solo in seguito alla firma dei Patti Lateranensi nel 1929. Già nel 1931 fu avviato un programma francese e negli otto anni successivi furono introdotte anche altre lingue: a marzo 1939 erano sette (italiano, francese, spagnolo, tedesco, inglese, polacco e ungherese), addirittura una trentina alla fine del pontificato di Pacelli[23].

Non si poteva però considerare Radio Vaticana come un organo ufficiale della Santa Sede. Sebbene prime forme di controllo sulle trasmissioni venissero attuate già prima della guerra e si fossero intensificate con il proseguire delle ostilità, la Segreteria di Stato vaticana ribadì più volte durante il conflitto di non avere controllo diretto su ciò che vi veniva trasmesso. Questa

[20] *Il messaggio di pace del Sommo Pontefice Pio XII al mondo cattolico*, in «L'Osservatore Romano», 4 marzo 1939. Il testo era pubblicato in prima pagina sia nella versione originale in latino, sia nella traduzione italiana.

[21] Sulla storia di Radio Vaticana si vedano: F. Bea, *Ottant'anni della radio del Papa*, Città del Vaticano, Libreria Editrice Vaticana, 2011; M.J. Matelski, *Vatican Radio: Propagation by the Airwaves*, Westport CT, Praeger, 1995; R. Perin, *La radio del papa. Propaganda e diplomazia nella seconda guerra mondiale*, Bologna, Il Mulino, 2017.

[22] Discorso di Guglielmo Marconi su Radio Vaticana nella prima trasmissione il 12 febbraio 1931 alle ore 16.40; citato F. Bea, *Ottant'anni della radio del Papa*, pp. 38-58.

[23] F.J. Cabasés, *Cronistoria documentata e contestualizzata della Radio Vaticana. I primi ottant'anni dell'Emittente Pontificia*, all'indirizzo www.radiovaticana.va, cfr. Appendice 1.

strategia permise a Radio Vaticana di esprimere opinioni tendenzialmente più critiche durante la guerra, senza allo stesso tempo mettere troppo a rischio la politica di assoluta neutralità di Pio XII[24].

Diversa era invece la posizione dell'altro importantissimo mezzo di comunicazione vaticano, «L'Osservatore Romano». Sia in quanto medium meno fluido e in parte sottoposto anche alla censura del regime italiano, sia perché organo ufficiale della Santa Sede, il quotidiano vaticano era più strettamente controllato. Fondato nel 1861 grazie al supporto papale, «L'Osservatore Romano» era un quotidiano di proprietà della Santa Sede. Radio Vaticana andava perciò a inserirsi in un sistema di comunicazione già consolidato da tempo, rafforzandolo.

È infine importante sottolineare come lo stesso Pacelli avesse un particolare interesse per i media. Fu uno dei promotori della Radio Vaticana[25], sebbene i primi contatti con Guglielmo Marconi siano attribuiti al cardinale Pietro Gasparri[26]. Inoltre, ebbe sempre una particolare fiducia per questo nuovo mezzo di comunicazione che permetteva l'ascolto diretto della voce del papa, senza la mediazione della carta stampata[27].

Pacelli si interessò anche del cinema. Durante il suo viaggio negli Stati Uniti nell'autunno 1936 assistette ad alcune riprese in un set cinematografico hollywoodiano[28]. Inoltre, «L'Osservatore Romano» dedicò uno dei suoi approfondimenti intorno al nuovo papa proprio alla questione del cinema, infatti era citata una lettera a una società di trasmissione olandese, nella quale,

[24] Per un'accurata disamina della posizione di Radio Vaticana durante la Seconda guerra mondiale si veda R. Perin, *La radio del papa*.

[25] F.J. Cabasés, *Cronistoria documentata*, Appendice 2.

[26] Il cardinal Gasparri fu segretario di Stato dal 1914 al 1930, sia durante il pontificato di Benedetto XV che quello di Pio XI. R. Perin, *La radio del papa*, p. 22.

[27] M. Marazziti, *I papi di carta. Nascita e svolta dell'informazione religiosa da Pio XII a Giovanni XXIII*, Genova, Marietti, 1990, p. 10.

[28] R.D.G. Dalin, *The Myth of Hitler's Pope. How Pope Pius XII Rescued Jews from the Nazi*, Washington D.C., Regnery, 2005, p. 57.

già nel 1932, il futuro papa auspicava che anche i cattolici si «impadronissero d'uno strumento di tale potenza», cosicché «delle meravigliose immagini mobili e sonore saranno loro (i fedeli, ndr) presentate che, per le vie degli occhi e degli orecchi, rallegreranno le anime, arricchiranno gli spiriti, e le meravigliose lezioni d'energia sosterranno le volontà»[29]. Lui stesso si mise di fronte alla telecamera nel film del 1942 *Pastor angelicus*[30]. Il successo del film nell'esaltare la sua figura è confermato anche dal fatto che Mussolini ne rimase infastidito e le proiezioni in Italia vennero bloccate vista la troppa popolarità guadagnata dal pontefice.

L'interesse di Pacelli per i media fu cruciale perché lo rese particolarmente sensibile al loro utilizzo, grazie a cui riuscì a riaffermare e consolidare un ruolo internazionale per il papato. È quindi considerato il primo papa mediatico, essendo riuscito a instaurare un contatto diretto con le masse attraverso i mezzi di comunicazione. Tutto questo permise la creazione di un mito della sua personalità, che cominciò appunto con i primi grandi momenti del suo pontificato nel marzo 1939[31]. Durante il suo pontificato Pacelli rafforzò sempre più la sua posizione di papa mediatico, avendo sempre un occhio di riguardo per i media e mantenendo il controllo sulla loro narrazione.

Il mito di Pio XII come papa «incorporeo», come lo definisce Mario Marazziti, comincia proprio in queste prime manifestazioni pubbliche[32]. Egli appare infatti allo stesso tempo ascetico e regale, ma anche vicino al popolo. Questa sarà poi la narrazione impiegata in tutto il suo pontificato[33]. Degno

29 *Due documenti di Pio XII sui problemi del cinema*, in «L'Osservatore Romano», 11 marzo 1939.

30 F. Ruozzi, *Pius XII as Actor and Subject*, in D. Biltereyst - D. Treveri Gennari, *Moralizing Cinema: Film, Catholicism, and Power*, New York, Routledge, 2014, pp. 158-172.

31 M. Marazziti, *I papi di carta*, p. 6; F. Ruozzi, *Pius XII as Actor and Subject*, pp. 166-167.

32 M. Marazziti, *I papi di carta*, p. 7.

33 F. Ruozzi, *Il concilio in diretta. Il Vaticano II e la televisione tra informazione e partecipazione*, Bologna, Il Mulino, 2012.

di nota è anche il fatto che per la prima volta dopo il 1870 l'incoronazione avvenne nella loggia aperta di piazza San Pietro, in un palese tentativo di riaffermare l'indipendenza e la leadership mondiale del papato. Questa decisione permise allo stesso tempo anche una spettacolarizzazione dell'evento, rendendo sia le riprese che le immagini molto più suggestive.

3. *Italia e Germania a confronto*

In quest'ultima parte si tenterà un confronto tra la diffusione e, per quanto possibile, la ricezione degli eventi connessi all'elezione pontificia in Italia e Germania.

Il caso italiano è chiaramente particolare. La presenza fisica dello Stato della Città del Vaticano all'interno della città di Roma e l'uso preponderante della lingua italiana nei mezzi di comunicazione vaticani contribuirono notevolmente alla propagazione della notizia.

Il 2 marzo Radio Vaticana trasmetteva, collegata in diretta anche con la radio nazionale italiana, il *gaudium magnum* per l'elezione di Pacelli al soglio pontificio. Il giorno successivo alle 11.00 veniva invece trasmesso il primo discorso del nuovo papa in latino. La velocità del conclave e l'imprevedibilità dell'evento non avevano permesso una programmazione anticipata, cosa che invece avvenne in occasione dell'incoronazione. La trasmissione della cerimonia, infatti, venne pubblicizzata non solo su «L'Osservatore Romano», che vi dedicò un articolo l'11 marzo[34], ma anche sul «Radiocorriere», rivista ufficiale dell'EIAR che pubblicava il palinsesto settimanale della radio nazionale. La radio italiana ritrasmise dunque per intero le trasmissioni di Radio Vaticana dei momenti e delle cerimonie più importanti di questa transizione.

> «Il 'mirabile veicolo', come Sua Santità il compianto Pio XI definì la Radio, ha mirabilmente corrisposto all'attesa di tutto il gregge cristiano desideroso

[34] *Per la solenne Incoronazione del Sommo Pontefice. La trasmissione della Radio Vaticana*, in «L'Osservatore Romano», 11 marzo 1939.

del suo Pastore ... Non mai la Radio ha sentito maggiormente nella sua breve e densa storia, l'importanza del suo compito»[35].

La radio assumeva quindi un ruolo di primo piano nella diffusione della notizia. Ruolo che in Italia riuscì effettivamente ad avere. La trasmissione da parte di Radio Vaticana della notizia della fumata bianca ebbe larga eco in tutta la penisola.

Per valutare questa diffusione si è deciso di analizzare i bollettini parrocchiali, pubblicazioni delle singole parrocchie di tema prettamente religioso. I contenuti di questi particolari giornali sono molto vari ma tendenzialmente spaziano dalla cronaca di grandi eventi vaticani ma anche locali, a spiegazioni di carattere religioso circa le imminenti celebrazioni, da consigli morali e anche pratici per le famiglie, a pubblicità per aziende locali. Sono ancora una fonte scarsamente utilizzata dalla ricerca storica, ma che offre numerosi spunti sulla vita parrocchiale[36].

Sono stati raccolti tutti i bollettini parrocchiali pubblicati nei mesi di marzo e aprile del 1939, per un totale di 29 diverse pubblicazioni. Di queste la maggior parte (24) sono di carattere mensile, mentre solo una settimanale. La maggior parte dei bollettini era poi pubblicata in centri minori e solamente nove afferivano a una o più parrocchie di grosse città. In ultimo è possibile riconoscere una netta preponderanza di pubblicazioni nel nord Italia, solo due sono infatti editi nel meridione (in provincia di Avellino e in provincia di Salerno).

Grazie all'analisi dei bollettini parrocchiali pubblicati in tutta la penisola nei mesi di marzo e di aprile 1939, è possibile in parte ricostruire la reale ricezione in parrocchie, anche abbastanza disperse, della notizia attraverso la radio.

«La Parrocchia apprese la lieta notizia col giornale radio delle ore 18 e subito la notizia fu lanciata dal concerto delle nostre campane sulle ali del vento fino agli estremi confini del Paese ... La domenica 12 marzo agli

[35] «Radiocorriere», 15, 12-18 marzo 1939, n. 11.

[36] J. Bouquet, *Une source négligée: les bulletins paroissiaux. L'exemple du Poitou (1905-1939)*, in «Revue d'histoire de l'Église de France», 86, 2000, 217, pp. 513-516.

apparecchi radio folle di fedeli ascoltavano con commozione le cerimonie della solenne incoronazione ricevendo dalle onde della radio la benedizione del Santo Padre»[37].

Alcune aziende di vendita di elettrodomestici misero anche a disposizione le loro attrezzature per consentire l'ascolto ai fedeli:

«La ditta Carli Giovanni Chejele, ormai specializzata per la vendita degli apparecchi Radio, ha fatto un ottimo servizio per il pubblico installando all'esterno del negozio degli altoparlanti, che fecero udire chiaramente tutte le imponenti cerimonie della elezione e della incoronazione di Pio XII»[38].

La diffusione della notizia e degli avvenimenti ad essa collegati era però affiancata e supportata dai giornali. In primo luogo, per quanto riguarda l'Italia è fondamentale ricordare la presenza de «L'Osservatore Romano». Il giornale del Vaticano era, in effetti, pubblicato all'epoca ancora solamente in italiano. Versioni in altre lingue saranno disponibili solamente a partire dagli anni Cinquanta. Secondo fonti vaticane la tiratura del quotidiano ad ottobre 1939 era di 80.000 copie[39], di molto inferiore a quella dei maggiori quotidiani italiani[40]. Rimaneva però una fonte cruciale di notizie che venivano riportate da molti altri giornali, sia nazionali che internazionali. L'impatto quindi dell'organo di stampa vaticano è difficile da valutare solo con dati quantitativi.

Anche il quotidiano aveva un ruolo nella diffusione dei simboli delle varie cerimonie legate all'elezione di un nuovo pontefice. Il 4 marzo «L'Osservatore Romano» pubblicava un resoconto dettagliato di tutti i passaggi del cerimoniale in seguito all'e-

[37] «Bollettino Parrochiale», Castel Tesino (Trento), aprile 1939. Castel Tesino è un piccolo borgo in provincia di Trento, secondo i dati Istat nel 1936 contava 2.463 abitanti.

[38] «Squilla alpina», Asiago (Vicenza), aprile 1939.

[39] *Actes et Documents du Saint Siège relatifs à la Seconde Guerre Mondiale* (d'ora in poi *ADSS*), a cura di P. BLET - A. MARTINI - B. SCHNEIDER, Città del Vaticano, Editrice Vaticana, 1970, p. 456.

[40] Nel 1939 il «Corriere della Sera» pubblicava in media 680.000 copie, la «Gazzetta del Popolo» 385.000 e «La Stampa» 293.000; M. FORNO, *Informazione e potere: Storia del giornalismo italiano*, Roma - Bari, Laterza, 2012.

lezione: la scelta del nome, la vestizione con gli abiti papali, la benedizione dei cardinali e la successiva presentazione sulla loggia di San Pietro[41]. Allo stesso modo il 12 marzo era minuziosamente descritto tutto il rito dell'incoronazione. Come già visto nell'elaborazione di Dayan e Katz, queste descrizioni aumentavano la forza dei simboli, rendendone comprensibile la valenza.

Di fianco alle spiegazioni dei riti, il quotidiano vaticano cominciò in quei giorni una profonda narrazione della figura di Pio XII, non solo con profili biografici, ma anche con specifici approfondimenti rispetto a determinati temi. Temi che venivano sollevati direttamente dai lettori, attraverso lettere alla redazione, e che quindi manifestano il ruolo attivo dell'organo di stampa vaticano nella creazione di un immaginario collettivo rispetto al nuovo pontefice.

A partire dalle pagine de «L'Osservatore Romano» la notizia dell'elezione di Pacelli ebbe ampia eco anche sui giornali italiani, in cui però l'enfasi venne posta sull'italianità del nuovo Pontefice e sulla continuità dal punto di vista della Conciliazione. L'attenzione era quindi rivolta alle reazioni festose del popolo e del regime. Il papato viene in questa narrazione collocato dentro l'Italia, che si presenta come sua protettrice. Il «Corriere della Sera», ad esempio, rilevava la disciplina degli italiani durante il conclave, come manifestazione al mondo intero dei successi del regime fascista.

«Un'altra constatazione possiamo fare con schietta compiacenza di italiani: il Conclave si è svolto in un ambiente di perfetta tranquillità, di piena e assoluta libertà, in mezzo ad un interessamento vivissimo del popolo italiano, che tuttavia non ha mai sfiorato l'indiscrezione. Il clima di disciplina creato dall'Italia fascista ha superato brillantemente questo nuovo collaudo: e anche di questo dovranno prendere atto non solo gli eminentissimi Cardinali e gli altri prelati stranieri, ma tutti i popoli del mondo che guardavano in questi giorni a Roma e alla Città del Vaticano»[42].

[41] *Nella maestà della Cappella Sistina*, in «L'Osservatore Romano», 4 marzo 1939.

[42] *Il Pontefice Pio dodicesimo. Come il card. Pacelli è stato elevato alla cattedra di San Pietro*, in «Corriere della Sera», 3 marzo 1939.

L'incoronazione era allora «il rito nel quadro della Roma imperiale» e nella descrizione dei suoi passaggi principali ampio spazio era concesso all'arrivo di Gian Galeazzo Ciano, ministro degli Esteri fascista e genero di Mussolini[43].

In Italia la mediatizzazione dell'elezione di Pio XII non si limitò solamente alla radio e ai giornali, ma coinvolse anche i cinematografi.

«In via eccezionale è stata concessa dall'E.N.I.C. la prima visione del film girato recentemente dall'Istituto Luce in occasione della morte del Papa e della elezione del nuovo Capo della Chiesa. Il film che verrà proiettato nel nostro Cinema è in tre tempi così divisi: 1. Pio XI – Il papa della Conciliazione (m. 600), 2. Conclave e la elezione del Sommo Pontefice Pio XII (m. 525), 3. L'incoronazione del Papa Pio XII (m. 550)»[44].

I cinegiornali preparati dall'Istituto Luce presentarono alla popolazione le immagini delle cerimonie che avevano sentito alla radio e di cui avevano letto sui giornali, completando la partecipazione all'evento. L'Istituto Luce, fondato nel 1924 con scopi educativi e di diffusione della cultura italiana, era, soprattutto dalla direzione di Giacomo Paulucci di Caboli nel 1933, l'ente preposto dal regime fascista alla creazione di documentari con fini di educazione politica[45]. Il controllo del fascismo sui contenuti di queste proiezioni era altissimo e lo stesso Mussolini le visionava personalmente prima[46]. È quindi plausibile sostenere non solo che i cinegiornali su Pio XII furono proiettati con il pieno accordo del regime, ma che ne fossero anche stati influenzati.

La possibilità che i media vaticani venissero recepiti in Germania era invece ridotta principalmente per il fattore linguistico. «L'Osservatore Romano», pubblicato solo in italiano,

43 *La solenne incoronazione di Pio XII*, in «Corriere della Sera», 13 marzo 1939.

44 «Voce amica», Fognano (Pistoia), marzo-aprile 1939. I film qui citati sono visionabili sul sito dell'archivio dell'Istituto Luce (www.archivioluce.com).

45 F. Dalla Pria, *Dittatura e immagine. Mussolini e Hitler nei cinegiornali*, Roma, Edizioni di Storia e Letteratura, 2012, pp. 57-59.

46 *Ibidem*, p. 80.

non era fruibile dal largo pubblico, anche se la lettura da parte delle autorità naziste è stata dimostrata da numerose reazioni a vari articoli già prima della guerra[47]. I quotidiani cattolici, che potevano riportarne le notizie, avevano inoltre subito una forte repressione già dal 1933 e nell'aprile 1935 fu posto il divieto su articoli di argomento religioso. Il regime, infatti, sosteneva di essere esso stesso il protettore della Chiesa, la quale quindi non aveva bisogno di propri mezzi di comunicazione. Alla fine del 1939 i giornali cattolici erano diminuiti del 71% e quelli rimasti erano fortemente vincolati dalle direttive naziste per le pubblicazioni[48]. Radio Vaticana aveva invece alcune trasmissioni in lingua tedesca, coordinate dal padre gesuita Friedrich Muckermann, che dal 1934 aveva lasciato la Germania per sfuggire alla persecuzione nazista[49]. La ricezione della stazione vaticana era inoltre possibile con i *Volksempfänger*, apparecchi radio a basso costo prodotti e distribuiti massicciamente dal regime e che captavano solo onde corte[50]. Sebbene alcuni autori parlino di limitazioni tecniche verso emittenti straniere anche prima del divieto di ascolto da parte delle autorità naziste, datato 1° settembre 1939[51], i *Volksempfänger* consentivano di ricevere radio estere[52]. L'unica limitazione riconosciuta era una cattiva qualità di ricezione, dovuta probabilmente a interferenze naziste[53].

[47] G. Lewy, *The Catholic Church and Nazi Germany*, London, Weidenfeld and Nicolson, 1964, p. 331.

[48] *Ibidem*, pp. 134-143.

[49] H. Gruber, *Friedrich Muckermann*, in *Neue Deutsche Biographie*, 18, Berlin, Duncker & Humblot, 1997.

[50] W. König, *Mythen um den Volksempfänger. Revisionistische Untersuchungen zur nationalsozialistischen Rundfunkpolitik*, in «Technikgeschichte», 70, 2003, 2, pp. 73-102.

[51] R. Graham, *La Radio Vaticana tra Londra e Berlino. Un dossier della guerra delle onde: 1940-1941*, in «La Civiltà Cattolica», 127, 1976, 1, pp. 132-150, qui p. 135.

[52] W. König, *Mythen um den Volksempfänger*, p. 74.

[53] W.A. Boelcke, *Die Macht des Radios: Weltpolitik u. Auslandsrundfunk 1924-1976*, Frankfurt a.M., Ullstein, 1977, p. 357; J.F. Pollard, *Electronic pastors: radio, cinema and television, from Pius XI to John XXIII*, in

Nel suo resoconto circa lo stato di Radio Vaticana al neoeletto Pio XII proprio nel marzo 1939, padre Filippo Soccorsi, direttore dell'emittente vaticana, sosteneva che essa avesse un buon ascolto in Germania, a seguito di un sondaggio al quale avevano risposto ben 4.000 ascoltatori[54].

Contemporaneamente però, il clero cattolico manifestava la necessità di sentire la voce del papa. Nell'incontro del marzo 1939 con Pio XII, il cardinale Faulhaber chiedeva che i discorsi del pontefice fossero registrati su vinili così da consentirne l'ascolto nelle case[55]. Il fatto che questa richiesta sia stata, direttamente da chi la stava ponendo, collegata alla radio, fa supporre che il clero volesse in questo modo eludere un problema nell'ascolto di Radio Vaticana. Se non riuscivano ad ascoltare la radio del papa, i cattolici tedeschi potevano però almeno sentirne la voce e i messaggi della Chiesa sarebbero comunque stati veicolati. I cardinali spinsero anche oltre la loro richiesta, auspicando la creazione di un archivio vaticano di dischi, a riprova del crescente interesse e del crescente affidamento della Chiesa sui media[56].

Il regime nazista non accolse però in maniera particolarmente positiva l'elezione di Pacelli. Essendo stato il segretario di Stato di Pio XI e quindi suo braccio destro, l'elezione venne,

J. Corkery - T. Worcester, *The Papacy Since 1500: From Italian Prince to Universal Pastor*, Cambridge - New York, Cambridge University Press, 2011, pp. 182-203, qui p. 187.

[54] R. Perin, *La radio del papa*, p. 50.

[55] «Kard. Faulhaber: Fürs Radio eine Bitte. Es war nicht würdig, dass die ersten Ansprachen Pius' XI. am Sender nicht auf Schallplatten aufgenommen wurden, sodass man sie heute it dem Kang der Stimme des Papstes hören kann. Zuhause wird alles, was die politischen Führer sprechen, auch Reden eines Mannes wie Ley, auf Platten aufgenommen. Wir würden ehrfurchtsvollst bitten, dass die Ansprachen Eurer Heiligkeit ... Heil. Vater: die wichtigen; auch die lateinischen? Kard. Faulhaber: wie sie gehalten werden; auch die kleineren, z.B. am Schluss der Kongresse – wir würden wünschen, dass sie auf Platten ausgenommen werden», in *ADSS*, II, p. 426.

[56] Nel verbale viene usato il termine *Wachsplatten*, letteralmente dischi di cera. All'epoca i 78 giri erano rivestiti di cera, sulla quale era incisa la registrazione; cfr. E. Cauda, *Grammofono*, in *Enciclopedia Italiana*, Roma, Istituto della Enciclopedia Italiana, 1933.

giustamente, interpretata come una scelta di continuità con la politica precedente. Politica che non era stata molto favorevole al nazismo. In una lettera, il responsabile del protocollo per il Ministero tedesco degli Esteri, Gustav Adolph von Halem, suggeriva all'ambasciatore presso la Santa Sede di non manifestare particolare entusiasmo nell'omaggio al nuovo pontefice:

«Protokoll schlägt vor, den Deutschen Botschafter beim Heiligen Stuhl drahtlich zu beauftragen, dem neugewählten Papst Pius XII. mündlich die Glückwünsche des Führers und der Reichsregierung zu übermitteln. Diese Glückwünsche sind korrekt, aber angesichts der bekannten Einstellung des früheren Kardinals Pacelli zu Deutschland und der nationalsozialistischen Bewegung nicht besonders warm zu halten»[57].

Le stesse formule «non particolarmente calorose» vennero usate dai quotidiani tedeschi. Sia la «Frankfurter Allgemeine Zeitung» che il «Berliner Lokalanzeiger» ponevano l'accento proprio sul carattere di continuità, evidente anche nella scelta del nome, che Pacelli aveva adottato. Un tono dunque «riserbato ma corretto»[58], che manifestava la distanza tra Berlino e il Vaticano. Distanza confermata dalla mancata partecipazione di rappresentanti del regime nazista a Roma per la cerimonia di inaugurazione.

Nella lunga lista delle rappresentanze numerosi Stati di tutto il mondo, infatti, assente d'eccezione è proprio la Germania[59]. Pacelli però era stato scelto come nuovo capo della Chiesa in quella precisa contingenza storica, anche per il proprio passato diplomatico in Germania. In qualità di nunzio in Baviera e successivamente primo nunzio a Berlino, vi aveva passato molti anni e conosceva perfettamente la lingua. Egli

57 *Akten zur deutschen Auswärtigen Politik 1918-1945*, Serie D, IV, Göttingen, Vandenhoeck & Ruprecht, 1951, p. 522; lettera di von Halem a von Bergen, 2 marzo 1939.

58 *L'unanime consenso della stampa mondiale per l'elezione del Sommo Pontefice Pio XII*, in «L'Osservatore Romano», 9 marzo 1939.

59 Perfino Roosevelt inviò un proprio rappresentante. Nonostante non esistessero ancora formali relazioni tra la Santa Sede e gli Stati Uniti, Joseph P. Kennedy, ambasciatore americano a Londra, partecipò alla cerimonia del 12 marzo a Roma; R.A. VENTRESCA, *Soldier of Christ*, pp. 139-143.

inviò un messaggio a Hitler in cui ricordava affettuosamente il tempo passato lì e auspicava la continuazione di «legami di profonda e cordiale amicizia»[60]. Si informò anche subito circa la situazione della Chiesa in Germania, convocando il 5 marzo l'ambasciatore Diego von Bergen[61] e il giorno successivo i cardinali tedeschi Bertram (Breslau, nell'attuale Polonia), Schulte (Colonia), Faulhaber (Monaco) e Innitzer (Vienna)[62]. Nonostante i tentativi di riconciliazione di Pio XII e l'accoglienza entusiasta dell'episcopato tedesco alla notizia della sua elezione, la diffusione mediatica degli eventi a essa collegati non fu particolarmente di successo.

Il Terzo Reich puntava molto sull'attività di propaganda, specialmente attraverso i nuovi media. Le *Wochenschauen*, ossia i cinegiornali, assumevano quindi un ruolo fortemente educativo[63], soprattutto nelle manifestazioni pubbliche, in cui la gloria e la grandezza del regime venivano mostrati a tutta la Germania. Allo stesso modo la radio veniva adoperata come strumento di unificazione nazionale, sia nel promuovere la cultura tedesca che nel rimarcare la dialettica «amici-nemici»[64]. Il *Reichsministerium für Volksaufklärung und Propaganda*, affidato a Joseph Goebbels e creato da Hitler nel 1939, in pochi giorni prese il controllo della programmazione radiofonica[65]. La radio serviva quindi a promuovere l'attività del regime nazista, principalmente attraverso la messa in onda in diretta di eventi cruciali ed anche di appositi notiziari. In questo contesto quindi le trasmissioni culturali e musicali servivano soprattutto

[60] *ADSS*, II, pp. 420-421.

[61] S. Friedländer, *Pius XII. und das Dritte Reich: Eine Dokumentation*, München, Beck, 2011, p. 26.

[62] Il verbale di questo incontro insieme ai promemoria redatti dal cardinale Bertam e dal cardinale Faulhamer sono pubblicati, in *ADSS*, II, pp. 387-420.

[63] F. Dalla Pria, *Dittatura e immagine. Mussolini e Hitler nei cinegiornali*, p. 115.

[64] W.A. Boelcke, *Die Macht des Radios*.

[65] K. Dussel, *Hörfunk in Deutschland: Politik, Programm, Publikum (1923-1960)*, Potsdam, Verl. für Berlin-Brandenburg, 2002, p. 55.

per garantire un pubblico maggiore per quelle politiche[66]. La produzione e diffusione dei *Volksempfänger* doveva servire ad accrescere il numero degli ascoltatori, anche se non vi riuscì completamente. Per sopperire a queste carenze vennero quindi istituiti ascolti collettivi che garantissero la ricezione dei più importanti messaggi politici[67]. Secondo quanto riportato da «L'Osservatore Romano» l'annuncio dell'elezione del nuovo capo della chiesa fu trasmesso in molteplici lingue. Tra i paesi che si erano connessi con Radio Vaticana per la diretta di quello storico momento non è nominata però la Germania[68]. Il «Corriere della Sera» parla invece di ampia eco radiofonica successiva per la notizia, sebbene il regime nazista non avesse ancora espresso una posizione ufficiale.

«A Berlino la notizia è giunta troppo tardi per essere diffusa dalle ultime edizioni. Ha avuto per contro amplissima diffusione dalla radio e sarà pubblicata con enormi titoli su tutta la pagina dai giornali di domattina»[69].

Dalle ricerche svolte non è stato possibile corroborare queste informazioni, ma la totale assenza di riferimenti alla radio nei comunque scarni articoli su Pio XII nei giornali tedeschi e nelle riviste radiofoniche fa supporre che la diffusione della notizia non fu ampia come il «Corriere» lasciava intendere. Riguardo alla trasmissione della cerimonia di incoronazione del 12 marzo, nelle sue istruzioni per l'ascolto «L'Osservatore Romano» specifica che:

«La Stazione trasmittente del Vaticano unirà alla comune emissione della Cerimonia, illustrazioni in varie lingue, impiegando specialmente lo spagnolo e il tedesco, unitamente ancora al portoghese, al fiammingo, ceco,

[66] H. SARKOWICZ, *Das Radio im Dienst der nationalsozialistichen Propaganda*, in B. HEIDENREICH - S. NEITZEL (edd), *Medien im Nationalsozialismus*, Paderborn, Schöningh, 2010, pp. 205-234, qui p. 209.

[67] W. KÖNIG, *Mythen um den Volksempfänger*, p. 74.

[68] Vengono nominati invece Italia, Svizzera, Lussemburgo, Francia, Belgio, Olanda, Inghilterra, Polonia, Ungheria, Stati Uniti, Argentina e Uruguay; *Da Roma ai confini del mondo attraverso le onde della Radio Vaticana*, in «L'Osservatore Romano», 5 marzo 1939.

[69] *Le manifestazioni in Europa e in America*, in «Corriere della Sera», 3 marzo 1939.

per accondiscendere in qualche modo alle domande di quei Paesi per il quale non è stato possibile provvedere collegamenti particolari per speciali emissioni nella rispettiva lingua.
La Radio vaticana trasmetterà su onda di m. 19.84, essendo quest'onda la più opportuna per favorire dei Paesi che non hanno particolari collegamenti con il Vaticano»[70].

Come si evince, sebbene l'incoronazione non fosse stata messa in onda in Germania, Radio Vaticana si adoperò per garantire comunque una spiegazione della cerimonia anche in tedesco. La trasmissione in diverse lingue non era tanto necessaria per la traduzione del rito latino, quanto per la descrizione dei suoi passaggi chiave. La grandiosità della cerimonia di incoronazione, in cui viene fortemente enfatizzato il potere del papa, pur non visibile attraverso la radio, entrava in questo modo nell'immaginazione dei fedeli all'ascolto. Non è però possibile quantificare l'ascolto di Radio Vaticana in Germania in quel giorno soprattutto perché contemporaneamente si teneva a Berlino uno dei maggiori eventi del regime, lo *Staatsakt* per l'*Heldengedenktag*.

L'*Heldengedenktag*, giorno di commemorazione degli eroi, fu istituito dal regime nazista il 27 febbraio 1934. Nell'epoca di Weimar infatti non esisteva una vera e propria festa nazionale per il ricordo dei caduti in guerra; ma, a partire dal 1922, il *Volkstrauertag*, giorno del lutto del popolo, veniva celebrato in maniera disorganica tra i vari *Länder*[71]. Fu il nazismo dunque a canonizzare la giornata, stravolgendone anche il significato. Se prima infatti era un giorno di lutto in ricordo dei caduti della Prima guerra mondiale, nell'*Heldengedenktag* si ricordavano ora gli eroi del partito. La commemorazione serviva quindi per mostrare il regime in tutta la sua forza, soprattutto militare. Infatti, dal 1938 divenne anche la festa per l'*Anschluss*, l'annessione dell'Austria, e nel 1939 fu legata alla restaurazione del servizio militare obbligatorio. Fin dall'inizio l'*Heldengedenktag*

70 *Per la solenne Incoronazione del Sommo Pontefice. La trasmissione della Radio Vaticana*, in «L'Osservatore Romano», 11 marzo 1939.

71 A. Kaiser, *Von Helden und Opfern: Eine Geschichte des Volkstrauertags*, Frankfurt a.M., Campus, 2010, pp. 179-195.

fu concepito come evento mediatico. La sua risonanza sulla stampa e in radio fu da subito massiccia e la manifestazione fu progressivamente adattata così da essere mediaticamente sempre più attraente. A mezzogiorno era trasmessa la diretta della cerimonia di Stato dall'Opera di Berlino su tutte le stazioni regionali tedesche[72]. L'ascolto era generalmente individuale e non obbligatorio, ma, onde evitare sovrapposizioni, per quella giornata anche l'orario delle messe veniva rivisto.

L'*Heldengedenktag* si celebrava sempre in primavera, in quanto momento di festeggiamento della rinascita, e venne stabilito per la domenica precedente il 16 marzo. Nel 1939 questa cadeva appunto il 12 marzo, lo stesso giorno dell'incoronazione di papa Pacelli. Questa fu probabilmente una felice coincidenza per il governo nazista, che non dovette proibire la trasmissione della cerimonia di incoronazione[73], ma ebbe la possibilità di sostituirla con uno degli eventi che maggiormente celebrava la potenza politica e militare del *Reich*. Il monopolio nazista sui mezzi di comunicazione tedeschi venne quindi riconfermato in questa occasione. Inoltre il regime fu completamente in controllo della narrazione che veniva fatta circa il nuovo papa, caratterizzata soprattutto dal tentativo di non dare spazio alla notizia. La differenza maggiore tra i due casi qui presentati sta proprio nella gestione che i due regimi fecero della notizia. In Italia il governo fascista cercò di sfruttare l'evento per riaffermare la propria disciplina interna e la propria vicinanza al Vaticano. La Germania nazista, invece, cercò di relegare questa notizia in un angolo, e probabilmente in larga misura vi riuscì: la narrazione dell'evento fu in buona parte oscurata. Il regime, infatti, vedeva nei media e, soprattutto nella rappresentazione mediatica di alcuni eventi, un mezzo di propaganda e di educazione culturale fondamentale e ne aveva assunto quindi il monopolio assoluto, non concedendo ad altri attori esterni un accesso.

[72] Kaiser nota che, non essendo la radio in grado di comunicare l'impatto visivo della parata militare, a quella trasmissione siano da subito state affiancate pubblicazioni di immagini e, in una fase successiva, anche delle riprese video, inserite ad esempio nei *Wochenschau*; *ibidem*, p. 195.

[73] Al contrario di quanto sostenuto in M.J. Matelski, *Vatican Radio*, p. 69.

Grazie alla radio nel marzo del 1939 per la prima volta tutto il mondo si rivolse a Roma per seguire la successione sul trono di Pietro. Questo nuovo mezzo di comunicazione permise alla Santa Sede di presentarsi come attore internazionale e al suo capo di proporsi come leader morale veramente mondiale. Questi sviluppi non furono però solamente figli del progresso, la Curia romana investì particolare attenzione affinché questo fosse il risultato. L'annuncio del nuovo papa e la sua successiva incoronazione possono dunque essere interpretati come *media events*. La trasmissione radiofonica dei primi passi di Pio XII interruppe la routine mediatica dell'epoca, fu organizzata e narrata così da sostenere e rafforzare l'impatto simbolico delle cerimonie, rispettando quindi i canoni stabiliti da Dayan e Katz. Il messaggio radiofonico da solo non fu in grado di veicolare completamente la narrazione mediatica di questo evento. Nonostante, infatti, sia passato attraverso il media più innovativo dell'epoca, che per la prima volta aveva portato la voce del papa nelle case dei cattolici, il messaggio non era completo senza l'interazione di altre forme mediali, come la stampa e anche il cinema. Film e videocronache di quelle giornate furono realizzati non solo in italiano, ma anche in altre lingue come ad esempio in inglese per il pubblico statunitense.

Quest'analisi rafforza quindi le elaborazioni recenti che auspicano una maggiore attenzione per i media come *ensemble*[74]. Senza l'analisi parallela delle fonti scritte e di quelle video non è infatti possibile comprendere fino in fondo il ruolo cruciale che la radio ebbe nel trasmettere al mondo queste notizie. Radio Vaticana alla sua creazione entrò in un sistema mediatico già consolidato, senza però pretese di esclusività, ma anzi con proficue sovrapposizioni. L'importanza di questa prospettiva nello studio di eventi mediatici è confermata anche nella comparazione proposta. Il caso della Germania rimane diverso anche perché non si manifestò questa interazione tra i media.

[74] C. von Hodenberg, *Expeditionen in den Methodendschungel. Herausforderungen der Zeitgeschichtsforschung im Fernsehzeitalter*, in «Journal of Modern European History», 10, 2012, 1, pp. 24-48.

Apparecchiature radio ricetrasmittenti al Campidoglio, 25 marzo 1957 (Roma, Archivio fotografico RAI, PDC n: 3201\020).

La «piccola Europa» nata in tv: i trattati di Roma come evento mediatico

di *Gabriele D'Ottavio*

Il 25 marzo 1957 furono firmati a Roma i trattati istitutivi della Comunità economica europea (Cee) e della Comunità europea dell'Energia atomica (Euratom). La scelta della sede non fu casuale, bensì rispose a una precisa regia politica. Tra gli obiettivi dei promotori dell'iniziativa vi era anche quello di conferire alla costituenda «piccola Europa» una scenografia altamente evocativa dell'importanza storica dell'evento, in una funzione di contrasto all'idea di declino che attraversava all'epoca il vecchio continente. La firma dei trattati europei fu quindi celebrata nell'ambito di una solenne cerimonia, che per l'occasione la Rai-radiotelevisione italiana (Rai) trasmise in diretta, diffondendone le immagini in eurovisione.

Il filmato originale della telecronaca è conservato in buono stato presso l'Archivio Teche Rai di Roma e nel marzo 2017, in occasione delle celebrazioni per il sessantesimo anniversario della firma dei trattati, è stato pubblicato in rete[1]. Si tratta di una fonte molto istruttiva, se esaminata attraverso il filtro interpretativo offerto dalla riflessione storiografica sulle categorie di «medialità» e «mediatizzazione»[2]. L'assunto epistemologico

[1] Archivio Teche Rai, Roma (d'ora in avanti ATR), D673, *Firma trattato Euratom*, durata di 1 ora, 3 minuti e 13 secondi, visionato il 17 marzo 2017. Per la preziosa assistenza offertami durante le ricerche ringrazio le Teche Rai, nelle persone di Silvia Bruni, Carla Consalvi, Francesca Maria Cadin, Laura Demetri e Giovanna Lipari. Dal 20 marzo 2017 il filmato è disponibile sul sito www.raiplay.it, all'interno di una rubrica intitolata «Il sogno europeo»: https://www.raiplay.it/programmi/1957-2017ilsognoeuropeo/ (ultima consultazione 29 settembre 2018).

[2] C. CORNELISSEN, *Medialisierung und Medialität. Erkundungen zur Mediengeschichte seit der Moderne*, in «Annali dell'Istituto storico italo-germanico in Trento», 44, 2018, 1, pp. 13-35.

sotteso a queste due categorie di analisi è che i mass media non possano essere ridotti né a epifenomeno, ma nemmeno a semplici componenti della vicenda storica. Secondo una concezione ermeneutica che si è andata col tempo affinando, essi devono piuttosto essere compresi come attori/fattori di un più complesso «assetto massmediale»[3], che agisce direttamente sulla dimensione materiale dell'accadimento storico, delimitando o comunque condizionando il contesto entro cui esso può essere percepito, comunicato e, eventualmente, ricordato[4].

In questa luce, l'analisi del filmato Rai del 25 marzo 1957 e di altre fonti mediali dell'epoca offre una lente complementare e al tempo stesso innovativa rispetto a quella politico-diplomatica tradizionale attraverso cui sono stati finora studiati i trattati di Roma[5]. Anzitutto, consente di avvicinarsi, in un modo del tutto

[3] L'espressione riprende il concetto di «Mediensemble» introdotto da Axel Schildt, cfr. A. SCHILDT, *Das Jahrhundert der Massenmedien. Ansichten zu einer künftigen Geschichte der Öffentlichkeit*, in «Geschichte und Gesellschaft», 21, 2001, pp. 177-206. Sul tema si veda anche P. ORTOLEVA, *Il secolo dei media. Riti, abitudini, mitologie*, Milano, Il Saggiatore, 2009.

[4] Per un quadro teorico-metodologico si veda anche M. SANL - F. CRIVELLARI - K. KIRCHMANN - R. SCHLÖGL, *Einleitung. Die Medialität des Historischen und die Historizität des Medialen*, in M. SANL - F. CRIVELLARI - K. KIRCHMANN - R. SCHLÖGL (edd), *Die Medien der Geschichte. Historizität und Medialität in interdisziplinärer Perspektive*, Konstanz, UVK-Verlagsgesellschaft, 2004, pp. 9-32, in particolare pp. 17 e 29. Per un approfondimento storiografico focalizzato sull'epoca della televisione cfr. C. VON HODENBERG, *Expeditionen in den Methodendschungel. Herausforderungen der Zeitgeschichtsforschung im Fernsehzeitalter*, in «Journal of Modern European History/Zeitschrift für moderne europäische Geschichte/Revue d'histoire européenne contemporaine», 10, 2012, 1, pp. 24-48 e A. FICKERS - C. JOHNSON (edd), *Transnational Television History. A Comparative Approach*, London, Routledge, 2012. Infine, per uno sguardo interdisciplinare si veda A. HEPP - S. HJARVARD - K. LUNDBY, *Mediatization: Theorizing the Interplay between Media, Culture and Society*, in «Media, Culture & Society», 37, 2015, 2, pp. 314-324.

[5] E. SERRA (ed), *Il rilancio dell'Europa e i trattati di Roma/La Relance européenne et les traités de Rome. Actes du colloque de Rome 25-28 mars 1987*, Bruxelles, Bruylant (et al.), 1989; F. KNIPPING, *25 März 1957. Die Einigung Europas*, München, DTV, 2004; M. GEHLER, *From Common Market to European Union Building*, Wien, Böhlau, 2009. In lingua italiana si segnalano anche P.L. BALLINI (ed), *I Trattati di Roma*, voll. 2, Soveria Manelli (Catanzaro), Rubbettino, 2010 e D. PREDA (ed), *Avanti Adagio. I trattati di Roma e l'unità europea*, Milano, Franco Angeli, 2013.

inusuale per lo storico abituato a lavorare su altri tipi di fonti, all'obiettivo della ricostruzione dell'evento della nascita della Cee e di Euratom non tanto «così come è realmente accaduto», quanto così come venne all'epoca pubblicamente inscenato, raccontato e dibattuto, rendendo quindi più espliciti, da un lato, i significati politico-culturali attribuiti dai contemporanei, dall'altro i meccanismi riflessivi e autoriflessivi attraverso cui i mezzi di comunicazione di massa hanno contribuito alla costruzione del discorso storico sull'Europa comunitaria sin dalle sue origini.

In secondo luogo, la considerazione del punto di osservazione dei principali attori dell'assetto massmediale dell'epoca – la tv, il cinematografo, la radio, la stampa – permette di identificare nei trattati di Roma uno snodo importante del processo di transnazionalizzazione dello spazio di comunicazione europeo, con implicazioni rilevanti sulle strategie di adattamento e riposizionamento degli stessi mass media in una fase segnata dall'avvento della televisione. In questo contributo l'analisi è stata focalizzata principalmente sull'osservatorio offerto dalla Rai della seconda metà degli anni Cinquanta e si illustrerà come per il nuovo protagonista dell'assetto massmediale italiano la cerimonia di Roma rappresentò un'occasione congeniale per accreditarsi come un attore pienamente inserito nel sistema d'informazione giornalistica europeo e, al contempo, come una forza propulsiva del processo d'integrazione europea.

Infine, come si cercherà di sostenere nella parte conclusiva del saggio, l'atto istitutivo della Cee e di Euratom si presta a essere studiato come un «European media event», nell'accezione proposta dallo storico tedesco Frank Bösch per indicare un evento potenzialmente capace di raggiungere un pubblico transnazionale e di conferire senso all'idea di Europa attraverso processi di narrativizzazione retrospettiva[6].

[6] F. Bösch, *European Media Events*, in «EGO EuropeanHistoryOnline», 3 dicembre 2010, http://ieg-ego.eu/en/threads/european-media/european-media-events e, dello stesso autore, *Ereignisse. Performanz und Medien in historischer Perspektive*, in F. Bösch - P. Schmidt (edd), *Medialisierte Ereignisse. Performanz, Inszenierung und Medien seit dem 18. Jahrhundert*, Frankfurt a.M., Campus, 2010, pp. 7-29.

Le fonti qui presentate consentono di restituire un'immagine dei trattati di Roma come evento mediatico transnazionale solo parziale; immagine a tratti impressionistica, ma comunque utile per ricostruire il contesto, gli attori e i meccanismi mediatici, nonché l'universo semantico che hanno segnato i processi di significazione politico-simbolico-culturale della «piccola Europa» nel momento in cui furono gettate le sue fondamenta. In tal senso, il presente saggio si propone di offrire un contributo allo studio dell'integrazione europea intesa come la storia di un «progetto di Europa»[7], con un sistema culturale, simbolico, discorsivo-narrativo e una sua rappresentazione mediatica, che gli danno un senso e lo rendono percepibile in determinati contesti storici[8].

1. *Roma, 25 marzo 1957: capitale simbolica della «piccola Europa»*

In un intervento scritto per una conferenza mai tenuta del 1934, Stefan Zweig sottolineò la necessità di conferire visibilità e passione all'idea di Europa per sconfiggere il nazionalismo che all'epoca dilagava nelle forme totalitarie del fascismo e del nazionalsocialismo[9]. A tal fine, una delle prime proposte avanzate dallo scrittore austriaco era quella di scegliere perio-

[7] K.K. PATEL, *Projekt Europa. Eine kritische Geschichte*, München, C.H. Beck, 2018.

[8] J.W. SCHMALE, *Geschichte Europas*, Wien, Böhlau, 2000; B. STRÅTH, *Europe as a Discourse*, in B. STRÅTH (ed), *Europe and the Other and Europe as the Other*, Bruxelles, Peter Lang, 2010, pp. 13-44; J.H. MEYER, *The European Public Sphere: Media and Transnational Communication in European Integration 1969-1991*, Stuttgart, Franz Steiner Verlag, 2010; J. LODGE - K. SARIKAKIS (edd), *Communication, Mediation and Culture in the Making of Europe*, Bologna, Il Mulino, 2013; J. KRUMREY, *The Symbolic Politics of European Integration. Staging Europe*, Basingstoke, Palgrave, 2018; K.K. PATEL - A. SIANOS - S. VANHOONACKER, *Does the EU Have a Past? Narratives of European Integration History and the Union's Public Awareness Deficit*, in «Journal of European Integration History», 2018, 1, pp. 145-167.

[9] S. ZWEIG, *L'unificazione europea (Einigung Europas. Eine Rede)*, in S. ZWEIG, *Appello agli europei*, Ginevra - Milano, Skira, 2015, pp. 73-82.

dicamente una capitale simbolica nella quale il riferimento all'Europa potesse divenire, per un certo periodo, il centro della vita sociale e culturale dell'intero continente. Zweig muoveva dall'assunto – oggi corroborato sul piano teorico ed empirico dallo studio della cultura politica[10] – in base al quale nessuna organizzazione politica può esistere al di fuori di un sistema culturale e simbolico che la rappresenti:

«Dall'antichità qualsiasi forma di politica ha regolarmente cercato di acquisire visibilità e una politica europea deve essere servita da tutta la forza e la furbizia della tecnica europea, grazie alla radio e agli altoparlanti, alle celebrazioni sportive e agli avvenimenti spettacolari, dal mettere in mostra grandi masse piene di vita, poiché una sola massa visibile fa impressione e un movimento forte in uno spazio reale stimola il movimento intellettuale»[11].

Ventitre anni dopo, nel marzo 1957, lo spirito europeo invocato da Zweig sembrò aver trovato, anche se per pochi giorni, la sua capitale simbolica nella città di Roma. Come si dirà meglio più avanti, nell'ultima settimana di quel mese, tutti i principali mezzi di informazione giornalistica – dalla tv ai cinegiornali, dalla radio alla stampa – dedicarono ampio spazio alla notizia della firma dei trattati istitutivi della Cee e di Euratom, dando grande risalto alla sede dove si era svolta la cerimonia[12].

Per una delle tante perfidie della storia, all'inizio degli anni Trenta Zweig era stato invitato proprio a Roma a partecipare a un convegno organizzato dalla Fondazione Volta della Reale Accademia d'Italia sul tema dell'Europa, e per l'occasione aveva scritto un intervento dal titolo «Disintossicazione morale dell'Europa»[13]; tuttavia, alla fine lo scrittore austriaco aveva deciso di non recarsi al convegno, probabilmente, come scrisse

[10] G. Nevola, *Lo studio della cultura politica. Per una concezione ermeneutica*, in «Quaderni di Scienza politica», 24, 2017, 2, pp. 223-257, qui p. 223.

[11] S. Zweig, *L'unificazione europea*, p. 80.

[12] *Los Tratados de Roma en primera plana = I trattati di Roma in prima pagina: 25.3.1957*, raccolta di documenti a cura della Commissione europea, Bruxelles 1997.

[13] S. Zweig, «Disintossicazione morale dell'Europa (Die moralische Entgiftung Europas)», e, dello stesso autore, *Appello agli europei*, pp. 51-71.

a Romain Rolland[14], per non avallare quella che, a tutti gli effetti, avrebbe assunto i contorni di un'iniziativa di propaganda del regime fascista[15].

Il passaggio di Roma da «capitale del nazionalismo»[16] a città simbolo della neo-costituenda «piccola Europa» rifletteva le contraddizioni e le ambivalenze intrinseche ai diversi modi in cui l'idea di Europa, come si dirà tra poco, continuava a essere associata, sia pur all'interno di una visione del mondo liberal-democratica, alla vocazione universalistica della Roma imperiale. Ciò che qui è importante sottolineare è che la scelta della «città eterna» come sede della firma dei trattati europei era stata tutt'altro che fortuita ed ebbe un ruolo non secondario nel processo di significazione politico-simbolico-culturale dei trattati istitutivi della Cee e di Euratom, al punto che essi furono da subito battezzati dai mass media dell'epoca come «i trattati di Roma».

La candidatura di Roma era stata avanzata su iniziativa del ministro degli Esteri belga Paul-Henri Spaak – uno dei protagonisti indiscussi del cosiddetto «rilancio europeo»[17]. Dalle carte diplomatiche italiane emerge con chiarezza il momento in cui fu decisa la sede di Roma per la firma dei trattati europei. Spaak aveva sottoposto la sua proposta della candidatura di Roma in via riservata al ministro degli Esteri italiano Gaetano Martino nel dicembre 1956[18], al fine di chiedere e poi otte-

[14] R. ROLLAND - S. ZWEIG, *Briefwechsel 1910-1940*, II, Berlin, Rütten & Loening, 1987, p. 478.

[15] S. GIUSTIBELLI, *L'Europa nella riflessione della Fondazione Volta (Roma, 16-20 novembre 1932)*, in «Dimensioni e problemi della ricerca storica», 2002, 1, pp. 181-283, qui p. 182.

[16] L'espressione è tratta da A. ROCCUCCI, *Roma capitale del nazionalismo (1908-1923)*, Roma, Archivio Izzi, 2001.

[17] J.H. HUIZINGA, *Mr Europe: a Political Biography of Paul-Henri Spaak*, London, Weidenfeld & Nicolson, 1961.

[18] ARCHIVIO STORICO DEL MINISTERO DEGLI AFFARI ESTERI (d'ora in avanti ASMAE), Gabinetto del Ministro 1953-1961, b. 16, fasc. 40, *L'ambasciatore a Bruxelles Scamacca del Murgo al Ministero degli Affari Esteri*, t. 30762/331, Bruxelles, 24 dicembre 1956, ore 19.45 (perv. ore 22.00).

nere l'approvazione del paese che avrebbe dovuto ospitare la cerimonia[19]. Sempre Spaak rese pubblica la sua proposta il 27 febbraio 1957, al termine dell'ultima riunione dei ministri degli Esteri che si era tenuta a Bruxelles. L'ambasciatore italiano Roberto Ducci, uno dei testimoni diretti di quell'ultima seduta, ha ricordato le parole pronunciate da Spaak in quella occasione: «Propongo che essa sia Roma, la più augusta delle nostre città, da cui la civiltà è venuta tre volte all'Europa»[20]. Sempre Ducci, nel commentare le ragioni della scelta di Roma, ha lasciato intendere che alla base vi fosse stato un tacito accordo politico tra Spaak e Martino, finalizzato all'attribuzione a Bruxelles della sede della futura Commissione europea[21]. Secondo alcune ricostruzioni accurate, anche la precedente scelta della città di Messina come sede della prima conferenza del «rilancio europeo» era stata il prodotto di un accordo politico tra Spaak e il ministro Martino, il quale era originario del capoluogo peloritano[22].

[19] Il 29 dicembre 1956 il direttore generale aggiunto agli affari economici Carrobio di Carrobio inviò un telegramma a Bruxelles nel quale le autorità belghe venivano informate che: «S.E. il Ministro (Martino, n.d.a.) è d'accordo circa scelta Roma quale luogo della firma Trattati Mercato Comune ed Euratom e prega V.E. ringraziare a suo nome Spaak dell'iniziativa». Cfr. MINISTERO DEGLI AFFARI ESTERI E DELLA COOPERAZIONE INTERNAZIONALE, *Documenti sulla politica internazionale dell'Italia, Serie A Europa Occidentale e Unione europea*, a cura di A. VARSORI - F. LEFEBVRE D'OVIDIO, Istituto Poligrafico e Zecca dello Stato, Roma 2017, p. 537, doc. 241 nota 3.

[20] R. DUCCI, *1957. Quando nacque l'Europa*, articolo apparso sul «Corriere della Sera» il 23 maggio 1977 e pubblicato in R. DUCCI, *Le speranze d'Europa (carte sparse 1943-1985)*, a cura di G. LENZI, Soveria Mannelli (Catanzaro), Rubbettino, 2007, pp. 111-114. La circostanza è stata confermata anche da Robert Rothschild, che dal 1954 al 1957 era stato il capo di gabinetto del ministro degli Esteri belga Paul-Heni Spaak. Cfr. M.G MELCHIONNI - R. DUCCI (edd), *La genèse des traités de Rome. Entretiens inédits avec 18 acteurs et témoins de la négociation*, Paris, Economica, 2007, pp. 209-233, qui p. 231.

[21] R. DUCCI, *1957*, p. 112.

[22] A.VARSORI - F. LEFEBRE D'OVIDIO, *Introduzione. Il 'Rilancio dell'Europa'. Dalla conferenza di Messina ai Trattati di Roma (2 aprile 1955 - 25 marzo 1957)*, in MINISTERO DEGLI AFFARI ESTERI E DELLA COOPERAZIONE INTERNAZIONALE, *Documenti sulla politica internazionale dell'Italia*, pp. XI-XLII, qui p. XXV.

Ma al di là degli accordi politici avvenuti dietro le quinte, non è difficile dare ragione a chi ha sostenuto che tali scelte furono corroborate da una sorta di «regia di persuasione occulta»[23]: occorreva offrire alla costituenda «piccola Europa» una scenografia altamente evocativa dell'importanza storica del progetto d'integrazione europea, che l'Italia era sicuramente in grado di offrire. Il programma organizzato dall'allora sindaco di Messina Carmelo Fortino, su incarico del ministro Martino, rende bene l'idea dell'importanza che era stata attribuita alla dimensione simbolica del luogo evocativo dell'antica civiltà greca, ove si era deciso di tenere la conferenza nel giugno 1955[24].

Due anni dopo, il 25 marzo 1957, spettò al sindaco di Roma Umberto Tupini dare il saluto di benvenuto ai rappresentanti dei sei paesi europei convenuti in piazza del Campidoglio, che per l'occasione era stata decorata con un fastoso addobbo: dalle finestre degli edifici capitolini pendevano gli arazzi e dai balconi, insieme ai vessilli giallorossi, erano state esposte le bandiere dei sei paesi firmatari, mentre i Fedeli di Vitorchiano, nei loro caratteristici costumi, facevano ala lungo le scalinate fino alla sala degli Orazi e Curiazi[25].

Al momento del suo discorso di benvenuto, anche il sindaco Tupini, come aveva fatto il suo collega di Messina nel giugno 1955, non mancò di esaltare le caratteristiche del «luogo storico» dove si era deciso di firmare i trattati europei:

> «... il Campidoglio è la sede più illustre che l'umanità abbia mai conosciuto e Roma ha avuto sempre il vanto di esprimere nella storia, fin dalla sua fondazione, salvo brevi parentesi, un'idea universale, tanto che l'universalità della sua missione si confonde con il suo stesso nome, Roma caput mundi ...

[23] M. SAIJA, *Gaetano Martino*, in «Annali di Storia moderna e contemporanea», 2015, 3, pp. 95-106, in particolare pp. 100-101.

[24] *Ibidem*.

[25] Già in epoca fascista, il podestà della capitale aveva assunto alcuni cittadini di Vitorchiano con la funzione di valletti capitolini per presenziare alle cerimonie ufficiali, al fine di ravvivare un'antica tradizione che legava la località del Viterbese a Roma.

Questo è il volto di Roma che vi accoglie in Campidoglio, sul colle, cioè, che nel salone di Giulio Cesare destinato alle nostre riunioni consiliari che è definito dopo il Golgota il colle più sacro del mondo civile occidentale»[26].

Se la manifestazione di orgoglio da parte del primo cittadino di Roma era prevedibile, non meno scontati furono i tributi alla «città eterna», recitati quasi come un *refrain* da tutti i rappresentanti dei paesi firmatari, con l'unica eccezione del ministro degli Esteri francese Chistian Pineau. Riportiamo, a titolo d'esempio, l'incipit dell'intervento del ministro degli Esteri olandese Joseph Luns:

«È certo un buon auspicio che la cerimonia della firma di questi due trattati di così grande importanza avvenga nella città eterna, Roma. È a Roma, la capitale del mondo antico, che vennero gettate in modo geniale le basi politiche, giuridiche e sociali della nostra civiltà attuale. Così oggi in questa stessa Roma poniamo i pilastri di una nuova Europa, che ci auguriamo unita, prospera e forte come sotto la Roma imperiale dei Cesari ... Ancora una volta la luce della città eterna illuminerà il mondo occidentale»[27].

Considerato a posteriori, il richiamo storico-culturale alla Roma imperiale, che è presente anche negli interventi di Adenauer, Bech e Spaak, potrebbe essere letto come una sconfessione, almeno parziale, sia dell'interpretazione funzionalista sia di quella stato-centrica attraverso cui sono state sovente analizzate le origini della Cee e di Euratom[28].

In realtà, l'evocazione dell'esperienza politica europea forse più grandiosa nella storia internazionale rifletteva fedelmente

[26] ATR, D673, *Firma trattato Euratom*, min. 7'41"-8'18" e 13'40"-14'00".

[27] I discorsi pronunciati durante la cerimonia furono simultaneamente tradotti nelle quattro lingue delle Comunità europee: francese, tedesco, italiano e olandese. Qui viene riportata la trascrizione della traduzione simultanea del discorso di Luns effettuata all'epoca dal servizio interpretariato. ATR, D673, *Firma trattato Euratom*, min. 41'55"-42'44" e 43'48"-43'53".

[28] Si vedano gli studi, considerati ormai dei classici di Ernst Haas per l'interpretazione funzionalista e di Alan Milward e Andrew Moravcsik per l'interpretazione stato-centrica. Cfr. E.B. HAAS, *Beyond the Nation-State. Functionalism and International Organisation*, Stanford, Stanford University Press, 1964; A. MILWARD, *The European Rescue of the Nation State*, London, Routledge, 1992; A. MORAVCSIK, *The Choice for Europe: Social Purpose and State Power from Messina to Maastricht*, Ithaca, Cornell University Press, 1998.

un sentire comune che nel corso degli anni Cinquanta si era andato diffondendo nelle cancellerie europee e più in generale nella classe dirigente del vecchio continente, soprattutto dopo le crisi di Suez e d'Ungheria del 1956. All'epoca, le due crisi e i rispettivi epiloghi avevano messo in evidenza quanto fossero esigui i margini di autonomia delle ex grandi potenze europee nel contesto della Guerra fredda, imprimendo, tra l'altro, una straordinaria accelerazione ai negoziati che erano stati avviati in seguito alla conferenza di Messina. Dopo la disfatta diplomatica di Suez e nel nuovo clima di tensione in Europa orientale, le delegazioni della Francia e della Repubblica Federale appianavano le divergenze che erano emerse nei mesi precedenti e raggiungevano un'intesa sia sul Mercato comune che su Euratom, spianando di fatto la strada alla firma dei trattati di Roma[29]. In questa luce, e in continuità con una tradizione di riflessione «declinista» che si può far risalire alla fine del XIX secolo[30] – e che aveva avuto in Stefan Zweig uno dei suoi massimi esponenti –, la scelta di Roma come capitale simbolica d'Europa andava letta anche come un nuovo tentativo di risposta politico-culturale-simbolica all'annoso problema della crisi dell'Europa e della sua necessaria rinascita.

2. *La firma dei trattati europei in diretta tv*

Il 25 marzo 1957, l'importanza del «luogo storico» in cui si era scelto di celebrare la nascita della Cee e di Euratom venne sottolineata non solo dai protagonisti della cerimonia, ma anche dai tanti giornalisti italiani e stranieri che si occuparono di documentarla e commentarla[31].

[29] Per una ricostruzione dettagliata della vicenda rinvio a G. D'OTTAVIO, *L'Europa dei tedeschi. La Repubblica Federale di Germania e l'integrazione europea (1949-1966)*, (Annali dell'Istituto storico italo-germanico in Trento. Monografie, 62) Bologna, Il Mulino, 2012, pp. 59-102.

[30] Cfr. M. HEWITSON - M. D'AURIA, *Europe in Crisis: Intellectuals and the European idea: 1917-1957*, New York - Oxford, Berghahn, 2012.

[31] Secondo le cronache dell'epoca, i giornalisti accreditati per assistere alla cerimonia nel palazzo dei Conservatori erano circa duecento. Cfr. G.R.

Per la forza evocativa delle immagini e soprattutto per la relativa novità rappresentata all'epoca dalle trasmissioni in eurovisione, il filmato della diretta televisiva della Rai rappresenta sicuramente la fonte mediale più interessante. Il collegamento dal Campidoglio andò in onda qualche minuto prima delle 18.00. Si apriva con alcune riprese dall'alto sulla città, rese possibili dalle telecamere che erano state installate sul Vittoriano, l'altare della patria. Le immagini venivano commentate dal giornalista Rai Vittorio Di Giacomo, il quale già all'epoca era considerato uno dei volti più noti della tv italiana:

«Non possiamo non sottolineare il fatto che proprio Roma, nella quale ogni pietra sembra esprimere i valori di una missione universale, sia stata scelta come sede di una cerimonia, che è insieme un atto politico, da cui si attende per tutta l'Europa un passo decisivo in senso sovranazionale e universale»[32].

I toni reverenziali, quasi drammatici, delle prime sequenze venivano accompagnati, in sottofondo, dall'adagio della Sinfonia n. 9 in Mi minore di Antonín Dvořák, anche nota con il titolo di Sinfonia *Dal Nuovo Mondo*. Non è dato sapere se la scelta della colonna sonora iniziale fosse stata ispirata da un'esplicita volontà di richiamare il modello degli Stati Uniti d'America, appunto il «nuovo mondo» a cui il compositore ceco, emigrato a New York, aveva voluto dedicare la sua opera più famosa[33]. Da un punto di vista della funzione performativa, si trattava di una colonna sonora incisiva, capace di evocare l'importanza storica dell'evento al quale, di lì a breve, i telespettatori avrebbero assistito. I primi piani sulla città, sulla gente in piazza del Campidoglio, sotto la pioggia, e naturalmente le riprese all'interno della sala degli Orazi e dei Curiazi, invece, offrivano al pubblico televisivo la possibilità di

Hocke, *Europa-Verträge feierlich unterzeichnet*, in «Süddeutsche Zeitung», 26 marzo 1957.

[32] ATR, D673, *Firma trattato Euratom*, min. 2'17"-2'37".

[33] Si potrebbe eventualmente azzardare anche l'ipotesi di un possibile tributo all'illustre direttore d'orchestra italiano Arturo Toscanini, il quale aveva contribuito non poco al successo dell'opera di Dvořák. Deceduto nel gennaio 1957, il maestro Toscanini avrebbe compiuto 90 anni proprio il 25 marzo 1957.

essere simultaneamente dappertutto, nel momento in cui stava per cominciare la solenne cerimonia della firma dei trattati.

La scaletta, compilata dettagliatamente in tutte le sue parti, consente di stabilire con precisione la durata dell'intero filmato (1 ora, 3 minuti e 13 secondi) che si compone di tre rulli, così come l'ordine e il minutaggio esatto delle varie sequenze della cerimonia[34]. Come da protocollo[35], alle ore 18.00 in punto i ministri facevano il loro ingresso nell'aula; il cancelliere tedesco Konrad Adenauer per primo, accompagnato dal presidente del Consiglio Antonio Segni e dal ministro degli Esteri italiano Gaetano Martino. Al lungo tavolo di noce ricoperto di damasco rosso, che occupava per tutta la sua lunghezza la sala degli Orazi e Curiazi, si sedevano da destra a sinistra, secondo l'ordine alfabetico italiano dei sei paesi, Paul-Henri Spaak e il barone Jean Charles Snoy et D'Oppuers per il Belgio, Christian Pineau e Maurice Faure per la Francia, Konrad Adenauer e Walter Hallstein per la Germania occidentale, Antonio Segni e Gaetano Martino per l'Italia, Joseph Bech e Lambert Schaus per il Lussemburgo e Joseph Luns e Johannes Linthorst Homan per l'Olanda. Dietro, su quattro file di poltroncine, sedevano i membri delle delegazioni e delle rappresentanze diplomatiche. Il pubblico che poté assistere di persona alla cerimonia era per lo più composto dalle autorità italiane, dalle delegazioni degli altri paesi firmatari, dagli invitati d'onore[36] e dai duecento giornalisti accreditati, cui era stata riservata la tribuna che si trovava sul lato del lungo tavolo, in una posizione di illuminazione ottimale[37].

[34] ATR, D673, *Firma trattato Euratom* (scaletta).

[35] Ministero degli Affari Esteri, *Cerimoniale. Conferenza per la firma dei trattati che istituiscono la Comunità economica europea e la Comunità dell'energia atomica, Roma, 24-25 marzo 1957*. Una copia del libretto del cerimoniale è consultabile in versione digitalizzata sul sito dell'archivio CVCE.eu dell'Università del Lussemburgo (ultima consultazione 22 settembre 2018).

[36] Gli invitati d'onore elencati nel libretto del cerimoniale erano: «Sig. Johan Willem Beyen, S.E. Hans Furler, S.E. Massimo Pilotti, Sig. Franz Etzel, Sig. Louis Azmand, Prof. Francesco Giordani, Sig. Gerard Marius Verijn Stuart».

[37] La circostanza viene ricordata da Pasquale Baldocci, che all'epoca era un giovane diplomatico assegnato all'Ufficio trattati e a cui il giorno della

Il primo a prendere la parola fu il sindaco di Roma Tupini, il quale, prima dell'inizio della cerimonia, nella sala dei Trionfi di Annibale, aveva presentato ai vari ministri stranieri i membri della giunta comunale, informandoli che a ciascuno dei dodici firmatari alla fine della cerimonia sarebbe stata consegnata una medaglia d'oro – con le sigle del Mercato comune e, sul rovescio, la Lupa capitolina –, che era stata coniata dal Comune di Roma come ricordo dello storico avvenimento. Seguirono poi gli interventi dei ministri, nell'ordine: Martino, Adenauer, Spaak, Pineau, Bech e Luns. I discorsi furono tradotti in simultanea nelle quattro lingue della Comunità: francese, tedesco, italiano e olandese. Gli interventi furono relativamente brevi, tutti contenuti entro i quattro e i cinque minuti, tarati sui tempi e le esigenze della televisione. La circostanza della diretta televisiva venne anche sfruttata da uno dei relatori, il ministro degli Esteri olandese, per rivolgere, nella sua lingua madre, un messaggio diretto «ai miei compatrioti che seguono la cerimonia sullo schermo dell'eurovisione, ... per far loro afferrare tutta l'importanza di questo storico momento»[38].

Dopo l'intervento di Luns giungeva il momento della firma. Firmava per primo Spaak nella sua qualità di ministro degli Esteri belga. Il suo gesto venne accompagnato dal rintocco della Patarina, la storica campana del Campidoglio, e dallo scroscio di applausi della folla, schierata in quadrato attorno al monumento equestre di Marco Aurelio, che aveva potuto ascoltare i discorsi degli intervenuti grazie agli altoparlanti installati fuori dal palazzo dei Conservatori. La penna di Maurizio Montefoschi, uno dei giornalisti presenti nella sala degli Orazi e dei Curiazi, fissò il solenne momento in un reportage apparso qualche giorno dopo su «Rivista Comunità europee»:

firma dei trattati era stato affidato il delicato incarico di impedire che la stampa venisse a conoscenza di un vizio formale contenuto nei trattati che, per ragioni di tempo, non era stato possibile correggere. Ho avuto l'opportunità di raccogliere personalmente la testimonianza dell'ambasciatore Baldocci durante un'intervista concessami a Firenze il 30 ottobre 2018.

[38] ATR, D673, *Firma trattato Euratom*, min. 43'53'-44' 21".

«Silenzio improvviso, profondo, nella Sala degli Oriazi e Curiazi. Si può sentire lo scricchiolio della penna sulla carta. Un silenzio breve quanto dura la grafia di una firma: «Paul-Henri Spaak». Un attimo. Poi lo scroscio degli applausi e la Patarina che sulla torre del campidoglio squilla festosa. Sono esattamente le 18.46. In questo giorno di marzo, a quest'ora, nasce l''Europa dei Sei'»[39].

Dopo Spaak firmarono nell'ordine: il segretario generale del Ministero degli Affari economici del Belgio, barone Snoy et D'Oppuers, il ministro degli Esteri francese Pineau e il sottosegretario Faure, il cancelliere Adenauer e il sottosegretario Hallstein. Quindi il presidente del Consiglio italiano Segni e il ministro Martino; il presidente del Consiglio e ministro degli Esteri del Lussemburgo, Bech, e il capo della delegazione lussemburghese, Schaus; infine il ministro degli Esteri d'Olanda Luns e il capo della delegazione olandese, Linthorst Homan.

Insieme alla stampa dell'epoca, il filmato della diretta Rai costituisce una delle fonti più utili per ricostruire gli avvenimenti della giornata del 25 marzo 1957. La telecronaca di Vittorio Di Giacomo forniva ai telespetattori abbondanti informazioni sul programma della cerimonia e sul suo svolgimento, che venivano efficacemente inserite all'interno di una narrazione tutta protesa a sottolineare l'importanza dell'evento. Si riporta qui di seguito la trascrizione di uno dei passaggi più ricchi di dettagli sull'organizzazione dell'evento:

«Nonostante il tempo imbronciato – piove da ventiquattro ore – Roma ha assunto un'aria gaia e solenne: bandiere sui palazzi principali, festa nelle scuole di ogni ordine e grado ne sono state le manifestazioni più evidenti. Ma mentre la città si preparava ad accogliere in modo degno il grande evento, i ministri designati dai sei paesi, i sottosegretari, i capi e i componenti delle delegazioni si sono già incontrati nelle ultime ore numerose volte. Il 'carnet' degli avvenimenti prevedeva, dopo il pranzo e il ricevimento di ieri sera offerto dal ministro Martino a Villa Madama, una prima riunione in Campidoglio alle nove di stamane, riservata ai capi delegazione, e una seconda riunione, pure in Campidoglio, alle 11, per i sei ministri che apporranno la firma ai trattati. Due ore fa, nella Basilica di San Lorenzo, ha poi avuto luogo la cerimonia per la traslazione della salma di un grande

39 *Reportage* di M. MONTEFOSCHI, in «Rivista Comunità Europee», marzo 1957.

europeo, Alcide De Gasperi, nella tomba definitiva collocata nel porticato esterno. Su invito collettivo e per iniziativa della Presidenza del Consiglio dei ministri italiano, vi hanno partecipato le sei delegazioni dei ministri al completo ...»[40].

Negli ultimi minuti della diretta televisiva venivano quindi mostrate alcune immagini che erano state girate qualche ora prima e che immortalavano gli statisti stranieri convenuti alla basilica di San Lorenzo per presenziare, insieme alle autorità politiche italiane e alla famiglia del politico trentino, all'inaugurazione della tomba monumentale di Alcide De Gasperi, realizzata dallo scultore bergamasco Giacomo Manzù[41]. La voce narrante del giornalista Rai commentava al riguardo:

«È veramente significativo che la data della firma istitutiva delle due Comunità europee abbia coinciso con la cerimoia per la sepoltura definitiva di De Gasperi nella Basilica di San Lorenzo»[42].

Il nome di De Gasperi venne, peraltro, pronunciato più volte nei discorsi nella sala del Campidoglio, a cominciare da quello del ministro Martino[43].

Alle 18.53 la cerimonia della firma aveva termine, mentre scorrevano le immagini che ritraevano i protagonisti della cerimonia, il grande affresco del Cavalier d'Arpino che decora il lato lungo della sala degli Orazi e dei Curiazi, poi l'esterno del palazzo dei Conservatori decorato con le bandiere dei paesi firmatari, infine, la piazza del Campidoglio. In sottofondo, le parole del giornalista Rai:

«L'Europa riprende il suo cammino, la strada da compiere è ancora molta, gli stessi trattati prevedono infatti un'applicazione lenta e graduale. Si dovrà giungere al traguardo nel 1970, forse, per vedere compiuto l'edificio di cui stasera è stata posta la prima pietra. Alla fine di questo cammino, come è convinzione di coloro che hanno creduto nell'Europa unita e che intendono

40 ATR, D673, *Firma trattato Euratom*, min. 2'38"-3'50".

41 ATR, D673, *Firma trattato Euratom*, min. 50'00"-52'05".

42 ATR, D673, *Firma trattato Euratom*, min. 51'55".

43 ATR, D673, *Firma trattato Euratom*, min. 17'17"-17'28".

proseguire in questa direzione, l'Europa avrà conquistato quel posto che le spetta nella sua storia e per il potenziale dei suoi cittadini nel concerto delle nazioni»[44].

La telecronaca terminava con un'ultima sequenza di immagini sulla città di Roma, che – così chiosava il giornalista Rai – «porge il suo saluto ai rappresentanti dell'Europa che è nata oggi in Campidoglio»[45].

3. *La regia politica della narrazione europeista della Rai*

A dispetto dell'eloquenza delle immagini e della telecronaca, la contestualizzazione del filmato Rai del 25 marzo 1957 presenta alcune difficoltà legate alla carenza di informazioni, a cui, ove possibile, si è cercato di ovviare. Sulla base di uno studio approfondito del «Radiocorriere. Settimanale della Radio e della Televisione» – organo di stampa ufficiale della Rai dal 1925 – e dell'archivio fotografico delle Teche Rai, è stato, ad esempio, possibile attribuire la regia della diretta televisiva al regista Franco Morabito, mentre la telecronaca fu effettuata, come si è già ricordato, dal giornalista Vittorio Di Giacomo.

Non è stato, invece, possibile stabilire il momento esatto in cui fu deciso di prevedere una diretta televisiva da trasmettere in eurovisione. Le carte del Gabinetto del ministro degli Esteri italiano suggeriscono l'ipotesi di una decisione presa a pochi giorni dall'evento[46]. Tale ipotesi viene accreditata anche da alcune fonti giornalistiche dell'epoca[47] e potrebbe forse spiegare

44 ATR, D673, *Firma trattato Euratom*, min. 53'43"-54' 17".

45 ATR, D673, *Firma trattato Euratom*, min. 54'37"-54' 57".

46 ASMAE, Gabinetto del Ministro 1953-1961, b. 16, fasc. 40, *Segretario generale della conferenza internazionale per il Mercato comune e l'Euratom a Bruxelles, Calmes, al Ministero degli Affari Esteri*, t. 5383, Bruxelles, 13 marzo 1957, ore 10.26 (perv. ore 10.34); b. 16, fasc. 40, *Appunto di lavoro (s.d.) sul programma, con una modifica a penna che collega la posposizione dell'inizio della cerimonia dalla mattina al pomeriggio del 25 marzo alla circostanza della telecronaca in eurovisione.*

47 «Süddeutsche Zeitung», 26 marzo 1957.

la ragione per la quale nei palinsesti televisivi italiani ed europei del 25 marzo 1957 non vi sia traccia della trasmissione dal Campidoglio. Nella programmazione del «Radiocorriere», ad esempio, figurava il consueto appuntamento delle 18.25 con il noto programma di informazione e intrattenimento sportivo «La domenica sportiva»[48]. Anche dal punto di vista tecnico l'ipotesi di una decisione dell'ultimo momento appare plausibile. Normalmente, la procedura per attuare in eurovisione le telecronache dirette passava per la sede centrale di Ginevra e il centro tecnico di Bruxelles e richiedeva una trafila burocratica e una serie di apprestamenti tecnici che, a loro volta, assorbivano del tempo; tuttavia, in caso di urgenza il collegamento poteva essere eseguito in pochi giorni, o addirittura in poche ore[49].

Né è stato finora possibile stabilire con precisione se all'epoca l'iniziativa della diretta televisiva fu presa dal governo italiano o dai vertici della Rai, i quali erano comunque da considerarsi un'emanazione diretta del potere politico. Come è noto, in Italia la televisione era un monopolio di Stato, che negli anni Cinquanta era saldamente controllato dalla Democrazia cristiana, oltre che pesantemente influenzato dalla Chiesa[50].

Ciò che è certo, è che in Italia i principali mezzi d'informazione giornalistica visiva si erano mostrati, sin dai primi anni Cinquanta, molto simpatetici nei confronti delle scelte di politica estera del governo a guida democristiana. A questo riguardo, si ricorda il grande investimento compiuto da parte del governo italiano nella produzione di cinegiornali, che, in continuità con la tradizione del regime fascista, avevano la funzione di

48 «Radiocorriere», 34, 24 marzo-10 marzo 1957, 12, p. 31.

49 U. INDRIO, *Come sono organizzate le trasmissioni in* «Eurovisione», in «Radiocorriere», 35, 23-29 novembre 1958, 47, p. 20.

50 Sul rapporto tra politica e tv nell'Italia degli anni Cinquanta cfr. F. CHIARENZA, *Il Cavallo morente. Storia della Rai*, Milano, Franco Angeli, 2002, in particolare pp. 51-97; G. GUAZZALOCA, *Una e divisibile. La Rai e i partiti negli anni del monopolio pubblico (1954-1975)*, Firenze, Mondadori-Le Monnier, 2011.

creare consenso attorno alle proprie linee politiche[51]. Uno studio recente ha messo bene in luce come la maggior parte dei film-documentari sui temi riguardanti l'alleanza atlantica e la cooperazione europea fossero stati commissionati alla società privata INCOM (Industria CortoMetraggi) direttamente dal Centro di documentazione della Presidenza del Consiglio, che era stato istituito da Alcide De Gasperi nel 1951[52].

La radio, con i suoi tre canali, aveva ugualmente partecipato sin dai primi anni Cinquanta alla promozione dell'idea di un'Europa unita attraverso la trasmissione di programmi quali *Inchiesta in Occidente* (1951)[53], la fortunata rubrica *Primavera Europa* (1956-1958) sul secondo programma[54] e altre iniziative che andavano dalle conversazioni di attualità su problemi europei ai collegamenti con le radio degli altri paesi dell'Eurovisione. Una menzione particolare merita *Radio Europa*, che veniva trasmessa sul terzo programma in francese e si avvaleva del contributo di esponenti del mondo della cultura e della politica europea per trattare temi quali «Esiste nella cultura europea un minimo denominatore comune? E, in caso affermativo, quali ne sono i valori fondamentali?»[55].

[51] M.A. Frabotta, *Official Italian Newsreel of the 1950s: Europeanism and International Politics*, in «Historical Journal of Film, Radio and Television», 15, 1995, 3, pp. 361-365.

[52] A. Bruch, *«Passaporto europeo» – Der italienische Europafilm zwischen Wirtschaftswunder, Emigration und politischer Integration*, in G. Clemens, *Werben für Europa: Die mediale Konstruktion europäischer Identität durch Europafilme*, Paderborn, Ferdinand Schöningh, 2016, pp. 355-398.

[53] Programma condotto da Giovanni Battista Angioletti, cfr. «Radiocorriere», 28, 20-26 maggio 1951, 21; «Radiocorriere», 28, 5-11 agosto 1951, 32, p. 3. I risultati dell'inchiesta furono pubblicati nel volume edito dalla Rai G.B. Angioletti, *Un Europeo d'Italia – Inchiesta in Occidente*, Torino, Eri edizioni Rai, 1951.

[54] Rubrica radiofonica a cura di Giovanni Mancini e Arnoldo Vacchieri, andata in onda sul secondo programma nazionale per oltre due anni, cfr. «Radiocorriere», 33, 8-14 luglio 1956, 28, p. 16; «Radiocorriere», 35, 21-27 dicembre 1958, 51, p. 27.

[55] Servizio documentazione e studi Rai, *Annuario Rai 1958. Relazione e Bilancio dell'esercizio dell'anno 1957*, Torino, Eri edizioni Rai, 1958, pp. 185-186.

Rispetto agli altri principali mezzi d'informazione, la stampa (e non solo quella italiana) aveva avuto fino a quel momento un ruolo meno esplicito nell'azione di sostegno al progetto d'integrazione europea, focalizzando la sua attenzione più su altre vicende della politica internazionale, come, per esempio, il nuovo corso di politica estera annunciato dal nuovo segretario del PCUS Nikita Chruščëv o le già ricordate crisi di Suez e Ungheria del 1956[56].

Su questo sfondo, il rilevante ingresso della Rai-tv nell'assetto massmediale italiano comportò un potenziamento significativo dell'informazione sui temi di rilevanza europeo-comunitaria, con un'intensità crescente con l'approssimarsi dell'appuntamento della firma dei trattati di Roma[57]. In particolare, tra il gennaio e il marzo 1957 si contano una decina di servizi contenenti informazioni sul Mercato comune ed Euratom che furono trasmessi durante i telegiornali serali[58]. Tali servizi assolsero la funzione di preparare il grande pubblico a un evento che veniva annunciato come una tappa di vitale importanza per l'Europa occidentale e per l'Italia, soprattutto, come si dirà, con un occhio rivolto alle generazioni più giovani[59]. Tra i servizi più approfonditi si segnala, in particolare, un lungo documentario-inchiesta di 22 minuti dal titolo *Il futuro è dell'Europa*, firmato dai due giornalisti Rai, Gianni Salvi e Giuseppe Lisi[60].

[56] Cfr. A. VARSORI, *Per un'interpretazione storica del processo d'integrazione europea*, in «Ventunesimo Secolo», 32, 2013, pp. 9-33, qui p. 16.

[57] M. MEROLLA, *Le processus d'intégration européenne à la télévision italienne (1954-1964)*, in M.-F. LÉVY - M.-N. SICARD (edd), *Les lucarnes de l'Europe: Télévisions, cultures, identités, 1945-2005*, Paris, Publications de la Sorbonne, 2008, pp. 87-96.

[58] ATR, *Telegiornali Rai*, T57014/001 (14 gennaio 1957); T57035/001 (4 febbraio 1957); T57037/002 (6 febbraio 1957); T57039/004 (8 febbraio 1957); T57052/001 (21 febbraio 1957); T57052/004 (21 febbraio 1957); T57057/005 (26 febbraio 1957); T57086/001 (27 marzo 1957); T57087/002 (28 marzo 1957); T57090/001 (31 marzo 1957).

[59] A titolo d'esempio, si veda G. VIGORELLI, *Radar: L'Europa dei padri e dei figli*, in «Radiocorriere», 34, 3-9 marzo 1957, 9, p. 5.

[60] ATR, D307, *Il futuro è dell'Europa*, filmato di 21'23", visionato il 20 marzo 2017.

Il servizio fu trasmesso il 30 gennaio 1957, tre giorni dopo la Conferenza dei ministri degli Esteri europei a Bruxelles, quando la sede della firma dei trattati per il Mercato comune e l'Euratom era, dunque, già stata stabilita ma non ancora resa pubblica. Per il tipo di narrazione proposta, tale documento può essere considerato la traccia che avrebbe continuato a guidare l'interpretazione della Rai sul progetto d'integrazione europea fino alla firma dei trattati di Roma. La conduzione dell'inchiesta era stata affidata a Emilio Garroni – un giovane brillante proveniente dagli ambienti accademici, il quale era stato reclutato nell'ambito della politica di svecchiamento voluta dall'allora amministratore delegato della Rai Filiberto Guala[61]. Come si dirà più avanti, per il futuro professore di filosofia estetica all'Università di Roma «La Sapienza» quest'inchiesta fu solo la prima di una serie di tramissioni dedicate al progetto d'integrazione europea che scandirono la sua esperienza quasi decennale alla Rai, prima del suo abbandono, nel 1964, a beneficio della carriera accademica e scientifica[62]. Nel corso della trasmissione del gennaio 1957 Garroni intervistava alcuni dei principali interpreti e osservatori della politica europea italiana dell'epoca, tra cui il ministro dell'Agricoltura Emilio Colombo (1920-2013), il sottosegretario agli Esteri e vice presidente della delegazione italiana a Bruxelles Vittorio Badini Confalonieri (1914-1993) e l'addetto all'ufficio stampa dell'Alta Autorità della Comunità europea del carbone e dell'acciaio (Ceca) Renato Giordano (1926-1960). Nel servizio l'imminente firma dei trattati per il Mercato comune ed Euratom veniva, quindi, spiegata ai telespettori come «il tentativo di maggiore impegno verso l'unità economica europea»[63], come un'impresa «audace» ... «che crea una rivoluzione economica nei paesi europei della cosiddetta 'piccola Europa'»[64], come «una

[61] Sul cosiddetto «esperimento Guala» cfr. F. CHIARENZA, *Il Cavallo morente*, pp. 66-78.

[62] Sul contributo scientifico di Garroni alla filosofia cfr. C. CAPUTO, *Emilio Garroni e i fondamenti della semiotica*, Milano, Mimesis, 2013.

[63] ATR, D307, *Il futuro è dell'Europa*, min. 1'00"- 1'05.

[64] ATR, D307, *Il futuro è dell'Europa*, min. 1'30"-5'45" (V. Badini Confalonieri).

logica conseguenza dell'esperienza della Ceca», che «aveva dimostrato la superiorità del mercato europeo sui mercati nazionali per il carbone e per l'acciaio»[65], come un progetto che «mira ad arrestare e capovolgere il processo di decadenza che attraversa i nostri paesi»[66], con ricadute molto positive per l'Italia, soprattutto per la manodopera nel Mezzogiorno e per il settore dell'agricoltura[67]. Il sopra ricordato *topos* narrativo della crisi dell'Europa e della sua necessaria rinascita attraverso il rilancio di una prospettiva europeista trovava un ulteriore momento di significativa esplicitazione nelle battute finali del conduttore Rai:

«Bisognerà spianare la strada al Parlamento europeo eletto a suffragio diretto, alla Comunità politica, agli Stati Uniti d'Europa. Questo è il compito della nostra generazione. Dal nostro successo o dal nostro insuccesso dipenderà la prosperità dell'Europa unita o la decadenza dei singoli paesi disuniti»[68].

Se l'approccio militante e il taglio didascalico-pedagogico della narrazione Rai appaiono di immediata lettura, più difficile è la valutazione dal punto di vista dell'impatto sul pubblico. Le effettive possibilità di misurare il pubblico di questi programmi, o della stessa telecronaca della firma dei trattati di Roma, si scontrano innanzitutto con la carenza dei dati relativi agli indici di ascolto[69]. Anche il dato degli abbonamenti alla televisione – 673.080 alla fine del 1957[70] – è poco indicativo, dal momento che all'epoca la televisione veniva guardata per lo più nei luoghi pubblici e soprattutto nei bar, dove si for-

65 ATR, D307, *Il futuro è dell'Europa*, min. 10'30'-10'43" (E. Garroni).

66 ATR, D307, *Il futuro è dell'Europa*, min. 10'57"-14'42" (R. Giordano).

67 ATR, D307, *Il futuro è dell'Europa*, min. 15'18"-18'52" (E. Colombo).

68 ATR, D307, *Il futuro è dell'Europa*, min. 21'13"-21'54" (E. Garroni).

69 Nella documentazione del Servizio Opinioni, l'organo ufficiale Rai che pubblicava i dati di ascolto, non c'è traccia della trasmissione dal Campidoglio del 25 marzo 1957. Purtroppo esito negativo hanno dato finora anche i riscontri richiesti al centro di documentazione dell'eurovisione di Ginevra.

70 Servizio documentazione e studi Rai, *Annuario Rai 1958*, p. 30.

mavano i gruppi d'ascolto[71]. Ad esempio, secondo le indagini effettuate dal Servizio Opinioni, nel 1957 i telequiz e i programmi di varietà di maggior successo raccoglievano davanti ai televisiori un pubblico che raggiungeva, e spesso superava, i due milioni di telespettatori adulti, mentre il telegiornale era normalmente seguito, nella sua prima edizione serale, da circa mezzo milione di adulti, che salivano a oltre un milione il giovedì e la domenica[72].

4. *Dall'intrattenimento nazional-popolare alla realizzazione degli Stati Uniti d'Europa*

Già negli anni Cinquanta, i programmi televisivi Rai più seguiti dal pubblico e dibattuti sui rotocalchi e sulle riviste erano altri rispetto ai servizi d'informazione giornalistica dedicati alla politica estera ed europea dell'Italia. Dopo il lancio dei telequiz come «Lascia o raddoppia?» condotto da Mike Bongiorno o «Telematch», nel gennaio 1957 cominciava l'era di «Carosello», mentre alla fine dell'anno andò in onda un altro programma di varietà destinato a riscuotere grandi successi di ascolti presso il pubblico televisivo italiano: «Il Musichiere», un gioco a premi con indovinelli musicali condotto dal popolare comico Mario Riva[73]. All'epoca dei trattati di Roma, erano dunque questi i programmi di punta, che qualche anno dopo Umberto Eco elevò a veri e propri casi di studio per spiegare il boom televisivo ai suoi inizi[74].

Dal punto di vista della percezione delle persone che nel marzo 1957 avevano ricevuto le immagini della diretta televisiva da piazza del Campidoglio, ascoltato i suoni e le parole di altri servizi della televisione o radiofonici o letto la stampa dell'e-

[71] Per una recente storia sociale della televisione italiana cfr. D. GAROFALO, *Storia sociale della televisione in Italia (1954-1968)*, Venezia, Marsilio, 2018.

[72] SERVIZIO DOCUMENTAZIONE E STUDI RAI, *Annuario Rai 1958*, p. 32.

[73] *Ibidem*, p. 108.

[74] U. ECO, *Fenomenologia di Mike Bongiorno*, in U. ECO, *Diario Minimo*, Milano, Mondadori, 1963.

poca, è comunque lecito supporre che l'impatto della notizia della firma dei trattati di Roma fu relativamente limitato sul grande pubblico[75]. Ben diversa fu tuttavia l'immagine che la stessa Rai-radiotelevisione italiana cercò di accreditare:

«Lunedì scorso, grazie alla televisione, milioni di europei hanno potuto assistere alla firma dei Trattati della Comunità economica europea e dell'Euratom. Dal Campidoglio, sei telecamere – come se ognuna fosse l'occhio delle Sei nazioni che hanno stretto il nuovo patto di solidarietà – hanno portato sugli schermi di tutta Europa le immagini dell'atto solenne che vuole aprire un nuovo capitolo di storia comune per 48 milioni di italiani, 43 milioni di francesi, 53 milioni di tedeschi, 17 milioni di olandesi, 9 milioni di belgi e 300 mila lussemburghesi»[76].

L'editoriale pubblicato sul primo numero del «Radiocorriere» successivo alla cerimonia di Roma, a firma dell'allora direttore Jader Jacobelli, non lasciava dubbi sul fatto che per la Rai la telecronaca del 25 marzo 1957 avesse rappresentato un evento di grande rilevanza. L'approccio filo-europeista che trasuda da tutto l'articolo si può spiegare, almeno in parte, con la vicinanza del giornalista Rai agli ambienti del movimento federalista europeo e, naturalmente, con il sopra ricordato ruolo di sponda che la Rai svolgeva a sostegno della linea europeista del governo. Molto differente era stata, infatti, la reazione alla notizia della firma dei trattati di Roma da parte degli organi di stampa dell'opposizione o comunque facenti capo a correnti politiche non allineate con le posizioni della maggioranza di governo. Sia consentito riportare solo qualche esempio. Il giorno dopo la firma dei trattati europei «L'Unità» pubblicava in prima pagina un editoriale dove si leggeva:

[75] Quest'ipotesi trova una parziale conferma in alcuni sondaggi sui livelli di informazione e adesione dell'opinione pubblica rispetto ai temi riguardanti il Mercato comune ed Euratom, che furono condotti dall'agenzia americana United States Information Agency (U.S.I.A.) in Francia, Germania, Italia e Gran Bretagna nel maggio 1957. Cfr. R.L. Merritt - D.J. Puchala (edd), *Western European Perspectives on International Affairs*, New York, Frederick A. Praeger, 1968, pp. 300-301.

[76] J. Jacobelli, *Sei firme per l'Europa. Davanti alle telecamere dell'Eurovisione*, in «Radiocorriere», 34, 31 marzo-6 aprile 1957, 13, p. 3.

«La cerimonia nella Sala degli Orazi e dei Curiazi è stata, credo, una delle più tediose e stanche che la diplomazia abbia mai conosciuto. L'hanno animata soltanto le acrobazie dei fotografi che, arrampicandosi sul castello impiantato per la televisione o sulle loro scalette pieghevoli, si disputavano affannosamente lo spazio tra la folla di giornalisti soverchiando spesso con il loro rumore i discorsi dei ministri ...»[77].

Più sottile e articolata fu invece la posizione critica pubblicata sul settimanale «L'Espresso» del 31 marzo 1957. La foto della copertina ritraeva una giovanissima Maria Romana Catti, figlia primogenita di Alcide De Gasperi, in abito lungo, col marito ingegner Piero, al ricevimento ufficiale a palazzo Venezia, che era stato organizzato per la sera dalla Presidenza del Consiglio nel giorno della firma dei trattati. La didascalia sottostante recitava: «L'Europa in frac»[78]. Nell'articolo di approfondimento la critica al modo in cui era stata messa in scena la nascita della «piccola Europa» veniva ulteriormente esplicitata:

«Spiace che il governo italiano abbia affrontato un evento così importante e gravido di conseguenze sul futuro sviluppo economico del paese con un atteggiamento puramente superficiale e celebrativo. I programmi della RAI-TV hanno egregiamente contribuito a dar la sensazione che, dopo la firma in Campidoglio, l'Europa poteva considerarsi ormai cosa fatta ... Queste cerimonie improvvisate, questa retorica ufficiale, non conferiscono alcuna solennità»[79].

Tuttavia, sarebbe riduttivo interpretare la rappresentazione mediatica dei trattati di Roma offerta dalla Rai come il mero riflesso di posizioni politiche più o meno favorevoli o contrarie alla maggioranza di governo. Per poter meglio valutare la collocazione della diretta televisiva dal Campidoglio e soprattutto il modo in cui era stata salutata postivamente dagli addetti ai lavori è utile fornire alcune ulteriori informazioni sulla Rai dell'epoca.

Nel marzo 1957, la televisione italiana aveva da poco compiuto il suo terzo compleanno, ma si trovava già nel pieno

77 «L'Unità», 26 marzo 1957.

78 «L'Espresso», 3, 31 marzo 1957, p. 13.

79 *Ibidem.*

di quella rivoluzione massmediale che avrebbe trasformato il piccolo schermo nel più importante mezzo d'informazione giornalistica visiva.

Dal 1° gennaio 1954, data ufficiale di inizio dei programmi televisivi, al dicembre 1958 gli abbonati salirono da 88.000 a un milione. All'inizio del 1957 la rete televisiva nazionale era stata completata. Inoltre, nei primi tre anni di vita la Rai aveva conseguito importanti risultati nel campo dell'internazionalizzazione, soprattutto grazie all'intensificazione degli accordi bilaterali con le televisioni europee che facevano parte del consorzio dell'Union européenne de radiodiffusion (U.E.R.) – conquiste che la Rai si premurò di enfatizzare nei propri organi di stampa ufficiali[80].

I trattati di Roma si inserivano, dunque, all'interno di una fase costituente di un nuovo assetto massmediale, in cui le grandi potenzialità e le sempre nuove acquisizioni della tv, come spesso accade per le grandi scoperte, venivano di volta in volta sottolineate e enfatizzate dagli stessi impresari della comunicazione di Stato, soprattutto quando tali acquisizioni consentivano di dar risonanza a temi considerati di primario interesse per il governo guidato dalla Dc[81]. Anche in sede di bilancio, l'eurovisione della firma dei trattati di Roma venne quindi presentata tra le trasmissioni di maggior rilievo del 1957, che contribuivano a qualificare la televisione italiana come uno degli strumenti più potenti per il progresso della civiltà e la promozione della cultura[82].

80 SERVIZIO DOCUMENTAZIONE E STUDI RAI, *Annuario Rai 1958*, pp. 166 e 210-212.

81 Si veda, ad esempio, l'enfatica autocelebrazione della Rai in occasione della prima eurovisione con la partecipazione della televisione italiana, che era stata trasmessa dal Vaticano per l'Apostolica benedizione di papa Pio XII, nell'agosto 1954; cfr. *Batte in Europa il cuore d'Italia. La prima teletrasmissione europea dal Vaticano negli entusiastici commenti della stampa estera*, in «Radiocorriere», 31, 20-26 giugno 1954, 25, pp. 3-4.

82 SERVIZIO DOCUMENTAZIONE E STUDI RAI, *Annuario Rai 1958*, pp. 183-184, 219 e 235.

In questa luce, la firma istitutiva della Cee e di Euratom sembra detenere un valore periodizzante anche nella storia della Rai, con particolare riferimento ai suoi sforzi di accreditarsi come un attore perfettamente inserito nello spazio europeo di informazione giornalistica e, al tempo stesso, come un agente del processo d'unificazione europea:

«... è anche in questo sforzo – cui partecipano organizzatori, tecnici, giornalisti – che si va collaudando uno spirito nuovo, internazionale, ed «europeo». In particolare nei rapporti culturali tra i popoli. Non c'è ombra di retorica nel dire che la televisione, superando le frontiere nazionali non solo in forza di una legge fisica ma principalmente per la volontà di collaborazione degli uomini, precorre nel suo settore, gli Stati Uniti d'Europa»[83].

Le implicazioni più immediate di questo processo di autorappresentazione si riflessero nella programmazione dei mesi successivi. Il 9 maggio 1957 la Rai-tv inaugurava una nuova rubrica (*Tempo libero*), il cui scopo dichiarato era quello di far

«... diventare pane commerciale e consumabile da parte di tutti ... quei trattati pieni di vocabili astratti e di indici sull'economia internazionale che molto difficilmente possono sollecitare un pubblico non composto di studiosi della materia»[84].

Solo pochi mesi dopo, *Tempo libero* veniva affiancata da una nuova rubrica quindicinale (*Teleuropa*), a cura di Jader Jacobelli e realizzata da Franco Morabito – lo stesso regista che aveva firmato la diretta televisiva della cerimonia dei trattati di Roma. Il nuovo programma, che veniva trasmesso il martedì alle 18,45, subito dopo l'edizione pomeridiana del telegiornale, si proponeva di «seguire l'attività degli uomini e delle istituzioni nel difficile cammino verso l'unità economica, psicologica e spirituale del nostro continente»[85].

Nel tentativo di conciliare l'approfondimento giornalistico con la domanda di intrattenimento del pubblico televisivo, il programma prevedeva interviste e brevi servizi, sotto forma di

[83] U. INDRIO, *La televisione precorre gli Stati Uniti d'Europa*, p. 20.

[84] «Radiocorriere», 34, 5-11 maggio 1957, 18, p. 40.

[85] «Radiocorriere», 35, 26 gennaio-1° febbraio 1958, 4, p. 31.

inchiesta, ma anche euroquiz a premi e barzellette raccontate da noti attori comici. Anche per quanto riguarda i conduttori, la scelta ricadde su figure, come quelle di Emilio Garroni e Daniele Piombi, le quali, affiancate dalla nota presentatrice Emma Danieli, corrispondevano al profilo di una trasmissione che si proponeva di essere «largamente informativa e piacevole a vedersi»[86].

Nella primavera 1958, il filosofo Emilio Garroni consolidò ulteriormente la sua *expertise* di «eurogiornalista», quando gli fu affidata la conduzione di un concorso a quiz sul tema «conoscere l'Europa»[87]. Il programma era stato promosso dalla Rai nell'ambito di un concorso internazionale organizzato dalle Radiotelevisioni del Belgio, della Francia, della Germania occidentale, dell'Italia e del Lussemburgo in collaborazione con la Ceca.

L'«Euroquiz» fu anch'esso pubblicizzato come un contributo che la televisione italiana intendeva offrire alla diffusione dell'ideale di un'Europa unita, poiché «il propagandare attraverso il pubblico le conquiste della Comunità europea, troppo fredde e cattedratiche per i più, si può ottenere attraverso gli stessi sistemi impiegati da Mike Bongiorno»[88].

Le eliminatorie furono trasmesse in prima serata da Milano, mentre la finalissima di Bruxelles fu trasmessa in eurovisione, significativamente il 9 maggio – il giorno della dichiarazione Schuman[89]. Gli indici di gradimento registrati dalle prime due puntate furono giudicati dagli analisti Rai del Sevizio Opinioni come «piuttosto modesti», per ragioni che i telespettatori interpellati avevano indicato nel «rigore degli argomenti trattati» e nella

«... preparazione dei concorrenti, i quali non apparivano prodigi di memoria, e quindi oggetto di curiosità, ma solo persone colte e preparate; e dalla

[86] ATR, D586, *Teleuropa, 2a puntata*, 28 gennaio 1958, min. 1'00"-3'00".

[87] «Radiocorriere», 35, 8-23 febbraio 1958, 8, p. 17.

[88] «Radiocorriere», 35, 20-26 aprile 1958, 16, p. 19.

[89] «Radiocorriere», 35, 4-10 maggio 1958, 18, p. 43.

mancanza di ogni altro lato spettacolare che riscontra invece negli altri telequiz: lotta per raggiungere il premio, timore ad ogni istante di perdere quanto già faticosamente raggiunto, 'casi' personali più o meno singolari, commoventi, o, a volte, umoristici»[90].

Solo per la terza puntata, trasmessa in eurovisione dal Belgio, in cui un solo concorrente (la signorina Marta Benati) doveva difendere i colori italiani contro altri concorrenti stranieri, l'interesse del pubblico si era acceso, facendo raggiungere all'indice di gradimento un valore notevole (76)[91]. A ciò – facevano notare sempre gli analisti del Servizio Opinioni – aveva indubbiamente contribuito anche la vittoria della concorrente italiana[92].

Gli indici d'ascolto non costituirono in ogni caso un ostacolo al lancio di nuovi programmi sui temi di rilevanza europeo-comunitaria, come, per esempio, *Tempo europeo*, una nuova fortunata rubrica a cura di Carlo Guidotti e Antonio Tatti e condotta da Emilio Garroni, che andò in onda con cadenza quindicinale dal febbraio 1960 al dicembre 1961[93].

In una prospettiva intermediale[94], è interessante rilevare come dopo il 25 marzo 1957 anche gli altri mezzi d'informazione giornalistica si ritagliarono una maggiore visibilità come attori-promotori del processo d'integrazione europea. Tre giorni dopo, il 28 marzo, nelle sale cinematografiche italiane veniva proiettato un breve servizio sulla firma dei trattati di Roma realizzato dall'Istituto Luce, che sottolineava l'importanza storica dell'evento, riproponendo alcune delle immagini che erano

90 *I programmi televisivi nelle opinioni del pubblico*, 5, Torino, Eri Rai edizioni, 1959, p. 85.

91 *Ibidem*.

92 *Ibidem*.

93 «Radiocorriere», 37, 31 gennaio-6 febbraio 1960, 5, p. 43; *ibidem*, 38, 17-23 dicembre 1961, 51, p. 36.

94 Sul concetto di «intermedialità» si veda anche J. Müller, *Intermedialität und Medienhistoriographie*, in J. Paech - J. Schröter (edd), *Intermedialität – Analog/Digital. Theorien, Methoden, Analysen*, München, Verlag Wilhelm Fink, 2008, pp. 31-46.

state trasmesse il giorno della cerimonia[95]. Nei mesi successivi il Centro di documentazione della Presidenza del Consiglio commissionò alcuni cortometraggi per celebrare la nascita della Comunità economica europea (*Mercato comune europeo*, *Passaporto europeo*) e altri film-documentari (*I lavoratori italiani nella Comunità europea del Carbone e dell'Acciaio*), che veicolavano una narrazione ottimista sul futuro dell'integrazione europea, tutta protesa a esaltare i grandi benefici derivanti per l'Italia e la sua popolazione, che potevano così considerarsi finalmente avviate verso la modernità[96].

L'intero panorama cinematografico in cui si inserirono i trattati di Roma meriterebbe forse un approfondimento a parte, se non altro per il ruolo che la storiografia ha attribuito al cinema italiano nella costruzione dell'immagine dell'Italia del secondo dopoguerra[97].

Anche la radio promosse – con particolare intensità nel periodo compreso tra la firma dei trattati di Roma e la loro ratifica in parlamento nell'estate 1957 – una serie di programmi di approfondimento sui temi di rilevanza europeo-comunitaria, tra cui: un'inchiesta del Giornale Radio sul tema dell'utilizzazione dell'energia atomica nei paesi europei[98], un ciclo di incontri dal titolo *L'Italia di fronte al Mercato unico europeo*[99],

[95] Il filmato è conservato presso l'Archivio dell'Istituto Luce ed è consultabile in rete: https://patrimonio.archivioluce.com/luce-web/detail/IL5000075796/2/roma-firma-degli-accordi-l-euratom.html (ultima consultazione 28 luglio 2018).

[96] A. Bruch, *«Passaporto europeo»*, pp. 377-380.

[97] Sul punto si veda anche P. Sorlin, *1957: A Divided Europe. European Cinema at the Time of the Rome Treaty*, in «Contemporary European History», 1999, 8, pp. 411-424.

[98] *Atomi per la pace. Inchiesta del Giornale Radio nell'Occidente europeo*, in «Radiocorriere», 34, 21-27 aprile 1957, 16, p. 14.

[99] «L'Italia di fronte al Mercato unico europeo», sette conversazioni a cura di Giuseppe dall'Olio, Giuseppe Ugo Papi, Quinto Quintieri, Pasquale Saraceno, Gaetano Stammati, Roberto Tremelloni, sir David Eccles. Le puntate furono mandate in onda la domenica in prima serata, tra il 28 aprile e il 16 giugno 1957, cfr. «Radiocorriere», 34, 28 aprile-4 maggio 1957, 17, p. 27; *ibidem*, 24, 16-22 giugno 1957, 24, p. 27.

un documentario su *Euratom* a cura di Piero Angela e uno su *Strasburgo. Capitale degli Stati Uniti d'Europa* di Vittorio Mangili[100].

Accanto a programmi più di nicchia, furono previste delle nuove trasmissioni che si proponevano di intercettare un pubblico più vasto. Grande pubblicità venne data in particolare alla rubrica *La mia casa si chiama Europa* trasmessa sul programma nazionale, che veniva inserita nei programmi radiofonici per le scuole. Significativamente la nuova rubrica venne pubblicizzata sul «Radiocorriere» in un lungo articolo di risposta a una lettera di un radioascoltatore, nella quale la radio veniva esortata a contribuire all'«europeizzazione dei giovani»:

> «Condividiamo le sue nobili espressioni e siamo lieti di annunziarle che l'iniziativa da lei così caldamente auspicata è in via di realizzazione da parte della Radio per le Scuole, la quale col prossimo anno scolastico, metterà in onda una trasmissione periodica che si propone, appunto, di familiarizzare i ragazzi delle Scuole Elementari con la nuova realtà europea ... La nuova trasmissione si propone di dare alle parole 'Europa' ed 'europeo' un contenuto altrettanto vivo e concreto di quello che finora hanno avuto i termini 'Italia' e 'italiano'»[101].

A partire dal novembre 1957, la trasmissione veniva inoltre arricchita dall'introduzione di un radioquiz che si rivolgeva esplicitamente agli studenti della terza, quarta e quinta elementare[102]. La crescente attenzione della Rai per le generazioni più giovani veniva ulteriormente attestata da un'iniziativa della rubrica *Primavera Europa* che nell'autunno 1957 lanciava «un numero speciale» ..., che «ci farà conoscere l'opinione di illustri specialisti che vogliono attuare una 'misura' europea nell'insegnamento scolastico»[103].

Nella prospettiva della Rai, la firma istitutiva della Cee e di Euratom aveva, dunque, creato – per citare lo storico tede-

[100] SERVIZIO DOCUMENTAZIONE E STUDI RAI, *Annuario Rai 1957*, pp. 203-204.

[101] «Radiocorriere», 34, 25-31 agosto 1957, 34, p. 26.

[102] «Radiocorriere», 34, 24-30 novembre 1957, 47, p. 26.

[103] «Radiocorriere», 34, 15-21 settembre 1957, 37, p. 21.

sco Reinhart Koselleck[104] – dei nuovi «spazi di esperienze» e «orizzonti di aspettative», entro i quali i moderni mezzi di comunicazione di massa avrebbero potuto svolgere una funzione sociale fondamentale, contribuendo alla maturazione della consapevolezza, come scrisse uno dei giornalisti Rai più impegnati nelle promozione dell'ideale europeo, che «l'unione europea non è più né un sogno né una temerità» ... ed «è voluta proprio dall'uomo della strada, e per lui è addirittura già avvenuta»[105].

5. *I trattati di Roma come «European media event»*

Il 26 marzo 1957, tutti i principali quotidiani europei dedicarono le prime pagine alla notizia della firma dei trattati di Roma:

> «Storica cerimonia in Campidoglio. Il primo governo provvisorio della 'Piccola Europa' istituito a Roma (Corriere della Sera); Dans Rome en fête. Les 'Six' signent au Capitole (Le Monde); Feierliche Unterzeichnung der Verträge in Rom (Frankfurter Allgemeine. Zeitung für Deutschland); Signature solennelle à Rome des traités de l''Euratom' e du 'marché commun' (Le Soir); Historische Daad in Rome (Algemeen Dagblad); Ein grosser Schritt auf dem Weg zur europäischen Einheit. Die Verträge über Euratom und Gemeinsamen Markt wurden gestern auf dem Kapitol in Rom unterzeichnet (Luxemburger Wort); En el Capitolio de Roma han sido firmados los tratados del Mercato Común y del Euratom (La Vanguardia Española); Os tratados da Euratom e do Mercado Comun foram assinados en Roma (O Seculo); 'Europas Geburtsstunde' in Rom (Die Presse. Unabhängige Zeitung für Österreich); Historiskt ögonblick i Rom. Europaavtalen undertecknade (Svenska Dagbladet); 'Europa-avtalen har undertecknats. Capitolium skådeplats för historisk händelse' (Hufvudstadsbladet)[106].

[104] R. KOSELLECK, *«Erfahrungsraum» und «Erwartungshorizont» – zwei historische Kategorien*, in U. ENGELHARDT - V. SELLIN - H. STUKE (edd), *Soziale Bewegung und politische Verfassung. Beiträge zur Geschichte der modernen Welt*, Stuttgart, Klett, 1975, pp. 13-33.

[105] G. VIGORELLI, *Radar. Visite tra vicini di casa*, in «Radiocorriere», 34, 18-24 agosto 1957, 33, p. 5.

[106] *Los Tratados de Roma en primera plana = I trattati di Roma in prima pagina: 25.3.1957.*

L'impatto sul grande pubblico della notizia della firma dei trattati di Roma, sebbene di difficile misurazione, non è sicuramente accostabile a quello delle Olimpiadi di Roma del 1960[107] o del Concilio Vaticano II del 1962, che la storiografia ha correttamente interpretato come i due «primi grandi eventi mediatici» con cui si misurò la televisione italiana[108]. Nondimeno, la cerimonia della firma dei trattati di Roma riflette alcune caratteristiche del genere *media event* teorizzato da Elihu Katz e Daniel Dayan e successivamente rielaborato da Nick Couldry e Andreas Hepp[109], da cui Frank Bösch ha poi mutuato la categoria di «European media event» per indicare un evento potenzialmente capace di raggiungere un pubblico transnazionale e di conferire senso all'idea di Europa attraverso processi di narrativizzazione retrospettiva[110].

Secondo la definizione proposta da questi studiosi, i *media events*, dal punto di vista semantico, celebrano la storia della volontà di grandi uomini e/o donne che vivono ancora tra noi; costituiscono, inoltre, un'interruzione della *routine* dei palinsesti televisivi; diventano, quindi, oggetto di attenzione da parte di tutti i principali attori dell'assetto mediale, spesso innescando una dialettica intermediale, e, infine, veicolano una o più narrazioni destinate ad avere un'ampia diffusione all'interno di uno spazio di comunicazione transnazionale[111].

[107] B. SCARAMUCCI - C. FERRETTI (edd), *Roma 1960. Le Olimpiadi della Tv*, Roma, Rai libri, 2010.

[108] F. RUOZZI, *Il Concilio in diretta. Il Vaticano II e la televisione tra informazione e partecipazione*, Bologna, Il Mulino, 2012.

[109] Cfr. D. DAYAN - E. KATZ, *Media Events: The Live Broadcasting of History*, Cambridge, Harvard University Press, 1994. Per una rielaborazione e attualizzazione della categoria nell'epoca della globalizzazione si veda N. COULDRY - A. HEPP, *Media Events in a Global Age*, New York, Routledge, 2009.

[110] F. BÖSCH, *European Media Events.*

[111] Sul punto ci sono molte convergenze con la riflessione teorico-metodologica sul concetto di «Kommunikationsereignis»; cfr. J. WILKE, *Geschichte als Kommunikationsereignis. Der Beitrag der Massenkommunikation beim Zustandekommen historischer Ereignisse*, in M. KAASE - W. SCHULZ (edd), *Massenkommunikation. Theorien, Methoden, Befunde, Sonderheft der Kölner Zeitschrift für Soziologie und Sozialpsychologie*, Opladen, VS, 1989, pp. 57-71.

Alcuni di questi aspetti si possono facilmente riscontrare nelle caratteristiche della diretta televisiva della cerimonia della firma sopra illustrate. La presenza delle telecamere e la trasmissione in eurovisione contribuirono ad aumentare la salienza mediatica dell'avvenimento, diventando esse stesse oggetto di attenzione mediatica. Gli aspetti scenografici della cerimonia e la circostanza della diretta televisiva furono abbondantemente riportati e commentati dagli altri mezzi di comunicazione di massa, soprattutto dalla carta stampata, e non solo da quella italiana. Sia consentito anche qui riportare solo qualche esempio.

Il 26 marzo 1957, il quotidiano di Bruxelles «Le Soir» pubblicava in prima pagina un articolo nel quale veniva messo in luce il «senso del prestigio» e il «gusto del fasto» esibiti dagli italiani, che erano stati capaci di «celebrare la firma dei trattati europei come una festa nazionale»[112]. Lo stesso giorno, il quotidiano parigino «Le Monde» sottolineava a sua volta lo scollamento tra la grande risonanza che era stata data alla cerimonia di Roma e la scarsa attenzione con cui i cittadini francesi avevano seguito l'evento[113]. Infine, la «Süddeutsche Zeitung» di Monaco faceva notare come per l'occasione della cerimonia la sala degli Orazi e dei Curiazi fosse stata trasformata in un enorme studio televisivo[114].

La «regia di persuasione», più o meno occulta, che aveva ispirato i preparativi per la firma dei trattati istitutivi della Cee e di Euratom aveva, dunque, sortito qualche effetto: il «luogo storico» ove si era deciso di siglare i trattati e la solennità conferita alla cerimonia avevano ottenuto una grande attenzione mediatica, mentre la presenza delle telecamere aveva contribuito a esplicitare la rilevanza storica dell'evento e anche a renderlo più memorabile, per lo meno agli occhi

[112] C. REBUFFAT, *Signature solennelle à Rome des traités de l'«Euratom» et du marché commun*, in «Le Soir», 26 marzo 1957.

[113] P. DROUIN, *Dans Rome en fête. Les «Six» signent au capitole les traité sur l'Euratom et le marché commun*, in «Le Monde», 26 marzo 1957.

[114] G.R. HOCKE, *Europa-Verträge feierlich unterzeichnet*, in «Süddeutsche Zeitung», 26 marzo 1957.

dei giornalisti che erano stati incaricati di raccontarlo. Dalla diretta televisiva del 25 marzo 1957, come si è visto nel caso della Rai, scaturirono altri prodotti d'informazione giornalistica visiva, sia per il piccolo che per il grande schermo, i cui autori e interpreti meriterebbero forse di essere annoverati tra i pionieri del cosiddetto «eurogiornalismo»[115].

Naturalmente la dimensione mediatica transnazionale dell'evento fu garantita dall'eurovisione, con le immagini dal Campidoglio che furono diffuse e commentate nelle diverse lingue nazionali in tutti e sei i paesi firmatari. D'altra parte, la diretta televisiva della Rai del 25 marzo 1957 non fu l'unico servizio sui trattati di Roma che si dimostrò capace di dispiegare i suoi effetti anche oltre la contingenza del momento. Altri reportage dell'epoca possono essere considerati esemplificativi di quella tendenza diffusa nella maggior parte dei mezzi d'informazione giornalistica europei a narrativizzare l'atto istitutivo della Cee e di Euratom come un evento di portata storica, soffermandosi sul clima di festa in cui gli organizzatori dell'evento avevano deciso di celebrarlo[116]. Un ulteriore motivo d'interesse di questi servizi è dato dalla loro successiva riproposizione come fonte primaria di memoria in occasione delle celebrazioni dei vari anniversari dei trattati di Roma; una sorte, come si è ricordato all'inizio di questo saggio, che nel marzo 2017 è toccata anche al filmato Rai del 25 marzo 1957.

Su questo sfondo, si comprende forse meglio anche il potenziale valore euristico che i trattati di Roma detengono come «European media event», nella sua accezione di evento non

[115] Per uno studio recente sull'«eurogiornalismo» cfr. M. Herzer, «The Rise of Euro-journalism. The Media and the European Communities 1950s-1970s», tesi di dottorato non pubblicata, discussa il 30 ottobre 2017 presso il Dipartimento di Storia e Civiltà dell'Istituto universitario europeo di Fiesole.

[116] Tra i servizi più suggestivi e ricchi di informazioni su come la città di Roma si stava preparando al grande evento se ne segnala uno radiofonico, che venne trasmesso nella Germania federale poche ore prima dell'inizio della cerimonia, Deutsches Rundfunkarchiv (Dra/Ffm), *Rolf Gallus, Reportage: Rom am Tag der Unterzeichnung der Verträge zur Europäischen Wirtschaftsgemeinschaft*, 9197730 01/014 CD (ultima consultazione 7 luglio 2017).

soltanto capace di raggiungere un pubblico transnazionale, ma anche di conferire senso all'idea di Europa attraverso processi di narrativizzazione retrospettiva. Le prime pratiche di memorializzazione dell'atto di nascita della Cee e di Euratom risalenti ai primi anni Sessanta e le stesse cerimonie commemorative organizzate in occasione dei vari anniversari[117] indicano che attorno ai trattati di Roma e alla loro comprensione come atto fondativo dell'Europa comunitaria (oggi Unione europea) si è andato costruendo un vero e proprio *topos* narrativo[118], i cui significati politico-simbolico-culturali continuano a essere condizionati da sempre nuovi «spazi di esperienze» e «orizzonti di aspettative», sia nazionali sia transnazionali, nonché permeati da assetti massmediali in costante evoluzione[119]. Per corroborare la validità di un'interpretazione culturale della nascita della «piccola Europa» come *European media event* sarà in ogni caso necessario allargare l'orizzonte cronologico e geografico della ricerca qui presentata.

[117] ARCHIVIO STORICO DELL'UNIONE EUROPEA, BAC-118/1986_1056, *Fêtes commémoratives, jubilés et anniversaires de la signature des Traités de Rome (doc. 1958-1968)*; ARCHIVIO STORICO DELL'UNIONE EUROPEA, CEAB02-3500, *5e et 10e anniversaires de la signature des Traités de Rome (doc. 1962-1967).*

[118] M. GILBERT, *The Treaty of Rome in Narratives of European Integration*, in M. GEHLER, *From Common Market to European Union Building*, pp. 721-730.

[119] Cfr. K.K. PATEL - A. SIANOS - S. VANHOONACKER, *Does the EU Have a Past?*, pp. 153-154, 157 e 164.

Partigiani in marcia, 1945.

Rappresentazioni della Resistenza alla televisione italiana (1945 - anni Sessanta)

di *Cecilia Nubola*

Il contributo nasce da alcune domande di fondo, troppo generali per poter dare in questa sede una risposta, ma che hanno comunque guidato la ricerca. Antifascismo e Resistenza sono stati eventi fondanti della Repubblica italiana uscita dal fascismo e dalla Seconda guerra mondiale? Più in specifico. La televisione italiana, il media più «popolare» nelle case italiane a partire dagli anni Cinquanta, ha contribuito – e in che modo – alla costruzione di una memoria e/o di una storia di quegli eventi? Le dirigenze Rai e, in senso più ampio, la classe dirigente italiana, hanno saputo/voluto elaborare un progetto culturale con l'obiettivo di contribuire a far crescere la consapevolezza degli italiani di costituire una comunità nazionale con una storia e una identità comuni, nate dalla Resistenza e fondate sull'antifascismo[1]? Riguardo alla televisione e al suo ruolo scrive Giovanni De Luna:

> «Come la radio e il cinema, anche la televisione nel suo intreccio con la storia assume la duplice veste di fonte e di strumento per la narrazione storica. Ma la televisione più della radio e del cinema, è oggi in grado di intervenire direttamente nella formazione di una coscienza storica diffusa, soprattutto come produttrice indiretta di fonti, enfatizzando in questo senso il proprio ruolo di raccoglitore e diffusore di memoria storica»[2].

[1] Si chiedeva G.E. RUSCONI, *Se cessiamo di essere una nazione*, Bologna, Il Mulino, 1993: «La Resistenza ha esaurito il suo ruolo di evento storico che dà 'senso politico fondante' alla democrazia italiana di oggi? La domanda da porsi è se lo sia mai stata o di quale Resistenza si debba parlare».

[2] G. DE LUNA, *La televisione e la «nazionalizzazione» della memoria storica*, in P. ORTOLEVA - C. OTTAVIANO (edd), *Guerra e mass media. Strumenti e modi*

Ancora: la televisione, come in altri paesi europei, è stata mezzo di una «rivoluzione conservatrice» ponendosi a difesa dello *status quo* oppure ha saputo dare spazio ad istanze di innovazione e progresso sociale e culturale[3]?

Le modalità di 'costruzione' della memoria e della storia nazionale attraverso i media sono problemi che meritano di essere oggetto di studio e ricerca[4].

1. *Qualche dato*

Se consideriamo i dati sui programmi radiofonici e televisivi andati in onda fra il gennaio 1945 e il giugno 1995, vediamo su un totale di 1.154 programmi dedicati ai temi legati al fascismo e alla Seconda guerra mondiale (prima del 1922, fascismo, deportazioni, guerra, nazismo ecc.) 446 riguardano la Resistenza[5].

Restando ai dati puramente quantitativi, nel corso degli anni Sessanta i programmi trasmessi da radio e televisione sono in totale 305; nel corso degli anni Settanta sono 208; nel corso degli anni Ottanta il loro numero aumenta fino a 275, per giungere a 399 tra 1990 e 1995. L'offerta della Rai in materia

della comunicazione in contesto bellico, Napoli, Liguori, 1994, pp. 185-228, qui p. 185.

3 A. Fickers, *The Emergence of Television as a Conservative Media Revolution: Historicising a Process of Remediation in the Post-War Western European mass Media Ensemble*, in «Journal of Modern European History», 10, 2011, pp. 49-75.

4 Sul tema della memoria la bibliografia è sterminata. Per una prospettiva comparativa e transazionale si vedano: M. Bragança - P. Tame (edd), *The Long Aftermath. Cultural Legacies of Europe at War, 1936-2016*, New York, Berghahn Books, 2016; N. Wouters (ed), *Transitional Justice and Memory in Europe (1945-2013)*, Cambridge, Intersentia, 2014. Sull'Italia con particolare interesse al ruolo della cinematografia cfr. P. Cooke, *L'eredità della Resistenza. Storia, cultura, politiche dal dopoguerra a oggi*, Roma, Viella, 2015.

5 C. Winterhalter, *L'immagine della Resistenza nella radio e nella televisione. Una analisi quantitativa*, in G. Crainz - A. Farassino - E. Forcella - N. Gallerano, *La Resistenza italiana nei programmi della RAI*, Roma, Rai-Eri, 1996 pp. 127-150, in particolare pp. 128, 130.

Tab. 1. *Programmi radiofonici e televisivi*

	1945 1955	1955 1965	1965 1975	1975 1985	1985 1995	totale
programmi	28	167	216	242	501	1.154
Resistenza	22 (78%)	96 (57%)	120 (55%)	99 (41%)	109 (24%)	446 (41%)
fascismo	0	8	17	23	37	90
nazismo	0	11	20	13	28	72

di Resistenza, Seconda guerra mondiale, fascismo e antifascismo è crescente nel corso degli anni che vanno dai Settanta ai Novanta[6].

In generale – in media il 70% dei programmi – la Resistenza viene presentata da sola, decontestualizzata. Si registra la

«... tendenza a scindere le trasmissioni riguardanti la Resistenza dalle connessioni storiche, come se si trattasse un periodo a sé stante, e a non considerare i fatti del periodo resistenziale in un contesto di causa ed effetto ... Gli eventi sono trattati singolarmente e scissi dal quadro generale delle relazioni, proprio perché esse sono problematiche»[7].

La controprova di questa 'solitudine' è costituita dal numero piuttosto contenuto di programmi sul fascismo e nazismo: la carenza di programmi sul nazismo, ma più in generale sulla guerra e sul contesto europeo, è indice di una certa chiusura «nazionale» dei media radio-televisivi soprattutto negli anni Cinquanta, un fenomeno comune anche agli altri paesi europei[8]. I numeri complessivi sembrano comunque manifestare, in generale, una grande attenzione al tema della Resistenza. Ma è

[6] N. GALLERANO, *I programmi: dagli anni Settanta agli anni Novanta*, in G. CRAINZ - A. FARASSINO - E. FORCELLA - N. GALLERANO, *La Resistenza italiana nei programmi della RAI*, p. 67.

[7] C. WINTERHALTER, *L'immagine della Resistenza*, p. 136.

[8] C. VON HODENBERG (ed), *Media History After 1945*, in «Journal of Modern European History», 10, 2011, pp. 28-48; G. GUAZZALOCA (ed), *Governare la televisione? Politica e TV in Europa negli anni Cinquanta-Sessanta*, Reggio Emilia, Diabasis, 2007.

proprio così? Le cifre in realtà comprendono tutte le tipologie di contributi proposti che spaziano dal programma radiofonico al film, dal documentario alla ripresa televisiva in seguito alle celebrazioni di anniversari, dal dibattito televisivo all'intervista e così via. Nello stesso modo i dati grezzi nascondono prodotti estremamente diversificati per risultato artistico, valore culturale, impatto sugli spettatori. Per quest'ultimo aspetto, in particolare, è difficile ottenere informazioni che ci permettano di farsi un'idea sul numero di spettatori. Anche la scelta dell'orario di messa in onda dei programmi, del palinsesto televisivo, come è facile intuire, gioca un ruolo determinante nella fruizione e ricezione dei programmi trasmessi[9]. Hanno avuto questi programmi un qualche impatto – e quale – sul pubblico, sull'audience[10]?

Per quanto riguarda il presente contributo, mi limiterò, in questa sede, a prendere in esame una specifica tipologia di prodotti, vale a dire i documentari trasmessi prima nelle sale cinematografiche e in seguito alla televisione considerando il periodo che va dai primi anni del dopoguerra agli anni Sessanta con qualche incursione verso anni più recenti.

Un'ultima considerazione è d'obbligo considerando i documentari sulla Resistenza, ma più in generale i documentari storici, riguarda la visione, la percezione e l'interpretazione dei filmati in oggetto. Come hanno sottolineano Guido Crainz e Nicola Gallerano

> «... non solo il clima politico ma anche il linguaggio radiofonico e televisivo di quegli anni era ovviamente molto diverso dal nostro, ed era quindi raccolto dagli spettatori di allora in modo diverso da quello di chi li rivede oggi»[11].

In realtà, queste osservazioni valgono per ogni tipo di fonte storica.

[9] Su questo aspetto si veda L. BARRA, *Palinsesto. Storia e tecnica della programmazione televisiva*, Roma - Bari, Laterza, 2015.

[10] M. FANCHI, *L'audience. Storia e teoria*, Roma - Bari, Laterza, 2014.

[11] G. CRAINZ - N. GALLERANO, *I documentari televisivi sulla Resistenza*, in G.P. BRUNETTA et al., *Cinema storia resistenza 1944-1985*, Milano, Franco Angeli, 1987, pp. 125-151, qui p. 126.

2. *Dall'entusiasmo alla rimozione*

Il primo documentario sulla lotta di Liberazione e su alcuni aspetti della difficile transizione tra guerra e dopoguerra viene proiettato nelle sale cinematografiche già nel 1945. Si trattava di *Giorni di gloria* film di Luchino Visconti, Giuseppe De Santis e Marcello Pagliero, montato da Mario Serandrei (che ne fu anche lo sceneggiatore), che utilizzava fotografie e filmati girati in quello stesso anno.

Nel titolo di testa scorreva la seguente dedica: «A tutti coloro che in Italia hanno sofferto e combattuto l'oppressione nazifascista è dedicato questo film di lotta partigiana e di rinascita nazionale» mentre in sottofondo la colonna sonora era costituita da *Figli dell'officina*, uno dei canti più diffusi nel movimento dei lavoratori, utilizzato durante la lotta partigiana.

La prima parte del documentario era dedicata alla Resistenza. In realtà il materiale, fotografie e filmati, di prima mano a disposizione sugli avvenimenti che avevano segnato l'Italia tra 1943 e 1945 non erano molti[12]. Parte dei materiali erano stati girati dagli Alleati e avevano carattere di auto rappresentazione e autopromozione; dell'Italia e della società italiana emergevano più gli aspetti folkloristici. Rispetto alla guerra e alla Resistenza il materiale documentava prevalentemente il concreto aiuto alla guerra partigiana da parte degli Alleati, oppure gli aspetti logistici e militari[13]. Per motivi di sicurezza e precauzione legati alla lotta clandestina le formazioni partigiane utilizzarono poco e solo verso la fine della guerra macchine fotografiche e cineprese per documentare azioni militari e vita quotidiana.

La documentazione fotografica dei primi episodi della Resistenza è dunque sporadica e casuale, di bassa qualità, senza riferimenti precisi a persone e avvenimenti.

Il materiale filmico più conosciuto e utilizzato sarà girato prevalentemente nelle settimane precedenti alla Liberazione

[12] A. Mignemi, *La Resistenza fotografata. Censimento dei materiali e spunti di ricerca*, in «Italia contemporanea», 42, 1990, 178, pp. 19-40.

[13] *Ibidem*, pp. 22-23.

in Piemonte, presso il Comando della zona militare Valsesia. Il 31 marzo 1945 un certo Manlio operatore cinematografico e fotocronista, veniva autorizzato a circolare liberamente «allo scopo di riprendere in pellicola cinematografica e fotografica tutto quanto riterrete adatto e utile per la nostra documentazione di propaganda e storica». L'8 aprile, il comando della I Divisione d'assalto Garibaldi presenterà al comandante del III Battaglione Cesare Goi l'operatore cinematografico Mario Luvini incaricato di

«... girare un film sulla vita partigiana e particolarmente sull'attività militare della nostra formazione. L'operatore in oggetto seguirà le squadre nelle azioni militari da effettuarsi in questi giorni ... inoltre dovrà essere accompagnato sulle ferrovie e sulle strade ove vennero fatti saltare tratti di binari o ponti».

Doveva anche essere messo in collegamento con il Battaglione Guastatori per fotografare alcune azioni di sabotaggio che la formazione aveva in programma in quei giorni[14].

Furono proprio queste riprese ad andare a costituire la prima parte del film-documentario *Giorni di gloria* realizzata, ricordava lo stesso commentatore, «cucendo insieme le poche fotografie che possediamo le quali sono saltuarie ma prese sul vivo».

Si vedevano alcune riprese del comandante garibaldino Mario Vinzio «Pesgu» e dei suoi uomini, la messa di Pasqua del 1945 con il commissario politico Cino Moscatelli e don Sisto Bighiani, le riprese nel comando garibaldino in Valsesia con Cino Moscatelli, Eraldo Gastone «Ciro», Albino Calletti «Bruno». Seguivano le sequenze sulle trattative per la liberazione di Novara e di Milano da parte degli stessi garibaldini della Valsesia[15].

Il documentario proseguiva con le immagini sull'apertura delle Fosse Ardeatine con i cadaveri dei 335 italiani uccisi per rappresaglia il 24 marzo 1944 e con le sequenze del processo al capo della polizia Pietro Caruso e al direttore del carcere di Regina

[14] *Ibidem*, pp. 24- 25. Mario Luvini aveva già svolto funzioni di operatore cinematografico nel settembre 1944 in Ossola.

[15] *Ibidem*, pp. 35-37.

Coeli, Donato Carretta, con le prime fasi del suo linciaggio. Le riprese del processo Caruso furono dirette da Luchino Visconti, quelle delle Fosse Ardeatine da Marcello Pagliero.

Giorni di gloria fu proiettato in pubblico per la prima volta il 18 ottobre 1945 a Roma. Scriveva Carlo Lizzani:

«A Roma, a Firenze, a Genova 'Giorni di gloria', soltanto nelle prime settimane di programmazione, ha incassato milioni e milioni di lire ... Questo documentario, così saturo di realtà, di immagini vere e spesso crude e raccapricciianti, così agile e scevro di retorica, ricorda ancora una volta quali enormi possibilità si aprano oggi al cinema in Italia ... È importante che anche l'Italia abbia oggi, con 'Giorni di gloria', il suo documento di verità cinematografica, che anche in Italia sia il cinema a specchiare nel modo più diretto e impressionante la vita degli uomini che più hanno sofferto per la libertà, le immagini del dolore e della loro vendetta»[16].

Mentre le immagini della Resistenza saranno riprese innumerevoli volte nel corso del tempo, per quanto riguarda la documentazione filmica sui processi ai fascisti «collaborazionisti» calerà il silenzio e la rimozione[17]. Il processo di Norimberga ai criminali nazisti, al contrario, fu trasmesso e poi ripreso in documentari e film svariate volte oltre che raccontato in un film celebre di Stanley Kramer, *Vincitori e vinti*, del 1961 che utilizza anche i filmati girati dagli Alleati nel campo di concentramento di Bergen-Belsen.

Tornando all'Italia documentari e film aventi per oggetto la Resistenza conobbero da subito ostacoli di varia natura alla circolazione e interventi politici chiaramente contrari e censori. Un esempio si può trovare già nell'ottobre 1946 quando

[16] «Film oggi», 8 dicembre 1945, in A. MIGNEMI, *La Resistenza fotografata*, p. 36; il film fu restaurato nel 1996.

[17] Per uno sguardo complessivo alla giustizia del dopoguerra si veda G. FOCARDI - C. NUBOLA (edd), *Nei tribunali. Pratiche e protagonisti della giustizia di transizione nell'Italia repubblicana* (Annali dell'Istituto storico italo-germanico in Trento. Quaderni, 95), Bologna Il Mulino, 2015. Solo il collaborazionismo francese trova spazio nella programmazione Rai a partire dagli anni Settanta (Louis-Ferdinand Céline, *La paura di tacere*, 26 giugno 1979; *Il sangue degli altri*, 17 luglio 1989, in tre puntate tratto da un romanzo di Simone de Beauvoir): N. GALLERANO, *I programmi: dagli anni Settanta agli anni Novanta*, p. 78.

il democristiano Paolo Cappa, sottosegretario allo spettacolo, interviene contro quella produzione cinematografica che utilizza, si avvale e abusa «di motivi drammatici e di elementi spettacolari non raccomandabili dal punto di vista morale» come «il tema del banditismo e dei fuorilegge, la pratica delle case di tolleranza». Il bersaglio che si vuole censurare è *Il sole sorge ancora* un film prodotto dall'ANPI per la regia di Aldo Vergano, su sceneggiatura di Guido Aristarco, Giuseppe De Santis, Carlo Lizzani, Aldo Vergano[18].

Con il clima della Guerra fredda il controllo politico sulle trasmissioni si farà più stringente, facilitato dalla presenza, non trascurabile nella nuova Rai, di elementi di continuità con la vecchia Eiar sia nelle strutture che nel personale proveniente dal regime fascista e saloino. Dalla fine degli anni Quaranta ai primi anni Cinquanta sulla Resistenza cala il silenzio[19].

3. *Gli anni Cinquanta: censure e recuperi*

Nel 1952 l'Eiar si trasforma in Rai (Radio audizioni italiane, dal 1954 Rai – Radiotelevisione italiana). Le trasmissioni pubbliche riprendevano ufficialmente il 3 gennaio 1954. In quegli anni comincia a farsi strada in Rai una nuova classe dirigente prevalentemente cattolica e democristiana con una

[18] M. CESARI, *La censura in Italia*, pp. 80 ss. Dopo l'8 settembre 1943 Cesare torna al paese fuori Milano. Corteggia Laura, una sarta, ma diventa l'amante di Matilde, una ricca proprietaria terriera fino al giorno in cui decide di unirsi ai partigiani. Nel frattempo giungono le truppe tedesche, saccheggiano il paese e fucilano il parroco e un comunista. La popolazione, contadini e operai, insorgono contro l'esercito tedesco che minaccia di far saltare in aria il paese. Sopraggiungono però i partigiani e i nazisti vengono sconfitti.

[19] F. MONTELEONE, *Storia della RAI dagli alleati alla DC 1944-1954*, Roma - Bari, Laterza, 1980; G. CRAINZ - A. FARASSINO - E. FORCELLA - N. GALLERANO, *La Resistenza italiana nei programmi della RAI*, pp. 42-43. Silenzio e rimozione anche sulle celebrazioni della Resistenza: cfr. P. CARUSI - M. DE NICOLÒ (edd), *Il 25 aprile dopo il 25 aprile. Istituzioni, politica, cultura*, Roma, Viella, 2017; F. FOCARDI, *La guerra della memoria. La Resistenza nel dibattito politico italiano dal 1945 ad oggi*, Roma - Bari, Laterza, 2005.

maggiore consapevolezza del potenziale politico dei mezzi di comunicazione. In poco tempo sostituirà la dirigenza erede dell'Eiar, formatasi nell'immediato dopoguerra sotto il controllo anglo-americano. Nel 1961 fu chiamato a dirigere la Rai Ettore Bernabei, già direttore de «Il Popolo», il quotidiano della Dc, che rimarrà in carica fino al 1974[20].

Già nel 1952 nel momento di passaggio dall'Eiar alla Rai, Giulio Andreotti, uno dei politici Dc più attenti e attivi nel far sì che la politica culturale del partito seguisse le direttive delle gerarchie ecclesiastiche, interviene sul problema della Rai e della censura:

«Tra non molto avremo dinanzi anche il problema gigantesco della televisione e se per uno spettacolo che invade l'ambito più intimo delle famiglie è doveroso pretendere una censura quanto mai rigorosa è altresì vero che occorrerà mettere in condizione gli organi responsabili di non avere solo divieti ma di trovarsi dinanzi a possibilità positive di scelta, in difetto delle quali assai difficile diverrebbe il compito dei revisori»[21].

Tra il 1954 e il 1956, sotto la direzione del democristiano Filiberto Guala, la Rai impone alle proprie strutture delle «norme di autodisciplina» che dovevano regolare la creazione e la realizzazione dei programmi televisivi. Oltre alle norme

[20] Altre fasi salienti della storia della storia della tv italiana furono le seguenti. Il 4 novembre 1961 nasce il Secondo Programma. Fra il 1974 e il 1976 finisce il monopolio pubblico delle trasmissioni radiotelevisive. Rai 3 comincia le trasmissioni nel 1979. Negli anni 1980 e 1982 nascono le reti di Berlusconi e nel 1984 cominciano a trasmettere a livello nazionale. Nel 1990 entra in vigore la legge Mammì che sancisce di fatto la legittimità del duopolio esistente Rai-Fininvest, ma stabilisce che un'azienda privata possa possedere solo fino a tre reti televisive.

[21] «Rivista del cinematografo», dicembre 1952, pp. 2-5; *Lettera di Giulio Andreotti a monsignor Albino Galletto, presidente del Centro cattolico cinematografico che operava la classificazione dei film*, in M. CESARI, *La censura in Italia*, p. 94. Cfr. anche G. GUAZZALOCA, *Una e divisibile. La Rai e i partiti negli anni del monopolio pubblico (1954-1975)*, Firenze, Le Monnier, 2011. Per un inquadramento generale sul tema dei cattolici e della Resistenza si veda G. FORMIGONI, *La memoria della guerra e della Resistenza nelle culture politiche del «mondo cattolico»*, in G. MICCOLI - G. NEPPI MODONA - P. POMBENI (edd), *La grande cesura. La memoria della guerra e della resistenza nella vita europea del dopoguerra*, Bologna, Il Mulino, 2001, pp. 479-526.

di carattere morale, sessuale e a tutela della famiglia, l'accento cadeva pesantemente sugli aspetti più politico-sociali della programmazione:

«Non è consentita la rappresentazione di scene o vicende che possano turbare la pace sociale o l'ordine pubblico; l'incitamento all'odio di classe e la sua esaltazione sono proibiti; sabotaggi, attentati alla pubblica incolumità, conflitti con le forze di Polizia, disordini pubblici possono essere rappresentati con somma cautela e sempre in modo che risulti ben chiara la condanna»[22].

Il Comitato centrale di vigilanza sulle radiodiffusioni, prendeva, inoltre, esplicita posizione riguardo ai contenuti e alle modalità di rappresentazione della Resistenza:

«L'intero Comitato, e in particolare il presidente Tecchi[23], hanno consigliato ed auspicato che le trasmissioni predisposte valgano non già a ricordare e riaccendere antichi odi che purtroppo un giorno divisero gli italiani, ma a mettere in luce quanto, nonostante quello, li accomunò e li unisce»[24].

La linea era estremamente chiara e sarà seguita, con eccezioni, ben oltre gli anni Sessanta. Veti e censure continuarono a pesare nei primi anni Sessanta accanendosi in particolare contro i documentari a carattere storico.

Nel 1960 *I fratelli Rosselli* di Nelo Risi che aveva ottenuto il «Nastro d'argento» – il premio assegnato dal Sindacato Nazionale giornalisti cinematografici – come miglior documentario dell'anno, era stato escluso dalla programmazione Rai perché la Commissione competente lo aveva giudicato «sprovvisto dei requisiti minimi di idoneità tecnica e artistica, banale e di nessun valore documentaristico»[25].

22 M. CESARI, *La censura in Italia*, pp. 128-129. F. FARUSI (ed), *Radiotelevisione per Cristo*, Catania, Edizioni Paoline, 1961, pp. 97-98.

23 Bonaventura Tecchi, scrittore cattolico, germanista. Dal 1939 professore di lingua e letteratura tedesca, prima nell'università di Padova poi a Roma, dove fu anche direttore dell'Istituto italiano di studi germanici.

24 COMITATO CENTRALE DI VIGILANZA SULLE RADIODIFFUSIONI, *Pareri e direttive di massima, sui programmi di Radiodiffusione (1947-11964)*, Roma, 1965, pp. 64-68, citato in M. CESARI, *La censura in Italia*, p. 135, nota 19.

25 M. CESARI, *La censura in Italia*, p. 195.

Nel 1961 un documentario su Marzabotto già realizzato per la Rai da Luigi Di Gianni veniva rifiutato e fatto rifare a Siro Marcellini, regista cattolico[26].

Verso la fine del maggio 1961 veniva bloccato il film di Mino Loy *Benito Mussolini: anatomia di un dittatore* per motivi amministrativi riguardanti la proprietà dei documentari utilizzati nella pellicola. Nello stesso anno Lino Del Fra, Cecilia Mangini e Lino Micchichè, avevano ottenuto dall'Istituto Luce il permesso di scegliere il materiale per un documentario ma dopo un mese le ricerche furono improvvisamente vietate e il materiale chiuso sotto chiave[27]. Realizzarono comunque il documentario *Allarmi, siam fascisti*, che usciva nel 1962. Per la prima volta le vicende del fascismo erano inserite in un contesto più ampio, europeo, con raffronti con il bolscevismo russo e il nazismo tedesco. Il montaggio del materiale di repertorio era originale e rendeva originale la ricostruzione del periodo.

Ugo Casiraghi lo recensiva su «l'Unità», il giornale del Pci, del 3 maggio 1962, in questo modo:

> «'All'armi siam fascisti!' non si limita ad essere un film che più o meno genericamente antifascista, come gli altri, di repertorio e non, che lo hanno preceduto. Esso è, finalmente, un film ... che ne rintraccia gli antefatti, le malefatte e le conseguenze e lo giudica storicamente dal punto di vista dell'ideologia della classe operaia»[28].

Nel corso degli anni Sessanta le cose cambiarono, in parte con il recupero della Resistenza in chiave unitaria, apolitica e patriottica, il «secondo Risorgimento» di tutti gli italiani. Scrive Cooke:

[26] G. Crainz, *I programmi: dalla Liberazione ai primi anni Settanta*, p. 53.

[27] M. Cesari, *La censura in Italia*, pp. 195-196.

[28] In G.P. Brunetta et al., *La cinepresa e la storia. Fascismo, antifascismo, guerra e Resistenza nel cinema italiano*, Milano, Bruno Mondadori, 1985, p. 180. Sulle scelte culturali del Pci si veda S. Gundle, *I comunisti italiani tra Hollywood e Mosca. La sfida della cultura di massa (1943-1991)*, Firenze, Giunti, 1995.

«Nel corso degli anni Sessanta la legittimazione della Resistenza avvenne a caro prezzo. Dapprima le fu consentito di essere 'sdoganata' da dove era stata confinata fin dal 1945, poi poté fare il suo ingresso nel Pantheon, dove ne venne messo in risalto il 'carattere nazionale'. Ma il Pantheon come si sa è riservato ai morti ... Quel che in questo processo andò distrutto, come ha scritto Santomassimo, fu la Resistenza degli italiani comuni»[29].

Con il ventennale della Liberazione, la Resistenza trova una sua ufficializzazione che diventa però banalizzazione dei contenuti e delle motivazioni politiche e ideali, costruzione di una memoria pubblica

«... astrattamente apologetica che si sovrappone alle molteplici e differenti, talora opposte, 'memorie private' senza riuscire a risolverle in sé, senza aiutarle a riconoscersi come parte di un processo; e restando, rispetto ad esse, esterna e distante»[30].

Anche i programmi tv accentuano gli aspetti retorici e moralizzanti.

Un esempio interessante è costituito da *Il giglio di quell'amore*, con sottotitolo *Rievocazione della Resistenza*, di Alfonso Gatto, andato in onda il 25 aprile 1964 alle 22.15[31]. I messaggi che la trasmissione vuole veicolare sono molto chiari. La Resistenza è stata innanzitutto unità morale di tutti gli italiani ed è questa unità che ha potuto generare episodi di eroismo individuale «il ragionato coraggio della gente umile»[32]. Il nemico non è, dunque, il vicino di casa che aveva aderito alla Rsi, ha contorni mostruosi, è un'entità astratta e malvagia:

«Questo fu Resistenza, resistenza di tutte le ore e di tutti i minuti, notti e giorni di 18 mesi, di due lunghi inverni, silenzi vasti e gelati come continenti, pianti silenziosi. E i forti sempre più deboli nella propria forza crudele,

[29] P. Cooke, *L'eredità della Resistenza*, p. 198; R. Gualdo, *Il discorso politico e il vocabolario della Liberazione prima e dopo il 25 aprile*, in P. Carusi - M. De Nicolò (edd), *Il 25 aprile dopo il 25 aprile*, pp. 111-130, qui p. 119.

[30] G. Crainz, *I programmi: dalla Liberazione ai primi anni Settanta*, p. 54.

[31] I testi si trovano trascritti in A. Gatto, *Il giglio di quell'amore*, in G. Rossini (ed), *Dal 25 luglio alla Repubblica 1943-1946*, Torino, ERI, 1966, pp. 513-525.

[32] *Ibidem*, p. 516.

irragionevole, senza luce, ciechi fanatici dell'ira. Al loro confronto, le parole calme dei partigiani che sapevano morire»[33].

Al nemico, crudele e fanatico, si oppone l'esempio del partigiano che sa morire. Si susseguono dunque nel programma, le recitazioni di scritti, poesie, storie di eroi che erano tutti morti. È questa una conseguenza inevitabile della rievocazione: non è possibile dare la parola a donne e uomini che hanno combattuto il nazifascismo e sono tornati vivi. La pacificazione nazionale presuppone che gli eroi siano fuori dalla lotta politica, esempi muti che non possono più partecipare alla vita politica, sociale, culturale dell'Italia.

Così si conclude la rievocazione della Resistenza quel 25 aprile 1964, col testamento di un caduto:

«È peccato che non ci sarò più il giorno della libertà. Il nostro lavoro comincerà dopo la guerra, eliminare l'odio tra i popoli perché la vera pace possa vivere. Questo il nostro dovere, noi vinceremo la mattina di Pasqua»[34].

Eliminare l'odio, costruire la pace: nobili sentimenti morali disincarnati dal contesto storico e politico sia della Resistenza, sia del paese che l'aveva vissuta.

Le recensioni coeve per *Il giglio di quell'amore* furono discordanti. «Non vogliamo solo piangere» scriveva Ivano Cipriani su «Rinascita» il 2 maggio 1964. Il taglio del programma veniva a isolare la Resistenza dalle sue ragioni di fondo e a sottolinearne solo l'aspetto umano. Lo stesso elemento, la prevalente sottolineatura del «valore del sacrificio come riscatto» diveniva, invece, elemento di merito nella recensione elogiativa de «Il Corriere della Sera»[35].

L'accento sull'unità nazionale, la Resistenza come lotta di tutto un popolo che nonostante il fascismo aveva saputo mantenersi fedele alla democrazia, diventa la conclusione di un altro documentario, *La Repubblica dell'Ossola* di Domenico Zucaro

[33] *Ibidem*, p. 524.

[34] *Ibidem*, p. 525.

[35] G. Crainz, *I programmi: dalla Liberazione ai primi anni Settanta*, p. 53.

e Enzo Forcella che aveva preceduto *Il giglio di quell'amore* collocandosi in prima serata quello stesso 25 aprile 1964:

> «Tale esperienza [la Repubblica dell'Ossola] stava perciò a indicare, nel corso della battaglia per la liberazione nazionale, che dopo vent'anni di dittatura in Italia la vita democratica era sempre viva e presente come del resto doveva aversi la conferma dopo la conclusione delle ostilità belliche con la nascita della Repubblica italiana»[36].

Forse il carattere interclassistica e la presenza al suo interno di tutte le tendenze politiche può spiegare, in parte, il favore accordato dalla Rai ai documentari dedicati alla Repubblica dell'Ossola.

Tra gli anni Sessanta e Settanta la Rai trasmette nel 1965 *La repubblica dell'Ossola*, di Francesco De Feo e Gino Nebiolo (22 settembre 1965 alle ore 22.30. Il 15 aprile 1970 manda in onda *Le Repubbliche Partigiane*, di Libero Bizzarri. Il 26 novembre 1974 alle ore 20.40 *Quaranta giorni di libertà* di Luciano Codignola e Leandro Castellani. *La Repubblica dell'Ossola* di Gabriele La Porta viene trasmesso il 12 giugno 1978 alle ore 18.00.

Grande attenzione ottiene anche un altro episodio della lotta di Liberazione, quello della strage delle Fosse Ardeatine. Tra 1963 e 1964 furono trasmessi dalla Rai ben tre documentari su questo soggetto (che era già stato trattato in *Giorni di gloria*). Nel 1963 *Fosse Ardeatine* di A. Racioppi; nel 1964 *Le fosse Ardeatine* di T. De Stefano e *Documenti sull'eccidio ardeatino* di D. Colombo[37].

[36] D. ZUCARO, *La Repubblica dell'Ossola*, in G. ROSSINI (ed), *Dal 25 luglio alla Repubblica 1943-1946*, pp. 361-376, qui p. 376.

[37] La commemorazione della strage veniva poi seguita ogni anno in occasioni delle cerimonie ufficiali del 23 marzo anniversario della strage. Un altro documentario su questo soggetto è *Le Fosse Ardeatine. 335 voci per non dimenticare* di Daniel Toaff, messo in onda il 23 marzo 1993 su Raiuno alle ore 18.40. Il film, voluto dall'Anfim (Associazione nazionale famiglie dei martiri), era stato interamente realizzato da familiari delle vittime. Sulla memoria italiana e tedesca della strage delle Fosse Ardeatine si veda J. STARON, *Fosse Ardeatine e Marzabotto. Storia e memoria di due stragi tedesche*, Bologna, Il Mulino, 2007, in particolare il cap. 3: «La ricezione».

Un documentario che si distingue da tutti gli altri usciva nel 1965, ventennale della Liberazione, intitolato *La donna nella Resistenza* per la regia di Liliana Cavani[38].

Si tratta di un documento eccezionale sia per il valore storico che per l'efficacia nel raccontare una Resistenza priva di retorica e di stereotipi. Il documentario propone all'inizio un inquadramento del problema della guerra e Resistenza a livello europeo fornendo le cifre del fenomeno (morti tra i partigiani e i civili, rappresaglie, deportazioni). Le foto e i filmati d'epoca sono pertinenti alla narrazione. La parte centrale, la più interessante, è basata sulle interviste ad alcune partigiane che raccontano il contesto familiare e sociale all'interno del quale erano maturate le loro scelte antifasciste, i fatti e le esperienze, le scelte di vita e le emozioni durante la guerra partigiana. Alcune donne raccontano, inoltre, le esperienze personali della persecuzione antiebraica e della deportazione nei campi di sterminio[39]. Viene messo in risalto il contributo di queste donne e ragazze alla lotta armata come nel caso di Norma Bardolini al comando di una brigata nel modenese, Germana Boldrini che partecipa all'attacco a Porta Lame a Bologna, Ada Gobetti che opera nelle valli piemontesi. Le esperienze del carcere e delle torture operate da tedeschi e repubblichini sono ricordate nelle parole di Adriana Locatelli, Gilda La Rocca, Tosca Bucarelli quest'ultima catturata dopo aver cercato di collocare una bomba. Trovano spazio anche le testimonianze di donne ebree imprigionate, uccise, deportate in seguito alla politica di sterminio degli ebrei italiani operata dalla Rsi in collaborazione con l'esercito nazista (Anna

[38] Cfr. la trascrizione in L. CAVANI - P. GLORIOSO, *Le donne nella Resistenza*, in G. ROSSINI (ed), *Dal 25 luglio alla Repubblica 1943-1946*, pp. 615-636.

[39] Le intervistate sono: Anna Bocca (Cuneo), Lidia Beccaria (Cuneo), Sandra Codazzi (Reggio Emilia), A. Ciccetti (Milano), Norma Barbolini (Modena), Tina Merlin (Belluno), Marta Pellegrino (Cuneo), Maria Maestrini (Bologna), Bianca Ceva (Milano), Germana Boldrini (Bologna), Adriana Locatelli (Bergamo), Gilda La Rocca (Firenze), Tosca Bucarelli (Firenze), Marcella Monaco (Roma), Maria Giraudo (Cuneo), Anna Maria Enriques Agnoletti e sua madre (Firenze), Maria Montuoro (Milano), Lidia Beccaria (Cuneo), Ada Gobetti (Torino).

Maria Enriques Agnoletti e la madre, Lidia Beccaria, Maria Montuoro) o che avevano aiutato persone ebree e antifascisti come Marcella Monaco, la moglie del medico del carcere di Regina Coeli di Roma.

La Cavani saprà valorizzare le testimonianze orali e affrontare temi che anche la storiografia comincerà a trattare solo in anni più recenti.

La raccolta, conservazione e valorizzazione delle interviste e delle testimonianze orali sarà un problema che la storiografia e l'università italiana si porrà con ritardo lasciando alla dispersione e frammentazione un patrimonio raccolto in prevalenza, non sempre in forma professionale, da istituti della Resistenza, privati e associazioni[40].

L'interesse per le donne partigiane tenderà ad affievolirsi nel corso del tempo, se ne parlerà riducendo il loro ruolo a quello di «staffetta», mentre tenderà a passare completamente sotto silenzio la molteplicità dei contributi delle donne alla lotta di Liberazione[41].

[40] Riguardo alla scarsa attenzione per le fonti orali Antonio Delisa scrive: «In Italia si è riservato poca attenzione alla durata e alla manutenzione di queste fonti. Ciò è dipeso da una serie di ragioni: a) per la coincidenza della figura del produttore con quella dell'utente; b) per il fatto che la ricerca si sviluppa fuori dalle istituzioni scientifiche; c) perché mancano dei luoghi deputati istituzionalmente alla loro conservazione. Quest'ultimo elemento incide sulla questione della loro pubblicità e della loro inventariazione che è una funzione indispensabile per la fruizione degli archivi»: https://storiografia.me/2013/02/18/studio-delle-fonti-orali-la-storia-orale/.

[41] Uno dei primi contributi sulle donne partigiane piemontesi basato sulle interviste fu quello di A.M. Bruzzone - R. Farina (edd), *La Resistenza taciuta*, Milano, La Pietra, 1976, ripubblicato nel 2003 e 2016 da Bollati Boringhieri. Per una ripresa di interesse specifico nei confronti delle storie delle donne partigiane bisogna attendere gli anni più recenti. Ecco alcuni esempi: 2009, *Correva l'anno. La guerra e le donne* di Francesca Carli in onda mercoledì 16 settembre 2009 alle ore 00.15 su Raitre, più volte riproposto. Nel 2014, *Non ci è stato regalato niente*, documentario di Eric Esser in cui sono narrate le storie di Annita «Laila» Malavasi, Gina «Sonia» Moncigoli e Pierina «Iva» Bonilauri. Per il 2018: *Vorrei dire ai giovani. Gina Borellini, un'eredità di tutti*, un film-documentario su Gina Borellini, partigiana modenese, medaglia d'oro al valor militare nel 1947 di Francesco Zarzana, scritto insieme a Caterina Liotti.

Le partigiane della Cavani erano invece donne che raccontavano esperienze molto spesso dolorose ma a volte anche esaltanti, coscienti di aver giocato un ruolo importante e necessario.

La lettura della Resistenza in termini astorici, religiosi, come sacrificio individuale che permette la salvezza di un intero popolo, l'idea religiosa/salvifica del partigiano (meglio definito patriota) nuovo Cristo che si immola per la redenzione della Patria sono forme retoriche largamente presenti. La rivendicazione di una dimensione antieroica e collettiva della Resistenza sarà fatta propria dal partigiano «Bulow», Arrigo Boldrini, in anni recenti. Nel 1999 aveva accettato di partecipare ad un docu-film su di lui[42] ad un solo patto:

> «... dimenticatevi l'eroe, io non lo sono. Io sono stato Bulow perché c'erano tutti gli altri uomini e donne di Ravenna e delle campagne che mi hanno sempre aiutato e sostenuto»[43].

4. *Duccio Galimberti*

Quali storie partigiane, quali figure ha, dunque, proposto la Rai? Il partigiano 'riconosciuto' fu, alla fine degli anni Settanta, il socialista Sandro Pertini, presidente della Repubblica dal 1978-1985, subito chiamato «presidente partigiano»; nonostante ciò dobbiamo attendere il 2018 per avere un docu-film su di lui[44].

[42] *Bulow*, documentario di Fausto Pullano e Silvia Savorelli, 1999.

[43] Arrigo Boldrini «Bulow», comandante partigiano della XXVIII Brigata Garibaldi «Mario Gordini», deputato per il Pci all'Assemblea costituente, parlamentare dal 1945 al 1994, presidente nazionale dell'Anpi nel 1947 al 2006 e medaglia d'oro al valor militare nel 1945. L'intervista alla regista Silvia Savorelli si trova nel sito dell'Archivio audiovisivo del movimento operaio e democratico di Roma: http://patrimonio.aamod.it/aamod-web/film/detail/IL8700005725/22/bulow.html?startPage=0&idFondo=&jsonVal={%22jsonVal%22:{%22startDate%22:%22%22,%22endDate%22:%22%22,%22fieldDate%22:%22dataNormal%22,%22_perPage%22:21,%22temiField%22:%22Resistenza%20e%20lotta%20di%20Liberazione%20in%20Italia%22}}.

[44] *Pertini. Il Combattente*, film-documentario uscito nelle sale cinematografiche italiane il 15 marzo 2018, con la regia di Graziano Diana e Giancarlo De Cataldo.

Chiamato a rappresentare la Resistenza italiana fu invece Duccio Galimberti, avvocato, comandante delle formazioni di Giustizia e Libertà in Piemonte, torturato e ucciso da membri delle Brigate nere di Cuneo il 4 dicembre 1944. Medaglia d'oro al valor militare alla memoria, proclamato eroe nazionale dal Cln piemontese[45].

Il 29 aprile 1949 la radio trasmetteva per la prima volta il *Concerto funebre per Duccio Galimberti* di Giorgio Ghedini per tenore, basso e strumenti su testo latino dall'*Ufficio dei Defunti*. Il concerto sarà poi eseguito numerose volte nel corso delle occasioni ufficiali[46].

Il primo documentario che racconta la sua storia è del 1965. Si intitola *La storia del partigiano Duccio Galimberti*, per i registi P. Gonnelli e N. Adelfi.

Il documentario stabilisce subito la continuità tra il Risorgimento e la Resistenza chiamata «secondo Risorgimento». Anche nel ricostruire la biografia di Galimberti si fa emergere questa continuità raccontando come il piccolo Duccio avesse voluto ad ogni costo la divisa da garibaldino e sottolineando come, più grande, fosse innamorato di Mazzini. Del suo impegno nella Resistenza e di comandante dei gruppi di Giustizia e libertà si ricordano gli episodi più importanti come gli accordi di collaborazione del maggio 1944, a Barcelonette, con i *maquisards* francesi.

Si ricostruiscono infine le ultime fasi della sua vita. Nessun accenno viene fatto ai responsabili della sua cattura se non

45 Su di lui si veda il sito dell'Anpi: http://www.anpi.it/donne-e-uomini/2238/duccio-galimberti.

46 A. Farassino, *Mediologia della Resistenza: radio e televisione*, in G. Crainz - A. Farassino - E. Forcella - N. Gallerano, *La Resistenza italiana nei programmi della RAI*, p. 91. Una immagine diversa della memoria della Resistenza fu quella che Piero Calamandrei ha dedicato alla memoria di Duccio Galimberti, la *Lapide ad ignominia* una composizione recante la data del 4 dicembre 1952 (ottavo anniversario dell'uccisione di Galimberti), collocata nell'atrio del palazzo comunale di Cuneo. Era scritta in risposta ad Albert Kesselring, comandante delle truppe tedesche in Italia, condannato per crimini di guerra, che aveva affermato, dopo la sua liberazione per motivi di salute nel 1952, che gli italiani avrebbero dovuto erigergli un monumento.

un generico «quelli di Salò» che avrebbero deciso di liberarsene. La parola tortura o sevizie non viene mai pronunciata (si dice «interrogato per due giorni»). Nessun accenno, infine, ai processi che si erano tenuti nel dopoguerra e che si erano conclusi con numerose condanne contro i brigatisti neri della Rsi che lo avevano torturato e ucciso.

All'inizio degli anni Settanta, nel 1973, Ermanno Olmi e Corrado Stajano girano *Nascita di una formazione partigiana* ricostruendo la storia della Brigata di Giustizia e Libertà di Duccio Galimberti. Il documentario entrava a far parte della serie in otto puntate di *Quel tragico e glorioso '43*[47].

Il film, che alterna interviste, fiction, documenti e letture, si apre nello studio dell'avvocato Duccio Galimberti a Cuneo dove Corrado Stajano ricostruisce alcuni episodi degli inizi della Resistenza a Cuneo, a Boves dove era avvenuta una strage da parte dell'esercito nazista[48]. Agli episodi della Resistenza, ricostruiti e messi in scena, si alternano interviste ad alcuni protagonisti, testimonianze e lettura di brani di diari e memorie.

Olmi, intervistato nel settembre 1994 riguardo alla lavorazione del film, ne metteva in luce il carattere di impresa collettiva, la volontà della gente di quei posti di contribuire alla costruzione della memoria storica:

«Bisogna dire che per fare questi programmi culturali, nonostante la grande considerazione che la Rai aveva in quegli anni, il budget era molto ridotto. Partivamo dunque, più sospinti da un sentimento di sincera convinzione, che non da una retribuzione adeguata. Per cui arrivammo, nel caso specifico, a Cuneo e a Boves, telefonavamo agli amici locali per trovare persone che potessero interpretare le parti dei soldati sbandati, i mezzi, i camion. Insomma tutti davano davvero una mano, e questo perché era ancora presente il sentimento di quella tragedia e tutti sentivano che dovevano in

47 Già l'anno prima, nel 1972, il regista Olmi con sceneggiatura di Corrado Stajano aveva girato *Le radici della libertà*, quattro episodi su alcune figure importanti dell'antifascismo storico: don Minzoni, Giovanni Amendola, Lauro De Bosis, Lidia Ravera, andato in onda il 25 aprile 1972.

48 19 settembre 1943: 23 civili erano stati uccisi e 350 case bruciate; cfr. *L'Atlante delle stragi naziste e fasciste in Italia* all'indirizzo http://www.straginazifasciste.it/?page_id=38&id_strage=29.

qualche modo collaborare, perché in quel modo partecipavano essi stessi alla costruzione della memoria storica della loro realtà»[49].

Vi è un altro recupero della figura del partigiano Duccio Galimberti come modello ideale. Proviene dalla cultura di sinistra all'inizio degli anni Sessanta. Era una cultura antagonista rispetto a quella rappresentata dalla Rai che recupera la Resistenza, e di questa in particolare le figure di Duccio Galimberti e dei fratelli Cervi, per legarla ad una nuova Resistenza, di giovani e operai che muoiono nelle piazze italiane in seguito ai primi scioperi di massa e agli scontri con la polizia. È il caso della canzone di Fausto Amodei *Per i morti di Reggio Emilia* che ricorda i cinque giovani operai caduti per mano della polizia durante le manifestazioni del 7 luglio 1960 a Reggio Emilia. È una canzone destinata a diventare uno dei canti di protesta più famosi per tutti gli anni Sessanta e Settanta.

Ecco il riferimento a Galimberti:

«... A diciannove anni è morto Ovidio Franchi
per quelli che son stanchi o sono ancora incerti
Lauro Farioli è morto per riparare al torto
di chi si è già scordato di Duccio Galimberti
Son morti sui vent'anni per il nostro domani
Son morti come vecchi partigiani»[50].

5. *Note in conclusione*

Il «servizio pubblico» della Rai, nonostante i molteplici contributi presentati nel corso degli anni sul tema della Resistenza non

[49] Dall'intervista realizzata il 28 settembre 1994 da Franco Prono e Alessandro Amaducci, in A. Amaducci et al. (edd), *Memoria, Mito, Storia. La parola ai registi, 37 interviste*, Torino, Ancr 1994; si può leggere in http://www.ancr.to.it/old/Tool/Card/index225a.html?id_card=421. Un altro documentario sarà prodotto nel 2006, *Duccio Galimberti - Il tempo dei testimoni*, regia e sceneggiatura di Teo De Luigi, da una testimonianza inedita di Giorgio Bocca. La produzione è di De Luigi per conto dell'Amministrazione comunale di Cuneo e Istituto Storico della Resistenza di Cuneo.

[50] E. Jona - M.L. Straniero, *Cantacronache. Un'avventura politico-musicale degli anni Cinquanta*, Torino, Crel, 1996.

ha svolto un ruolo di medium per veicolare una conoscenza di tipo storico-scientifico su questo periodo così fondante per la storia italiana. Le due agenzie principali di «alfabetizzazione» ai valori antifascisti alla base della Repubblica, Rai e scuola, hanno in larga parte disatteso a questo ruolo.

Può essere estesa alla Rai degli anni Sessanta il giudizio espresso per i libri di testo delle scuole medie e superiori:

«La preoccupazione fondamentale che governa invece la maggior parte dei testi scolastici oggi in uso – non mancano tuttavia eccezioni – e quella di confondere e tacitare ogni problema, di nascondere ogni elemento meno che pacifico, di allineare, in soporifera convivenza, gli elementi più opposti. Sovente – è questo l'esempio più clamoroso di tale originale 'neutralità scientifica' – gli autori trovano modo di presentare con accenti parimenti benevoli sia lo Stato prefascista, sia il fascismo, sia la Resistenza: le differenze, i contrasti, le lotte scompaiono inspiegabilmente, assorbiti in un semplicistico 'storicismo' di dubbia origine ... L'esaltazione della Resistenza, – intesa per la maggior parte dei casi nel suo aspetto di guerra nazionale ed anti tedesca, con accenni al 'nemico ereditario' – che corona il bell'edificio, non può di conseguenza che muoversi su basi assai fragili; e noi ci chiediamo se, ad un certo punto, non sarebbe desiderabile che venisse almeno risparmiata agli studenti la retorica che invariabilmente vi si accompagna»[51].

Il ruolo della televisione nel costruire immagini, idee e giudizi sulla Resistenza è stato prevalentemente conservativo, proponendo, in larga parte, una Resistenza edulcorata priva di problemi, passioni, divisioni. Le parole d'ordine della politica negli anni Cinquanta e Sessanta: chiudere i conti (evitare di fare i conti) col passato e anticomunismo hanno portato alla costruzione di una memoria storica debole o largamente mistificata, priva di un solido spessore culturale, una memoria in cui gli italiani, indipendentemente dalle loro posizioni politiche, non si sono identificati.

In generale nella programmazione Rai non è emerso un vero interesse a ricostruire le storie di chi si era opposto al fascismo e al nazismo né dal punto di vista biografico né dal punto di

[51] L. Ganapini et al. (edd), *La storia contemporanea nella scuola. Note sui libri di testo*, in «Il Movimento di Liberazione in Italia», 75, 1964, pp. 68-98, qui pp. 69-70. Ricognizione dei libri di testo fatta negli anni 1963-1964, nell'ambito di un corso di aggiornamento per insegnanti.

vista collettivo, inserendo le loro vicende individuali all'interno delle vicende di un gruppo, di un partito, di una comunità.

Tante furono anche le assenze, tutto ciò che per la classe politica degli anni Cinquanta e Sessanta (ma, in realtà ben oltre), poteva creare problemi alla costruzione della pace sociale: trovarono dunque spazio marginale (o totale assenza) temi come il consenso al fascismo, le responsabilità per lo scoppio della guerra, le connessioni e le connivenze con il fascismo, la guerra civile, la Rsi, la politica antisemita e lo sterminio degli ebrei italiani, la giustizia dei tribunali e le epurazioni alla fine della guerra. I nemici rappresentati sono i «cattivi tedeschi»[52] passando sotto silenzio l'apporto o la piena responsabilità di Mussolini e dei suoi ministri, dei reparti dell'esercito di Salò, della Guardia nazionale repubblichina e delle Brigate nere, direttamente responsabili della lotta antipartigiana condotta con ferocia e determinazione.

[52] F. FOCARDI, *Il cattivo tedesco e il bravo italiano. La rimozione delle colpe della seconda guerra mondiale*, Roma - Bari, Laterza, 2013.